KIWAMERO!

極めろ! TOEIC® L&R TEST
990点リスニング特訓

八島 晶

スリーエー
ネットワーク

Published by 3A Corporation
Trusty Kojimachi Bldg., 2F, 4, Kojimachi 3-Chome, Chiyoda-ku, Tokyo 102-0083, Japan

ISBN978-4-88319-880-1 C0082

First published 2021
Printed in Japan

はじめに

これまで私は企業向けTOEICセミナーの講師として、数多くのリスニング満点（495点）を目指す学習者と向き合ってきました。ほとんどの方は、すでに450点以上のスコアを保有しているので、本番のテストでもかなり英語は聞き取ることができるようになっています。TOEIC対策書や問題集もかなりやり込んでいるので、問題の解き方についても熟知しています。聞けば、通勤時間、昼休みなどに時間を作って勉強を続けており、TOEICテストも繰り返し受験しているようです。

それでもなぜ彼らはあと少しのところで満点を取り逃してきたのでしょうか？

私のリスニング満点対策セミナーでは、初回の授業でまず、リスニング満点を取り逃す人が間違える問題を解いてもらった後に、自分がミスをした原因を自己分析してもらいます。その後で、私が高得点者でも聞き逃している意外な基本単語の音や、問題作成者が巧妙に張り巡らせたトリックについて解説をします。するとほとんどの学習者は、これまで自分がリスニング満点を取れなかった理由が氷解し、学習方法をガラリと変え、数か月後には満点を達成することができるようになります。
本書はそのリスニング満点セミナーの内容を紙面で再現しました。セミナーで使用している高得点者向けの難問と、最新のテスト傾向から分析した定番問題をバランスよく織り交ぜてあります。独学は、講師が学習のペース管理をしてくれるセミナーと違って、途中で挫折しがちです。そこで、毎日学習が継続できるように短時間でも取り組みやすいドリル形式に編成しました。
高得点者向けなので正解根拠の解説は最小限にして、その代わりに満点を狙うために必要となるポイントを重点的に解説しました。そのポイントとは、高得点者が聞き取れていない単語、フレーズ、複雑なセンテンス、そしてトリッキーな問題の巧妙な仕掛けなどについてです。つまり、これを克服することでリスニング満点を取得しようというのが本書の狙いなのです。
ここまでを読んで、本気でリスニング満点を目指してみたいと思ったら、さっそく今日から一緒に第一歩を踏み出しましょう。

Let's get started!!

令和3年5月吉日　八島　晶

目次

別冊・問題編 ＊巻末から取り外して使用してください

本書の構成と使い方

本書はPart 1（1問）、Part 2（5問）、Part 3（3問）、Part 4（3問）を1セットとしたドリルが全部で50セット収録されています。50セットもあると問題演習が好きな方は、次々と問題を解き進めていきたいかもしれませんが、1セットを以下の手順に従ってじっくりと復習をしながら進めていきましょう。

Step 1：問題を解く

まずは問題を解いてみましょう。練習ではなく、本番のつもりで全問正解するぞという緊張感を持って臨んでください。可能であれば音声はイヤフォンではなく、スピーカーから流すのが良いでしょう。

Step 2：限界まで繰り返し聞く

1セットを解き終えたら答え合わせをしたいという気持ちを抑えて、音声を聞き込んでいきます。聞き取った英文はノートに書き起こしていきます。リピート再生にしても良いですし、ポーズで一旦停止するなどして、これ以上聞いても聞き取れないという限界まで繰り返してみてください。

Step 3：解説を読む

答え合わせをして、解説を読んでください。解説しているポイントは満点を狙うために必要な要素が含まれているので、しっかりと理解してください。そして、スクリプトと**Step 2**で書き起こした英文を比較してどこが聞き取れていないかを確認します。不正解がある場合は、英文が聞き取れていなかったのか、錯乱肢に誘導されたのか、など原因分析をしてください。

Step 4：ゆっくり音読

まず、最初はゆっくり音読をしてください。ゆっくりの目安は自分が語順のままに英語が理解できるスピードです。英語の語順は後から修飾語が付け足されていくので、この語順に慣れるために一語一語をかみしめるようにゆっくり音読をしてください。これをやらずに最初からスピードを上げてしまうと、ただ口を動かすだけの棒読み音読になってしまいます。

Step 5：オーバーラッピング

語順通りに意味を取れるようになったら、次はスピードを上げてナレーターと同じスピードで音読をしてください。音声を流して、ナレーターの読み上げに被せるように音読をします。スピードについていけるようになったら、強弱、緩急などもナレーターの真似をしてください。

Step 6：キモチを込めた音読

仕上げには、その話者になりきってセリフを話すように音読をします。重要なのはあたかも自分がその英文を作り出したかのように読み上げることです。英文を作り出すためには、話者のキモチを理解して、それを英文に乗せるように音読をするのです。商品を注文する英文であれば、何がほしいのか、どんな商品なのか、いつほしいのかをリアルなキモチを体感しながら、英文を紡いでいくのです。自分が作り出せた英文は、必ずスッキリと聞こえるようになります。

◆先読みについて

上級者は会話音声を聞きながら3問すべてを解答して、設問の音声が流れている間に、次の問題に目を通し始めます。つまり、最大で3問分の設問＋解答の時間（約38～40秒）を先読みに使っています。

本書ではPart 3の問題の音声が始まる前に38秒のポーズ（無音）が入れてあります。このポーズの間にPart 3の設問と選択肢をすべて読んでおいて、会話音声を聞きながら解答することを目指してください。

Part 4の問題音声には、ポーズを入れていません。Part 3を解き終えた時点から、Part 4の先読みを開始してください。

なぜあと少しのところで満点が取れないのか

Aさんは海外支店への転属という夢をかなえるために英語学習を始め、目標のリスニング満点（495点）を目指しています。学習の成果が出て460点までスコアは順調に伸びてきたのですが、そこからはいくら勉強をしてもスコアが停滞してしまいました。対策書を読みあさり、模試を大量に解いても成果が出なくなってしまいました。
Bさんは仕事で外国人と話す機会もあるため、英会話には自信があります。社内でTOEICテストを受ける機会があったので自分の実力を試すためにノー勉強で臨んだところ475点でした。特にリスニングには自信があったので悔しくてたまらず、続けて受験をしてみたものの490点付近を行ったり来たりで満点には達しません。
Aさん、Bさんはなぜリスニング満点が取れないのでしょうか。公開テストで常にリスニング満点の私とAさん、Bさんの差は何なのでしょうか。

英語が聞き取れるようになる瞬間

Aさんは、TOEICの英語はかなり聞こえている、と言います。Bさんは、ほぼ聞き取れていると言います。ところがセミナー初日にディクテーションをしてもらうと、聞き取れていない箇所がボロボロあることに気が付きます。しかもリスニングセクションに頻繁に登場する基本単語が聞き取れていないことに愕然とします。この事実を自覚し、聞こえていない穴を埋めていくことが、リスニング満点への第一歩になります。その最も効果的なトレーニングが「本書の構成と使い方」で紹介した、**Step 2：限界まで繰り返し聞く**、なのです。
上級者になってくると自信がついてくるので、自分は聞こえていると錯覚して、音声をしっかり聞き取るという学習をしなくなってしまいます。模試を解くと高得点が取れるので、ついつい大量に問題を解いてしまいますが、問題を解いている間にはリスニングは1ミリも伸びません。聞こえている部分だけで、問題を解いているわけですから。
スクリプトを見ないで、繰り返し音声を聞いていると、最初は聞こえていなかった部分が徐々に単語やフレーズとして認識できるようになってきます。これは、自分が誤解して覚えていた単語の音が正しい英語の音で上書きされるからです。この瞬間に英語を聞き取る力が伸びるのです。何回繰り返しても、聞き取れない部分が残ることもありますが、その場合でも頭の中には正しい英語の音が蓄積されています。Aさんのようなタイプの学習者はこのトレーニングだけでもスコアが伸びていきます。

語順どおりに英語を理解する力

リーディングであれば、文頭から文末までを見渡して英文の構造を理解しようとすることはできます。一度で読み取れない英文を読み直したり、後ろから訳し上げて意味を取ろうとすることもできます。言わずもがなですが、リスニングではそれができません。リスニングセクションには比較的シンプルな英文が使われていますが、それでもパート3、4には語数も多く、やや難しめの英文が出題されています。これらのやや難しい英文を聞こえないままにしておくと、部分的に単語を拾い集めるような聞き方になってしまい、問題作成者が仕掛けた罠にはまって誤答を選ばされてしまうのです。

語順通りに英語を理解するトレーニングとして私は音読を強くお勧めしています。独学で、誰にでもできて、これまでに効果が実証されてきた方法だからです。音読をやってみたけれど、成果が感じられなかったという学習者にも向き合ってきましたが、それは音読の回数が少なすぎるか、棒読み音読を繰り返しているかのどちらかが原因でした。

１、２回ではさすがに少なすぎます。実際にやってみると体感できると思いますが、5回目くらいからスムーズに読めるようになり、語順通りに理解できているという感覚がつかめるようになってきます。その感覚を定着させるために、10回を目安に音読することを目標としてみてください。

ただし、10回という回数だけを目標にしてしまうと、棒読み音読になってしまいます。棒読み音読とはスクリプトを読みあげるだけの機械的な作業です。これでは、トレーニングになりません。そこで、**Step 4：ゆっくり音読**、**Step 5：オーバーラッピング**、**Step 6：キモチを込めた音読**、の３つを組み合わせて、語順通りに聞き取れるためのトレーニングとしての音読を行ってください。それぞれを10回ずつ計30回行っても良いですし、3つを組み合わせて10回でもかまいません。

満点を取得するために必要な力

ここまで、音を聞き取る力、語順通りに英語を理解する力を鍛えるトレーニングを紹介してきました。リスニングのスコアを上げるには、英語を聞き取る力であるリスニング力を上げる必要があるのは当然ですが、ここではもう少し視点を広げて、TOEICのリスニングセクションに必要な力について考えてみたいと思います。

パート３、４では英語を聞き取るだけでなく、設問、選択肢を読んで、正解を特定して、解答用紙にマークをしなければ得点にはなりません。この聞く、読む、解くということをほぼ同時にやり切るというところにリスニングセクションの難しさがあるのです。

その難しさを克服するために、問題をたくさん解いて慣れるというのも、1つの方法です。前述のBさんのようにすでに高いリスニング力がある方で、これまで問題演習の数が足りなかっただけだとしたら、本書に収録されているパート3、4の50問を解き切ることで、聞く、読む、解くということがスムーズにできるようになるかも知れません。それでもまだ満点レベルに達しないのであれば、それはリテンション力が足りないことが原因でしょう。

リテンションとは聞き取った内容を一時的な記憶として保持しておくことです。パート3、4では音声が流れる前に先読みをして、正解のポイントを絞り込んでおきますが、それも保持しておく必要があります。リテンションができないと、会話やトークの流れが追えなくなり、正解の根拠を特定することができなくなります。

リテンション力を鍛えるには

では、リテンション力を強化するにはどうしたら良いのでしょうか。実は、リテンション力はリスニング力を強化することによって生まれる余力にともなって強化されます。そのことを理解するために、パート3の問題を解いているときの頭の中をイメージ化してみます。

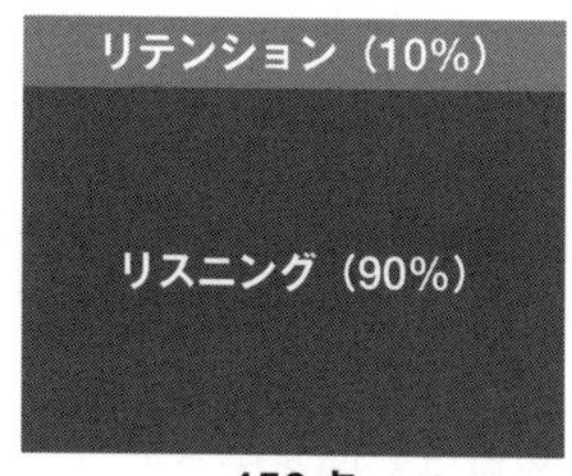

450点

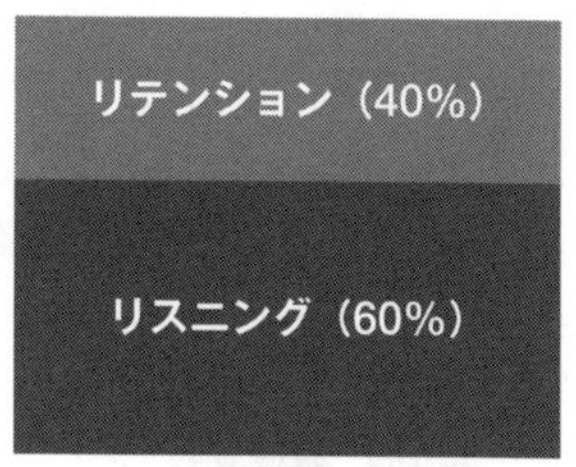

満点

左側はリスニングの最高スコアが450点くらいの学習者です。設問、選択肢の先読みはなんとかできるのですが、それを意識しすぎると音声の聞き取りに集中できなくなり、正解のポイントを聞き漏らしてしまうことがあるレベルです。これは英語を聞き取るのに頭のパワーの90%くらいを使ってしまうため、リテンションに使える力は10%しか残っていないからです。

一方で右側は毎回リスニング満点の学習者です。英語をスッキリと聞き取ることができるため、頭のパワーは60%しか消費していません。余力が40%もあり、先読みで予測したポイント、聞き取れた情報をすべてリテンションできるため、読む、聞く、解くことを同時にこなせるのです。

なんだ、結局はリスニング力なのか、と思われるかもしれませんが、リテンションができる余力を生み出すためにも、リスニング力を鍛えるという意識で、ディクテーション、音読を行うことがとても重要なのです。

皿回しトレーニングのすすめ

「本書の構成と使い方」にしたがって、まずはDrill 50までをやり通してください。上級者でも聞き取れない音や、本番でも出題される可能性の高い意味が取りにくい構文が含まれているので、どこに自分の弱点があるのかに気付くことができるはずです。テストの最中にその弱点に出会うと、そこで頭の中がフル回転になり思考停止になっていたのです。音声を繰り返し聞き込む、音読をする、オーバーラッピングをすることで弱点が自然と強化されていきます。

そして1周目が終わったら、ただちに2周目を始めてください。単語を覚えようとしてもすぐにその意味を忘れてしまうように、音の記憶も時間の経過とともに忘れていってしまいます。2周目は1周目より早く終えられるように、1周目で全問正解したセットは飛ばしても構いません。2周目でも、まだミスをする問題が出てくるはずです。1周目であれほど、しっかり復習をしたはずなのに。でもそれは、自分の弱点がより明確に浮かび上がってきたのだと前向きにとらえましょう。

すべてのセットを全問正解できるようになったら、Drill 1からDrill 50までを何度も周回させます。1日5セットならば10日間、10セットならば5日間で回せます。これは音の記憶、語順通りに英語を聞き取る力を定着させるのに加え、先読みのリズムや解答力を身体に染み込ませていくトレーニングです。そのコツは、日本の伝統芸能、皿回しをイメージしてみてください。1枚目（Drill 1）から順番に回していくのですが、50枚目（Drill 50）を回し終えたころには1枚目は勢いを失ってグラグラしています。そしたら、落下するまえに、再び勢いをつけてお皿を回しますよね。記憶が薄れてミスしてしまったセットは重点的に復習をしてみてください。

50枚のお皿が同時に勢い良く回り続けたとき、リスニング満点は必ず達成できます。

音声について

リスニング問題で使用する音声は以下の方法で、すべて無料で聞くことができます。

パソコン・スマートフォンで聞く

インターネットにつながるパソコン・スマートフォンで、
「https://www.3anet.co.jp/np/resrcs/592620/」にアクセスしてください。

- ダウンロードする場合、音声ファイルはMP3 形式です。圧縮（zip形式）されているので、パソコン上で解凍してください。
- MP3プレイヤーへの取り込み方法などは各メーカーにお問い合わせください。
- ファイルダウンロード、ストリーミング再生には通信費が発生する場合があります。

アプリで聞く

次のアプリを利用することで、音声を無料で聞くことができます。

■abceed

株式会社Globeeが提供する、マークシート連動型アプリ
https://www.abceed.com/

各ドリルの音声は8つのトラックで構成されています。
トラック名の番号は、Drill・Part・Qに対応しています。

XX.mp3 ⇒ XX_1, XX_2_2~6, XX_3, XX_4

Drill 1~50

解説とトレーニング

 1(C) 2(B) 3(A) 4(C) 5(B) 6(A) 7(A) 8(B) 9(C) 10(B) 11(B) 12(C)

Part 1

1.

スクリプト 01_1  M

(A) He's trying on a long-sleeved shirt.
シュ―t ×シャツ

(B) He's putting his hand in his pocket.
プティンギz

(C) He's examining an item.
イグザミニンg ×エグザミニング

(D) He's tagging a jacket.

(A) 彼は長袖シャツを試着している。
(B) 彼はポケットに手を入れている。
(C) 彼は商品を入念に見ている。
(D) 彼はシャツにタグを付けている。

□tag …に値札をつける

解説＆トレーニングポイント

(A) try on は「試着をする」という動作を表すので、男性がシャツに袖を通すなど、着ようとしている途中の写真の場合に正解になります。一方 wear は「着ている」という状態を表すので両者を混同しないよう注意が必要です。

shirt は「シャツ」ではなく「シュ―t」という正しい音をインプットしましょう。

(B) his の h は弱く読まれるので「ヒズ」ではなく「イズ」。さらに putting とつながって「プティンギz」のように聞こえます。

(C) examine は「注意深く調べる」という意味で同義語は inspect。発音は「エグザミニング」ではなく「イグザミニン g」であることを確認しておきましょう。

(D) は tagging a の部分がつながって聞こえ、意味が取れなかった場合は、音の変化をよく確認しておきましょう。

 皿トレ ③解説を読む ④ゆっくり音読 ⑤オーバーラッピング ⑥キモチオンドク

Date ／ ③④⑤⑥ Date ／ ③④⑤⑥ Date ／ ③④⑤⑥

Part 2

2. スクリプト 01_2_2 W: M:

W: Where did you acquire such expertise in translation?

M: (A) At the center of an intersection.

(B) I used to work with some professionals.

(C) We need to hire a new translator.

女性： これほどの通訳の専門技術をどこで習得したのですか。

男性： (A) 交差点の真ん中です。
(B) 何人かの専門家と一緒に仕事をしていたことがあります。
(C) 我々は新たに翻訳者を雇う必要があります。

□intersection (道路の)交差点
□professional 専門職、職業

解説＆トレーニングポイント

トリッキーな問題です。問いかけ文では場所が問われているので、うっかりと（A）を選んでしまいそうになりますが、通訳の専門知識を交差点の真ん中で得られることはないので不正解です。正解（B）は専門家と一緒に仕事をしていたことがある、つまり通訳の専門家から技術を学んだという意図を理解する必要があります。(C) は translation と translator の音のヒッカケです。

Where did you acquire such expertise in translation?

expertise の発音は「エクスパタイズ」ではなく「エクスパティーz」です。またアクセントは第３音節に置かれていることも確認しておきましょう。

ex · per · **tise**

トレ ③解説を読む ④ゆっくり音読 ⑤オーバーラッピング ⑥キモチオンドク

Date ／ ③④⑤⑥　Date ／ ③④⑤⑥　Date ／ ③④⑤⑥

3. スクリプト 01_2_3 W: M:

W: Did you hear that George is leaving the company?

M: **(A) Really? Who will take his place?**

(B) You can leave a message.

(C) I haven't started the plan yet.

女性： あなたは George が会社を辞めることを聞きましたか。

男性： (A) 本当ですか。誰が彼の代わりになるのですか。

(B) メッセージを残すことができます。

(C) 私はまだその計画を始めていません。

□take one's place …の代わりをする

解説＆トレーニングポイント

George が会社を辞めるということを聞いたかどうかが問われ、正解の（A）では本当ですか？ と驚いているので、聞いていないという状況です。さらに誰がGeorgeの仕事を引き継ぐのかを聞き返しています。（C）は何の計画のことなのかが不明で、会社を辞めるための計画だとしても会話がつながらないので不正解です。

Did you hear that George is leaving the company?

文法的には that に導かれる名詞節が hear の目的語になっている構文です。この構文を聞き取るコツは、この構文を話者になりきって音読してみることです。音読する際には、以下のようなキモチを 2 段階で伝えてみてください。

Did you hear that（あの事を聞きましたか?）
＋ George is leaving the company?（あの事とは、Georgeが会社を去ることです）

この that は相手にこれから情報を伝えるというサインになっているのです。音読はただ英文を棒読みするだけでなく、心の中で意味をかみしめながら、話者になりきったつもりで英文を声に出してみましょう。

③解説を読む ④ゆっくり音読 ⑤オーバーラッピング ⑥キモチオンドク

Date ／③④⑤⑥ Date ／③④⑤⑥ Date ／③④⑤⑥

4. スクリプト 01_2_4 M: M:

M: Who will give the presentation on the management plan?

M: (A) The manager is on a trip.

(B) For about twenty minutes, I suppose.

(C) It hasn't been decided yet.

男性： 誰が経営計画のプレゼンをしますか。
男性： (A) マネジャーは出張中です。
(B) 約20分間だと思います。
(C) まだ決定していません。

□suppose
（自分が持っている知識から）…が本当だと思う

解説＆トレーニングポイント

whoで「誰が」が問われていますが、まだ決まっていないと回答している（C）が正解です。名前や人に関連した情報を待ち受けていると、（A）のmanagerが絶好のヒッカケになってしまいます。先頭のWho willを聞き逃したり、whenと聞き間違えると（B）を選んでしまうリスクがあります。

Who will give the presentation on the management plan?

この問題の最大のポイントは先頭2語の音が正しく聞き取れるかどうかです。上級者でも聞き取れていません。「フー　ウイル」とは読まれず、「フーゥ」のように聞こえています。これを早口のオーストラリア人男性が読んでいるために難易度が上がっています。ここでつまずくと思考停止になってしまい、簡単な後半部分も聞き取れなくなってしまうのがこの問題に仕組まれたトラップです。

It hasn't been decided yet.

itが短く弱く読まれ、後ろのhasn'tとつながって「イッタズン」のように聞こえています。最後の部分は1つにつながって「ディサイディdエッ」のように聞こえています。

Date ／ ③④⑤⑥　Date ／ ③④⑤⑥　Date ／ ③④⑤⑥

5. スクリプト 01_2_5 M: W:

M: How many participants were there at the symposium?

W: (A) There will be many parties.

(B) The attendance was disappointingly low.

(C) It costs you about fifty dollars.

男性： シンポジウムには何名参加しましたか。
女性： (A) 多くの団体がいるでしょう。
(B) 出席は残念ながら少なかったです。
(C) それは約50ドルかかります。

解説 & トレーニングポイント

シンポジウムの参加者について問われ、残念なくらい少なかったと答えている (B) が正解です。(A) は多くの団体がいるので、参加者が多いと理解してしまうと会話がつながっているように思えますが、問いかけ文では過去のことが問われているのに対して、将来のこととして答えているので不正解です。

The attendance was disappointingly low.

attendanceは「出席者数」という意味で、単数名詞として扱われるのでbe動詞はwasが使われています。動詞attendから派生した名詞にはattendantがありますが、これは「係員」という意味です。客室乗務員のことをflight attendantといいます。

皿トレ ③解説を読む ④ゆっくり音読 ⑤オーバーラッピング ⑥キモチオンドク

Date ／ ③④⑤⑥ Date ／ ③④⑤⑥ Date ／ ③④⑤⑥

6. スクリプト 01_2_6 W: M:

W: Can you give me your opinion on our new Web site?

M: **(A) I'll get back to you later.**

(B) No, there is no option.

(C) On the link below.

女性： 当社の新しいウェブサイトについてあなたの意見を聞かせてもらえますか。

男性： (A) 後ほど連絡します。
(B) いいえ、他に選択肢はありません。
(C) 下のリンクでです。

解説＆トレーニングポイント

ウェブサイトについての意見を聞かせてもらえないかと問われ、後で知らせると答えている（A）が正解です。（B）は opinion と option を使った音のヒッカケです。（C）は Web site から link を連想させる錯乱肢です。

I'll get back to you later.

ビジネス英会話では、相手からの質問に対して即答を避けるときに使われる頻出フレーズです。TOEIC のパート２でも正解の選択肢として出題されます。また、get back to work（仕事に戻る）というフレーズでも登場します。音読するときには、I'll の部分を決して「アイル」と読まずに、「アゥ」くらいの弱く短い音にするようにしましょう。

皿トレ ③解説を読む ④ゆっくり音読 ⑤オーバーラッピング ⑥キモチオンドク

Date ／ ③④⑤⑥ Date ／ ③④⑤⑥ Date ／ ③④⑤⑥

Part 3 スクリプト 01_3 M: W:

Questions 7 through 9 refer to the following conversation.

M: Hi, Rebecca. It's Joe. I've just seen the morning news. It looks like there's a traffic jam on the highway leading into the city. (7) I'm just calling to let you know I'll be a bit late.

W: (8) OK. Are you going to be here in time for the meeting with the people from Douglas Trading? That's at nine-thirty. Remember?

M: I can't say. They said there's an hour delay, so it might be hard.

W: The trains seem to be running. (9) I'm sure that you'll make it if you take the train. Why don't you try that?

問題 7-9 は次の会話に関するものです。
男性： もしもし、Rebecca さん。Joe です。今朝のニュースを今見たところです。街へ入って行く高速で交通渋滞があるらしいですね。少し遅れるからと知らせるために電話しました。
女性： わかりました。Douglas 貿易社の人たちとの会議に間に合うように来られますか。会議は 9 時 30 分ですが。忘れていませんよね。
男性： なんとも言えないんです。1 時間遅れだと言っているので、たぶん難しいのではないかと思います。
女性： 電車は動いているようです。電車に乗ればきっと間に合うはずです。電車にしてみたらどうでしょうか。

□make it 間に合う　Q □remind X that 節 Xに…だと気付かせる　□gathering 集まり
□derailment 脱線　□alternate 代わりの

トレ ③解説を読む ④ゆっくり音読 ⑤オーバーラッピング ⑥キモチオンドク

Date ／ ③④⑤⑥　Date ／ ③④⑤⑥　Date ／ ③④⑤⑥

設問と選択肢

7. Why is the man calling?

(A) To notify the woman that he might be late
(B) To ask the woman about traffic news
(C) To ask for directions to a client's office
(D) To remind the woman that she should contact a client

男性はなぜ電話をしていますか。

(A) 遅れるかもしれないと女性に知らせるため。
(B) 交通ニュースについて女性に尋ねるため。
(C) 顧客の会社までの道を女性に尋ねるため。
(D) 女性が顧客に連絡をすべきだと念を押すため。

男性が電話をかけているということは、男性側に何か問題や依頼事項が生じている状況ではないかと予測ができます。

8. What is the woman concerned about?

(A) If the budget can be increased
(B) If the man can make it to the gathering
(C) A traffic accident caused some delays.
(D) A train had a derailment.

女性は何について心配していますか。

(A) 予算を増やせるかどうか。
(B) 男性が会合に間に合うかどうか。
(C) 交通事故が遅れを発生させたこと。
(D) 列車が脱線したこと。

女性のセリフにヒントがあると予測します。

9. What does the woman suggest?

(A) Driving on the highway
(B) Changing an appointment
(C) Using alternate transportation
(D) Going directly to a client's office

女性は何を提案していますか。

(A) 高速道路を運転すること。
(B) 約束を変更すること。
(C) 他の交通手段を使用すること。
(D) 顧客の会社に直接行くこと。

最後の女性のセリフに正解のヒントがあると予測します。

解説＆トレーニングポイント

I'm just calling to let you know I'll be a bit late.

話し手が相手に伝えたい情報、つまり聞き取るべき部分は I'll be a bit late（少し遅れそう）です。ここをしっかり聞き取るには前半の I'm just calling to let you know をひとカタマリのフレーズとしてとらえ、無意識に意味が取れているかどうかがポイントです。ひとカタマリのフレーズを単語単位で聞き取ろうとすると、脳に負担がかかってしまい、後半の意味的に重要な部分を聞き逃してりしまうリスクが高まります。

I'm just calling to let you know の部分をひとカタマリで読むように意識をして、繰り返し音読しておきましょう。

Part 4 スクリプト 01_4 M

Questions 10 through 12 refer to the following announcement.

I'd like to advise you all of car park changes. 10 The off-street company car park on Queen Avenue will be closed from the seventh as construction of the new multi-level facility gets under way. 11 Our back-up car park in Howard Center will now be exclusively for employees — the entry gates will no longer be open for members of the general public, as of tomorrow. Only vehicles with our electronic tags will be admitted, 12 so please check your tags. If the tag on your vehicle needs to be renewed or replaced, do it today.

問題 10-12 は次のお知らせに関するものです。

皆さん全員に駐車場の変更についてお知らせいたします。新たな立体駐車場の建設が始まるため、Queen 大通りから少し入った所にある従業員用駐車場は7日から閉鎖されます。Howard Center にある当社の予備の駐車場が従業員専用となります—明日から入場ゲートは一般の人には開きません。当社の電子タグが付いた車のみが入場できますので、タグを確認してください。車のタグを更新したり交換したりする必要がある場合には本日行ってください。

□car park 駐車場(parking lot) □off-street 大通りから離れた、裏通りの
□multi-level facility 多層式の施設 □get under way 始まる、実行される
Q □be in attendance 出席している □unavailable 利用できない □celebrity 有名人
□accommodations pl. 宿泊施設

音トレ ③解説を読む ④ゆっくり音読 ⑤オーバーラッピング ⑥キモチオンドク

Date ／ ③④⑤⑥ Date ／ ③④⑤⑥ Date ／ ③④⑤⑥

10. Why will a change occur?

(A) Media will be in attendance.
(B) Construction will begin.
(C) Management software will be updated.
(D) New security tags will be installed.

変更はなぜ起きるのですか。

(A) メディアが出席する。
(B) 建設が始まる。
(C) 管理ソフトウェアが更新される。
(D) 新たなセキュリティタグが導入される。

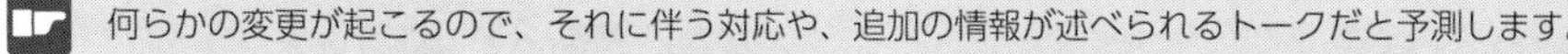
何らかの変更が起こるので、それに伴う対応や、追加の情報が述べられるトークだと予測します。

11. What is mentioned about Howard Center?

(A) It is a new construction.
(B) It will be unavailable for the public.
(C) It is a historic place.
(D) It was visited by celebrities.

Howard Center について何が述べられていますか。

(A) 新しい建築物である。
(B) 一般の人は利用できない。
(C) 歴史的な場所である。
(D) 有名人が訪問した。

具体的キーワードの Howard Center を意識しながら、何が述べられるのかを注意深く聞き取ります。本書ではこの Howard Center のように設問に含まれる具体的な情報を示す単語、フレーズを「具体的キーワード」と表すことにします。

12. What does the speaker suggest the listeners do?

(A) Obtain discount vouchers
(B) Book accommodations
(C) Check their passes
(D) Replace old vehicles

話し手は聞き手に何をするよう提案していますか。

(A) 割引クーポンを取得する。
(B) 宿泊を予約する。
(C) 通行証を確認する。
(D) 古い車を交換する。

トークの後半で述べられる提案表現を注意深く聞き取ります。先読みのペースが崩れたときは、先頭の動詞だけを縦読みするのも有効です。

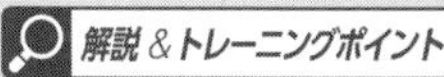

I'd like to advise you all of car park changes.

advise A of B は「A に B を通知する」という意味のフレーズです。advise には他に advise A to *do*、advise A that という語法がありますが、いずれも A は人である点が重要です。音読をする際には you が人、car park changes が通知する内容であるということを意識してみてください。

advise you all of の音です。この部分はひとカタマリの音として聞こえ、音の変化も起こっています。繰り返し聞き直して音を耳に馴染ませ、真似して音読をしておきましょう。

1(C) 2(B) 3(B) 4(B) 5(B) 6(B) 7(C) 8(A) 9(D) 10(A) 11(C) 12(C)

Part 1

1.

(A) 彼女は買い物カートを押している。
(B) 彼女はレジで支払いをしている。
(C) 彼女は手を伸ばしていくつかの商品を取ろうとしている。
(D) 彼女は棚からいくつかの商品を取り出している。

□reach for …を(手を伸ばして)取ろうとする
□remove A from B BからAを取り去る

スクリプト 02_1 W

(A) She's pushing a shopping cart.
シーz ×シーイズ

(B) She's paying at a cash register.
ペインガッタ

(C) She's reaching for some items.
サマイテムz

(D) She's removing some products from a shelf.
フロンマシェゥf

解説＆トレーニングポイント

下線部分の音がしっかりと聞こえないと (C)、(D) の二択で迷ってしまうでしょう。

(C) She's reaching for some items.

下線部分は「サム アイテムズ」とハッキリ区切っては読まれず、「サマイテムz」とつながった音なので、「サマイテムズ」という未知の単語だと思ってしまうと正解として選べません。

(D) She's removing some products from a shelf.

「フロム ア シェルフ」ではなく「フロンマシェゥf」と聞こえています。
自分の耳で聞こえた音が正しい音です。下線部分を意識して繰り返し聞いて、耳に慣れさせておきましょう。

③解説を読む ④ゆっくり音読 ⑤オーバーラッピング ⑥キモチオンドク

Date ／③④⑤⑥ Date ／③④⑤⑥ Date ／③④⑤⑥

Part 2

2. スクリプト 02_2_2 M: W:

M: What's the best way to increase productivity?

W: (A) I'll send you a product sample soon.

(B) Well, we should hold a meeting to figure it out.

(C) I think it's a pretty good idea.

男性： 生産性を高める最良の方法は何ですか。
女性： (A) 私は商品サンプルをすぐにあなたに送ります。
(B) そうですね、私たちはそれを見出すために会議を開くべきです。
(C) それはとても良い考えだと思います。

□productivity 生産性
□figure out （解決策）を考え出す、…を理解する・解決する

解説＆トレーニングポイント

問いかけ文の way はここでは道ではなく方法という意味なので、生産性を高める最も良い方法は何かと問うています。正解（B）では会議を開いて、その方法を見つけようと提案をしています。
(A)(C)は女性（第2話者）の提案に対する、男性（第1話者）の相づちになる英文なので、上級者がついうっかり選んでしまう要注意の選択肢です。

M : What's the best way to increase productivity?
W : (B) Well, we should hold a meeting to figure it out.
M : (C) I think it's a pretty good idea.

figure out は苦労をして何かを考え出すという意味で、正解のように代名詞の場合には figure it out となります。音の変化を感じながら音読をしておきましょう。
figure it out（それを考え出す）

名詞や疑問詞を目的語に取る場合のフレーズを挙げておきます。
figure out a solution（解決策を考え出す）
figure out what the problem was（何が問題だったのかを考え出す）

Date ／③④⑤⑥ Date ／③④⑤⑥ Date ／③④⑤⑥

3. スクリプト 02_2_3 W: M:

W: We need to find more people with creative ideas.

M: (A) Why don't you ask Andrew to create a new user ID?

(B) You could be right.

(C) Do you know why they are waiting outside?

女性： 独創的なアイデアを持った人々をもっと探す必要があります。

男性： (A) Andrew に新しいユーザーＩＤを作成してもらうように頼んではどうですか。

(B) そうかもしれません。

(C) あなたはなぜ彼らが外で待っているのかわかりますか。

解説＆トレーニングポイント

独創的なアイデアを持った人を集める必要がある、という発言に対して、「あなた（の意見）」は正しいかもしれませんと答えている（B）が正解です。(A) は find more people の部分から連想して、採用後の入社手続きの場面だと誤解した人に対する錯乱肢です。

You could be right.

you are right は相手の意見を完全に肯定する場合の表現であるのに対して、この英文は could を使って、肯定の度合いを緩くしています。be と結合して d が消え「クッビ」と聞こえる点も確認しておきましょう。

皿トレ ③解説を読む ④ゆっくり音読 ⑤オーバーラッピング ⑥キモチオンドク

Date	Date	Date
／ ③④⑤⑥	／ ③④⑤⑥	／ ③④⑤⑥

4. スクリプト 02_2_4 W: W:

W: Should we take the bus or the train to get to the venue?

W: (A) We should buy some souvenirs.

(B) The train doesn't go there.

(C) At Seventh Avenue.

女性：会場へはバスで行くべきですか、それとも列車で行くべきですか。

女性：(A) 我々は何かお土産を買うべきです。
(B) 列車はそこに行きません。
(C) 7番街でです。

解説＆トレーニングポイント

会場へはバスと列車のどちらで行くべきかが問われ、列車はそこに行かない（のでバスで）と答えている（B）が正解です。（A）は列車やバスから旅行に関連のあるお土産を連想させる錯乱肢です。（C）はvenueとavenueを使った音のヒッカケです。

Should we take the bus or the train to get to the venue?

venueは競技やコンサートなどが行われる「会場」という意味で、リーディングセクションでの頻出単語ですが、このようにリスニングセクションでも登場します。

皿トレ ③解説を読む ④ゆっくり音読 ⑤オーバーラッピング ⑥キモチオンドク

Date ／ ③④⑤⑥ Date ／ ③④⑤⑥ Date ／ ③④⑤⑥

5. スクリプト 02_2_5 M: W:

M: When are you going to submit the final draft of the agenda?

W: (A) We'll hand it in to Mike.

(B) I'll finalize it by the end of this week.

(C) He's going to headquarters tomorrow.

男性： 議題の最終案はいつ提出しますか。
女性： (A) 我々はそれを Mike に提出します。
(B) 今週末までに完成させます。
(C) 彼は明日本社に行く予定です。

解説 & トレーニングポイント

when から by the end of this week を結びつけて (B) を選ぶことができますが、満点レベルを目指すのであれば最終案の提出 (submit the final draft of the agenda) という内容まで理解したうえで正解を特定しておきたい問題です。

長めの問いかけ文なので、リテンション力 (聞き取った英文を一時的に覚えておく能力) が弱いと when を忘れてしまい、(A) が正解に思えてしまいます。

When are you going to submit the final draft of the agenda?

when は単体の音としてカタカナ英語の「ホ・エ・ン」のような 3 音節ではなく「ゥエン」と 1 音節の音であると認識するのがまず基本中の基本です。次に満点レベルを目指す皆さんは、when are you とつながった音をここでは覚えておきましょう。「ゥエナユ」や「ェナユ」のように聞こえているでしょうか。カタマリで聞き取れた音はカタマリで一気に処理ができるので、その後の意味的に重要な部分がしっかりと聞こえるようになります。

皿トレ ③解説を読む ④ゆっくり音読 ⑤オーバーラッピング ⑥キモチオンドク

Date ／ ③④⑤⑥ Date ／ ③④⑤⑥ Date ／ ③④⑤⑥

6. スクリプト 02_2_6 W: M:

W: Didn't you order leaflets for the information session?

M: (A) It was an informative lecture.

(B) I thought Phillip was in charge of that.

(C) I'm surprised you arrived early.

女性： 説明会用のパンフレットを発注しなかったのですか。

男性： (A) それはためになる講義でした。
(B) 私は Phillip がその担当だと思っていました。
(C) 私はあなたが早く到着して驚いています。

解説＆トレーニングポイント

パンフレットを発注しなかったのかが問われ、パンフレットを発注するのは Phillip の担当だと思っていたと答えている（B）が正解です。（A）は information session から informative lecture を連想させる錯乱肢です。

Didn't you order leaflets for the information session?

否定疑問文には「驚き」、「非難」などの意図が込められています。この会話の状況では女性は男性がパンフレットを発注していないことを知っており、どうして発注していないのかを問うています。発注したのか、しないのかを問う場合は、以下のように普通の疑問文になります。

Did you order leaflets for the information session?

それぞれ英文の意図の違いを理解して、音読をしておきましょう。

Ⅲトレ ③解説を読む ④ゆっくり音読 ⑤オーバーラッピング ⑥キモチオンドク

Date ／ ③④⑤⑥ Date ／ ③④⑤⑥ Date ／ ③④⑤⑥

Part 3 スクリプト 02_3 W: M:

Questions 7 through 9 refer to the following conversation.

W: Hi, Peter. I've been so busy lately. I haven't had time to make any arrangements for my trip to Sydney.

M: That's right! (7) You're going there for six months to study at the New South Wales Institute of Technology, aren't you?

W: Yeah. I'm really excited, (8) but I'm worried about accommodations. It'd be too expensive to stay in a hotel the whole time. Besides, I want my own kitchen. (8) I really need an apartment. I don't know how to arrange one from here, though.

M: (9) Shall I give my brother-in-law in Australia a call? I'm sure he'll have some good advice.

問題 7-9 は次の会話に関するものです。
女性： こんにちは、Peter さん。最近私はとても忙しくて。シドニーへ旅立つ手配をする時間がないんです。
男性： そうでしたね。6 か月間シドニーへ行って、New South Wales 工科大学で学ぶんですよね。
女性： そうなんです。とてもわくわくしているけど、住む場所のことを心配しています。ホテルにずっと泊まるのは高すぎるし。それに、自分のキッチンもほしいので、やっぱりアパートに住む必要があります。でも、どうやってここから手配したら良いのかわからないんです。
男性： オーストラリアにいる義理の兄弟に電話してみましょうか。彼ならきっと何か良いアドバイスをしてくれると思います。

□accommodations pl. 宿泊設備　□give X a call Xに電話をかける　□brother-in-law 義理の兄弟
Q □take a course 講義を受ける　□relative 親戚

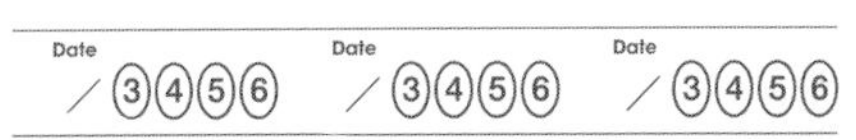

Date ／③④⑤⑥　Date ／③④⑤⑥　Date ／③④⑤⑥

設問と選択肢

7. Why is the woman most likely going to Sydney?

(A) To give a speech on technology
(B) To attend a conference
(C) To take a course
(D) To purchase some property

女性はなぜシドニーに行くと考えられますか。

(A) 技術について講演をするため。
(B) 会議に出席するため。
(C) 講義を受けるため。
(D) 不動産を購入するため。

具体的キーワードの Sydney を意識しながら、女性が正解のヒントを言うだろうと予測します。

8. What does the woman want to do?

(A) Find some property
(B) Purchase airline tickets
(C) Stay in a luxurious room
(D) Buy a mobile phone

女性は何をしたいと思っていますか。

(A) 不動産を探す。
(B) 航空券を購入する。
(C) 豪華な部屋に滞在する。
(D) 携帯電話を購入する。

女性が正解のヒントを述べるだろうと予測します。

9. What does the man offer to do?

(A) Introduce a travel agent
(B) Lend the woman his phone
(C) Help prepare a presentation
(D) Ask a relative for some advice

男性は何をすることを申し出ていますか。

(A) 旅行代理店を紹介すること。
(B) 彼の携帯電話を貸すこと。
(C) プレゼンテーションの準備を手伝うこと。
(D) 親戚にアドバイスを求めること。

男性が最後のセリフで、女性に対してアドバイスをするだろうと予測します。

解説＆トレーニングポイント

I'm really excited, <u>but</u> I'm worried about accommodations.

女性が男性に伝えたいのは、シドニー行きにわくわくしているという事よりも、but 以下の宿泊施設を心配しているという事です。この but に「これから伝えたいことを言いますよ」というキモチを込めて音読してみましょう。

<u>Besides</u>, I want my own kitchen.

besides は「さらに」という意味の副詞で、前に述べたことに加え、さらに重要な情報をこれから述べるというサインです。but と同じく、この後に正解のヒントが述べられることが多いです。なお、よく似たスペルの beside は「～の側に」という前置詞なので、混同しないように。

Part 4 スクリプト 02_4 M

Questions 10 through 12 refer to the following telephone message.

Hi, Rebecca. (10) This is Andy from Metro Carpets and Curtains. You ordered a special Persian carpet from us last week, and it's just arrived here from our interstate warehouse, so (11) I thought I'd keep you informed. On your order, you suggested Thursday the fifteenth at ten o'clock as being a suitable time to install the carpet. Is that time still good? (12) Please call me back to let me know and I will arrange our delivery and installation team. I look forward to hearing from you soon. Thanks very much.

問題 10-12 は次の電話のメッセージに関するものです。

こんにちは、Rebecca さん。Metro カーペット＆カーテンの Andy です。特別なペルシャじゅうたんを先週ご注文いただいたのですが、当社の州間倉庫から今ここに到着しましたので、お知らせしようと思いました。ご注文では 15 日木曜日の 10 時がじゅうたんを設置するのにご都合が良いということでした。その日時でよろしいでしょうか。折り返しお電話でお知らせくだされば、配達とじゅうたんの設置をする人員を手配いたします。お電話をお待ちしています。ありがとうございます。

 □interstate 各州間の Q □keep X up to date Xを最新のものにしておく

音トレ ③解説を読む ④ゆっくり音読 ⑤オーバーラッピング ⑥キモチオンドク

10. Where most likely does the speaker work?

(A) At an interior design store
(B) At a software developer
(C) At a travel agency
(D) At a handcraft store

話し手はどこで働いていると考えられますか。

(A) インテリアデザイン店
(B) ソフトウェア開発業者
(C) 旅行代理店
(D) 手工芸品店

most likely とあるので、トークの情報から話し手の働いている場所を推測する問題だろうと予測します。

11. What is the purpose of the call?

(A) To cancel a booking
(B) To change some numbers
(C) To keep the customer up to date
(D) To advise of an upgrade

電話の目的は何ですか。

(A) 予約をキャンセルするため。
(B) 番号を変更するため。
(C) 顧客に最新情報を知らせるため。
(D) アップグレードを通知するため。

話し手が用件を伝えるために留守電に話している場面です。

12. What is the listener asked to do?

(A) Request an express delivery
(B) Install a new system
(C) Return a call
(D) Modify an order

聞き手は何をするよう求められていますか。

(A) 宅配便を依頼する。
(B) 新しいシステムを導入する。
(C) 折り返し電話をする。
(D) 注文を変更する。

トーク終盤に正解のヒントが述べられるだろうと予測します。

解説＆トレーニングポイント

You ordered a special Persian carpet from us last week, and it's just arrived here from our interstate warehouse, so I thought I'd keep you informed.

I'd keep you informed の部分は、SVOC の文型です。C には現在分詞、過去分詞、形容詞などが置かれますが、この英文では you are informed という受動の意味なので過去分詞が使われています。この SVOC 構文が聞き取れるかどうかは、中級と上級の境目なので、ぜひとも英文を使って音読をしておいてください。

 1(C) 2(C) 3(A) 4(B) 5(C) 6(C) 7(B) 8(D) 9(C) 10(A) 11(C) 12(B)

Part 1

1.

スクリプト 03_1 W

(A) Some customers are lined up by items.

(B) Some people are unfolding a canopy.
　　unfolding: アンfオーゥディンg

(C) Some produce is being displayed in the market.

(D) Some baskets are being loaded into a van.

(A) 何人かの買物客が商品ごとに列に並んでいる。
(B) 何人かの人々が天蓋を広げている。
(C) いくつかの農産物が市場に陳列されている。
(D) いくつかのかごがトラックに積み込まれているところである。

- □line up …を整列させる·勢ぞろいさせる
- □unfold （折り畳んだもの）を広げる
- □canopy 天蓋、（天蓋形の）ひさし、張り出し
- □load into （車などに荷物など）を積む·載せる

解説＆トレーニングポイント

(A) 人々が並んでいるという表現は以下の英文でも出題されます。

Some people are standing in line.（何人かの人々が並んで立っている）
Some people are waiting in line.（何人かの人々が並んで待っている）

モノを並べているという写真では以下の表現が使われます。

They're lining up chairs.（彼らは椅子を並べている）

(C) produceは「生産する」という他動詞の他に、「農産物」「青果物」という名詞の用法を知っていないと戸惑います。パート4にはスーパーのproduce section「青果物売り場」が登場します。

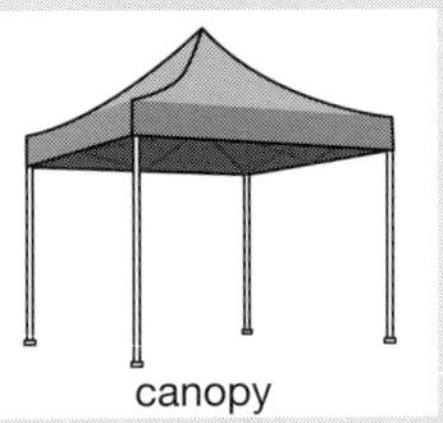
canopy

 皿トレ ③解説を読む ④ゆっくり音読 ⑤オーバーラッピング ⑥キモチオンドク

Date	Date	Date
／ ③④⑤⑥	／ ③④⑤⑥	／ ③④⑤⑥

Part 2

2. スクリプト 03_2_2 M: W:

M: Why can't we use meeting room B?

W: (A) On the second floor.

(B) Sounds good to me.

(C) You should ask Kieran about it.

男性： なぜ会議室 B は使えないのですか。
女性： (A) 2階です。
(B) いいですね。
(C) それについては Kieran に尋ねるべきです。

解説＆トレーニングポイント

会議室が使えない理由が問われ、それは Kieran に尋ねるべきと答えている（C）が正解です。人名は聞き取れないと、そこで思考停止になってしまいますが、「ask＋人＋about ～」という語法が身についていれば、Kieran がハッキリと聞こえなくても正解として選べたはずです。

You should ask Kieran about it.

「ask＋人＋about ～」の語法をしっかりと身につけるには、この英文をリアルに自分のセリフとして音読してみることです。例文のままでも良いですが、名前を自分の友人や同僚の名前に変えてみるとより実感がこもります。

皿トレ ③解説を読む ④ゆっくり音読 ⑤オーバーラッピング ⑥キモチオンドク

Date ／ ③④⑤⑥ Date ／ ③④⑤⑥ Date ／ ③④⑤⑥

3. スクリプト 03_2_3 W: W:

W: Do you have any idea why Allan is going to resign from the accounting firm?

W: **(A) Isn't that just a rumor?**

(B) I'll register for the accounting course instead.

(C) That's a great idea.

女性： Allanがなぜ会計事務所を辞めるのか、何か心当たりがありますか。

女性： (A) 単なるうわさではないのですか。
(B) 私は代わりに会計コースに申し込もうと思います。
(C) それは素晴らしい考えです。

解説&トレーニングポイント

Allanが会計事務所を辞めることについて心当たりがあるかどうかが問われ、それは単なるうわさではないのかと問い直している（A）が正解です。（B）はresignとregisterの、（C）はideaを使った音のヒッカケです。

Do you have any idea why Allan is going to resign from the accounting firm?

語数が11語を超えると聞き取りの難易度が上がります。この英文は15語もありますが、まずは文の構造を確認しておきましょう。文の骨格はDo you have any ideaの部分です。そして、ideaとそれに続く名詞節を並べること（同格）で、ideaの内容を説明しています。

Do you have any idea
||
why Allan is going to resign from the accounting firm?

構造が理解できたら、10回音読をしてdo you have any idea whyはカタマリで理解できるようにしておきましょう。

皿トレ ③解説を読む ④ゆっくり音読 ⑤オーバーラッピング ⑥キモチオンドク

Date ／ ③④⑤⑥ Date ／ ③④⑤⑥ Date ／ ③④⑤⑥

4. スクリプト 03_2_4 W: M:

W: Some of Rachel's paintings are available for purchase, aren't they?

M: (A) Yes, she did it herself.

(B) These works are not for sale.

(C) Her assistants are working extremely hard.

女性：Rachelの絵の何枚かは購入可能ですよね？

男性：(A) はい、彼女はそれを自分でしました。
(B) これらの作品は販売用ではありません。
(C) 彼女のアシスタントたちはとても熱心に働いています。

解説＆トレーニングポイント

Rachelの絵は購入可能かどうかが問われ、会話の場面にあるものは販売用ではないと答えている（B）が正解です。付加疑問文にyesで答えることはできますが、（A）はその後が購入可能かどうかに答えていないので不正解です。

These works are not for sale.

名詞のworkには「仕事」の他に、「芸術などの作品」という意味があります。ここでは、paintings（絵画）をworksで言い換えています。パート7でよく出題される仕事の応募の場面では、作者が自分の過去の作品を送るときにこのworksやportfolioが使われています。問いかけ文のavailable for purchaseに対して、応答文のnot for saleが対応していることを意識しながら、音読をしておきましょう。

皿トレ ③解説を読む ④ゆっくり音読 ⑤オーバーラッピング ⑥キモチオンドク

Date ／ ③④⑤⑥　Date ／ ③④⑤⑥　Date ／ ③④⑤⑥

5. スクリプト 03_2_5 M: W:

M: Which bus should I take to the construction site?

W: (A) You should visit the site immediately.

(B) It's still under construction.

(C) I'll give you a ride if you want.

男性： 建設現場にはどのバスに乗って行けば良いですか。

女性： (A) あなたはすぐに現場を訪れるべきです。

(B) まだ建設中です。

(C) よろしければ私が乗せて行きます。

解説＆トレーニングポイント

建設現場へはどのバスに乗れば良いかが問われ、自分が乗せていくと提案している (C) が正解です。(A) は site を使った音のヒッカケです。(B) は construction を使った音のヒッカケです。

I'll give you a ride if you want.

「give＋人＋a ride」は「人を車などに乗せる」という意味のフレーズです。パート3、4やパート7のチャット問題でも人を車に乗せるという場面が取り上げられるので、よく登場するフレーズです。一方で、指定した場所まで行って人を車などに乗せる場合には以下の英文が使われます。

I'll pick you up at the airport.

皿トレ ③解説を読む ④ゆっくり音読 ⑤オーバーラッピング ⑥キモチオンドク

Date ／③④⑤⑥ Date ／③④⑤⑥ Date ／③④⑤⑥

6. スクリプト 03_2_6 W: M:

W: I couldn't locate the document you asked for.

M: (A) The location hasn't been decided yet.

(B) I didn't watch the documentary either.

(C) Did you check the bottom drawer?

女性：あなたに頼まれた書類が見つかりません。
男性：(A) 場所はまだ決まっていません。
(B) 私もドキュメンタリーを見ませんでした。
(C) 一番下の引き出しは見ましたか。

□locate …の位置を突き止める

解説 & トレーニングポイント

頼まれた書類が見つからないという発言に対して、一番下の引き出しは見たのかと書類がありそうな場所の確認を促している（C）が正解です。(A) は locate と location を使った音のヒッカケです。(B) は document と documentary を使った音のヒッカケです。

I couldn't locate the document you asked for.

locate は「見つける」という意味の他動詞ですが、「何かがある場所を見つける」という場面でよく使われます。

皿トレ ③解説を読む ④ゆっくり音読 ⑤オーバーラッピング ⑥キモチオンドク

Date ／ ③④⑤⑥ Date ／ ③④⑤⑥ Date ／ ③④⑤⑥

Part 3 スクリプト 03_3 M1: M2: W:

Questions 7 through 9 refer to the following conversation with three speakers.

M1: (7) Ms. Carlson, Tim and I would like to watch the football game at Mansfield Stadium tomorrow night.

M2: Yeah, it means we'd have to leave work a little early, though. Is that alright?

W: Of course. I don't mind. What time will you be leaving?

M1: At about three-thirty in the afternoon.

W: OK. That's no problem at all. (8) Just make sure everyone knows that you won't be around.

M2: I'll send out an e-mail.

W: There is one thing, though. I need to talk to you both about the building schedule for the Reed Fitness Center. (9) Can you spare me some time tomorrow morning?

M1: Sure can.

問題 7-9 は 3 人の話し手による次の会話に関するものです。
男性 1：Carlson さん、Tim と私は明日の晩 Mansfield スタジアムでサッカーの試合を見たいのですが。
男性 2：ええ、つまり、多少早く退社しないといけないのですが。構いませんか。
女性：　もちろん。構いませんよ。何時に出ますか。
男性 1：午後 3 時 30 分頃です。
女性：　了解です。全く問題ないですよ。ただ、皆さんにあなたたちがいないということを必ず知らせておいてください。
男性 2：E メールを出しておきます。
女性：　ただ、もう 1 つ条件があります。Reed フィットネスセンターの建設スケジュールについてあなたたち 2 人と話す必要があります。明日の朝少し時間をもらえますか。
男性 1：もちろんです。

□be around この辺にいる　□spare A B AにB(金·時間など)を割く

設問と選択肢

7. Why did the men approach Ms. Carlson?

(A) They have finished an important project.
(B) They would like to attend a sporting event.
(C) They need permission to purchase some equipment.
(D) They want to join a fitness center.

男性たちはなぜ Carlson さんに話しかけてきたのですか。

(A) 彼らは重要なプロジェクトを完了したから。
(B) 彼らはスポーツイベントに行きたいから。
(C) 彼らは何らかの機械を買う許可が必要だから。
(D) 彼らはフィットネスセンターの会員になりたいから。

Carlson が具体的キーワードになります。設問に出てくる名前は、通常は話者ではない第三者です。

8. What does the woman ask the men to do?

(A) View the design of a poster
(B) Write a report on their trip
(C) Use a company discount
(D) Inform employees of a plan

女性は男性たちに何をするよう求めていますか。

(A) ポスターのデザインを検討する。
(B) 出張のレポートを書く。
(C) 会社の割引を利用する。
(D) 計画を従業員に連絡する。

女性が1人、男性が2人の会話であることがわかります。正解のヒントは女性が述べます。

9. When does the woman want to meet the men?

(A) This morning
(B) This afternoon
(C) Tomorrow morning
(D) Tomorrow afternoon

女性はいつ男性たちに会いたいですか。

(A) 今朝
(B) 今日の午後
(C) 明日の朝
(D) 明日の午後

時を問う設問は1度しか述べられないことがあるので、集中力を MAX に上げておきます。正解のヒントは女性が述べるだろうと予測しておきます。

解説 & トレーニングポイント

Just make sure everyone knows that you won't be around.

　この make sure は「～のことを確実にする」という意味で、この英文では女性が男性二人に対して、すべての人が男性二人がいないということを知っている、という状態を確実にしておいて、と依頼をしています。依頼をしているのは女性で、すべての人が知っている状態にしなければならないのは男性二人であることに注意してください。また、make sure には「～を確認する」という意味もあり、以下のような英文でも TOEIC に登場します。

I went to the warehouse to make sure that inventory is enough.
(在庫が十分あることを確認するために倉庫に行った)

Part 4 スクリプト 03_4 W

Questions 10 through 12 refer to the following talk.

10 Good morning, and thanks for coming in early today. As you know, I am very proud of you all, and we have consistently been number one in the men's shampoo rankings. That is, up until now. 11 Surprisingly, the latest figures show that one of our competitors has beaten us... and by a considerable margin! To rectify this, I've commissioned a survey of our target market to understand more clearly why the change has occurred. And secondly, I've doubled our advertising budget. Next time, we want to be back on top again. 12 I'd like you all to brainstorm today, and discuss any solutions with your supervisors, who will bring them to me.

問題 10-12 は次の話に関するものです。

おはようございます、そして本日は朝早くに来てくださり、ありがとうございます。ご存じの通り、私は皆さんのことを大変誇りに思っていますし、我々は常に男性用シャンプーのランキングで1位でした。というのは、これまでのことです。驚いたことに、最新の数字によれば、競合他社の1つが我々を負かしました…しかも顕著な差でです。これを是正するため、なぜこうした変化が起きたのかをより明確に理解するため、当社のターゲット市場の調査を依頼しました。次に、広告予算を2倍にしました。次回は再び1位になりたいです。今日は皆さん全員にアイデアを出し合って、皆さんの上司と解決策を話し合っていただきたいと思っており、それを皆さんの上司から私に報告してもらいます。

□consistently 一貫して、着実に □by a considerable margin かなりの差をつけて
□rectify …を是正する・正す □commission …を委託する・依頼する Q □benefit 利益を得る

③解説を読む ④ゆっくり音読 ⑤オーバーラッピング ⑥キモチオンドク

Date	Date	Date
／ ③④⑤⑥	／ ③④⑤⑥	／ ③④⑤⑥

10. When does the talk most likely take place?

(A) Before regular business hours
(B) At lunchtime
(C) In the afternoon
(D) After the close of business

話はいつ行われていると考えられますか。

(A) 通常の業務時間前
(B) お昼休み
(C) 午後
(D) 業務時間後

 most likely とあるので、トークに含まれる情報からいつのトークなのかを推測する問題です。

11. What does the speaker mean when she says "and by a considerable margin"?

(A) The event benefited from a lot of planning.
(B) The time restrictions were not necessary.
(C) She was surprised about the outcome.
(D) She was pleased with a profit amount.

話し手は "and by a considerable margin" という発言で、何を意図していますか。

(A) イベントは多くの計画から、利益を得た。
(B) 時間制限は必要ない。
(C) 彼女は結果に驚いた。
(D) 彼女は利益額に満足した。

 margin は「余白」「利益」などの意味がある名詞ですが、by a considerable margin は「大差で」というフレーズです。トークを聞く際には、and by a considerable margin を意識しながら、何が大差なのかを理解するように聞き取ります。

12. What are listeners asked to do?

(A) Encourage new workers
(B) Exchange some views
(C) Protect packages from water
(D) Speed up deliveries

聞き手は何をするよう求められていますか。

(A) 新入社員を励ます。
(B) 意見を交換する。
(C) 荷物を水から守る。
(D) 配達をもっと早くする。

 トーク後半で話者が何かを依頼するだろうと予測します。

解説＆トレーニングポイント

Surprisingly, the latest figures show that one of our competitors has beaten us... and by a considerable margin!

surprisingly は「驚くべきことに」という意味の副詞で、この後に聞き手が驚くような情報を述べるというサインであり、その情報は正解のヒントになる可能性があります。本問でもQ11の正解のヒントになっています。接続詞、副詞から文脈の転換点を意識できるようになると、リスニング力が上がります。特に、パート4は1人の話者が淡々と話をしていくので、パート3よりも文脈の変化をとらえるスキルはより重要です。

1(B) 2(C) 3(C) 4(C) 5(B) 6(A) 7(C) 8(B) 9(C) 10(D) 11(D) 12(C)

Part 1

1.

(A) 男性は机の上の書類を検討している。
(B) 男性は電話をかけている。
(C) 女性はノートパソコンを指している。
(D) 女性は何冊かのフォルダーを並べ替えている。

スクリプト 04_1  M

(A) A man is examining documents on a desk.

(B) A man is making a phone call.

(C) A woman is pointing at a laptop computer.
（pointing at a：ポインティンガッタ）

(D) A woman is rearranging some folders.

解説＆トレーニングポイント

（A）女性は書類を調べており、部分的に合っているのでうっかり正解として選びそうになる選択肢です。人物が2人写っており、机（table）、画面（monitor）、棚（shelf）など読み上げられそうなモノの候補もたくさんある写真は集中力が散漫になるので要注意です。

（B）電話をかけている場面は、以下の英文も使われます。
A man is talking on the phone.（男性は電話で話している）

（C）pointを使った英文は以下の2つが出題されます。
A woman is pointing to a document.（女性は書類を指している）
A woman is pointing toward the door.（女性はドアの方を指している）

Date ／③④⑤⑥ Date ／③④⑤⑥ Date ／③④⑤⑥

Part 2

2. スクリプト 04_2_2 M: W:

M: Did you come up with any solutions for the declining sales?

W: (A) One of the applicants declined the offer.

(B) To deal with the mechanical issue.

(C) I'm still thinking about it.

男性： 売り上げが減少していることについて何か解決策を思いつきましたか。

女性： (A) 応募者の 1 人が依頼を断りました。
(B) 機械的な問題に対処するためです。
(C) 私はまだそれについて考えています。

解説 & トレーニングポイント

売り上げ減少に対する解決策について問われ、まだ考えていると答えている (C) が正解です。(A) は declining（減少する）と declined（断わる）の音のヒッカケです。(B) は対応策を述べているように思えますが、会話がつながらないので不正解です。

Did you come up with any solutions for the declining sales?

solution は日本語のビジネス会話でも頻繁に使われるようになりましたが、「ソリューション」ではなく「ソルーシュン」という音を確認しておきましょう。また、solution と相性の良い動詞は find です。

We've found a solution to the problem.（その問題に対する解決策を見つけた）

皿トレ ③解説を読む ④ゆっくり音読 ⑤オーバーラッピング ⑥キモチオンドク

Date ／ ③④⑤⑥ Date ／ ③④⑤⑥ Date ／ ③④⑤⑥

3. スクリプト 04_2_3 M: M:

M: How do I find the password to open the recently installed program?

M: (A) Michael was not responsible for the program.

(B) They will open a new store soon.

(C) Could you check the manual?

男性： 最近インストールされたプログラムを開くためのパスワードはどうやって探したら良いですか。

男性： (A) Michael はプログラムの担当ではありません。

(B) 彼らはまもなく新しい店を開店します。

(C) マニュアルを確認してもらえますか。

解説 & トレーニングポイント

パスワードの探し方について問われ、マニュアルを確認するよう依頼している（C）が正解です。(A) は長い問いかけ文の最後にあって頭に残りやすい program をヒッカケに使っています。(B) は store を聞き逃すと、誰かがプログラムを開けてくれるのでパスワードは必要ないというセリフだと誤解してしまいます。

How do I find the password to open the recently installed program?

how は WH 疑問詞の中では比較的聞き取りやすい音です。満点を目指す皆さんは、よりスッキリと聞こえるリスニング力を身につけるために how do I という頻出フレーズのカタマリで覚えておきましょう。

皿トレ ③解説を読む ④ゆっくり音読 ⑤オーバーラッピング ⑥キモチオンドク

Date ／ ③④⑤⑥　Date ／ ③④⑤⑥　Date ／ ③④⑤⑥

4. スクリプト 04_2_4 M: W:

M: Who do you think will be the next president?

W: (A) Have you met him?

(B) The presentation lasts for three hours.

(C) I have no idea.

男性： 次の社長は誰だと思いますか。
女性： (A) 彼に会いましたか。
(B) プレゼンは3時間続きます。
(C) わかりません。

解説＆トレーニングポイント

（A）は次の次のセリフを先取りした高度な錯乱肢です。会話の場面がイメージできる上級者ほどうっかり選んでしまうので、要注意です。

Who do you think will be the next president?
次）I heard Mr. Tomson will be assigned.（Tomson さんが任命されると聞きました）
次の次）(A) Have you met him?

（B）は president → presentation の音のヒッカケです。

問いかけ文の構造は以下のように "do you think" が元の文に挿入されたものと考えてください。

Who will be the next president?
↓
Who do you think will be the next president?

構造が理解できたら、構造を意識しなくても意味が理解できるよう、10回音読して身体に染み込ませておきましょう。

Date ／③④⑤⑥ Date ／③④⑤⑥ Date ／③④⑤⑥

5. スクリプト 04_2_5 M: W:

M: The bakery is being renovated.

W: (A) A renowned artist will show up.

(B) Didn't they do that last year?

(C) What do you think about the innovation?

男性： パン屋は改装中です。

女性： (A) 有名なアーティストが登場します。
(B) 去年改装しませんでしたか。
(C) 革新についてあなたはどう思いますか。

解説＆トレーニングポイント

パン屋は改装中であるという発言に対して、昨年改装しなかったかと述べている（B）が正解です。(A)は renovated と renowned を使った音のヒッカケです。(C)は renovated と innovation を使った音のヒッカケです。

Didn't they do that last year?

否定疑問文なので、「去年改装したのに、また改装するのか！」という驚き、または「去年改装したはずなので、本当に改装しているの？」という確認の意図が含まれています。

皿トレ ③解説を読む ④ゆっくり音読 ⑤オーバーラッピング ⑥キモチオンドク

Date ／ ③④⑤⑥ Date ／ ③④⑤⑥ Date ／ ③④⑤⑥

6. スクリプト 04_2_6 W: M:

W: Where are you going to be transferred next month?

M: **(A) I'm supposed to be an accounting manager in the Portland office.**

(B) Because he succeeded in the previous project.

(C) Herman said the moving company would take care of it.

女性： あなたは来月どこに転勤になるのですか。

男性： (A) Portland 支社の経理部長になります。

(B) 彼が前回のプロジェクトで成功したからです。

(C) 引っ越し会社がそれを処理するだろうと Herman が言っていました。

解説＆トレーニングポイント

問いかけ文では転勤させられる場所が問われています。それに対して正解（A）ではまず、役職として an accounting manager（経理部長）、それに続けて in the Portland office（Portland 支社の）と場所を答えています。このように、問われている情報の前に付加情報を述べたものが正解になるのは定番なので、最後まで聞いて確認するようにしましょう。

（B）は転勤の理由を述べていますが、彼のことは問われていないので不正解です。（C）は transferred から the moving company を連想させる錯乱肢になっています。

Where are you going to be transferred next month?

where の音はカタカナ英語で記憶していると「ホ・エ・アー」と３音節ですが、正しい音は「ゥエアー」と１音節です。この違いを修正するのがリスニング力を高める最初の１歩です。

皿トレ ③解説を読む ④ゆっくり音読 ⑤オーバーラッピング ⑥キモチオンドク

Date ／ ③④⑤⑥ Date ／ ③④⑤⑥ Date ／ ③④⑤⑥

Part 3

スクリプト 04_3 M: W:

Questions 7 through 9 refer to the following conversation.

M: 7 The premiere of that new movie — umm… *Ryan's Boys* is tomorrow night. We should send someone to go and interview the director and actors.

W: Good point. I'll send a reporter and a camera person to cover the event. What time does it start?

M: Let's see… ah… seven o'clock. 8 But they'll be giving interviews outside the theater at six-thirty. We'll need an appointment if we want an interview with the director or someone from the cast.

W: OK. 9 I'll call the publicist and have them set up an appointment. Can you ask around and find out which reporters are free to cover the event?

問題 7-9 は次の会話に関するものです。
男性： あの新しい映画の公開初日のことですが、ええと、『Ryan's Boys』は明日の晩でしたね。誰かを派遣して監督と俳優陣にインタビューしたほうがいいですよね。
女性： その通りですね。レポーターとカメラマンを派遣して、そのイベントを取材しようと思います。何時に始まるんでしょうか。
男性： ええと、ああ、7 時です。だけど、インタビューは劇場の外で 6 時 30 分からです。監督や出演者にインタビューするには予約が必要ですよ。
女性： わかりました。私から広報担当に電話して予約をしてもらいます。あなたはあちこち当たってみて、そのイベントの取材ができる手の空いているレポーターを探してくれますか。

□premiere（演劇・映画の）初日・初演　□Good point. 良い指摘です。
□cover 他（報道機関などが事件など）を報道する・取り上げる

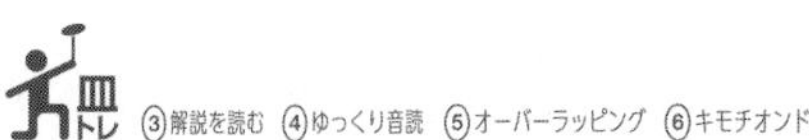

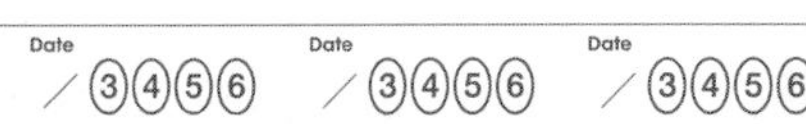

設問と選択肢

7. What are the speakers discussing?

(A) A fund-raising concert
(B) A job interview
(C) A first showing
(D) A sporting event

話し手たちは何について話し合っていますか。

(A) チャリティコンサート
(B) 仕事の面接
(C) 封切り
(D) スポーツの試合

話題を問う問題のヒントは、通常は会話全体に含まれています。ところが本問では premiere が決定的なヒントになっています。premiere は映画、演劇の初日の意味で、パート 7 の正解のヒントにもなったことがあるのでしっかりと覚えておきましょう。

8. When will the interview take place?

(A) At 6:00 P.M.
(B) At 6:30 P.M.
(C) At 7:00 P.M.
(D) At 7:30 P.M.

インタビューはいつ行われますか。

(A) 午後 6 時
(B) 午後 6 時半
(C) 午後 7 時
(D) 午後 7 時半

インタビューは、採用面接、リポーターの取材など場面がある程度絞り込めるので先読み段階の大きなヒントになります。

9. What will the woman most likely do?

(A) Invite some participants
(B) Publish some books
(C) Schedule an interview
(D) Conduct a survey

女性は何をすると考えられますか。

(A) 参加者を招待する。
(B) 本を出版する。
(C) インタビューの予定を立てる。
(D) 調査を実施する。

女性の最後のセリフにヒントがあると予測します。また、most likely とあるので、女性以外（通常は男性）が次の行動を提案する可能性も予測しておきます。

解説 & トレーニングポイント

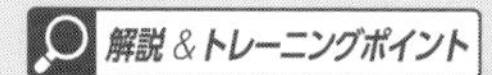

I'll call the publicist and <u>have them set up</u> an appointment.

「have ＋人＋動詞の原形」は、人に～をさせるという使役動詞の語法です。聞き取れなかった方は、この英文を自分のセリフとして音読しておきましょう。

Part 4 スクリプト 04_4 W

Questions 10 through 12 refer to the following announcement.

10 Customers, while shopping in our store today, listen out for our Pink Spot Specials! 11 Every hour, one section will feature a discount on popular goods and items — everything from meat to fruit, drinks, and paper goods. Pick out an item, get a special sticker from the attendant in the bright pink outfit, and 11 get 50% off at checkout! Right now, our Pink Spot Special is in the bread corner where for the next 10 minutes you can get the popular Wheaten Breakfast Loaf for half price! 12 Don't forget to grab the discount sticker and enjoy your savings!

問題 10-12 は次のお知らせに関するものです。

お客さま、本日当店にてお買い物をされる際には、Pink Spot Specials を注意してお聞きください。1時間ごとに、どこか1つの部門で人気商品の割引をいたします—お肉や果物、お飲み物、紙製品などすべてのものです。商品を1つお選びになり、鮮やかなピンク色の服を着た店員から特別なシールをお受け取りいただき、レジで 50% の値引きをお受けください。ただいま、Pink Spot Special はパンコーナーで、今から 10 分間、人気の Wheaten Breakfast 食パンが半額でお求めになれます。割引シールをもらうのをお忘れにならず、お得なお買い物をお楽しみください。

□listen out for …に耳を傾ける □attendant 係員、案内係 □outfit ひとそろいの衣服
Q □complimentary 無料の、優待の、称賛の □on offer 発売中で、提供中で

10. Where most likely is this announcement being made?

(A) At a train station
(B) At a restaurant
(C) At a sports arena
(D) At a supermarket

このお知らせはどこで行われていると考えられますか。

(A) 列車の駅
(B) レストラン
(C) スポーツアリーナ
(D) スーパーマーケット

このトークはお客さんに対するお知らせの場面だろうと予測できます。

11. What is on offer?

(A) Priority section seating
(B) Season passes
(C) Complimentary tickets
(D) Discounted products

何が提供されていますか。

(A) 優先席
(B) シーズンパス
(C) 無料チケット
(D) 割引商品

設問、選択肢からお客さんへのサービスがアナウンスされるだろうと予測します。

12. What are listeners reminded to do?

(A) Renew their documents
(B) Show their membership cards
(C) Obtain a mark
(D) Download an application

聞き手は何をするよう念を押されていますか。

(A) 書類を更新する。
(B) 会員カードを見せる。
(C) マークをもらう。
(D) 申請書をダウンロードする。

トーク終盤で正解のヒントが述べられるだろうと予測します。

解説＆トレーニングポイント

Every hour, one section will feature a discount on popular goods and items — everything from meat to fruit, drinks, and paper goods.

動詞 feature は辞書では「～を特集する」、「～を紹介する」など多様な意味が載っており、日本語ではとらえにくい単語の１つです。そういう場合は、英英辞典で使い方を調べておくのがお勧めです。

to include or show something as a special or important part of something, or to be included as an important part

(Longman Dictionary of Contemporary English より)

つまりこの「as a special or important part of something（特別なものとして示す）」が、この英文では１時間ごとの特別な割引を知らせている、という意味になっています。

 1(D) 2(C) 3(A) 4(A) 5(C) 6(A) 7(A) 8(B) 9(C) 10(C) 11(A) 12(B)

Part 1

1.

(A) 超高層ビルが湖に映っている。
(B) 何人かの人々がボートに乗っている。
(C) 数本の木々が手入れされているところである。
(D) ベンチは空いたままになっている。

□skyscraper 超高層ビル
□trim (芝·生け垣など)を刈り込む
□leave A B AをBのままにしておく

スクリプト 05_1 W

(A) Skyscrapers are being reflected on the lake.

(B) Some people are taking a boat ride.

(C) Some trees are being trimmed.

(D) A bench is left unoccupied.
アンオキュパイd

解説&トレーニングポイント

(A) skyscraper (sky · scrap · er) は「超高層ビル」の事で「摩天楼」とも訳されます。アクセントはyにあります。水面にモノが写り込んでいる状況を描写するのは定番の問題で、山が映っているであれば正解です。

The mountains are being reflected on the lake.(山々が湖に映っている)

(D) パート1としてはやや複雑な構造の英文ですが、以下の英文が受動態になったと考えれば理解しやすいでしょう。

Someone left a bench unoccupied.(誰かがベンチを空けたままにした)

leave O C で「OをCのままにしておく」という意味で、C には形容詞や副詞が使われます。

Leave the door open.(ドアを開けたままにしておいてください)

unoccupied に似た単語の unattended を使った英文も出題範囲です。

A waiting area is unattended.(待合室には誰もいない)

③解説を読む ④ゆっくり音読 ⑤オーバーラッピング ⑥キモチオンドク

Date ／ ③④⑤⑥　Date ／ ③④⑤⑥　Date ／ ③④⑤⑥

Part 2

2. スクリプト 05_2_2 W: M:

W: Why don't we go to the celebration tonight?

M: (A) Actually, I had a great time.

(B) To meet the dress code.

(C) I have a doctor's appointment.

女性： 今夜、お祝いに行きませんか。

男性： (A) 実のところ、私はとても楽しみました。

(B) 服装規定に合わせるためです。

(C) 医者の予約があります。

解説＆トレーニングポイント

お祝いに行きませんかと提案をされ、医者の予約があると断っている (C) が正解です。(A) は celebration から had a great time を連想させる錯乱肢です。(B) は問いかけ文が理由を問う疑問文だと勘違いした人に対する錯乱肢です。

Why don't we go to the celebration tonight?

why don't we は相手に対して、何かを提案、誘うときの定番フレーズです。意味は知っていたが、聞き漏らしたという方は、この英文を使って、自分が目の前にいる人をお祝いに誘うキモチを込めて 10 回音読しておきましょう。

皿トレ ③解説を読む ④ゆっくり音読 ⑤オーバーラッピング ⑥キモチオンドク

Date ／ ③④⑤⑥ Date ／ ③④⑤⑥ Date ／ ③④⑤⑥

3. スクリプト 05_2_3 W: M:

W: Are you supposed to interview the candidate by yourself or should I join you?

M: **(A) I suppose I can handle it.**

(B) The candidate is very promising.

(C) I'd love to stop by your office.

女性： あなたは自分一人で応募者を面接しますか、それとも私も参加すべきですか。

男性： (A) 一人で大丈夫だと思います。
(B) 応募者はとても有望です。
(C) 私はぜひあなたの事務所に立ち寄りたいです。

解説＆トレーニングポイント

一人で面接をするか、第1話者も参加すべきかが問われ、一人で大丈夫だと答えている（A）が正解です。（B）は candidate を使った音のヒッカケです。

I suppose I can handle it.

このhandleは、状況や問題などを「上手く扱う」という意味の動詞です。同義語のdeal withも覚えておきましょう。なお、パート1では「ドアノブ」という意味の名詞としても登場します。ただし、自動車のハンドルはsteering wheelなので間違えないようにしましょう。

皿トレ ③解説を読む ④ゆっくり音読 ⑤オーバーラッピング ⑥キモチオンドク

Date ／ ③④⑤⑥ Date ／ ③④⑤⑥ Date ／ ③④⑤⑥

4. スクリプト 05_2_4 W: M:

W: Why was the jazz festival postponed?

M: **(A) How did you know about that?**

(B) My season ticket expired.

(C) I thought I put it in the box.

女性： なぜジャズフェスティバルは延期になったのですか。

男性： (A) なぜそのことを知っているのですか。
(B) 私のシーズンチケットは期限が切れました。
(C) 私はそれをその箱の中に入れたと思いました。

解説＆トレーニングポイント

ジャズフェスティバルが延期になった理由が問われていますが、どうして延期になった情報を知ったのか（知っているはずはないのに）と応えている（A）が正解です。jazz festival と ticket は関連性がありますが、チケットの期限が切れることとフェスティバルの延期はつながらないので（B）は不正解です。

How did you know about that?

did と you はつながって音が変化しています。また、about と that はそれぞれの t が重なって t が 1 つになっている点を意識して音を聞き込んでおきましょう。

皿トレ ③解説を読む ④ゆっくり音読 ⑤オーバーラッピング ⑥キモチオンドク

Date ／③④⑤⑥ Date ／③④⑤⑥ Date ／③④⑤⑥

5. スクリプト 05_2_5 W: M:

W: When will the new photocopier arrive?

M: (A) For about an hour, I believe.

(B) No, I ordered a pair of boots.

(C) I haven't heard anything about it at all.

女性： 新しいコピー機はいつ来ますか。

男性： (A) 約1時間だと思います。
(B) いいえ、私はブーツを一足注文しました。
(C) 私はそれについては全く聞いていません。

解説＆トレーニングポイント

女性はいつコピー機が届くのか尋ねているので、日付や曜日を予想してしまいますが、男性はそもそも何も聞かされていないと回答している（C）が正解になっています。（A）は時間を答えているので会話がつながりそうですが、1時間後と言いたい場合は In about an hour と言うべきです。（B）は文末の arrive から ordered を連想させる錯乱肢です。

When will the new photocopier arrive?

ナレーターは will を短く発話して、when とつなげて読んでいるので、聞き取りにくいですが、繰り返し聞いて耳に馴染ませておきましょう。

皿トレ ③解説を読む ④ゆっくり音読 ⑤オーバーラッピング ⑥キモチオンドク

Date ／ ③④⑤⑥ Date ／ ③④⑤⑥ Date ／ ③④⑤⑥

6. スクリプト 05_2_6 M: W:

M: What are we going to do after the conference?

W: **(A) Let me check the schedule.**

(B) In the New York office.

(C) I'll finish it by then.

男性： 会議の後我々は何をしますか。

女性： (A) スケジュールを確認させてください。
(B) ニューヨークの事務所内です。
(C) 私はそのときまでにはそれを終わらせます。

解説＆トレーニングポイント

会議後の予定を問われたのに対して、スケジュールを確認する（その後に予定を答える）と回答している (A) が正解です。(B) は会議の場所を答えている錯乱肢です。(C) は会話がつながっているように思えてしまいますが、it が何を示しているのかが不明なので不正解です。

What are we going to do after the conference?

この文の先頭、つながって速く読まれる部分の音を繰り返し聞いて、自分でも真似して音読をしておきましょう。

Let me check the schedule.

let の t が落ちて me とつながり、「レミ」と読まれています。let me ～は自ら何かを提案したり、軽く許可を求めるときの表現でパート 2 の選択肢でもしばしば登場します。

皿トレ ③解説を読む ④ゆっくり音読 ⑤オーバーラッピング ⑥キモチオンドク

Date ／ ③④⑤⑥　Date ／ ③④⑤⑥　Date ／ ③④⑤⑥

Part 3 スクリプト 05_3 M: W:

Questions 7 through 9 refer to the following conversation.

M: We need to improve our staff training program and provide more motivation. (7) I keep thinking about that presentation of Jim Nichol's at the conference in Vancouver. He had some excellent ideas. Do you remember?

W: Of course. Actually, I spoke to him after the presentation. (8) He offered to visit us here and discuss the needs of our company. I think it might be a bit expensive, though.

M: Yes. I'm sure he charges quite a bit. I don't think we necessarily need him to be here. (9) I've been reading his book and there are a lot of strategies we could put to use.

問題 7-9 は次の会話に関するものです。
男性： 社員研修プログラムを改善してもっとモチベーションを上げられるようにする必要がありますね。バンクーバーの会議での Jim Nichol さんのあのプレゼンテーションについてずっと思い返しているんです。彼はいくつか素晴らしいアイデアについて話していました。覚えていますか。
女性： もちろんです。実はプレゼンテーションの後で彼と話したんです。彼は来社して当社のニーズについて話し合おうと提案してくれました。だけど、それはちょっと高くつくかもしれません。
男性： そうですね。彼はかなり請求するに違いありません。彼にここに来てもらう必要は必ずしもないと思います。彼の本を読んでいますが、我々が実行できるたくさんの戦略が書いてあります。

□improve …を改善する □strategy 戦略 □put X to use Xを用いる
Q □bulk order 大量注文 □adopt …を採用する

③解説を読む ④ゆっくり音読 ⑤オーバーラッピング ⑥キモチオンドク

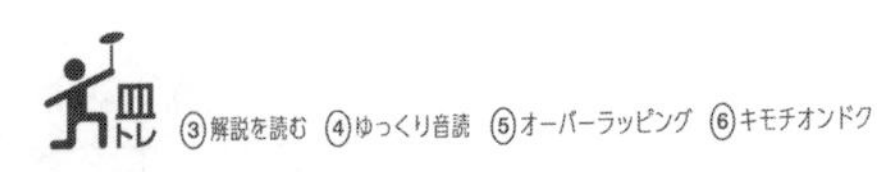

Date ／ ③④⑤⑥ Date ／ ③④⑤⑥ Date ／ ③④⑤⑥

設問と選択肢

7. How do the speakers know Jim Nichol?

(A) They saw him giving a talk at an event.
(B) He is a well-known newsreader.
(C) They have worked with him in the past.
(D) He contacted them after the presentation.

話し手たちはどのようにして Jim Nichol を知りましたか。

(A) 彼らはイベントで彼が話をするのを見た。
(B) 彼は有名なアナウンサーである。
(C) 彼らは以前、彼と一緒に働いたことがある。
(D) 彼はプレゼンテーションの後、彼らに連絡してきた。

Jim Nichol は話し手たちには含まれていないので、第三者であることがわかります。

8. What has Jim Nichol offered the speakers?

(A) A discount on bulk orders
(B) A private consultation
(C) Copies of his book
(D) Booths at a conference

Jim Nichol は話し手たちに何を申し出ていますか。

(A) 大量注文に対する割引
(B) 個別の相談
(C) 何冊かの彼の本
(D) 会議でのブース

具体的キーワードの Jim Nichol を強く意識しておきます。人名は心の中で音読をして音で覚えておきます。Nichol は「ニコル」でなく「ニコゥ」に近い音です。

9. What does the man say the speakers should consider?

(A) Rehearsing a presentation
(B) Conducting a customer survey
(C) Adopting some strategies
(D) Sending an invitation

男性は話し手たちが何を検討すべきだと言っていますか。

(A) プレゼンテーションのリハーサル
(B) 顧客調査の実施
(C) 戦略の採用
(D) 招待状の送付

男性の最後のセリフに正解のヒントがあると予測します。

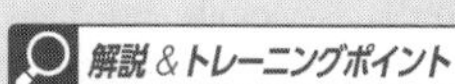

I'm sure he charges quite a bit.

quite a bitの意味を誤解していませんか？　a bitだけならば「少ない」という意味ですが、quite a bitは「かなりの」という意味になります。ここで逆の意味にとらえてしまうと、文脈がくずれて思考停止になってしまいます。似た表現を挙げておきますので、確認をしておきましょう。

quite a little　かなり多くの
quite a few　多数の人（物）

Part 4 スクリプト 05_4 W

Questions 10 through 12 refer to the following news broadcast.

And in local business news. Williams Music has announced a takeover of CDs to Go, which **10** will close at the end of this month. The well-known CD retailer has recently experienced a sharp decline in sales as more and more people take to downloading music. Williams Music manager, Bob Williams, says he plans to use **11** the excellent location of CDs to Go, situated in Central Mall, to expand his own business of musical instruments. The new instrument store, renamed Music to Go, will continue to stock a small number of CDs, catering mainly to mature customers. **12** Next up, let's check the money markets.

問題 10-12 は次のニュース放送に関するものです。

ローカルビジネスニュースです。Williams Music が今月末で閉店する CDs to Go の買収を発表しました。より多くの人々がダウンロード音楽の方を好んでいるので、有名な CD 小売業者は最近売上高が大きく落ち込んでいました。Williams Music のマネジャー、Bob Williams は CDs to Go が Central Mall にあり、場所が大変良いことを利用して楽器販売事業を拡大する計画です。Music to Go と改名された新楽器店は主に年配客向けに引き続き少数の CD を置きます。次は金融市場を確認しましょう。

□takeover 企業買収　□cater to …の要求を満たす　Q □premise 店舗、家屋、敷地　□vicinity 近所、付近　□retain …を持ち続ける

③解説を読む ④ゆっくり音読 ⑤オーバーラッピング ⑥キモチオンドク

Date	Date	Date
／ ③④⑤⑥	／ ③④⑤⑥	／ ③④⑤⑥

10. Why is the CD store closing?

(A) The manager resigned.
(B) It is moving premises.
(C) Its sales are down.
(D) The contract has expired.

CD 店はなぜ閉店するのですか。

(A) マネジャーが辞めた。
(B) 店を移動する。
(C) 売上高が落ちている。
(D) 契約が切れたから。

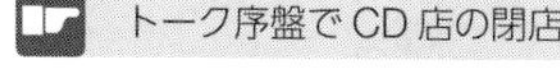

 トーク序盤で CD 店の閉店理由が述べられるだろうと予測します。

11. What is mentioned about the CD store?

(A) It is in a good vicinity.
(B) It has many staff.
(C) It will install new software.
(D) It will retain the same name.

CD 店について何が述べられていますか。

(A) 良い場所にある。
(B) 多くのスタッフがいる。
(C) 新しいソフトウェアをインストールする。
(D) 同じ店名のままである。

 CD 店について述べられるさまざまな情報から選択肢に該当するものを選びます。本問はトークの excellent location が good vicinity と言い換えられている難問です。

12. What will listeners hear next?

(A) Updates on sports
(B) A finance report
(C) A new catering service
(D) An interview with elderly people

聞き手は次に何を聞きますか。

(A) スポーツの最新情報
(B) 金融レポート
(C) 新たなケータリングサービス
(D) 年配者たちへのインタビュー

 トーク終盤で次の話題を述べるだろうと予測します。

解説 & トレーニングポイント

The new instrument store, <u>renamed Music to Go</u>, will continue to stock a small number of CDs, catering mainly to mature customers.

renamed Music to Go の部分は挿入句になっており、その前の主語 The new instrument store を言い換えています。リーディングではカンマによって挿入句が確認できますが、カンマは発話されないので、リスニングでは意味、文法的知識、そして発話のリズムから文構造を理解する必要があります。

この英文を音読するときに、store の後に間をおいて、renamed Music to Go で主語を補足するキモチで音読をして、挿入句の感覚を身につけておきましょう。

 1(A) 2(C) 3(A) 4(A) 5(B) 6(C) 7(A) 8(D) 9(A) 10(D) 11(A) 12(B)

Part 1

1.

(A) 葉が地面を覆っている。
(B) 何人かの人々がベンチの周りに集まっている。
(C) 彼らは柱の隣に座っている。
(D) 自転車に乗った人々が木のそばを通り過ぎている。

□pass by (そばを)通り過ぎる

スクリプト  06_1  M

(A) Leaves are covering the ground.

(B) Some people are gathering around a bench.

(C) They're sitting next to a column.
ネクストゥ

(D) The cyclists are passing by a tree.

解説&トレーニングポイント

(A) ベンチに座っている人が主語になるのが正解だろうと待ち構えている人をひっかけようとする錯乱肢です。頻度は多くありませんが、出題例はあるので要注意です。
(B) around の1語のみが写真と一致していない、危険な錯乱肢です。
(C) next to は「ネクスト トゥー」ではなく、t が1つ省略されて「ネクストゥ」と読まれています。
(D) pass を使った以下の英文を覚えておきましょう。

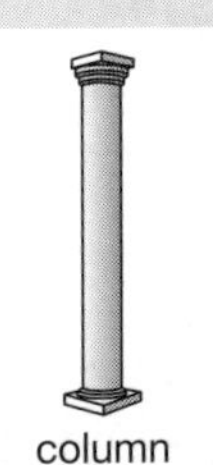
column

A man is passing a pen to a woman.（男性が女性にペンを渡している）
A man is passing under a bridge.（男性が橋の下を通過している）
They're passing through a terminal.（彼らはターミナルを通行している）

皿トレ ③解説を読む ④ゆっくり音読 ⑤オーバーラッピング ⑥キモチオンドク

Date ／ ③④⑤⑥　Date ／ ③④⑤⑥　Date ／ ③④⑤⑥

Part 2

2. スクリプト 06_2_2 M: W:

M: Do you know how we can make our service more profitable?

W: (A) Because they were made of lightweight materials.

(B) The facility is out of service.

(C) Customer feedback will be vital.

男性： どうすれば当社のサービスがもっと利益が出るようになるのかあなたはわかりますか。

女性： (A) 軽い素材でできていたからです。
(B) その施設は休止中です。
(C) 顧客のフィードバックがきわめて重要でしょう。

□vital　必要不可欠な、きわめて重要な

解説＆トレーニングポイント

どうすれば会社のサービスがより利益が出るようになるかが問われ、顧客のフィードバックが重要であると答えている（C）が正解です。(A) はサービスの利益が高まった理由について問われていると誤解した人に対する錯乱肢です。(B) は service を使った音のヒッカケです。

Customer feedback will be vital.

vital はパート２としては、やや難しめの単語ですが、重要単語なのでここでマスターしておきましょう。意味は「きわめて重要な」(extremely important) で、同意語の crucial も合わせて覚えておきましょう。語尾が l なので、音は「バイタル」ではなく「ヴァイ t ゥ」のように聞こえます。

③解説を読む ④ゆっくり音読 ⑤オーバーラッピング ⑥キモチオンドク

Date ／ ③④⑤⑥　Date ／ ③④⑤⑥　Date ／ ③④⑤⑥

3. スクリプト 06_2_3 M: W:

M: Haven't you looked over the résumé yet?

W: **(A) I'm doing it right now.**

(B) They'll resume hiring new people.

(C) To look up some difficult words.

男性： 履歴書にまだ目を通していないのですか。
女性： (A) 今からすぐにやるところです。
(B) 彼らは新人をまた雇い始めます。
(C) 難しい単語を調べるためです。

- □look over …にざっと目を通す
- □resume …を再開する
- □look up (辞書などで)…を調べる

解説＆トレーニングポイント

履歴書にまだ目を通していないのかと問われ、今からすぐやるところだと答えている(A)が正解です。(B)は résumé と resume を使った音のヒッカケです。(C) は難しい単語を調べるという目的を答えていますが、履歴書に目を通さないこととは関係がないので不正解です。

Haven't you looked over the résumé yet?

résumé はフランス語に由来する単語で、履歴書の意味です。日本語では「要旨」、「要約」を「レジメ」と言いますが、ストレスの位置は「ジ」にあります。一方、résumé は最初の e にある点が要注意です。

皿トレ ③解説を読む ④ゆっくり音読 ⑤オーバーラッピング ⑥キモチオンドク

Date ／ ③④⑤⑥ Date ／ ③④⑤⑥ Date ／ ③④⑤⑥

4. スクリプト 06_2_4 W: W:

W: We're inspecting the new medical facility this Friday, aren't we?

W: **(A) Isn't that next week?**

(B) Yes, a medical degree is required.

(C) There were some mistakes on closer inspection.

女性： 新しい医療施設を今度の金曜日に視察するのですよね？

女性： (A) 来週ではないですか。
(B) はい、医学の学位が必要です。
(C) より詳しい調査で間違いが見つかりました。

解説＆トレーニングポイント

新しい医療施設を次の金曜日に視察するのかと問われ、それは来週ではないのかと問い返している（A）が正解です。（B）は medical facility から medical degree を連想させる錯乱肢です。（C）は inspecting と inspection を使った音のヒッカケです。

Isn't that next week?

isn'tは単体では決して聞き取りが難しくない単語ですが、ここでは語尾のtがthatの影響で消えてしまっているので、未知の単語だと誤解して聞き漏らしてしまうことがあります。聞き漏らすのはうっかりミスよりも、音を聞き取る力不足によるものです。音声を繰り返し聞き直して、正しい音を覚えておきましょう。

皿トレ ③解説を読む ④ゆっくり音読 ⑤オーバーラッピング ⑥キモチオンドク

Date ／ ③④⑤⑥ Date ／ ③④⑤⑥ Date ／ ③④⑤⑥

5. スクリプト 06_2_5 W: M:

W: Who's going to attend the conference in January?

M: (A) It's about energy consumption.

(B) Here's the list.

(C) In meeting room B.

女性： 誰が1月の会議に出席しますか。
男性： (A) それはエネルギー消費に関してです。
(B) こちらがリストです。
(C) 会議室Bでです。

解説＆トレーニングポイント

(A) はconferenceのテーマを答えてしまっています。(C) はwho'sが聞こえなかった場合にconferenceの開催場所が問われていると勘違いさせる錯乱肢です。

Who'sはWho isの省略形ですが、Who'sの音に慣れていないとそこでつまずいてしまいます。この問いかけ文はattend the conferenceがポイントでここを聞き取れていれば、会議の参加者はリストに書かれていると答えている (B) を選ぶことができます。

Who'sの部分に意識を高めて、10回繰り返し聞き込んでおいてください。

皿トレ ③解説を読む ④ゆっくり音読 ⑤オーバーラッピング ⑥キモチオンドク

Date ／ ③④⑤⑥ Date ／ ③④⑤⑥ Date ／ ③④⑤⑥

6. スクリプト 06_2_6 M: W:

M: Where should I put these documents about our new customers?

W: (A) I think we should start a new advertising campaign.

(B) We need thirty copies for the meeting.

(C) They're usually stored in that drawer.

男性： 新規顧客に関するこれらの書類をどこに置くべきですか。

女性： (A) 私は我々は新しい広告キャンペーンを始めるべきだと思います。

(B) 我々は会議のために30部必要です。

(C) それらは通常あちらの引き出しに保管されています

解説＆トレーニングポイント

問いかけ文では書類を置くべき場所が問われ、正解（C）では put（置く）を stored（保管する）に言い換え in that drawer（引き出しに）と答えています。

（A）は new customers（新規顧客）から an advertising campaign（広告キャンペーン）を連想させる錯乱肢になっています。（B）は documents を thirty copies（30部）と言い換えていますが、意味がつながらないので不正解です。

Where should I put these documents about our new customers?

where の音は単独でよりも、つながって読まれるとより聞き取りの難易度は上がります。where should I のようにパート２頻出の組み合わせの音で覚えておけば、本番での聞き取り精度が上がります。ナレーターの言い方を真似して、一息で読むように発音して１文全体を音読してみましょう。

皿トレ ③解説を読む ④ゆっくり音読 ⑤オーバーラッピング ⑥キモチオンドク

Date ／ ③④⑤⑥ Date ／ ③④⑤⑥ Date ／ ③④⑤⑥

Part 3 スクリプト 06_3 M: W:

Questions 7 through 9 refer to the following conversation.

M: 7 Hi. I'd like a cheeseburger and medium fries, oh… and a medium lemonade, too. Thanks.

W: Sure. We have a special offer this week. 8 If you spend an extra dollar, you can get a Kahuna Burger calendar.

M: 8 No. I'm fine. I don't need another calendar.

W: OK, so, your order comes to seven dollars. 9 We're a little busy so it might take around five minutes to prepare. For here or to go?

問題 7-9 は次の会話に関するものです。
男性： こんにちは。チーズバーガーとポテトの M を、えーと、それとレモネードの M を注文します。よろしくお願いします。
女性： かしこまりました。今週は特別サービスがございます。あと 1 ドルご注文いただくと、Kahuna Burger のカレンダーを手に入れることができます。
男性： いいえ。大丈夫です。カレンダーはもう要らないので。
女性： はい、それでは、ご注文は 7 ドルになります。今ちょっと混んでいますので出来上がりまで 5 分ほどかかるかもしれません。こちらでお召し上がりですか、それともお持ち帰りですか。

□special offer 特価提供　Q □checkup 健康診断、検査

皿トレ ③解説を読む ④ゆっくり音読 ⑤オーバーラッピング ⑥キモチオンドク

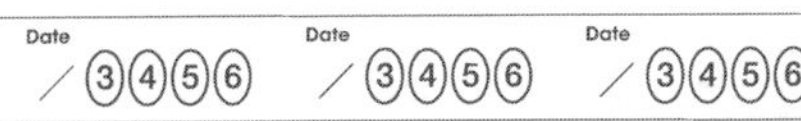

設問と選択肢

7. Where most likely are the speakers?

(A) At a restaurant
(B) At a gym
(C) At a flea market
(D) At a factory

話し手たちはどこにいると考えられますか。

(A) レストラン
(B) ジム
(C) フリーマーケット
(D) 工場

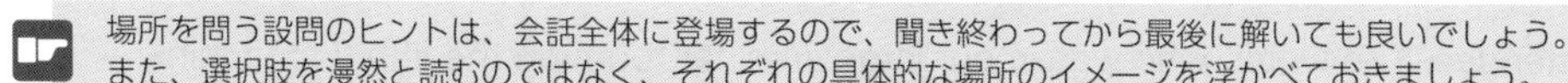

場所を問う設問のヒントは、会話全体に登場するので、聞き終わってから最後に解いても良いでしょう。また、選択肢を漫然と読むのではなく、それぞれの具体的な場所のイメージを浮かべておきましょう。

8. What does the man mean when he says, "I'm fine"?

(A) He does not need any assistance.
(B) He has recovered from a cold.
(C) He is ready for his checkup.
(D) He is not interested in a special offer.

男性は "I'm fine" という発言で、何を意図していますか。

(A) 彼は手助けが必要ではない。
(B) 彼は風邪から回復した。
(C) 彼は健康診断の準備ができている。
(D) 彼は特別なサービスに関心がない。

I'm fine というセリフを意識しつつ、男性は何に対して「大丈夫」と述べているのかを会話の流れから聞き取るようにします。解答は Q9 の後でも大丈夫です。

9. What does the woman say about the man's order?

(A) It will take some time to be ready.
(B) It has been canceled.
(C) Its charge has been changed.
(D) It will renew each month automatically.

女性は男性の注文について何と言っていますか。

(A) 準備ができるまで多少時間がかかる。
(B) キャンセルされた。
(C) 料金が変更された。
(D) 自動的に毎月更新される。

女性のセリフに正解のヒントがあると予測します。男性が何かを注文、依頼するという状況であることがわかります。

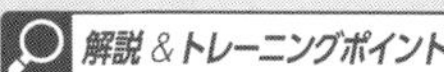

No. I'm fine.

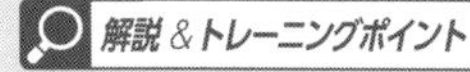

I'm fine は初級の英会話で How are you today? に対する応答として習う定型フレーズとして知られています。特に良くも悪くもなく、普通の状態ということです。一方でこの英文の I'm fine は、相手からの提案を断るときに使われており、大丈夫です（結構です）という意味になります。断る場合の I'm fine はこの英文のように No とセットで使われます。

Part 4 スクリプト 06_4 M

Questions 10 through 12 refer to the following excerpt from a meeting.

Next, I'd like to discuss part of (10) a letter I received from a recent conference attendee. The writer, who was in our large seminar room on the fifth floor, I think — complains that the vending machines are too far away from the conference rooms. Now as you know, (11) we installed the machines adjacent to the elevators on the first floor so people could get their drinks before they went up to their particular rooms. Also, having them all together there makes servicing easy, (12) but…um…perhaps we should rethink our strategy. We need to keep in mind that, at the end of the day, customer satisfaction is our top priority.

問題 10-12 は次の会議の一部に関するものです。

次に、最近の会議の出席者から受け取った手紙の一部について話し合いたいと思います。この方は 5 階の大きなセミナールームにいらしたようですが、自動販売機が会議室から遠すぎると不満を述べています。皆さんご存知のように販売機を 1 階のエレベーターの隣に設置しましたので、各部屋に上がって行く前に飲み物を買えるようになっています。また、それらを 1 か所にまとめて設置することで保守が容易ですが、しかし、ええと、おそらく我々は方針を考え直すべきでしょう。留意しなければならないのは、要するに、お客さまの満足が我々の最優先事項だということです。

□adjacent 隣接した　Q □delegate 会議の出席者、代表者
□take X into account Xを考慮に入れる (= take account of)

皿トレ ③解説を読む ④ゆっくり音読 ⑤オーバーラッピング ⑥キモチオンドク

Date	Date	Date
／ ③④⑤⑥	／ ③④⑤⑥	／ ③④⑤⑥

10. Who is the letter from?

(A) A beverage manufacturer
(B) An event organizer
(C) An appliance supplier
(D) A conference delegate

手紙は誰からですか。

(A) 飲料メーカー
(B) イベント主催者
(C) 電気製品メーカー
(D) 会議の代表者

手紙に書かれている問題や依頼などに対応するためのトークが展開されると予測します。

11. Where can the machines be found?

(A) Near the elevators
(B) At a reception area
(C) In particular rooms
(D) On the fifth floor

機械はどこにありますか。

(A) エレベーターの近く
(B) 受付エリア
(C) 特定の部屋
(D) 5 階

場所についての情報は一度しか述べられないことがあるので、要注意の設問です。

12. What does the speaker mean when he says, "perhaps we should rethink our strategy"?

(A) Some conference rooms need to be expanded.
(B) A customer's feedback must be taken into account.
(C) Drinking options should be increased.
(D) A vending machine should be fixed by a technician.

話し手は "perhaps we should rethink our strategy" という発言で、何を意図していますか。

(A) 会議室のいくつかを広くする必要がある。
(B) 顧客のフィードバックを考慮しなければならない。
(C) 飲料の選択肢を増やすべきだ。
(D) 自動販売機は技術者により修理されるべきだ。

strategy は何なのか、それを再考しなければならなくなった経緯などを聞き取るようにします。

解説 & トレーニングポイント

Now as you know, we installed the machines adjacent to the elevators on the first floor so people could get their drinks before they went up to their particular rooms.

adjacent は「隣の」という意味の形容詞で、前の machines を修飾しています。名詞を後置修飾できるという語法と、前置詞の to を伴う点が重要で、パート 5 で出題される可能性もあります。音の点では、d は発音されず、第 2 音節にストレスが置かれるので「アジェイセン t」のように聞こえることを確認しておきましょう。

ad·**ja**·cent

1(A) 2(C) 3(B) 4(C) 5(B) 6(A) 7(D) 8(C) 9(A) 10(B) 11(D) 12(B)

Part 1

1.

(A) 女性の 1 人は足を組んでいる。
(B) 女性の 1 人はコップを持っている。
(C) 彼女らはウエーターに挨拶をしている。
(D) 彼女らはカウンターのそばで食事をしている。

□dine 食事をする

スクリプト 07_1 W

(A) One of the women has her legs crossed.
ウィミン ×ウーメン

(B) One of the women is holding a glass.
ホウゥディンガ

(C) They're greeting a waiter.

(D) They're dining by the counter.
ダイニンg

解説&トレーニングポイント

(A) women を「ウーメン」と覚えていた場合は、正しい音で上書きしておきましょう。

(B) hold の音は「ホールド」ではありません。L は「ル」よりも「ウ」に近い音として聞こえます。women、glass は写真に写っているので holding がもやっと聞こえていると危険な選択肢になってしまいます。

(C) greet がパート 1 で正解になるのは、握手をしている場面など挨拶をしているとわかる場合です。

(D) dining は自動詞 dine「食事をする」の現在分詞です。日本語で食堂をダイニング(ダイニングルーム)と言うので「彼らが食堂である」と誤解してしまうとここでつまずきます。

皿トレ ③解説を読む ④ゆっくり音読 ⑤オーバーラッピング ⑥キモチオンドク

Date ／③④⑤⑥ Date ／③④⑤⑥ Date ／③④⑤⑥

Part 2

2. スクリプト 07_2_2 M: M:

M: What makes it so difficult to advertise our new computers?

M: (A) Our designers made them.

(B) That's not new.

(C) The budget constraints.

男性： 当社の新しいパソコンを宣伝するのはなぜそんなに難しいのですか。

男性： (A) 当社の設計者がそれらを作りました。
(B) それは新しくありません。
(C) 予算の制約です。

□constraint 制約するもの

解説＆トレーニングポイント

問いかけ文はやや難しい文構造なので正解（C）を使った肯定文に書き換えてみると、わかりやすくなります。

The budget constraints make it so difficult to advertise our new computers.
(S: The budget constraints / V: make / O: it / C: difficult)

What は「何か」を問う疑問詞ですが、ここでは新しいパソコンを宣伝するのが難しい理由を問うています。

(A)は新しいパソコンは誰が作ったかという意味に取り違えた人に対する錯乱肢です。(B)は new を使った音のヒッカケになっています。

What makes it so difficult to advertise our new computers?

問いかけ文の構造が理解できたら、話者になりきって音読をして意味を自分の中に落とし込んでおきましょう。自分で what make を使った例文を作って音読してみるのも有効です。

What made you decide to attend the advanced seminar?
（応用セミナーに参加しようと決断したのはなぜですか）

Date ／③④⑤⑥ Date ／③④⑤⑥ Date ／③④⑤⑥

3. スクリプト 07_2_3 W: M:

W: Are the new hires starting next week?

M: (A) We need to hire more technicians.

(B) On Monday at the earliest.

(C) I'm going to start a new software project.

女性： 新入社員は来週から勤務開始ですか。
男性： (A) もっと技術者を雇う必要があります。
(B) 早くて月曜日です。
(C) 私は新しいソフトウェアのプロジェクトを開始します。

□at the earliest 早くとも

解説＆トレーニングポイント

新入社員の勤務開始は来週からかどうかが問われているので、シンプルな回答は Yes, they are/ No, they aren't です。正解の (B) では早くて月曜日と答えているので、勤務開始は未定だという状況です。(A) は新入社員の話から、さらに会話が発展して技術者不足という流れになれば会話としてつながりそうですが、ここでは不正解です。

On Monday at the earliest.

at the earliest は「どんなに早くても」という意味です。文脈によって、「早くて～である」、「早ければ～である」という意味にとれます。「どんなに遅くても」という意味の at the latest と合わせて覚えておきましょう。

皿トレ ③解説を読む ④ゆっくり音読 ⑤オーバーラッピング ⑥キモチオンドク

Date ／③④⑤⑥ Date ／③④⑤⑥ Date ／③④⑤⑥

4. スクリプト 07_2_4 M: W:

M: When will the renovation of the community center finish?

W: (A) On the fourth floor.

(B) That would be great.

(C) I have no idea.

男性：コミュニティセンターの改装はいつ終わりますか。

女性：(A) 4階です。
(B) それは素晴らしいです。
(C) 全くわかりません。

解説＆トレーニングポイント

コミュニティセンターの改装がいつ終わるのかが尋ねられていますが、I have no idea.（全くわかりません）と答えた（C）のみが会話としてつながるので正解です。I have no idea は where、who、why などで問われる設問では必ず正解となる選択肢になります。（A）は when を where と聞き間違えた場合の錯乱肢です。

When will the renovation of the community center finish?

この問題のポイントはただ1点、早口のオーストラリア人男性による先頭の when will が聞き取れるかどうかです。この2語が完全につながって読まれ、聞き取りにくい音になっています。2020年頃から本番でも出題されるようになった、上級者泣かせの問題です。

皿トレ ③解説を読む ④ゆっくり音読 ⑤オーバーラッピング ⑥キモチオンドク

Date ／ ③④⑤⑥　Date ／ ③④⑤⑥　Date ／ ③④⑤⑥

5. スクリプト 07_2_5 W: M:

W: Were you able to find the key, or did you just make another one?

M: (A) Which application did you fill out?

(B) I'm still looking for it.

(C) I found a nice key chain at the souvenir shop.

女性： あなたは鍵を見つけることができたのですか、それとももう１つ作ったのですか。

男性： (A) どの申請書に記入したのですか。
(B) まだ探しています。
(C) 私は土産屋ですてきなキーチェーンを見つけました。

解説＆トレーニングポイント

鍵を見つけることができたのか、あるいはもう１つ作ったのかと問われ、まだ探している、つまりまだ見つかっていないと答えている（B）が正解です。（C）は find the key と found a nice key chain を使った音のヒッカケです。

Were you able to find the key, or did you just make another one?

この one は既出の不特定の名詞を表す代名詞です。この英文では key を示しており、紛失した鍵そのものを表しておらず、鍵一般を表しています。この代名詞 one は、パート２の問題作成者が好んで使うので、頻繁に登場します。

皿トレ ③解説を読む ④ゆっくり音読 ⑤オーバーラッピング ⑥キモチオンドク

Date ／ ③④⑤⑥ Date ／ ③④⑤⑥ Date ／ ③④⑤⑥

6. スクリプト 07_2_6 M: W:

M: Why did you decline that position?

W: **(A) Sorry, I can't tell you.**

(B) The new marketing manager will.

(C) You made the right decision.

男性： その仕事をなぜ断ったのですか。
女性： (A) すみませんが、言えません。
(B) 新しい営業部長がします。
(C) あなたは正しい決断をしました。

□decline（丁寧に申し出など）を断る

解説＆トレーニングポイント

仕事を断った理由を問われ、それは答えられないと冷たく回答をした (A) が正解です。(B) は position から marketing manager を連想させる錯乱肢です。(C) は男性が女性に対して述べるセリフなので不正解ですが、うっかり選んでしまわないように注意が必要です。

Why did you decline that position?

why did you の部分は一気につなげて読まれています。position は si の部分にストレスが置かれ、それが際立つように po の部分は「ポ」ではなく子音の p だけが聞こえています。

皿トレ ③解説を読む ④ゆっくり音読 ⑤オーバーラッピング ⑥キモチオンドク

Part 3 スクリプト 07_3 W: M:

Questions 7 through 9 refer to the following conversation.

W: Good afternoon. Welcome to Bridges Restaurant. My name's Carol. I'll be serving you today. I see you've already started looking at the menus. (7) Unfortunately, a couple of the entrées aren't served today, the shrimp cocktail and the scallops. (8) Would you like to order right away, or should I come back?

M: There's a lot to choose from. (8) You'd better give us a few minutes.

W: I see. Take as long as you like. (9) As you can see, the lunch service isn't very crowded.

M: Yes, there's hardly anyone here. I'll give you a wave when we're ready to order.

問題 7-9 は次の会話に関するものです。

女性： こんにちは。Bridges レストランへようこそ。私は Carol と申します。本日は私が給仕をいたします。メニューをすでにご覧になり始めているようですね。残念ながら、シュリンプカクテルとホタテの２種類のアントレが本日はございません。今すぐご注文されますか、それとも後で戻ってきましょうか。

男性： たくさん選択肢がありますね。もう少し時間をいただきたいです。

女性： わかりました。お好きなだけごゆっくりどうぞ。ご覧の通り、ランチはそれほど混んでいませんから。

男性： ええ、他にはほぼ誰もいませんね。注文の準備ができたら手を振りますよ。

□entrées コース料理の主菜 □scallop ホタテ貝

③解説を読む ④ゆっくり音読 ⑤オーバーラッピング ⑥キモチオンドク

Date ／ ③④⑤⑥ Date ／ ③④⑤⑥ Date ／ ③④⑤⑥

設問と選択肢

7. What does the woman indicate about the food selection?

(A) Shrimp cocktail is recommended.
(B) There are some seasonal items.
(C) It is all prepared fresh in the kitchen.
(D) Some food items are not available.

女性は食べ物の選択について何を示していますか。

(A) シュリンプカクテルがお薦めである。
(B) 季節の料理がいくつかある。
(C) すべてがキッチンで作り立てである。
(D) いくつかの料理がない。

the food selection から飲食店における、客と店員の会話ではと予測しておきます。

8. Why does the man say, "There's a lot to choose from"?

(A) There are many seats available.
(B) There are a lot of restaurants in the area.
(C) He cannot make up his mind yet.
(D) He will come back to the restaurant another time.

男性はなぜ"There's a lot to choose from"と言っていますか。

(A) 座れる席がたくさんある。
(B) その地域にはたくさんのレストランがある。
(C) 彼はまだ決められない。
(D) 別の機会にまたレストランに来る。

男性はなぜ「選ぶものがたくさんある」と述べるのか、を会話の流れから理解するよう聞き取ります。

9. What does the woman say about lunch service at the restaurant?

(A) There are few customers.
(B) The prices are quite reasonable.
(C) There is a separate menu.
(D) It is advertised on the radio.

女性はレストランのランチ営業について何と言っていますか。

(A) 客が少ない。
(B) 価格がかなりお手頃である。
(C) 別メニューがある。
(D) ラジオで宣伝されている。

女性の最後のセリフで正解のヒントを述べるだろうと予測します。この設問からも、会話の場面はレストランだろうと予測できます。

解説＆トレーニングポイント

Unfortunately, a couple of the entrées aren't served today, the shrimp cocktail and the scallops.

定石通り、Unfortunately が文脈の転換になって、このセンテンスが Q7 の正解のヒントになっています。

パート 3、4 には難しい単語が出題されることはほぼありませんし、仮に出されたとしても解答に影響がないように問題は作られています。ただし、料理関連の単語はたまに出題されることがあるのでボキャビルのために問題演習で出会うたびに少しずつ覚えていくのが良いでしょう。

entrée：主菜、または肉料理の前の料理。ストレスは先頭の e、音は「ア」
shrimp cocktail：エビのカクテル
scallop：ホタテ

Part 4 スクリプト 07_4 W

Questions 10 through 12 refer to the following instructions.

10 Welcome to Triple B Couriers. At this time of year, we have to process five times the usual parcels, so your work for these two weeks is valuable. Your job will be to carefully take the parcels from the pallets and place them on the conveyor belt so they can travel under the security scanner. 11 The belt will automatically stop if the scanner shows a red light. Grab the attention of your supervisor whenever that occurs. It's rare, but sometimes it happens. 12 Remember, you need to finish your work thirty minutes before the vans take off. If you finish early, look for someone else who needs help. We've got to ensure these parcels get delivered on time.

問題 10-12 は次の指示に関するものです。

Triple B 宅配便へ、ようこそ。1 年のこの時期には、我々は通常の 5 倍の荷物を処理しなければなりませんので、この 2 週間の皆さんの仕事は大変重要です。皆さんの仕事は荷物を荷台から慎重に降ろして、それらが保安スキャナの下を通過できるようベルトコンベヤーの上に置くことです。スキャナが赤信号を表示するとベルトが自動で止まります。そうしたことが起きたら、監督者に知らせてください。こうしたことはまれですが、時々は起きます。トラックが出発する 30 分前に仕事を終える必要があることを覚えておいてください。早く終わったら助けが必要な他の人を探してください。荷物が必ず時間通りに配達されるようにしなければなりません。

- □valuable 貴重な、大切な □grab the attention of X Xの関心[注意]を引く
- □have got to *do* …しなければならない □ensure that 節 …を確実にする

③解説を読む ④ゆっくり音読 ⑤オーバーラッピング ⑥キモチオンドク

Date	Date	Date
／ ③④⑤⑥	／ ③④⑤⑥	／ ③④⑤⑥

10. What type of service does the company provide?

(A) Security monitoring
(B) Parcel delivery
(C) Career advice
(D) Automobile manufacturing

その会社はどんな種類のサービスを提供していますか。

(A) 保安監視
(B) 荷物配達
(C) キャリアアドバイス
(D) 自動車製造

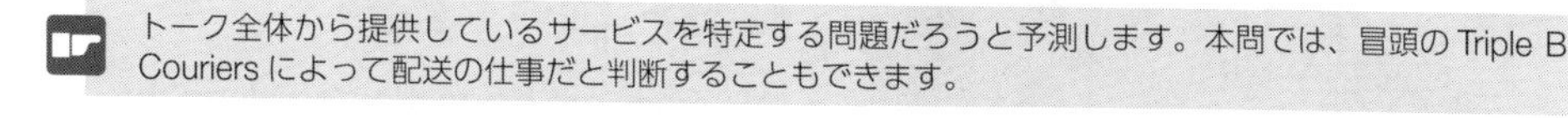

トーク全体から提供しているサービスを特定する問題だろうと予測します。本問では、冒頭の Triple B Couriers によって配送の仕事だと判断することもできます。

11. When should workers notify their supervisors?

(A) At the end of their shift
(B) At the close of business
(C) When they complete their tasks
(D) When there is a red signal

作業者たちはいつ監督者に知らせなければなりませんか。

(A) シフトの終わり
(B) 業務の終わり
(C) 作業を完了したとき
(D) 赤信号のとき

具体的キーワードの supervisor を意識しながら、正解のヒントを聞き取るようにします。

12. What are employees reminded to do?

(A) Hand in their reports
(B) Finish by a certain time
(C) Scan the instruction manual
(D) Monitor their screens

従業員たちは何をするよう念を押されていますか。

(A) 報告書を提出する。
(B) 決まった時間までに終える。
(C) 取扱説明書をスキャンする。
(D) スクリーンを確認する。

聞き手は従業員であることがわかります。終盤のセリフで話し手が聞き手に対し述べている内容を聞き取るようにします。

解説 & トレーニングポイント

Grab the attention of your supervisor whenever that occurs.

Q11 の正解のヒントになっているキーセンテンスですが、意味は取れたでしょうか。grab the attention は「～の注意を引く」という意味で、リスニングセクションとしてはやや難しめのフレーズです。draw attention の方がより一般的なフレーズです。パート 4 はリスニングセクションの中では、最も難しい単語、フレーズが登場するので、知らないものに出会った場合は、その都度覚えていくようにしましょう。
なお、pay attention to というフレーズも合わせて覚えておきましょう。

Drill 8 解説とトレーニング

 1(D) 2(B) 3(B) 4(C) 5(A) 6(B) 7(D) 8(C) 9(A) 10(A) 11(D) 12(B)

Part 1

1.

スクリプト 08_1  M

(A) Trees are being planted along the curb.
クー ×カーブ

(B) Some bushes are being trimmed.

(C) A man is carrying reams of paper.

(D) A man is using a rake to gather leaves.
レイk ×レーキ

(A) 木々が縁石に沿って植えられているところである。
(B) 低木が刈り込まれているところである。
(C) 男性が大量の紙を運んでいる。
(D) 男性が葉を集めるために熊手を使っている。

□curb 車道と歩道の境の縁石
□sidewalk 舗装された道路

解説＆トレーニングポイント

(A) curb は車道と歩道の境にある縁石の事です。語尾の b はほぼ聞こえないくらい弱く短く発音されるので「クー」のように聞こえます。

(B) bush「低木」は写真奥に写っていますが、刈り込まれている最中ではないので不正解です。

(C) ream of は「大量の」という意味で TOEIC の出題範囲。leaf と聞き間違えた方は音を聞き直しておきましょう。

(D) rake はパート 1 の頻出単語。日本語では「レーキ」ですが、英語では「レイ k」と発音されます。

③解説を読む ④ゆっくり音読 ⑤オーバーラッピング ⑥キモチオンドク

Date ／ ③④⑤⑥ Date ／ ③④⑤⑥ Date ／ ③④⑤⑥

Part 2

2. スクリプト 08_2_2 W: W:

W: How much will you need to implement that construction plan?

W: (A) I heard it'll be sunny tomorrow.

(B) I'll ask the manager about it.

(C) I'm planning to go to the museum.

女性： その建設計画を実行するのにいくら必要ですか。

女性： (A) 明日は晴れると聞きました。
(B) それについてはマネジャーに聞きます。
(C) 博物館に行く予定です。

□implement (計画など)を実行する

解説＆トレーニングポイント

建設計画を実行するのにいくらかかるかについて問われ、(自分ではわからないので) マネジャーに聞いてみると答えた (B) が正解です。

How much will you need to implement that construction plan?

implement は動詞と名詞の両方の用法があり、ここでは動詞として使われています。意味は「実行する」ですが、英英辞典でより具体的な意味を確認しておきましょう。

to take action or make changes that you have officially decided should happen
(Longman Dictionary of Contemporary English より)

つまり、公式に決まっていることを実行に移すことを表すときに用いられる動詞です。目的語には例文にある plan の他には policy, decision などがよく使われます。
音の面では、3 音節で第 1 音節にストレスが置かれる点も要注意です。

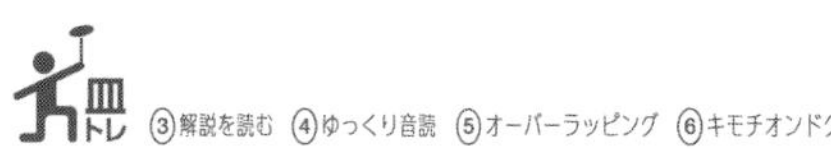

Date ／ ③④⑤⑥ Date ／ ③④⑤⑥ Date ／ ③④⑤⑥

3. スクリプト 08_2_3 M: W:

M: Do you know whether the clients will approve our proposal?

W: (A) Due to inclement weather in the destination cities.

(B) There's a good chance.

(C) Both by e-mail and in person are acceptable.

男性： その顧客が我々の提案を受け入れてくれるかどうかあなたはわかりますか。

女性： (A) 目的地の都市での天候悪化のせいです。

(B) 可能性は十分あります。

(C) E メールと対面のどちらでも可能です。

□due to …が原因で

□inclement (天候が)荒れ模様の

解説 & トレーニングポイント

顧客が提案を受け入れてくれるかどうかがわかるかと問われ、可能性は十分にあると答えている (B) が正解です。(A) は whether と同音の weather を使った音のヒッカケです。(C) は提案書の受付方法を連想した人に対する錯乱肢です。

There's a good chance.

日本語のチャンスは「好機」ですが、この chance は「可能性」の意味で使われているので、それを good で強めることで「十分可能性がある」という意味になっています。この意味をリスニングで理解できるようになるには、セリフのように音読をして、自分で使ってみることです。可能性は十分にありますよ、というキモチを伝えるつもりで 10 回音読しておきましょう。

Date ／③④⑤⑥ Date ／③④⑤⑥ Date ／③④⑤⑥

4. スクリプト 08_2_4 M: W:

M: I don't know how to make our trade show more interesting.

W: (A) It's not a trading company.

(B) To expand into the European market next year.

(C) What was it like last year?

男性： 展示会をもっと面白くするにはどうしたら良いのかわかりません。

女性： (A) それは貿易会社ではありません。
(B) 来年ヨーロッパ市場に展開するためです。
(C) 去年はどうでしたか。

解説 & トレーニングポイント

展示会をもっと面白くするにはどうしたら良いかわからないという発言に対して、昨年はどうだったかと問いかけ、昨年の施策が参考なるのではないかとアドバイスしている（C）が正解です。(A) は trade と trading を使った音のヒッカケです。(B) は展示会の実施からヨーロッパ市場への展開を連想させる錯乱肢です。

What was it like last year?

what is it like は「～はどうですか」という意味のフレーズで、すでに会話に出てきたこと（it）について、どういう様子だったのか、客からの反応があったのか、どういう工夫をしたのか、という関連する情報を聞き出そうとしています。この英文では、it は去年の展示会はどうやって面白くしたのか、ということを問うています。使われている単語は基本単語ばかりですが、フレーズとして意味が取れないと発話の意図がつかめません。このフレーズをマスターするために、話者になりきって音読を 10 回繰り返しておいてください。

皿トレ ③解説を読む ④ゆっくり音読 ⑤オーバーラッピング ⑥キモチオンドク

Date ／ ③④⑤⑥ Date ／ ③④⑤⑥ Date ／ ③④⑤⑥

5. スクリプト 08_2_5 M: (オーストラリア) W: (カナダ)

M: Haven't you done the assignment yet?

W: **(A) No, I still have two weeks left.**

(B) They are discussing an environmental assessment.

(C) I don't know who'll be working on it.

男性： あなたはまだその業務を終えていないのですか。

女性： (A) はい、まだ２週間ありますから。
(B) 彼らは環境アセスメントについて検討しています。
(C) 私は誰がその件を担当するのか知りません。

□assignment 割り当てられた仕事
□assessment 評価、判断

解説＆トレーニングポイント

まだ業務を終えていないのかと問われ、締め切りまで２週間あるから（業務を終えていない）と答えている（A）が正解です。(B) は assignment と assessment を使った音のヒッカケです。(C) はその仕事の担当は自分ではない、という意味にとらえてしまうと正解に思えてしまいますが、誰が担当するのか知らない、では会話がかみ合っていないので不正解です。

Haven't you done the assignment yet?

assignment は「割り当て」という意味で、TOEIC では上司などから割り当てられた仕事の意味として登場します。ストレスのある第２音節の n とそれに続く第３音節の m へのつながりを意識して、音読しておきましょう。

as · **sign** · ment

③解説を読む ④ゆっくり音読 ⑤オーバーラッピング ⑥キモチオンドク

Date ／ ③④⑤⑥　Date ／ ③④⑤⑥　Date ／ ③④⑤⑥

6. スクリプト 08_2_6 W: M:

W: Who will be responsible for organizing this year's festival?

M: (A) We have received no response so far.

(B) The name is on the bulletin board.

(C) The performance will start at seven P.M.

女性： 誰が今年の祭りの実施責任者ですか。
男性： (A) 我々は今のところ回答を受け取っていません。
(B) 氏名が掲示板にあります。
(C) 公演は午後7時に始まります。

□organize（催しなど）を準備する

解説＆トレーニングポイント

(A) は responsible と response の音のヒッカケです。(C) は問いかけ文の最後の単語 festival だけが記憶に残ってしまった人に対して、festival で行われるであろう performance の事を述べた錯乱肢です。

Who will be responsible for organizing this year's festival?

Who は WH 疑問文の中では比較的聞き取りやすい音ですが、"Who will" と組み合わさると聞き取りが難しい音になります。この問題では早口のイギリス人女性が読むことでさらに難易度が上がっています。

will は弱く読まれる単語ですが、who とつながってさらに弱く不明瞭な音になり、Who will が未知の単語として聞こえてしまうからです。Who will の部分を意識しながら 10 回聞き込んで正しい音を染み込ませて、10 回音読しておきましょう。

皿トレ ③解説を読む ④ゆっくり音読 ⑤オーバーラッピング ⑥キモチオンドク

Date	Date	Date
／ ③④⑤⑥	／ ③④⑤⑥	／ ③④⑤⑥

Part 3 スクリプト 08_3 M: W:

Questions 7 through 9 refer to the following conversation.

M: Hi. I'd like to have someone come and clean our office twice a week. (7) Can you give me an estimate of the costs?

W: I certainly can. (8) But you'll have to tell me a little more about your office — your address, how big it is, how many rooms, what kind of floor coverings you have and that kind of thing.

M: OK. We're in the Durant Office Building on Burton Street.

W: You're right next door. It might be easier if I come over and look at it in person.

M: That'd be great. When can you get here?

W: (9) How's Friday afternoon?

M: (9) That'd be fine. I'm leaving at four-thirty to attend a workshop, though. You'll have to be here before that.

問題 7-9 は次の会話に関するものです。
男性： もしもし。どなたかにここに来て事務所を 1 週間に 2 回清掃してほしいのですが。費用の見積もりをもらえますか。
女性： もちろんです。でも、そちらの事務所についてもう少し教えていただく必要があります。住所、どのくらいの広さか、何部屋あるのか、どんな種類の床なのか、そういったことです。
男性： わかりました。当社は Burton 通りの Durant オフィスビル内にあります。
女性： すぐ隣ですね。私が行って直接見てみた方が簡単ですね。
男性： それはいいですね。いつ来られますか。
女性： 金曜日の午後はどうでしょうか。
男性： それで大丈夫です。ですが、ワークショップに出席するので 4 時 30 分には出かけます。その前に来ていただかないといけません。

Q □describe …を説明する

③解説を読む ④ゆっくり音読 ⑤オーバーラッピング ⑥キモチオンドク

Date ／ ③④⑤⑥　Date ／ ③④⑤⑥　Date ／ ③④⑤⑥

設問と選択肢

7. What does the man say he wants to do?

(A) Reserve a meeting room
(B) Move to a new building
(C) Decide which guest speaker to invite
(D) Confirm how much the work will be

男性は何をしたいと言っていますか。

(A) 会議室を予約する。
(B) 新しいビルに移る。
(C) ゲストスピーカーに誰を招待するか決める。
(D) 作業がいくらかかるか確認する。

正解のヒントは男性が述べます。

8. What does the woman ask the man to do?

(A) Visit her office
(B) Take some photos
(C) Describe his office
(D) Make a guest list

女性は男性に何をするよう求めていますか。

(A) 彼女の会社を訪ねる。
(B) 写真を撮る。
(C) 彼の事務所について説明する。
(D) 招待客のリストを作る。

男性が何かをしたいと思っており、それに応じる女性という状況をイメージしておきます。

9. Where does the man say he will go on Friday afternoon?

(A) To an event
(B) To a conference
(C) To a banquet
(D) To a hospital

男性は金曜日の午後どこに行くと言っていますか。

(A) イベント
(B) 会議
(C) 宴会
(D) 病院

男性が最後のセリフでヒントを言うだろうと予測しておきます。そして、具体的キーワードの Friday afternoon を強く意識しておきます。

解説＆トレーニングポイント

But you'll have to tell me a little more about your office — your address ↗ , how big it is ↗ , how many rooms ↗ , what kind of floor coverings you have ↘ and that kind of thing ↘ .

複数の情報を列挙する場合のイントネーションをマスターしましょう。原則は続きの情報がある場合は上げ調子（↗）、最後の情報は下げ調子（↘）で、ここで終わりですという意図を伝えています。この英文では what kind of floor coverings you have で一通りの情報を述べたので、ここで下げ調子になり、補足の that kind of thing も下げ調子になっています。このイントネーションの変化で情報の切れ目や終わりを聞き理解できるようになれば、リスニング力をブラシュアップできます。

Part 4 スクリプト 08_4 M

Questions 10 through 12 refer to the following talk.

OK, everyone. I have some news. As you know, (10) recent guests of The Royal Inn have complained about the hot water cutting in and out. Well, we've had an expert assess the problem. (11) While we were hoping for a simple solution, it looks like there's no easy way out. The whole system needs to be replaced. Work will start next month and the new heaters will be connected to the piping system... well…soon after that. In the meantime though, (10) we want guests to be aware of the situation. These stickers explain all about it. (12) Today, as you clean the rooms, please stick one in each shower room somewhere easy to see — I suggest on the wall above the faucets.

問題 10-12 は次の話に関するものです。

はい、皆さん。お知らせがあります。ご存知のように、Royal Inn の最近のお客さまたちが、お湯が出たり出なかったりすると苦情を言われています。それで、専門家に問題を判断していただきました。容易に解決できればと願ってはいるのですが、どうやら簡単な解決策はないようです。システム全体を交換する必要があります。作業は来月始まり、新しいヒーターが、ええと、そのすぐ後に、配管システムに接続されます。しかしながら、その間は、お客さまに状況をご理解いただきたいです。これらのステッカーが状況をすべて説明しています。今日、部屋を掃除する際に、各シャワールームのどこか見やすいところにこのステッカーを 1 枚貼ってください—お薦めは水道の蛇口の上の壁です。

□easy way out 簡単な解決法　□in the meantime その間に、そうこうするうちに　□faucet 蛇口
Q □turn down …を断る　□acknowledge (事実など)を認める

③解説を読む ④ゆっくり音読 ⑤オーバーラッピング ⑥キモチオンドク

Date / ③④⑤⑥　Date / ③④⑤⑥　Date / ③④⑤⑥

10. Where does the talk most likely take place?

(A) In a hotel
(B) In a manufacturing plant
(C) In a service company
(D) In a surveyor's office

話はどこでされていると考えられますか。

(A) ホテル
(B) 製造工場
(C) サービス会社
(D) 調査官の事務所

 most likely とあるので、トークの中の情報から場所を推測する問題です。

11. Why does the speaker say, "it looks like there's no easy way out"?

(A) To turn down the suggestion
(B) To show the facility exit
(C) To ignore a minority opinion
(D) To acknowledge the hard situation

話し手はなぜ、"it looks like there's no easy way out" と言っているのですか。

(A) 提案を却下するため。
(B) 施設の出口を示すため。
(C) 少数意見を無視するため。
(D) 難しい状況を認めるため。

it looks like there's no easy way out は、「容易な方法は見つからなさそう」という意味なので、何かの問題に対する方法だろうと予測しておきます。

12. What will happen today?

(A) Equipment will be repaired.
(B) Notices will be displayed.
(C) Experts will be consulted.
(D) Timetables will be changed.

今日は何が起きますか。

(A) 機器が修理される。
(B) 通知が表示される。
(C) 専門家が相談を受ける。
(D) 時刻表が変更される。

トーク終盤に正解のヒントが述べられるだろうと予測します。

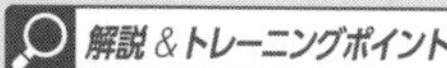

While we were hoping for a simple solution, it looks like there's no easy way out.

接続詞 while には「~の間」、「~にもかかわらず」の2つの意味があり、この英文では後者の意味で使われています。この英文の前後半の意味のつながりから while の意味は決まりますが、顧客からの苦情、専門家に調査を依頼した、というその前までの文脈から、while の意味を予測するのが上級者のリスニング力です。

1(A) 2(B) 3(B) 4(C) 5(B) 6(A) 7(A) 8(A) 9(D) 10(A) 11(D) 12(C)

Part 1

1.

(A) 何枚かの紙がテーブルの上に広げられている。
(B) フロアランプが机の後ろに置かれているところである。
(C) 彼女は壁に棚を取り付けている。
(D) 彼女はスカーフを外している。

□hang …を掛ける・つるす・展示する

スクリプト 09_1  M

(A) Some papers are spread out on a table.
スプレダゥ ×スプレッド アウト

(B) A floor lamp is being set behind a desk.

(C) She's hanging a rack on the wall.
ヘンギンガ
ウォーゥ ×ウオール

(D) She's taking off her scarf.

解説＆トレーニングポイント

（A）spread out は本、書類などが広げられて置かれている状態を表します。現在完了形でも表現できます。

Some papers have been spread out on a table.

（C）hanging a の部分や、wall の音が正しく聞き取れていないと何となく選んでしまう危険な選択肢。基本単語だからこそ、自分の頭に記憶されている音との差をきっちりと修正してインプットしておきましょう。
（D）日本語の「スカーフ」は女性が首の周りに巻く短い布のイメージがありますが、scarf はマフラーのように長いものを表すこともあります。

③解説を読む ④ゆっくり音読 ⑤オーバーラッピング ⑥キモチオンドク

Date ／ ③④⑤⑥ Date ／ ③④⑤⑥ Date ／ ③④⑤⑥

Part 2

2. スクリプト 09_2_2 W: M:

W: Have you ever met the client from GS publishing?

M: (A) I'm afraid it's not ready yet.

(B) I've only contacted her by e-mail.

(C) I guess the copier is out of ink.

女性： GS 出版の顧客に会ったことがありますか。

男性： (A) 残念ながらまだそれは準備ができていないです。

(B) 私は彼女にEメールで連絡を取ったことがあるだけです。

(C) コピー機にインクがないと思います。

□I'm afraid that 節 残念ながら…ではないかと思う

□I guess なんとなく（推量で）…だと思う

解説 & トレーニングポイント

GS 出版の顧客に会ったことがあるかどうかが問われているので、シンプルな回答は Yes, I have/ No, I haven't です。正解の（B）ではEメールで連絡を取ったことがあるだけと回答しているので、まだ会ったことはないという状況です。（A）は会話がつながりそうですが、問われているのはあなたが会ったことがあるかどうかで、it's で答えるのは不自然なので不正解です。

Have you ever met the client from GS publishing?

問いかけ文が聞き取れなかった方は、以下のポイントに注意をして聞き直してみてください。met の t は the の t と重なって消えています。from は「フロム」ではなく「f ォ m」、「fm」のように聞こえています。

Ⅲトレ ③解説を読む ④ゆっくり音読 ⑤オーバーラッピング ⑥キモチオンドク

Date ／ ③④⑤⑥ Date ／ ③④⑤⑥ Date ／ ③④⑤⑥

3. スクリプト 09_2_3 M: M:

M: Would you mind reviewing the sales report I wrote yesterday?

M: (A) He'll remind the boss of the consulting dates.

(B) I can do it later.

(C) In the sales department.

男性： 私が昨日書いた営業報告書を見ていただけませんか。

男性： (A) 彼は上司に相談日について念押しします。
(B) 私は後でできます。
(C) 営業部でです。

解説&トレーニングポイント

営業報告書を見てもらえないかと問われ、後でならできると答えている（B）が正解です。（A）は mind と remind を使った音のヒッカケです。（C）は sales を使った音のヒッカケです。

Would you mind reviewing the sales report I wrote yesterday?

would you mind -ing は丁寧な依頼のフレーズです。この mind は、「～を気にする」という意味なので、英文を直訳すると「営業報告書を見るのが気になりますか」という意味になり、これで「営業報告書を見るのが気にならなければ、見てくださいませんか」という意図が伝わるのです。would you mind で依頼をされて、Not at all と答えると「全然嫌ではないですよ」という意味になるので、これは快諾したことになります。

皿トレ ③解説を読む ④ゆっくり音読 ⑤オーバーラッピング ⑥キモチオンドク

Date ／③④⑤⑥ Date ／③④⑤⑥ Date ／③④⑤⑥

4. スクリプト 09_2_4 W: M:

W: What do you think of the maker's newest goods?

M: (A) Yes, I knew them.

(B) In the filing cabinet.

(C) I haven't tried them yet.

女性： そのメーカーの最新商品についてあなたはどう思いますか。

男性： (A) はい、私はそれらを知っています。
(B) 書類整理棚の中です。
(C) 私はまだそれらを試していません。

解説＆トレーニングポイント

先頭の what だけでなく、the maker's newest goods（メーカーの最新商品）について問われているところまで聞き取れていれば、I haven't tried them yet.（私はまだそれを試していません）が自然な会話としてつながります。

問いかけ文が do you think から始まる疑問文に聞こえてしまうと(A)が正解だと思ってしまいます。(B)は新商品の場所を答えてしまっています。

What do you **think** of the **maker's newest goods**?

太字の部分は強くはっきり読まれるのに対して、細字の部分は速くあっさりと読まれるリズムを意識しながら、自分でも真似して音読をしておきましょう。

Date ／ ③④⑤⑥ Date ／ ③④⑤⑥ Date ／ ③④⑤⑥

5. スクリプト 09_2_5 W: M:

W: Where should I go to get the application form?

M: (A) Those are for many candidates.

(B) You should call this number.

(C) Applicants are waiting in the lobby.

女性： 応募用紙はどこへ行って入手したら良いですか。

男性： (A) それらは多くの候補者向けです。
(B) この番号に電話すべきです。
(C) 応募者たちはロビーで待っています。

解説&トレーニングポイント

問いかけ文では応募用紙が入手できる場所を問うています。それに対して正解（B）は You should call this number.（この番号に電話すべきです）と答えており、これは電話をすれば入手先を教えてもらえるという意図です。

(A) は the application form（応募用紙）から何らかの選考が行われることを連想した場合の錯乱肢になっています。(C) は application と applicants の音のヒッカケでもあり、in the lobby（ロビーで）という場所を答えていますが会話がつながらないので不正解です。

You should **call** this **number**.

音声をよく聞いて、太字のところが強く長く、それ以外が弱くあっさりと読まれているリズムを確認してみましょう。call は「コール」ではなく「コーゥ」または「コー」と読まれています。

皿トレ ③解説を読む ④ゆっくり音読 ⑤オーバーラッピング ⑥キモチオンドク

Date / ③④⑤⑥ Date / ③④⑤⑥ Date / ③④⑤⑥

6. スクリプト 09_2_6 W: M:

W: When did you find the mistakes on the financial report?

M: **(A) While I was reviewing it.**

(B) The post reports to the financial manager.

(C) On environmental issues.

女性： あなたは会計報告のミスにいつ気が付きましたか。

男性： (A) それを見直していたときです。
(B) その職位は財務部長に報告することになっています。
(C) 環境問題についてです。

解説＆トレーニングポイント

満点レベルを目指すためには解けるようになりたい難問です。「会計報告の」ミスについて尋ねているということを理解できていないと、正解（A）のレビューをしていたときにミスを発見したというつながりがわかりません。

While I was reviewing it.

while はカタカナ英語では「ホ・ワ・イ・ル」（4 音節）ですが、実際には「ゥワイィ」、または「ゥワィ」のように 1 音節なので単語レベルでも聞き取りが難しい単語です。さらに while I と組み合わさった音は「ホ・ワ・イ・ル　ア・イ」とはかなりかけ離れた音になるのでこの先頭部分でつまずいてしまうと、後半の部分が聞き取れなくなってしまいます。while は基本単語で、パート 2 だけでなくパート 3、4 にも登場するので、間違った音の記憶を正しい音で上書きしておきましょう。

Date ／③④⑤⑥ Date ／③④⑤⑥ Date ／③④⑤⑥

Part 3 スクリプト 09_3 W: M:

Questions 7 through 9 refer to the following conversation.

W: Hello. (7) I need a cake for a party tonight. I know it's a bit last-minute. Can you tell me what kinds of cakes you have left?

M: I would, but we're just about to close. (8) I don't think you would be able to get here in time to pick it up.

W: I see. Thanks anyway.

M: Just a minute. Our second store on Smith Street might have something. They're open for another hour. (9) I could give you their number.

問題 7-9 は次の会話に関するものです。
女性： もしもし。今晩のパーティにケーキが必要なのですが。時間がぎりぎりだとはわかっているのです。どんなケーキが残っているか教えてもらえますか。
男性： ええ、でも今ちょうど閉めるところです。閉店までにこちらへ取りに来ていただくことはできないと思いますが。
女性： わかりました。いずれにしろありがとう。
男性： ちょっと待ってください。Smith 通りにある当店の２号店に何かあるかもしれません。そこはあと１時間開いています。そちらの電話番号ならお知らせできます。

□last-minute 直前の

皿トレ ③解説を読む ④ゆっくり音読 ⑤オーバーラッピング ⑥キモチオンドク

設問と選択肢

7. What kind of business is the woman calling?

(A) A bakery
(B) A print shop
(C) An employment agency
(D) A theater

女性はどんな種類の企業に電話をかけていますか。

(A) パン・ケーキ販売店
(B) 印刷屋
(C) 人材紹介会社
(D) 劇場

電話をかける先は、会話の序盤で述べられることが多いので、出だしから集中力を上げておきます。

8. What is the woman's problem?

(A) She does not have enough time to arrive at the place.
(B) Some merchandize is currently out of stock.
(C) She has the wrong address for the business.
(D) One of the ordered items has not been delivered yet.

女性の問題は何ですか。

(A) 彼女はその場所にたどり着くのに十分な時間がない。
(B) いくつかの商品が現在在庫切れである。
(C) 彼女はその企業の間違った住所を持っている。
(D) 注文した商品の1つがまだ届いていない。

Q9と合わせて、困っている女性、その問題に対してアドバイスを与える男性という状況をイメージしておきます。

9. What does the man offer to do?

(A) Hire some more staff members
(B) Keep the store open
(C) Have some cakes left
(D) Give the woman contact information

男性は何をすることを申し出ていますか。

(A) もっと多くのスタッフを雇う。
(B) 店を開けておく。
(C) ケーキをいくつか残す。
(D) 女性に連絡先の情報を教える。

男性の最後のセリフで正解のヒントが述べられると予測しておきます。

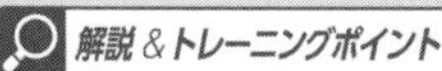

I need a cake for a party tonight.

会話冒頭のこの一文の聞き取り方で、問題の成否が決まってしまいます。ポイントはcakeが聞き取れたかどうかです。日本語では「ケーキ」ですが、正しい英語の音は「ケイk」です。Q7は会話全体を聞いてから、消去法でも正解を選べますが、ここでつまずくと全体を聞き逃してしまうリスクもあります。問題作成者は多くの学習者がcakeを「ケーキ」と記憶していることを知ったうえで、このような問題を出してきます。聞き取れなかった方は、今すぐ、正しい音で上書きしておきましょう。

Part 4 スクリプト 09_4 W

Questions 10 through 12 refer to the following talk and chart.

Advertising proposals

Option	Description	Price
A	Famous anime	$ 1,250,000
B	Celebrity	$ 750,000
C	12 Original character	$ 2,500
D	Founder's face	$ 500

Well, 10 it's been 50 years since my grandmother founded this company, using her own sewing machine. How things have changed. 11 We've supplied about a quarter of a million uniforms for local schools to date. So, I've decided to include something special in future advertising. Using a famous anime figure or celebrity is expensive, but I guess that'd be popular with the students. However, using the talents of one of our own artists would be more fitting for this home-grown enterprise. Someone even suggested using my grandmother's face on the ads — but she doesn't want that. 12 I feel we should commission a local artist to create a new character which would be distinctly ours. What does everyone else think?

問題 10-12 は次の話と表に関するものです。

さて、私の祖母が自分のミシンを使いこの会社を設立してから50年になります。なんという変化でしょう。今日まで地元の学校に約25万枚の制服を提供してきました。そこで、今後の広告には何か特別なものを入れたいと思います。有名なアニメや有名人を採用するのは費用がかかりますが、学生たちには人気が出ると思います。しかし、当社所属アーティストのどなたかの才能を活かすのも、この地域にねざした会社にはよりふさわしいでしょう。私の祖母の顔を広告に使うことを提案した人さえいますが、彼女はそれを望んでいません。地元のアーティストに依頼して紛れもない当社の新たなキャラクターを作るべきではないかと私は感じています。他の皆さんはどう思いますか。

広告の提案

オプション	内容	価格
A	有名なアニメ	$ 1,250,000
B	有名人	$ 750,000
C	オリジナルのキャラクター	$ 2,500
D	創業者の顔	$ 500

□home-grown 地元出身の　□commission X to *do* Xに…するよう依頼する
□distinctly 明白に、はっきりと

③解説を読む ④ゆっくり音読 ⑤オーバーラッピング ⑥キモチオンドク

Date ／ ③④⑤⑥　Date ／ ③④⑤⑥　Date ／ ③④⑤⑥

10. What is being celebrated?

(A) The business anniversary
(B) The release of a new sewing machine
(C) A president's birthday
(D) A company merger

何が祝われていますか。

(A) 事業の記念日
(B) 新しいミシンの発売
(C) 社長の誕生日
(D) 会社の合併

 トーク序盤で何のイベントなのかが述べられるだろうと予測します。

11. What industry does the speaker most likely work in?

(A) Machinery
(B) Education
(C) Entertainment
(D) Clothing

話し手はどんな業界で働いていると考えられますか。

(A) 機械
(B) 教育
(C) 娯楽
(D) 衣料

 most likely とあるので、トークの中の情報から業界を推測する問題です。

12. Look at the graphic. How much will the speaker's preferred option cost?

(A) $1,250,000
(B) $750,000
(C) $2,500
(D) $500

図を見てください。話し手が良いと思っている選択肢はいくらかかりますか。

(A) 1,250,000 ドル
(B) 750,000 ドル
(C) 2,500 ドル
(D) 500 ドル

 選択肢には Price が並んでいるので、Option、Description のいずれか、またはその組み合わせが正解のヒントになるだろうと予測します。

 **解説 & トレーニングポイント**

However, using the talents of one of our own artists would be more fitting for this home-grown enterprise.

このhoweverが前半の有名なアニメやキャラクターを使うという案から、後半のオリジナルのキャラクターを作るという転換点になっています。howeverは第2音節にストレスが置かれる点を確認しておきましょう。

how · **ev** · er

 1(B) 2(A) 3(C) 4(A) 5(C) 6(C) 7(D) 8(B) 9(C) 10(A) 11(B) 12(C)

Part 1

1.

スクリプト  10_1 M

(A) A customer is bending over to pick up an object.

(B) A server is writing down an order.

(C) One of the women is pointing at a blackboard.
ポインティンガッタ

(D) One of the women is showing a purse.
ウィミン ×ウーメン

(A) 客が物を拾い上げるためにかがんでいる。
(B) 給仕係が注文を書き留めている。
(C) 女性の１人は黒板を指している。
(D) 女性の１人はハンドバッグを見せている。

□bend over …のほうへ(…の上に)身をかがめる

解説＆トレーニングポイント

(A) bend は他に以下のように down を伴った表現も出題されます。

A man is bending down to read a tag.
(男性はタグを読むためにかがんでいます)

(B) server は他のパートでは「コンピュータ装置」の意味でも使われます。
(D) purse には「財布」という意味もありますが、パート１では「女性用ハンドバック」を示す単語として使われます。

purse

 ③解説を読む ④ゆっくり音読 ⑤オーバーラッピング ⑥キモチオンドク

Date ／③④⑤⑥ Date ／③④⑤⑥ Date ／③④⑤⑥

Part 2

2. スクリプト 10_2_2 M: W:

M: Who runs this fitness club?

W: **(A) You see the man with the blue hat over there?**

(B) The runners are ready.

(C) One of my colleagues has started going to this club.

男性： 誰がこのスポーツクラブを経営していますか。

女性： (A) あそこに青い帽子の男性が見えますよね。

(B) ランナーたちは準備ができています。

(C) 私の同僚の 1 人がこのクラブに行き始めました。

解説 & トレーニングポイント

正解の (A) は文末が上がり調子で読まれているので疑問文の形になっているが、青い帽子の男性がスポーツクラブの経営者であると示唆しています。(B) は run と runner の音のヒッカケです。(C) は fitness club から連想して、そこに通う同僚の事を述べた錯乱肢です。

Who runs this fitness club?

語数の少ない問いかけ文は聞き逃しのリスクが高まります。run は自動詞では「走る」という意味ですが、問いかけ文では後ろに fitness club という目的語があるので「スポーツクラブを経営している」という意味の他動詞になっています。これを単語の知識として覚えるのではなく、文全体を丸ごと覚えることで用法として体に染み込ませてしまいましょう。

トレ ③解説を読む ④ゆっくり音読 ⑤オーバーラッピング ⑥キモチオンドク

Date ／③④⑤⑥ Date ／③④⑤⑥ Date ／③④⑤⑥

3. スクリプト 10_2_3 W: W:

W: Why was the delivery delayed?

W: (A) The product key is here.

(B) At the newly opened department store.

(C) They should waive the shipping fee.

女性： なぜ配達が遅れたのですか。

女性： (A) プロダクトキーはこちらです。
(B) 新たに開店したデパートです。
(C) 彼らは送料を免除すべきです。

□waive (権利など)を放棄する

解説＆トレーニングポイント

問いかけ文は配送が遅れた理由を問う疑問文ですが、正解の（C）では第２話者はその理由については答えず、送り主側に送料を免除するよう要求すべきと意見を述べています。問いかけ文を聞いて第１話者が商品を注文した側、それに続く第２話者が商品を発送する側だと思い込んでしまうと正解が選べなくなる難問です。

Why was the delivery delayed?

疑問文の形をしていますが、この会話の場面では、配送が遅れたことに対する「驚き」、「怒り」のキモチが込められています。話者たちはおそらく同僚や友人なので、第１話者は第２話者に遅れた理由を求めているわけではなく、自分の感情を伝え、同意を求めている場面なのです。その状況をふまえて、この英文にキモチを込めて音読をしておきましょう。

皿トレ ③解説を読む ④ゆっくり音読 ⑤オーバーラッピング ⑥キモチオンドク

Date ／③④⑤⑥ Date ／③④⑤⑥ Date ／③④⑤⑥

4. スクリプト 10_2_4 M: W:

M: Do you know if Julia is attending the meeting this afternoon?

W: **(A) Let me confirm with her.**

(B) There aren't enough attendees.

(C) I used to work with her.

男性： Julia が今日の午後、会議に出席するかどうかあなたはわかりますか。

女性： (A) 彼女に確認させてください。
(B) 出席者が十分にいません。
(C) 私は以前は彼女と一緒に仕事をしていました。

□used to *do* 今はしないが以前は…した
cf. be used to -ing …することに慣れている

解説 & トレーニングポイント

Julia が午後の会議に出席すると思うかどうかが問われ、彼女に確認してみると答えている（A）が正解です。（B）は attending と attendees を使った音のヒッカケです。

Do you know if Julia is attending the meeting this afternoon?

if から始まる名詞節が know の目的語になっているのが文の骨格です。do you know if を「～かどうかわかりますか」というカタマリのフレーズとして覚えてしまうために、この英文を 10 回音読しておきましょう。

皿トレ ③解説を読む ④ゆっくり音読 ⑤オーバーラッピング ⑥キモチオンドク

Date ／ ③④⑤⑥ Date ／ ③④⑤⑥ Date ／ ③④⑤⑥

5. スクリプト 10_2_5 M: W:

M: We need to place an order for some goods, don't we?

W: (A) On the desk, please.

(B) Yes, it's a good place to visit.

(C) There is no need to hurry.

男性： 何点か商品の注文をする必要がありますよね？

女性： (A) 机の上へ、どうぞ。
(B) はい、それは訪れるのに良い場所です。
(C) 急ぐ必要はありません。

解説＆トレーニングポイント

商品の注文をする必要があるのかと問われ、急ぐ必要はないと答えている（C）が正解です。(A) は注文した商品が届いた場合の置き場について述べているように思えますが、話が飛躍しているので不正解です。(B) は place を使った音のヒッカケです。

We need to place an order for some goods, don't we?

「(商品などを) 注文する」は、動詞 order を使うこともできますが、会話では place an order が使われることがあり、パート２の他にパート３や４でもよく登場してきます。place an order の意味を知っていたとしても、リスニングでスッキリと聞こえるようになるために、この例文を使って音読をしておきましょう。

皿トレ ③解説を読む ④ゆっくり音読 ⑤オーバーラッピング ⑥キモチオンドク

Date ／ ③④⑤⑥ Date ／ ③④⑤⑥ Date ／ ③④⑤⑥

6. スクリプト 10_2_6 M: W:

M: Should I book a hotel or is it a day trip?

W: (A) I ordered a guide book.

(B) I'm here for a business trip.

(C) It depends on the cost.

男性： ホテルを予約すべきですか、それとも日帰り旅行ですか。

女性： (A) ガイドブックを注文しました。
(B) 私は出張でここに来ています。
(C) 料金によります。

解説＆トレーニングポイント

ホテルを予約すべきか、日帰り旅行なのかを問われ、料金によりますと答えている（C）が正解です。(A) は book を使った音のヒッカケです。(B) はホテルの予約、日帰り旅行から出張（business trip）を連想させる錯乱肢です。

Should I book a hotel or is it a day trip?

本番のテストを受験して、会話の状況がよくわからなかった、という感想が出るのがこのような問題です。問いかけ文を正確に聞き取り、男性が女性に旅行の手配を確認している状況を理解しておかないと、正解を選べません。基本単語ばかりですが、book a hotel の部分が「もやっ」としか聞き取れていないと、or の後も聞き逃してしまいます。

皿トレ ③解説を読む ④ゆっくり音読 ⑤オーバーラッピング ⑥キモチオンドク

Date ／ ③④⑤⑥ Date ／ ③④⑤⑥ Date ／ ③④⑤⑥

Part 3 スクリプト 10_3 W1: W2: M:

Questions 7 through 9 refer to the following conversation with three speakers.

W1: Nancy, (7) this courtyard is fantastic! It's great to have one right here at the office.

W2: Yeah. (7) Even though it was just finished, I've already made it a habit to eat lunch out here every afternoon.

M: Thanks, guys. I'm thrilled with the end result. And the cost was less than we had budgeted for!

W1: Really? (8) I've heard that Garden Growers charges quite a lot.

M: (8) I started out using them but switched to Custom Landscapers halfway through. Custom Landscapers is cheaper and works a lot faster.

W2: (9) Since the budget was less than you expected, you should have put in something like a cherry tree.

M: Don't worry. I plan to make additions each year.

問題 7-9 は 3 人の話し手による次の会話に関するものです。
女性 1：Nancy さん、この中庭は素晴らしいです。会社にこんな中庭があるなんてすごいですよね。
女性 2：そうですね。できたばかりですが、私はもうすでに毎回ここに出てきてランチをするのを習慣にしています。
男性：　ありがとう、みなさん。仕上がりには感動しているんです。費用も予算以下でした。
女性 1：本当ですか。Garden Growers 社はかなり請求してくると聞きましたが。
男性：　そこを使って始めたのですが、途中から Custom Landscapers 社に変えたんです。Custom Landscapers 社の方が安いし、作業もずっと早かったですし。
女性 2：経費が予定以下だったなら、桜の木か何かを植えれば良かったですね。
男性：　心配しないでください。毎年何か追加していく予定です。

□courtyard 中庭　□end result 最終生成物

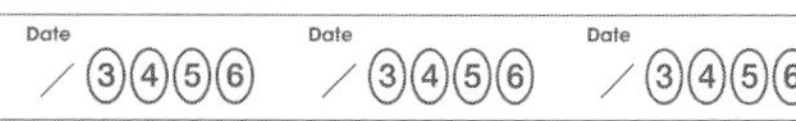

設問と選択肢

7. What are the speakers discussing?

(A) A new wing added to their building
(B) A piece of equipment
(C) A lunch recommendation
(D) A recently completed project

話し手たちは何について話し合っていますか。

(A) ビルに増築された新たな棟
(B) 機械一式
(C) ランチのお薦め
(D) 最近完成したプロジェクト

会話の話題は、会話全体に含まれていることが多いので、最後に解答しても良いでしょう。

8. What does the man say about Garden Growers?

(A) They wanted to charge more than expected.
(B) He did not use them until the end of the project.
(C) They were not following his design well enough.
(D) He did not like the plants they were using.

男性はGarden Growers社について何と言っていますか。

(A) 彼らは予定以上に請求したかった。
(B) 彼は彼らをプロジェクトの最後まで使わなかった。
(C) 彼らは彼の設計に十分に従わなかった。
(D) 彼は彼らが使っていた植物が気に入らなかった。

具体的キーワードのGarden Growersを意識しながら、男性のセリフに注意をして聞き取ります。

9. What does the man mean when he says, "Don't worry"?

(A) He has finished the project.
(B) He can offer some help.
(C) He is willing to consider the suggestion.
(D) He is not worried about the problem.

男性は"Don't worry"という発言で、何を意図していますか。

(A) プロジェクトを終わらせた。
(B) 何らかの手助けを申し出ることができる。
(C) 提案を考慮する意思がある。
(D) 問題について心配していない。

Don't worryというフレーズを意識しながら、なぜ男性は「気にしないで」と述べているのかを会話の流れから聞き取るようにします。

解説&トレーニングポイント

Nancy, this courtyard is fantastic!
→ It's great to have one right here at the office.
→ Even though it was just finished,

Q7はこの3つの英文を連鎖させることで、中庭が完成したばかりであるという状況を理解して、それをA recently completed project（最近完成したプロジェクト）と言い換えた選択肢を選ばせる難問です。

キーポイントはまず、courtyardが聞き取れたかどうかです。冒頭のセリフに含まれているので、ここでつまずいてしまうと、その後が立て直せなくなってしまいます。courtyardはパート1でも出題されるので、画像検索も合わせてイメージと共に復習しておきましょう。

次に、to have oneのoneは中庭を指していますが、リスニングでそれが即解できないとつまずきやすいポイントです。代名詞oneは、パート2、3、4で上級者を選別するために出題されやすいので、ぜひマスターしておきましょう。

Part 4 スクリプト 10_4 W

Questions 10 through 12 refer to the following excerpt from a meeting and pie chart.

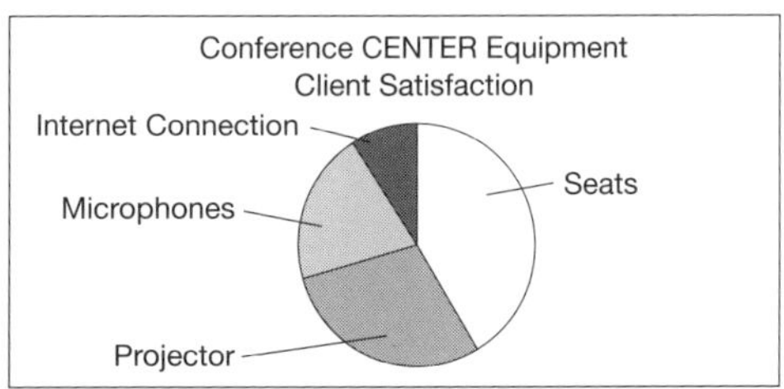

Next, there's a matter that needs our attention. The graph shows results from our online survey of clients who've used our conference rooms in the past three months. (10) As you can see on the chart, our clients were the most satisfied with what we upgraded half a year ago. Although upgrading was expensive, it turned out that it was a good investment. However, if we want to continue to hold on to our market share, (11) I suggest we introduce new speakers and other apparatus. (12) I've asked an audio design expert, Bruce Colledge, to give us an idea of what's needed and he put together a proposal which he'll explain to us today. Bruce, if I could hand over to you now.

問題 10-12 は次の会議の一部と円グラフに関するものです。

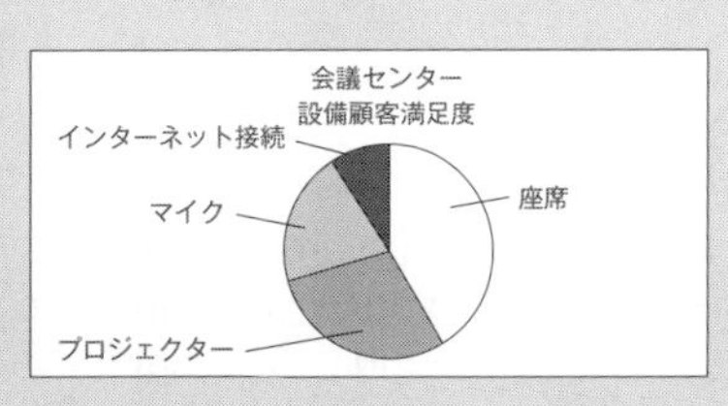

次に、我々が注目すべき事項があります。グラフが表しているのは過去3か月間に当社の会議室を利用されたお客さまのオンライン調査の結果です。図でわかるように、当社のお客さまは半年前にアップグレードしたものに最も満足していました。アップグレードは高かったですが、良い投資となりました。しかし、市場のシェアを維持したいならば、スピーカーや他の機器を新しくすべきだと私は提案いたします。音響デザインの専門家、Bruce Colledge に何が必要か我々にアドバイスをしてくれるように頼み、彼が提案をまとめてくれましたので、今日、我々に説明してくれます。Bruce さん、今から代わってお話いただければと思います。

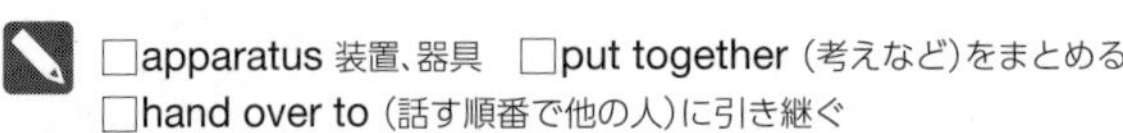

□apparatus 装置、器具　□put together (考えなど)をまとめる
□hand over to (話す順番で他の人)に引き継ぐ

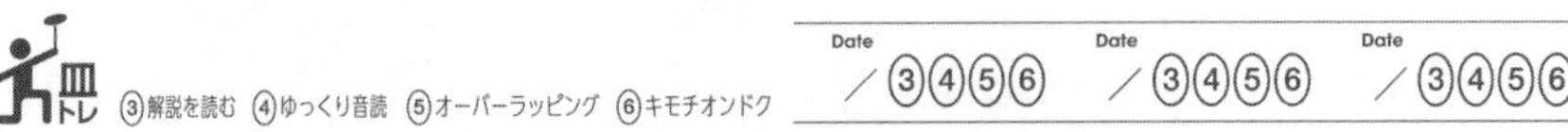

皿トレ ③解説を読む ④ゆっくり音読 ⑤オーバーラッピング ⑥キモチオンドク

Date ／③④⑤⑥　Date ／③④⑤⑥　Date ／③④⑤⑥

10. Look at the graphic. Which area was upgraded six month ago?

(A) Seats
(B) Projectors
(C) Microphones
(D) Internet Connection

グラフを見てください。どのエリアが6か月前にアップグレードされましたか。

(A) 座席
(B) プロジェクター
(C) マイク
(D) インターネット接続

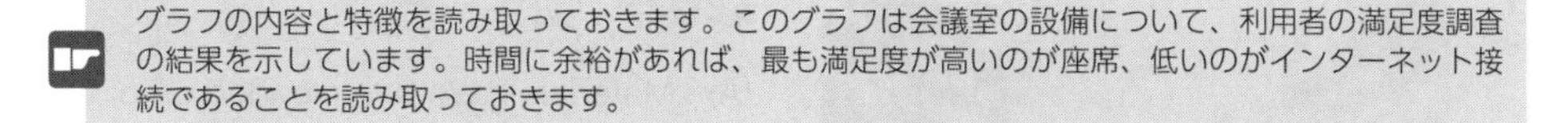

グラフの内容と特徴を読み取っておきます。このグラフは会議室の設備について、利用者の満足度調査の結果を示しています。時間に余裕があれば、最も満足度が高いのが座席、低いのがインターネット接続であることを読み取っておきます。

11. What does the speaker suggest doing?

(A) Cutting a budget
(B) Replacing equipment
(C) Installing security
(D) Showing speakers around

話し手は何をすることを提案していますか。

(A) 予算を削減する。
(B) 機器を交換する。
(C) セキュリティシステムを導入する。
(D) 講演者たちを案内する。

提案表現に注意をして提案内容を聞き取ります。

12. What most likely will happen next?

(A) Clients will be contacted.
(B) Attendees will discuss the matter.
(C) A presentation will start.
(D) A facility will be cleaned.

次に何が起こると考えられますか。

(A) 顧客に連絡がいく。
(B) 出席者がその事項を話し合う。
(C) プレゼンテーションが始まる。
(D) 施設が掃除される。

トークの終盤に正解のヒントが述べられるだろうと予測します。

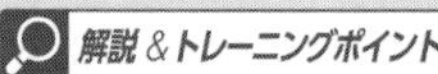

However, if we want to continue to hold on to our market share, I suggest we introduce new speakers and other apparatus.

hold on toは何かを手放さないという意味で、market shareを手放さないということは、現在すでに獲得しているシェアを維持するという意味になっています。hold on toの手放さないという元々の意味をイメージしながら音読することで、さまざまな文脈でも意味が取れるような語彙力を身につけておきましょう。

apparatusは、4音節の単語で、第3音節にストレスが置かれることに注意しましょう。

ap·pa·**rat**·us

 1(C) 2(B) 3(B) 4(B) 5(C) 6(A) 7(B) 8(A) 9(B) 10(D) 11(B) 12(D)

Part 1

1.

スクリプト 11_1  M

(A) Materials have been loaded onto some scaffolding.

(B) Shelves (シェゥヴz) have been cleared of products.

(C) Some products are laid out (レイダウt) on the shelves.

(D) Some goods are being labeled.

(A) 材料が足場の上に積まれている。
(B) 棚から商品が取り除かれている。
(C) いくつかの商品が棚に展示されている。
(D) いくつかの商品にラベルが貼られているところである。

□clear of …を片付ける
□lay out (商品など)を陳列する

解説＆トレーニングポイント

(A) scaffolding は建設工事現場などで見られる仮設の「足場」で、パート1に出題される可能性のある難単語です。
(B) 他動詞の clear は clear A of B「A（場所）から B（モノ、人）を取り除く」という用法があり、以下の英文が受動態になっています。

Someone has cleared the shelves of the products.

(D) are being の部分が have been に聞こえてしまうと、正解に思えてしまう危険な錯乱肢です。

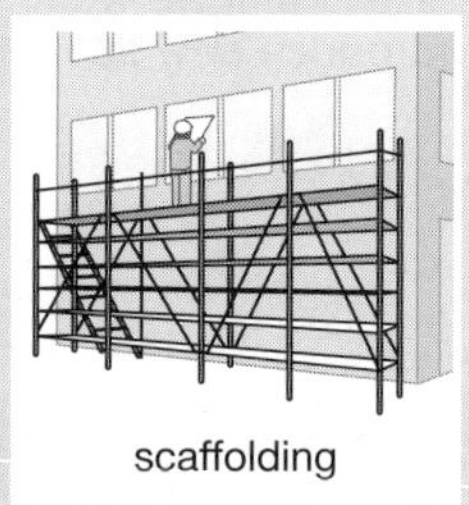

scaffolding

③解説を読む ④ゆっくり音読 ⑤オーバーラッピング ⑥キモチオンドク

Date ／③④⑤⑥ Date ／③④⑤⑥ Date ／③④⑤⑥

Part 2

2. スクリプト 11_2_2 M: M:

M: I just ran into Dale in the cafeteria.

M: (A) It's closed for renovation until this Friday.

(B) Perfect. I've been looking for him.

(C) I love running, too!

男性： 食堂でばったり Dale に会いました。

男性： (A) 今週の金曜日まで改装のため閉店しています。

(B) 完璧です。私は彼をずっと探していました。

(C) 私も走るのが好きです。

□run into …に偶然会う

解説＆トレーニングポイント

食堂でばったり Dale に会ったという発言に対して、完璧だ、つまり彼のことを探していたので都合が良いと答えている (B) が正解です。(A) は cafeteria から renovation を連想させる錯乱肢です。(C) は ran と running を使った音のヒッカケです。

I just ran into Dale in the cafeteria.

この run into は比較的くだけたフレーズで、「ばったり出会う」という意味です。この英文と同様に、TOEIC では人に会うという意味で使われることが多いですが、困難な状況に遭遇する場面で使われる用法も併せて覚えておきましょう。

The company ran into financial difficulties.（会社は資金難に陥った）

皿トレ ③解説を読む ④ゆっくり音読 ⑤オーバーラッピング ⑥キモチオンドク

Date	Date	Date
／ ③④⑤⑥	／ ③④⑤⑥	／ ③④⑤⑥

3. スクリプト 11_2_3 W: M:

W: Why didn't you take part in the lecture on e-mail literacy?

M: (A) I've already sent out e-mails to everyone in the team.

(B) I had already gone twice.

(C) Inquiries from customers.

女性： Eメールの読み書きに関する講義になぜあなたは参加しなかったのですか。

男性： (A) 私はすでにチームの全員にEメールを送りました。

(B) 私はもうすでに2回行っていたからです。

(C) 顧客からの問い合わせです。

□literacy 読み書きの能力
□inquiry 問い合わせ

解説&トレーニングポイント

Eメールの読み書きに関する講義になぜ参加しなかったのかが問われ、すでに2回参加していたからだという理由を答えている（B）が正解です。（A）はe-mailを使った音のヒッカケです。

Why didn't you take part in the lecture on e-mail literacy?

literacyは「特定の分野の能力」という意味で、多くの場合「読み書きに関する能力」を表す場面で使われます。日本語でも「リテラシー」と言いますが、eもaもあいまい母音なので、「リtrスィ」のように聞こえます。

皿トレ ③解説を読む ④ゆっくり音読 ⑤オーバーラッピング ⑥キモチオンドク

Date ／ ③④⑤⑥　Date ／ ③④⑤⑥　Date ／ ③④⑤⑥

4. スクリプト 11_2_4 M: W:

M: Wasn't Anthony invited to the company banquet?

W: (A) The party is held every year.

(B) Yes, but he was away on a business trip.

(C) I really appreciate your invitation.

男性： Anthony は会社のパーティに招かれていなかったのですか。

女性： (A) そのパーティは毎年開かれます。
(B) いいえ、でも出張中でいなかったのです。
(C) お招きいただき本当にありがとうございます。

解説 & トレーニングポイント

Anthony が会社のパーティに招かれていなかったのかと問われ、招かれていたが、出張中のためにいなかったと答えている（B）が正解です。（A）は company banquet を party と言い換えていますが、Anthony のことについては答えていないので不正解です。（C）もパーティについてですが、女性が招待を受けたことは話題になっていないので不正解です。

Yes, but he was away on a business trip.

否定疑問文に Yes/No で答える場合は注意が必要です。この会話では、「招かれていなかったか？」と問われているのに対して、Yse と答えています。日本語のロジックでは招かれなかったと答えているように思えてしまいますが、英語のロジックでは、招かれていたという意味になっています。英語のロジックが理解できたら、この英文をセリフのように音読をして感覚として体に染み込ませていきましょう。

皿トレ ③解説を読む ④ゆっくり音読 ⑤オーバーラッピング ⑥キモチオンドク

Date ／③④⑤⑥ Date ／③④⑤⑥ Date ／③④⑤⑥

5. スクリプト 11_2_5 W: M:

W: When will these questionnaires be distributed?

M: (A) Yes, I have a question.

(B) About two weeks ago.

(C) They need to be revised first.

女性： これらのアンケートはいつ配布されますか。

男性： (A) はい、私は質問があります。
(B) 約２週間前です。
(C) まずは訂正する必要があります。

解説＆トレーニングポイント

文末まで聞き取って、尋ねられている内容を理解しないと解答できないタイプの問題です。アンケートの配布時期が尋ねられているので、まずはアンケートの内容が訂正される必要があると答えている (C) が正解になります。(C) だと自信を持って選べないと、(A) の音のヒッカケに惑わされてしまいます。(B) は過去のことだと回答しているので不正解です。「これらの」アンケートがこれから配られると思っている女性に対して、２週間前にすでに配られたと正す場面であれば、その旨を伝えないと会話としては不自然です。

When will these questionnaires be distributed?

when will の音を意識しながら音読をしてみましょう。ques · tion · naire は３音節目にストレスが置かれるのもポイントです。棒読み音読ではなく、目の前にアンケート用紙があり、リアルにこの質問をする話者になりきってキモチを込めて音読しましょう。

③解説を読む ④ゆっくり音読 ⑤オーバーラッピング ⑥キモチオンドク

Date ／ ③④⑤⑥ Date ／ ③④⑤⑥ Date ／ ③④⑤⑥

6. スクリプト 11_2_6 W: M:

W: Where did you get the ticket for that Jazz concert?

M: **(A) Cameron bought it for me.**

(B) I'm concerned about your health.

(C) Sure, I'll pick you up later.

女性： ジャズコンサートのチケットはどこで入手したのですか。

男性： (A) Cameron が私にそれを買ってくれました。

(B) 私はあなたの健康が心配です。

(C) もちろん、私があなたを後で迎えに行きます。

解説＆トレーニングポイント

チケットを取得した場所を問うている女性は、男性が自らチケットを入手しただろうという前提に立っています。ところが正解（A）ではチケットは自分で入手したのではなく、Cameron が買ってくれたと答えています。

（B）は concert と concerned の音のヒッカケになっています。（C）は ticket から pick up（取りに行く）を連想した場合の錯乱肢です。

Cameron <u>bought it for me</u>.

人の名前を含む文は難易度が上がります。特に出だしが人名の場合には、そこでまごついてしまうとその後の文構造が取れずに聞き漏らしてしまいます。名前の種類は無数にあるので、そのすべての音を事前にインプットしておくことは不可能です。したがって、その後の部分をクリアに聞き取れるかどうかが勝負を分けます。

③解説を読む ④ゆっくり音読 ⑤オーバーラッピング ⑥キモチオンドク

Date	Date	Date
／ ③④⑤⑥	／ ③④⑤⑥	／ ③④⑤⑥

Part 3 スクリプト 11_3 W: M:

Questions 7 through 9 refer to the following conversation and coupon.

W: Good morning. Welcome to Lobo Café. Are you ready to order?

M: Yeah. Um… I'd like this one. Lunch Special C. And I'd like to use this coupon.

W: (7) Oh, I'm sorry but we are running out of free salad. We still have free dessert and drink, though.

M: Well, (7) I don't care for any sweets. I'll take the other one.

W: Thank you for understanding. (8) You can get twenty minutes of Internet access with your meal. If you'd like to extend that to an hour, it'll cost two dollars.

M: I'll pay for the extra time, then. (9) I've got a ticket for a movie that starts at four o'clock. So, I have some time on my hands.

LOBO CAFÉ —Special Offer Coupon
Lunch Special A
Lunch of the day with free dessert
Lunch Special B
Lunch of the day with a free drink
Lunch Special C
Lunch of the day with a free salad
Lunch Special D
Lunch of the day with a free entrée

問題 7-9 は次の会話とクーポンに関するものです。
女性： おはようございます。Lobo カフェへようこそ。ご注文はお決まりですか。
男性： はい。ええと、これにします。ランチスペシャル C。このクーポンを使いたいです。
女性： すみませんが、無料サラダは切らしております。無料のデザートとお飲み物はまだありますが。
男性： ええと、甘い物は好きではないんです。もう 1 つのにします。
女性： ご理解いただきありがとうございます。お食事されますと 20 分間インターネットアクセスが無料です。1 時間に延長されたい場合は 2 ドルかかります。
男性： それでは、延長時間分を払います。4 時に始まる映画のチケットがあって。だからちょっと時間があるんです。

LOBO CAFÉ —特別価格クーポン
ランチスペシャル A
日替わりランチ（デザート付き）
ランチスペシャル B
日替わりランチ（フリードリンク付き）
ランチスペシャル C
日替わりランチ（サラダ付き）
ランチスペシャル D
日替わりランチ（前菜付き）

□run out of …を切らす･使い果たす　□care for …を好む･望む(主に否定文･疑問文で用いる)
□extend (期間など)を延長する

皿トレ ③解説を読む ④ゆっくり音読 ⑤オーバーラッピング ⑥キモチオンドク

Date ／ ③④⑤⑥　Date ／ ③④⑤⑥　Date ／ ③④⑤⑥

7. Look at the graphic. What will the man receive with his order?

(A) Lunch Special A
(B) Lunch Special B
(C) Lunch Special C
(D) Lunch Special D

図を見てください。男性の注文で何が来ますか。

(A) ランチスペシャル A
(B) ランチスペシャル B
(C) ランチスペシャル C
(D) ランチスペシャル D

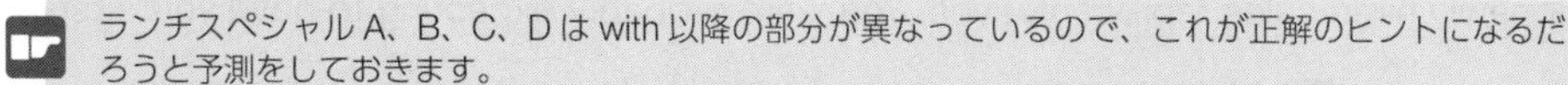

ランチスペシャル A、B、C、D は with 以降の部分が異なっているので、これが正解のヒントになるだろうと予測をしておきます。

8. What does the woman mention about Internet access?

(A) It has a time limit.
(B) It is no longer provided.
(C) It has been a little slow today.
(D) It is only available at the front of the store.

女性はインターネットアクセスについて何と述べていますか。

(A) 時間制限がある。
(B) もう提供されていない。
(C) 今日は少し遅い。
(D) 店頭のみで利用できる。

女性がインターネットアクセスのことについて述べるセリフが正解のヒントになるだろうと予測ができます。

9. What does the man say he will do?

(A) Meet a friend
(B) Watch a film
(C) Wash his hands
(D) Check an inventory list

男性は何をすると言っていますか。

(A) 友人に会う。
(B) 映画を見る。
(C) 手を洗う。
(D) 在庫リストを確認する。

男性が最後のセリフで正解のヒントを述べるだろうと予測ができます。

解説&トレーニングポイント

Oh, I'm sorry but we are running out of free salad.

この文が本問の最重要キーセンテンスです。まず定石通り、but の後が正解のヒントに絡んでいます。また run out of（切らしている）という TOEIC 重要フレーズが聞き取れていたでしょうか。そして、salad はカタカナ式の「サラダ」という音で覚えていると、聞き逃してしまいます。最初の a はアとエの中間くらいの音「エァ」、2 番目の a はあいまい母音なので弱い「ゥ」に近い音なので「セァル d」のように聞こえています。

Part 4 スクリプト 11_4 M

Questions 10 through 12 refer to the following talk.

Good morning everyone, and (10) welcome to day two of the orientation workshops for newly hired sales representatives. You were probably expecting to have your first meeting with (11) Mr. Fred Williams this morning. As department manager, he'll be your immediate supervisor and the person you turn to for advice about sales. Unfortunately, (12) he's been called away urgently to visit MID Trading. As you know, it's one of our most important (12) clients in Tokyo, Japan. Anyway, he won't be back until Monday next week. So, we've asked Ms. Rosa Sanchez from Marketing to switch the date.

問題 10-12 は次の話に関するものです。

皆さん、おはようございます、新人営業マン向けワークショップの２日目にようこそ。今朝、初めて Fred Williams さんに会う予定でいらしたと思います。部長である彼は、皆さんの直属の上司であり、営業についてアドバイスを求めることになる人です。残念ながら、彼は急に MID 貿易を訪問するために呼び出されてしまいました。ご存じのように、そこは日本の東京にある当社の最も大事な顧客の１つです。いずれにしろ、彼は来週の月曜日まで戻りません。そこで、マーケティングの Rosa Sanchez さんに日にちを代わっていただくようにお願いしました。

□be expecting to *do* …するはずだ　□immediate supervisor 直属の上司
□turn to X for advice Xに助言を求める　□call away 他の場所へ(人を)呼び出す

Date	Date	Date
／ ③④⑤⑥	／ ③④⑤⑥	／ ③④⑤⑥

10. What type of event is taking place?

(A) A trade show
(B) A product launch
(C) A hands-on workshop
(D) A new employee orientation

どんな種類のイベントが行われていますか。

(A) 展示会
(B) 製品発売
(C) 実践的ワークショップ
(D) 新入社員オリエンテーション

選択肢から、イベントの参加者に対するトークだろうと予測します。

11. What department does Fred Williams most likely work in?

(A) Public relations
(B) Sales
(C) Marketing
(D) Human resources

Fred Williams はどこの部署で働いていると考えられますか。

(A) 広報
(B) 営業
(C) マーケティング
(D) 人事

具体的キーワードの Fred Williams を意識します。most likely とあるので、トークの中の情報から部署を推測する問題だろうと予測します。

12. Why is Fred Williams in Tokyo?

(A) To attend a marketing conference
(B) To supervise a new department
(C) To inspect a facility abroad
(D) To meet with some clients

Fred Williams はなぜ東京にいるのですか。

(A) マーケティング会議に出席するため。
(B) 新たな部門を監督するため。
(C) 海外の施設を視察するため。
(D) 顧客と会うため。

具体的キーワードの Fred Williams、Tokyo を意識しながら、トーク終盤を注意深く聞きます。

解説 & トレーニングポイント

As department manager, he'll be your immediate supervisor and the person you turn to for advice about sales.

he はこの前に出てきている Mr. Fred Williams を示していますが、he'll が聞き取れないとここで文脈がつながらず、Q11 の正解のヒントを聞き漏らすことになってしまいます。he'll は「ヒゥ」、あるいは he の h が弱く発音されて「ィゥ」のような音になることがあります。カタカナ英語の「ヒール」で覚えていると、対応できないので、正しい音で上書きしておきましょう。

turn to A for B は「B を求めて A を頼る」という意味のフレーズで、A には人、組織などが置かれます。知らなかった場合は、この英文を音読して覚えておきましょう。

1(B) 2(A) 3(A) 4(A) 5(A) 6(B) 7(B) 8(A) 9(D) 10(C) 11(A) 12(D)

Part 1

1.

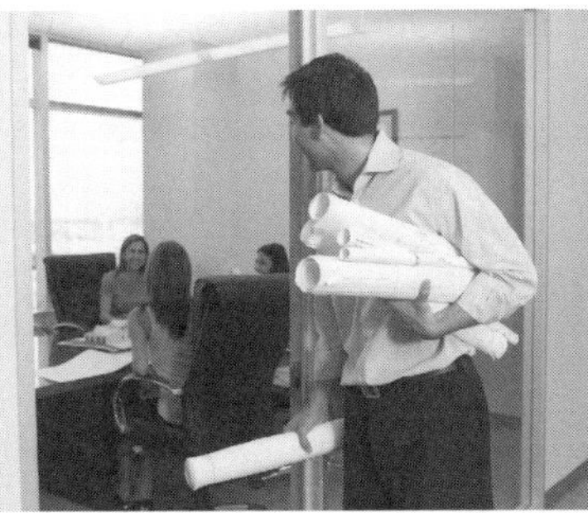

スクリプト 12_1 W

(A) A man is closing a door.

(B) A man is holding some rolls of paper.
holding: ホーゥディンg ×ホールディング

(C) Women are talking to the large audience.

(D) Women are walking in the hallway.
hallway: ホーゥウェイ ×ホールウェイ

(A) 男性はドアを閉めている。
(B) 男性は丸めた紙を数本持っている。
(C) 女性たちが大勢の観客に向かって話している。
(D) 女性たちが廊下を歩いている。

□hallway（ビルの）玄関、廊下

解説 & トレーニングポイント

(B) roll は「巻いた物」という意味で rolls of paper は男性が抱えている筒状の紙を表しています。paper rolls も同じ意味です。rolls of の部分はつながって読まれており、聞き慣れないと未知の単語に思えてしまうので要注意です。

(C) 女性たちは話し合っていますが、大勢の観衆は写っていないので不正解です。address を使っても同じ意味になります。

Women are addressing the large audience.（女性たちが大勢の観客に向かって話している）

③解説を読む ④ゆっくり音読 ⑤オーバーラッピング ⑥キモチオンドク

Date	Date	Date
／③④⑤⑥	／③④⑤⑥	／③④⑤⑥

Part 2

2. スクリプト 12_2_2 M: W:

M: Has Steve rescheduled the appointment with the client?

W: **(A) Not that I know of.**

(B) We have many clients from China.

(C) Yes, a job candidate will do that.

男性： Steve はその顧客との約束を変更しましたか。

女性： (A) 私が知る限りまだです。
(B) 中国の顧客がたくさんいます。
(C) はい、採用候補者がそれを行います。

□not that I know of（質問に答える形で）私の知る限りそうではない

解説 & トレーニングポイント

Steve が約束を変更したかどうかが問われ、私が知る限りまだであると答えている (A) が正解です。(B) は問いかけ文の最後にある耳に残りやすい client を使った音のヒッカケです。(C) は採用候補者が約束を変更する、と会話を続けたいのであれば No で受けるので不正解です。

Not that I know of.

正解の選択肢として過去に出題例があり、多くの上級者を悩ませたフレーズです。単純に No と答えるのではなく、「私が知らないだけかもしれませんが」というニュアンスを含んでいます。この会話の場面をリアルに思い浮かべて、Not that I know of にキモチを込めて 10 回音読しておきましょう。

皿トレ ③解説を読む ④ゆっくり音読 ⑤オーバーラッピング ⑥キモチオンドク

Date ／ ③④⑤⑥ Date ／ ③④⑤⑥ Date ／ ③④⑤⑥

3. スクリプト 12_2_3 M: W:

M: What is delaying our flight?

W: **(A) Let's see what the announcement will say.**

(B) Turn the light on.

(C) Everybody is on board.

男性：なぜ我々のフライトは遅れているのですか。

女性：(A) アナウンスが何というか聞いてみましょう。

(B) 照明をつけてください。

(C) 全員搭乗しています。

解説＆トレーニングポイント

飛行機が遅れている理由を問われているのに対して、正解（A）では Let's see what the announcement will say.（アナウンスが何というか聞いてみましょう）と情報の入手方法を提案しています。

（B）は flight と light が音のヒッカケになっています。（C）は flight から on board（搭乗）を連想させる錯乱肢になっています。

Let's see what the announcement will say.

let's see は相手に対して何かを確認することを提案する表現で、この英文のように疑問詞が続きます。話者になりきって、提案するキモチを込めて音読してみましょう。

また、let's see は考えがまとまらず、場つなぎで使うこともできます。

A：How about going to dinner tonight?（今夜、食事に行きませんか）
B：Let's see... I must finish the report.
（ちょっと考えさせてください、報告書を仕上げなければなりません）

Date ／③④⑤⑥ Date ／③④⑤⑥ Date ／③④⑤⑥

4. スクリプト 12_2_4 M: W:

M: Do I need to go over the entire task or should I just submit it?

W: **(A) Please review it if you have time.**

(B) To enter a new facility.

(C) How do you commute to work?

男性：その案件はすべて見直す必要がありますか、それともただ提出すべきですか。

女性：(A) 時間があれば見直してください。
(B) 新しい施設に入るためです。
(C) あなたはどうやって通勤していますか。

□go over （文書など）を入念に調べる

解説＆トレーニングポイント

案件をすべて見直す必要があるか、あるいは提出すれば良いかが問われ、時間があれば見直してと答えている（A）が正解です。(B) は entire と enter を使った音のヒッカケです。

Do I need to go over the entire task or should I just submit it?

go over にはさまざまな意味があり、ここでは「見直す」という意味で、examine や check carefully に言い換えることができます。go over のような句動詞の意味は、知らなかったものに出会うたびに１つずつ潰しておきましょう。パート２ではこれが意外な落とし穴になってしまいます。

皿トレ ③解説を読む ④ゆっくり音読 ⑤オーバーラッピング ⑥キモチオンドク

Date ／③④⑤⑥ Date ／③④⑤⑥ Date ／③④⑤⑥

5. スクリプト 12_2_5 W: W:

W: How can I get to the station?

W: **(A) Sorry, I'm not sure.**

(B) Straight tea, please.

(C) The stationery costs about five dollars.

女性： 駅にはどうやって行ったら良いですか。

女性： (A) すみません、私はわかりません。
(B) 紅茶をストレートでお願いします。
(C) その文房具は約5ドルです。

解説＆トレーニングポイント

駅への行き方について問われ、わからないと答えた（A）が正解です。（B）を直進してください、という意味にとらえてしまうと正解に思えてしまいます。（C）の costs は名詞ではなく動詞として使われていることに注意してください。

Sorry, I'm not sure.

読めば誰でも意味がわかる英文ですが、このナレーターの発話を聞いて理解できたでしょうか。「アイム ノット　シュア」とカタカナ英語で覚えていると、こんな簡単な英文でも聞き漏らしてしまうので、正しい音を確認しておきましょう。

I'm は m の音がほぼ落ちています。not は t が落ちて「ナッ」と聞こえます。sure は 2 音節ではなく 1 音節で「シュー」や「ショー」に近い音です。

皿トレ ③解説を読む ④ゆっくり音読 ⑤オーバーラッピング ⑥キモチオンドク

Date ／ ③④⑤⑥ Date ／ ③④⑤⑥ Date ／ ③④⑤⑥

6. スクリプト 12_2_6 W: M:

W: Why haven't you sent the invoice yet?

M: (A) By the end of the week.

(B) I've just completed it.

(C) Voice mail messages.

女性：なぜまだ請求書を送っていないのですか。
男性：(A) 週末までにです。
(B) たった今それを完成させました。
(C) 留守番電話のメッセージです。

解説＆トレーニングポイント

請求書が送られていない理由が問われている場面で、それ（請求書）を完成させたと答えている、つまりこれから送るという意図を伝えている（B）が正解です。

先頭の Why haven't の部分が聞き取れないと、請求書を送る期限を回答しているかのように思えてしまう（A）に引っかかってしまいます。（C）は invoice と voice の音のヒッカケです。

Why haven't you sent the invoice yet?

頻度は低いですが、why haven't の組み合わせも出題されます。Haven't you の音のつながりの様子も意識して、音読をしておきましょう。

皿トレ ③解説を読む ④ゆっくり音読 ⑤オーバーラッピング ⑥キモチオンドク

Date ／ ③④⑤⑥ Date ／ ③④⑤⑥ Date ／ ③④⑤⑥

Part 3 スクリプト 12_3 W: M:

Questions 7 through 9 refer to the following conversation.

W: Hi, Jeff. Have you seen the employee manuals we had printed? (7) I remember putting a big stack of them in the storage room but I can't locate them now. I need them for the new employee orientation I'm running tomorrow.

M: Well, there had been a big cleanup at the end of February, so someone might have thrown them out. You only need seven copies. You could print them out on the office photocopier.

W: (8) I guess that'd work. But they won't look very professional.

M: (9) Joan Winters in Administration has a binding machine. She should be able to help you make them into books. Why don't you give her a call?

問題 7-9 は次の会話に関するものです。
女性： こんにちは、Jeff さん。印刷してあった従業員マニュアルを見ましたか。たくさん積み重ねて倉庫にしまったのは覚えているんですが、今は見当たりません。明日私が担当する新入社員のオリエンテーションで必要なんです。
男性： 2月の終わりに大掃除があったから誰かが捨ててしまったんじゃないでしょうか。7部必要なだけですよね。社内のコピー機でコピーできるんじゃないでしょうか。
女性： それで大丈夫だと思います。でもあまり見栄えは良くないですね。
男性： 管理部の Joan Winters さんが製本機を持っています。製本するのを手伝ってくれるはずです。彼女に電話してみたらどうでしょうか。

□a stack of 積み重なった… □locate …の場所を確認する □run …を行う
□throw out (不要なもの)を捨てる □work 具合良くいく □binding 製本

Date ／③④⑤⑥ Date ／③④⑤⑥ Date ／③④⑤⑥

7. Why is the woman concerned?

(A) She will be late for a meeting.
(B) She cannot find some documents.
(C) She does not have time to pick up an order.
(D) She has been sent the wrong item.

女性はなぜ心配していますか。

(A) 会議に遅れる。
(B) 書類を見つけられない。
(C) 注文品を受け取りに行く時間がない。
(D) 間違った品物が送られてきた。

女性が何か困っている場面です。ヒントは女性が述べる可能性が高いと予測します。

8. What does the woman mean when she says, "But they won't look very professional"?

(A) She is dissatisfied with the suggestion completely.
(B) She is unhappy with the cleaning work.
(C) She plans to replace the equipment immediately.
(D) She doubts the technicians' ability.

女性が "But they won' t look very professional" と言う際、何を意図していますか。

(A) 彼女は提案に完全には満足していない。
(B) 彼女は清掃作業に不満である。
(C) 彼女はすぐに機器を交換するつもりである。
(D) 彼女は技術者の能力を疑っている。

but の前で述べられている they が何かを聞き取れれば、正解が選べるはずです。

9. What most likely will the woman do next?

(A) Check a map
(B) Call a supplier
(C) Make a presentation
(D) Contact a colleague

女性は次に何をすると考えられますか。

(A) 地図を確認する。
(B) 納入業者に電話をする。
(C) プレゼンテーションをする。
(D) 同僚に連絡をする。

女性が最後のセリフで正解のヒントを述べるだろう予測します。most likely が使われている場合は、女性が他の話者（多くは男性）のアドバイスに従う可能性もあります。

解説＆トレーニングポイント

Well, there had been a big cleanup at the end of February, so someone might have thrown them out.

初中級と上級者の違いは、大掃除を過去の事実として聞き取れるかどうかです。時制を意識していないと、大掃除がこれから行われるものと誤解してしまい、文脈の理解が混乱してしまいます。there had been の音をよく聞き直しておきましょう。

throw が threw、thrown という不規則変化動詞だという知識があっても、それが聞き取れるかどうかは別問題です。この英文を音読することで、thrown them out の音から意味が取れるようにトレーニングしておきましょう。

Questions 10 through 12 refer to the following broadcast.

Now, turning to local news, Hamilton Railway announced that from this Saturday, July 1, they will introduce a new ticketing system. All travel will be reliant on prepaid cards, and (10) regular trip tickets will no longer be available. Most of the stations in Hamilton City are expected to be crowded this weekend with people who are trying to buy prepaid cards. (11) You can check the level of congestion at the ticket counters of each station online. (12) One way around the card system is to install an app on your smartphone. The Hamilton Railway strongly recommends doing so since it can be less time consuming.

問題 10-12 は次の放送に関するものです。

それでは地域のニュースです。Hamilton 鉄道会社が 7 月 1 日土曜日から新しい発券システムを導入すると発表しました。利用するにはすべてプリペイドカードが必要となり、従来の切符は利用ができなくなります。Hamilton 市にあるほとんどの駅は週末、プリペイドカードを購入しようとする人で混雑することが予想されます。それぞれの駅のチケットカウンターの混雑度はオンラインで確認できます。このカードシステムには、スマートフォンにアプリケーションを入れるという方法もあります。手間が少なくなるので、Hamilton 鉄道会社は、そのようにすることを強く勧めています。

□be reliant on …に頼っている　Q □discontinue …を停止する

10. What is mentioned about Hamilton Railway?

(A) A new station has been opened.
(B) A line will be closed for the weekend.
(C) A type of ticket will be discontinued.
(D) Its CEO will resign in the next quarter.

Hamilton 鉄道会社について何が述べられていますか。

(A) 新しい駅がオープンした。
(B) 週末に路線が閉鎖する。
(C) ある種の切符が廃止になった。
(D) CEO が次の四半期辞職する。

具体的キーワードの Hamilton Railway を意識しながら、述べられていることを聞き取るようにします。

11. According to the broadcast, what is available online?

(A) The crowding situation at ticket counters
(B) A timetable
(C) A reservation form
(D) Pictures of trains

放送によると、オンライン上で入手可能なものは何ですか。

(A) チケットカウンターの混雑状況
(B) タイムテーブル
(C) 予約フォーム
(D) 電車の写真

According to the broadcast とあるので、複数の人に対する放送だということがわかります。

12. What does the railway company advise people to do?

(A) Leave home earlier than usual
(B) Check the online train schedule
(C) Make reservations early
(D) Use an app

鉄道会社は人々に何をするように勧めていますか。

(A) 通常より早く家を出る。
(B) インターネットで列車の予定を確認する。
(C) 早めに予約をする。
(D) アプリケーションを利用する。

トーク後半にヒントが読まれるだろうと予測しておきます。

解説 & トレーニングポイント

Now, turning to local news, Hamilton Railway announced that from this Saturday, July 1, they will introduce a new ticketing system.

パート4ではラジオのニュースが出題されますが、その冒頭で使われるのがこの announce that という構文です。この that 以下の部分でニュースの概要が述べられるので、注意力を一段上げて確実に聞き取るようにしましょう。

なお、発表をした時点を述べる場合には、announced on Monday that のように announce の直後に、曜日や日付が置かれます。

1(B) 2(A) 3(C) 4(A) 5(C) 6(A) 7(A) 8(C) 9(D) 10(B) 11(D) 12(C)

Part 1

1.

スクリプト 13_1  W

(A) Cars have been parked side by side.

(B) Boxes are stacked up on the ground.
グラウンd ×グランド

(C) They're carrying some crates into a warehouse.

(D) They're rearranging some furniture.

(A) 車が並んで駐車されている。
(B) 箱が地面に積み重ねられている。
(C) 彼らはいくつかの木箱を倉庫に運んでいる。
(D) 彼らは家具を配置し直している。

□stack up …を積み上げる

解説＆トレーニングポイント

(A) side by side「並んで」はパート１頻出フレーズで、以下の英文もしばしば出題されます。

They're walking side by side.（彼らは並んで歩いている）

(B) パート２などで登場する stuck は「動けない」という意味の形容詞で、stack とは別の単語です。

I was stuck in traffic.（私は交通渋滞で動けませんでした）

(C) crate「木箱」に似たものとして carton「段ボール箱」、container「コンテナ」も出題されます。

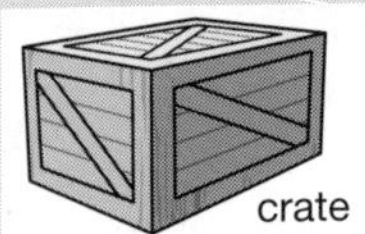
crate

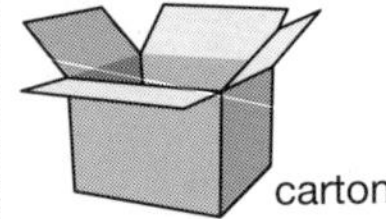
carton

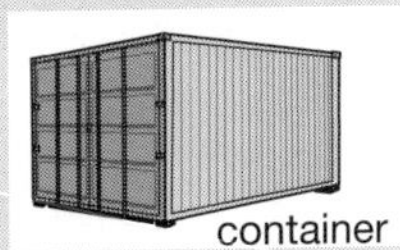
container

③解説を読む ④ゆっくり音読 ⑤オーバーラッピング ⑥キモチオンドク

Date ／ ③④⑤⑥ Date ／ ③④⑤⑥ Date ／ ③④⑤⑥

Part 2

2. スクリプト 13_2_2 W: M:

W: Ms. Dickinson has finance-related experience, doesn't she?

M: **(A) Adam was looking over her résumé.**

(B) Probably it cost more than three hundred dollars.

(C) Not until next week.

女性： Dickinson さんは財務関連の経験がありますよね。

男性： (A) Adam が彼女の履歴書に目を通していました。

(B) おそらくそれは 300 ドル以上かかりました。

(C) 来週まではありません。

解説＆トレーニングポイント

Dickinson さんには財務関連の経験があるかどうかが問われ、Adam が Dickinson さんの履歴書を見てその経験があるかどうかを調べていたと答えている（A）が正解です。女性、男性の会話から、Dickinson（求職者）、Adam（採用担当）の関係を理解して解かなければならない難問です。

Ms. Dickinson has finance-related experience, doesn't she?

experience の音を間違えている方が多いので、正しい音を確認しておきましょう。カタカナ式では「エクスペリエンス」ですが、「イクスピエリエン s」に近い音で、ストレスは第 2 音節にあります。

ex · **pe** · ri · ence

Date ／③④⑤⑥ Date ／③④⑤⑥ Date ／③④⑤⑥

3. スクリプト 13_2_3 M: W:

M: I'm looking for a replacement for the chief.

W: (A) There aren't enough goods.

(B) I didn't take the placement test.

(C) How about Paul Miller?

男性： チーフの代わりを探しています。

女性： (A) 十分な数の商品がありません。
(B) 私はクラス分け試験を受けませんでした。
(C) Paul Miller はどうですか。

□replacement 後任、代わりの人·もの
□placement クラス分け

解説&トレーニングポイント

チーフの代わりを探しているという発言に対して、Paul Miller はどうかと提案している (C) が正解です。(B) は replacement と placement を使った音のヒッカケです。

I'm looking for a replacement for the chief.

この replacement は「代わりの人」という意味の加算名詞で、文脈によっては「後任者」という意味も含まれます。また、「交換」という意味の不可算名詞としても使われます。

The copy machine needs replacement.

カタカナ式だと「リプレースメント」ですが、英語の正しい音は「リプレイ s メン t」であることを確認しておきましょう。

皿トレ ③解説を読む ④ゆっくり音読 ⑤オーバーラッピング ⑥キモチオンドク

Date ／ ③④⑤⑥　Date ／ ③④⑤⑥　Date ／ ③④⑤⑥

4. スクリプト 13_2_4 M: M:

M: When are we arriving at the hotel?

M: **(A) It's on the itinerary.**

(B) That was yesterday, I think.

(C) A suite of rooms for guests.

男性： ホテルにはいつ着きますか。

男性： (A) 予定表に載っています。
(B) それは昨日だったと思います。
(C) ゲスト用の続き部屋です。

解説＆トレーニングポイント

ホテルにいつ着くかが問われていますが、直接は答えずに到着時刻が載っている予定表を確認するよう促している（A）が正解です。シンプルな問いかけ文ですが、文末のhotelまで聞き取れていないと正解を選べません。（B）は過去形なので、話者たちがすでに到着していることになってしまい、会話としてはあり得ません。（C）は問いかけ文のhotelからroomを連想した場合の錯乱肢です。

When are we arriving at the hotel?

まずは、先頭のwhen are weの音がつながって読まれている様子を、繰り返し聞き込んで耳に慣らしましょう。この組み合わせで本番でも出題されます。

また、文末のhotelの音も要注意で、これが聞き取れないと正解につながりません。カタカナ英語だと「ホ・テ・ル」と3音節ですが、正しい音は2音節です。ストレスはeに置かれるので「hゥテゥ」あるいは「hテゥ」のように聞こえます。

皿トレ ③解説を読む ④ゆっくり音読 ⑤オーバーラッピング ⑥キモチオンドク

Date ／ ③④⑤⑥ Date ／ ③④⑤⑥ Date ／ ③④⑤⑥

5. スクリプト 13_2_5 W: M:

W: How can I contact our client from Dean Pharmaceutical?

M: (A) You can get a prescription filled there.

(B) I'll contact some of the job applicants.

(C) I have his number.

女性： 当社のDean製薬会社の顧客にはどうやって連絡したら良いですか。

男性： (A) そこで処方箋の調剤ができます。
(B) 私がその仕事の応募者の何人かに連絡をします。
(C) 彼の電話番号があります。

解説＆トレーニングポイント

登場人物と状況がつかみにくい会話です。女性と男性は同僚で、お客であるDean製薬会社に連絡をしたいという場面です。連絡をしたいお客の電話番号を知っていると答えている（C）が正解です。（A）はpharmaceuticalからprescriptionを連想させる上級者向けの錯乱肢です。(B)はcontactを使った音のヒッカケです。

How can I contact our client from Dean Pharmaceutical?

先頭部分は聞き取れたでしょうか。how can Iは「ハカナ」のようなひとカタマリの音に聞こえるので、単語で区切られた音で覚えていると聞き漏らしてしまいます。how can Iはパート2の頻出フレーズなので、この音声を使ってしっかりと耳に慣らしておきましょう。

皿トレ ③解説を読む ④ゆっくり音読 ⑤オーバーラッピング ⑥キモチオンドク

Date ／ ③④⑤⑥ Date ／ ③④⑤⑥ Date ／ ③④⑤⑥

6. スクリプト 13_2_6 M: W:

M: Won't Mr. Coolidge be the new branch manager?

W: **(A) I thought it was James.**

(B) We've had brunch.

(C) No, I don't want to go abroad.

男性：Coolidge さんが新しい支店長になるのではないですか。

女性：(A) 私は James だと思っていました。
(B) 我々はブランチを食べました。
(C) いいえ、私は海外には行きたくありません。

解説 & トレーニングポイント

Coolidge さんが新しい支店長ではないかと問われ、James が支店長になると思っていたと答えている (A) が正解です。(B) は branch と brunch を使った音のヒッカケです。

I thought it was James.

thought はカタカナ式の「ソート」や「ソウト」で覚えていると、ほぼ聞き取れません。正しい音は 1 音節の「ソッ t」に近い、短い音です。thought の部分を意識して、繰り返し聞いておきましょう。

③解説を読む ④ゆっくり音読 ⑤オーバーラッピング ⑥キモチオンドク

Date ／ ③④⑤⑥ Date ／ ③④⑤⑥ Date ／ ③④⑤⑥

Part 3 スクリプト 13_3 M: W:

Questions 7 through 9 refer to the following conversation and order form.

M: We talked about the desks and chairs for the new employees last Tuesday, remember? Have you ordered them yet? (7) We need them by Monday morning. That's when they start work.

W: Mr. Holmes told me not to order them until he'd made a decision about whether to hire six of the candidates or seven.

M: Oh, sorry. I should have told you. (8) It's definitely six.

W: OK. (9) I'll send the order and then call the furniture store to make sure they get here on time.

Order Form **Order number #67655**			
Item	**Quantity**	**Price per item**	**Subtotal**
Maxline Office Chair	7	$139	$973
Surestrong Desk	7	$423	$2,961
		TOTAL	$3,934

問題 7-9 は次の会話と注文書に関するものです。
男性： 先週火曜日に新入社員用の机や椅子について話したことを覚えていますか。もう注文済みでしょうか。月曜の朝までには必要です。その日から彼らは勤務開始なので。
女性： Holmes さんから言われていたのは、候補者のうち 6 人を雇うのか 7 人を雇うのか決定するまでは注文しないようにということでした。
男性： あっ、すみません。あなたに言うべきでした。間違いなく 6 人です。
女性： わかりました。注文書を送ってから家具屋に電話をして、確実に間に合うようにしますね。

注文書 注文番号 67655			
商品名	数量	単価	小計
Maxline オフィス用チェアー	7	$139	$973
Surestrong デスク	7	$423	$2,961
		合計	$3,934

③解説を読む ④ゆっくり音読 ⑤オーバーラッピング ⑥キモチオンドク

Date ／ ③④⑤⑥ Date ／ ③④⑤⑥ Date ／ ③④⑤⑥

7. When will the new employees start work?

(A) On Monday
(B) On Tuesday
(C) On Wednesday
(D) On Thursday

新入社員はいつ勤務を開始しますか。

(A) 月曜日
(B) 火曜日
(C) 水曜日
(D) 木曜日

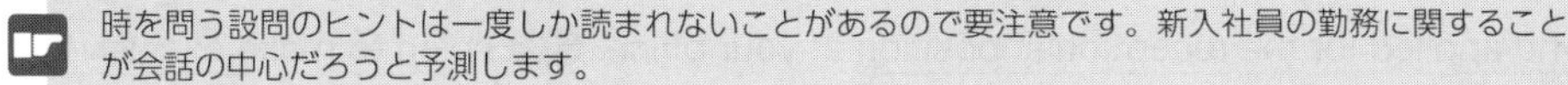

時を問う設問のヒントは一度しか読まれないことがあるので要注意です。新入社員の勤務に関することが会話の中心だろうと予測します。

8. Look at the graphic. What information is wrong?

(A) Order number
(B) Item
(C) Quantity
(D) Price per item

図を見てください。どの情報が間違っていますか。

(A) 注文番号
(B) 商品名
(C) 数量
(D) 単価

Order number, Item, Quantity, Price per item のいずれかの情報が間違っているので、正しい情報が読まれたのが正解です。

9. What will the woman most likely do next?

(A) Call a job applicant
(B) Move her desk
(C) Visit a store
(D) Send an order

女性は次に何をすると考えられますか。

(A) 求職者に電話する。
(B) 彼女の机を移動する。
(C) 店を訪ねる。
(D) 注文書を送る。

女性の最後のセリフに正解のヒントが述べられるだろうと予測します。ただし、女性以外の話者が女性にアドバイスをして、それに女性が同意する場合もあります。

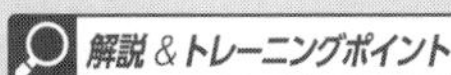

I should have told you.

I should have は「(過去に) ~をすべきであったのに」という意味で、何かの問題が起こるパート3ではキーセンテンスになり得る重要フレーズです。should have はつなげて読まれるので、have の h が消えて「シュダブ」のような音になっていることを確認しておきましょう。

なお、regret（後悔する）で書き換えると以下の構文になることも覚えておきましょう。

I regret that I didn't tell you.
I regret not telling you.

Part 4 スクリプト 13_4 W

Questions 10 through 12 refer to the following telephone message.

Hi, Ron. It's Tina Holmes. (10) I'm coming down to Scranton to interview the people who applied for the receptionist position at your office. (11) I plan to make exclusive use of the meeting room for the interviews and some other meetings. I'm sorry to ask this on such short notice, but (11) I'd appreciate it if you could give my request precedence over other reservations and make alternative arrangements for anyone else who has reserved the room. I'll have a busy schedule while I'm there and I won't have time to change rooms. (12) I'll review the applicants' résumés during the flight, and let you know who I want to interview.

問題 10-12 は次の電話のメッセージに関するものです。

こんにちは、Ron さん。Tina Holmes です。あなたのオフィスの受付係に応募した人たちを面接するためにScranton に向かっているところです。面接と他の打ち合わせ専用で会議室を使うつもりです。こんなに急にお願いをして申し訳ないのですが、私の要望を他の予約より優先して、部屋を予約した他の人には別の手配をしてもらえたらありがたいです。そちらにいる間は予定が詰まっていて、部屋を変更する時間がありません。フライト中に候補者の履歴書に目を通して、誰を面接したいかを知らせます。

□come down 都市を離れる　□exclusive 独占的な　□on short notice 直前の通知で

Q □prioritize …に優先権を与える

③解説を読む ④ゆっくり音読 ⑤オーバーラッピング ⑥キモチオンドク

Date ／ ③④⑤⑥　Date ／ ③④⑤⑥　Date ／ ③④⑤⑥

10. What will Ms. Holmes be doing?

(A) Attending a seminar
(B) Talking to job applicants
(C) Visiting another branch
(D) Reserving a conference room

Holmes さんは何をしますか。

(A) セミナーに出席する。
(B) 求職者と話をする。
(C) 他の支社を訪れる。
(D) 会議室を予約する。

パート4では設問中の人名は、話し手、聞き手、第三者のいずれのケースもあり得ます。本問では、Q12の設問から Holmes は話し手であることがわかります。冒頭のセリフに注意をして、話し手がこれから何をするかを聞き取るようにします。

11. What is Ron asked to do?

(A) Confirm flight information
(B) Arrange a meeting with clients
(C) Sign up for the recruiting workshop
(D) Prioritize Holmes' use of the room

Ron は何をするよう求められていますか。

(A) フライト情報を確認する。
(B) 顧客との打ち合わせを手配する。
(C) 採用ワークショップに申し込む。
(D) Holmes が部屋の使用を優先する。

聞き手が Ron だと予測します。

12. What does Ms. Holmes say she will do?

(A) Book a round-trip flight
(B) Make an appointment with a client
(C) Go through some documents
(D) Explain the cause of an error

Holmes さんは何をすると言っていますか。

(A) 往復のフライトを予約する。
(B) 顧客と面談の約束をする。
(C) 書類に目を通す。
(D) 間違いの理由を説明する。

トーク終盤で、話者がこれからの行動を述べるだろうと予測します。

解説&トレーニングポイント

I'm sorry to ask this on such short notice, / but I'd appreciate it / if you could give my request precedence / over other reservations / and make alternative arrangements / for anyone else / who has reserved the room.

とても長いセンテンスなので、先頭からスラッシュの部分で区切りながら、意味を付け足す感覚で音読していきます。

I'd appreciate it if you could はとても丁寧な依頼表現で、この部分をひとカタマリのフレーズとして読んでしまいましょう。

precedence は「優先すること」という意味の名詞で、その後の over とセットで使われる点がポイントです。この英文では相手に優先することを依頼しているので give precedence over という語法が使われていますが、以下のように take precedence over という語法もあります。

That needs to take precedence over the other concerns.
（それは、他の心配事よりも優先する必要がある）

 1(A) 2(C) 3(B) 4(C) 5(B) 6(B) 7(A) 8(B) 9(C) 10(A) 11(C) 12(C)

Part 1

1.

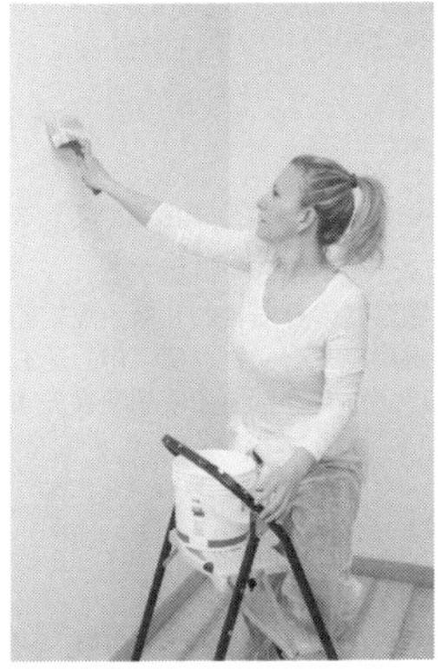

スクリプト 14_1 W

(A) She's facing the wall.
ウォーゥ ×ウオール

(B) She's painting a ladder.

(C) She's mopping the floor.

(D) She's filling up a basket.

(A) 彼女は壁の方を向いている。
(B) 彼女ははしごにペンキを塗っている。
(C) 彼女は床をモップで拭いている。
(D) 彼女はかごをいっぱいにしている。

 □fill up …をいっぱいに満たす、…に詰め込む

解説&トレーニングポイント

（A）face は「～に向かい合う」という動詞としてパート 1 に登場します。この写真では女性（人）が壁（モノ）に向き合っていますが、人同士が向かい合っている写真では以下の英文が正解になります。

They're facing each other.（彼らは向かい合っている）

また、顔をそむけている状態は away を使って以下のように表現します。

She is facing away from the monitor.（彼女はモニター画面から顔をそむけている）

（D）filling up a の部分がつながって読まれています。ここが聞き取れていないと、かごのようにも見える容器が写真に写っているので選びたくなる選択肢になってしまいます。繰り返し音声を聞き直して、この部分の音をチェックしておきましょう。

 ③解説を読む ④ゆっくり音読 ⑤オーバーラッピング ⑥キモチオンドク

Date ／ ③④⑤⑥ Date ／ ③④⑤⑥ Date ／ ③④⑤⑥

Part 2

2. スクリプト 14_2_2 W: W:

W: Who's preparing the refreshments?

W: (A) A new pair of shoes.

(B) Let's take a ten-minute break to relax.

(C) I called a catering company.

女性： 誰が軽食を準備していますか。

女性： (A) 新しい靴1足です。
(B) 10分間の休憩を取ってゆっくりしましょう。
(C) 私がケータリング会社に電話しました。

解説＆トレーニングポイント

(A) は preparing と pair の音のヒッカケです。(B) は refreshments から休憩を連想してしまった人に対する錯乱肢です。

Who's preparing the refreshments?

Who's は聞き取れたでしょうか。自分で聞き取れていると思っていても、同音の whose や似た音の foods など別の単語が思い浮かんでまごまごしていると、意味として重要な preparing the refreshments が聞き取れなくなってしまいます。Who's の音を意識して 10 回繰り返し聞き込んだら、この文を 10 回音読して丸ごと覚え込んでしまいましょう。

皿トレ ③解説を読む ④ゆっくり音読 ⑤オーバーラッピング ⑥キモチオンドク

Date ／ ③④⑤⑥ Date ／ ③④⑤⑥ Date ／ ③④⑤⑥

3. スクリプト 14_2_3 W: M:

W: Where can I find today's newspaper?

M: (A) That's great news!

(B) They don't publish it today.

(C) At least by seven o'clock.

女性： 今日の新聞はどこにありますか。
男性： (A) それは素晴らしいニュースです。
(B) 今日は発行されません。
(C) 少なくとも７時までにです。

解説＆トレーニングポイント

問いかけ文で新聞がどこにあるかを問うているので、女性が新聞を探しても見当たらない状況がイメージできるかどうかがポイントです。正解（B）では今日は新聞が発行されないので、新聞はどこにもないということを伝えています。
（A）は newspaper と news の音のヒッカケです。（C）は where を when と聞き間違えた場合の錯乱肢になっています。

They don't publish it today.

細かい点ですが、聞き取りのポイントがあるので確認しておきましょう。don't の t は p の前で消えています。it の t は today の t とかぶっているので発音されていません。today はオーストラリア式発音で「トゥダイ」になることもあります。

皿トレ ③解説を読む ④ゆっくり音読 ⑤オーバーラッピング ⑥キモチオンドク

Date ／ ③④⑤⑥ Date ／ ③④⑤⑥ Date ／ ③④⑤⑥

4. スクリプト 14_2_4 M: W:

M: Do you know what time the next shuttle bus will come?

W: (A) I left the hotel a minute ago.

(B) Why don't we get off at the next stop?

(C) It runs every ten minutes.

男性： 次のシャトルバスは何時に来るかわかりますか。

女性： (A) 私はホテルをたった今出ました。
(B) 次のバス停で降りませんか。
(C) 10 分おきに走っています。

解説&トレーニングポイント

次のシャトルバスが何時に来るのか知っているかが問われ、10 分おきに走っていると答えている (C) が正解です。(A) はバスがホテルを出発してしまったと聞こえると正解に思えてしまいます。(B) は shuttle bus から連想をさせる錯乱肢です。

It runs every ten minutes.

この run はバスや電車が「運行している」という意味です。パート 3、4 の駅やホテルのロビーなどの場面で使われる重要語なので、この英文で音と意味をしっかりとつなげて覚えておきましょう。

皿トレ ③解説を読む ④ゆっくり音読 ⑤オーバーラッピング ⑥キモチオンドク

Date ／③④⑤⑥ Date ／③④⑤⑥ Date ／③④⑤⑥

5. スクリプト 14_2_5 M: W:

M: What time will Martin come to our office?

W: (A) To review some documents.

(B) As soon as the seminar is over.

(C) It'll be in their office.

男性： Martin は何時に当社に来ますか。

女性： (A) 書類をいくつか確認するためです。
(B) セミナーが終わり次第です。
(C) それは彼らの事務所においてです。

解説＆トレーニングポイント

Martin が当社に来る時間が問われているので、(B) はセミナーが終わり次第（当社に来る）と意味がつながります。

(A) は Martin が当社に来る理由を答えています。(C) は office の音のヒッカケになっています。また Martin は当社に来る予定はないと言おうとしたとしても、it が何を意味しているか不明です。

What time will Martin come to our office?

先頭の部分は what と time の t がつながって「ゥワッタイム」と読まれていることを確認しておきましょう。office は前の our とつながって「r アフィス」のように聞こえています。

皿トレ ③解説を読む ④ゆっくり音読 ⑤オーバーラッピング ⑥キモチオンドク

Date ／ ③④⑤⑥ Date ／ ③④⑤⑥ Date ／ ③④⑤⑥

6. スクリプト 14_2_6 W:  M:

W: Will you be able to finish the work by tomorrow?

M: (A) At an award ceremony.

(B) Isn't it due Friday?

(C) Because I was not able to attend the party.

女性： その仕事を明日までに終えられますか。
男性： (A) 受賞式でです。
(B) 金曜日が締め切りではないですか。
(C) 私がパーティに出席できないからです。

解説＆トレーニングポイント

仕事を明日までに終えられるかと問われ、締め切りは金曜日ではないかと問い返している（B）が正解です。（C）は仕事が終えられない理由と理解してしまうと正解に思えてしまいますが、会話としてつながらないので不正解です。

Isn't it due Friday?

このdueは「期限である」という意味の形容詞です。Isn't itは「イズニッ t」のように、ひとカタマリで発音されています。男性は、期限は金曜日だったはずだと思っているので、Isn't itという否定疑問文を使って驚きを表現しています。そのキモチを乗せて例文を音読しておきましょう。

皿トレ ③解説を読む ④ゆっくり音読 ⑤オーバーラッピング ⑥キモチオンドク

Date ／③④⑤⑥ Date ／③④⑤⑥ Date ／③④⑤⑥

Part 3 スクリプト 14_3 W: M:

Questions 7 through 9 refer to the following conversation.

W: I've been thinking a lot about that plan (7) I mentioned about opening an international supermarket. I think I'm just about ready to move ahead with it. I'm looking for the right place.

M: That building on Needles Avenue would be perfect.

W: I know that building. But it's been vacant for a while so I thought it must be in a bad location, right?

M: Not at all. It used to be a supermarket. The owners decided to move to a larger building on Berry Street. (8) The interior is still set up as a supermarket. You wouldn't have to change much at all.

W: That's good to know.

M: The real estate agency has their sign in the window. (9) You should give them a call.

問題 7-9 は次の会話に関するものです。
女性： 前に私が言っていた国際的なスーパーを開くという計画についていろいろと考えています。それについてはほぼ進めようという気になりました。ちょうど良い場所を探しているところです。
男性： Needles 大通りのあのビルが完璧だと思います。
女性： あのビルのことは知っています。ただ、しばらくの間空いていたから場所が悪いのではないかと思ったんですが、違いますか。
男性： 全然そんなことはありません。以前はスーパーだったんですよ。オーナーが Berry 通りのもっと広いビルに移転することを決めたんです。内装はまだスーパー用になっています。そんなに変更しなくてもいいと思います。
女性： それを知ってうれしいです。
男性： 不動産屋が窓に広告を出していますよ。電話してみるべきです。

□be about ready to *do* まもなく…する □move ahead with …を進展させる

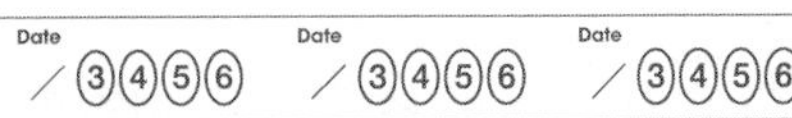

7. Why is the woman searching for a place?

(A) She wants to start a new business.
(B) She plans to hold an international festival.
(C) She needs to park her car near the supermarket.
(D) She has to store some interior goods.

なぜ女性は場所を探しているのですか。

(A) 新規事業を始めたいから。
(B) 国際的な祭りを開くことを計画しているから。
(C) スーパーの近くに自分の車を停める必要があるから。
(D) いくつかの内装品を保管しなければならないから。

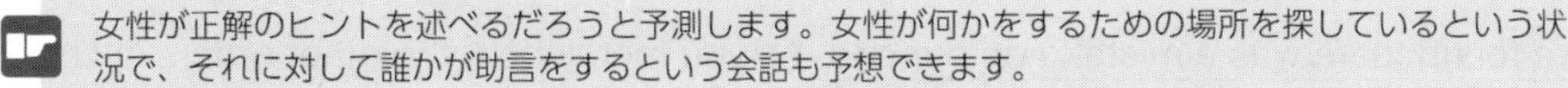
女性が正解のヒントを述べるだろうと予測します。女性が何かをするための場所を探しているという状況で、それに対して誰かが助言をするという会話も予想できます。

8. What does the man say about the building on Needles Avenue?

(A) It is larger than the one on Berry Street.
(B) It would not need much work.
(C) It is still under construction.
(D) It looks very expensive to rent.

男性は Needles 大通りのビルについて何と言っていますか。

(A) Berry 通りのものより広い。
(B) あまり作業が必要ではないだろう。
(C) まだ建設中である。
(D) 賃料がとても高そうだ。

男性が、具体的キーワードの Needles Avenue について、何と述べているかが正解のヒントになります。

9. What does the man suggest the woman do?

(A) Park her car on Needles Avenue
(B) Find some reliable suppliers
(C) Contact a real estate agent
(D) Consult with an interior decorator

男性は女性に何をするように提案していますか。

(A) Needles 大通りに車を停める。
(B) 信頼できる納入業者を見つける。
(C) 不動産業者に連絡をする。
(D) 内装業者に相談する。

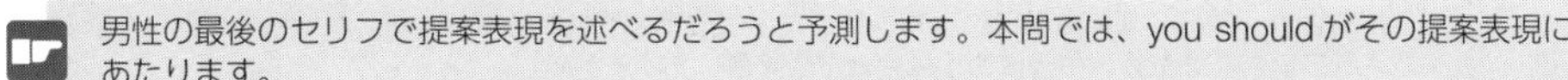
男性の最後のセリフで提案表現を述べるだろうと予測します。本問では、you should がその提案表現にあたります。

解説&トレーニングポイント

I think I'm just about ready to move ahead with it.

意味が取りづらかったかもしれません。このmoveは「事が進む」、「事が進展する」という意味の自動詞で、「前方へ」という意味の副詞 ahead と組み合わせて、move ahead は「事が前向きに進展する」というフレーズになります。そして、it は「国際的なスーパーを開くという計画」を指しています。

Part 4 スクリプト 14_4 W

Questions 10 through 12 refer to the following telephone message.

Hello. It's Paula Rivers from Heartland Online Shopping. I'm calling about the message you sent regarding the box of HTG instant coffee. (10) Having reviewed your orders, I've found there was a mistake on our end. As you mentioned, the other orders such as a coffee mug set and an assortment of sweets seem to have been properly processed. Rather than have you send the wrong type back, please accept it as a gift from us. (11) The one you were supposed to receive has already been shipped and it should arrive tomorrow morning. (12) To make sure it has arrived and is precisely what you ordered, I'll give you another call in the afternoon.

問題 10-12 は次の電話のメッセージに関するものです。

こんにちは。Heartland Online Shopping の Paula Rivers です。箱入り HTG インスタントコーヒーに関してお客さまから送付いただいたメッセージについて電話しております。お客さまのご注文を見直しましたところ、こちらのミスがあったことがわかりました。お客さまのおっしゃる通り、コーヒーマグセットやお菓子の詰め合わせ等の他のご注文は正しく処理されているようです。間違ったお品物をご返送いただくのではなく、当社からのギフトとしてお受け取りください。お受け取りいただくはずだったお品物はすでに出荷され、明日の朝にお手元に届く予定です。ご注文通りのお品物がきちんとお手元に届いたことを確認させていただくため、午後にもう一度お電話を差し上げます。

□assortment 各種取りそろえたもの、詰め合わせ　Q □dispatch …を急送する·発送する

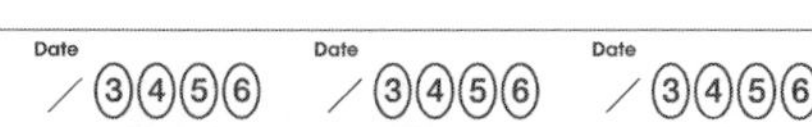

10. What is the problem?

(A) An incorrect item was shipped.
(B) The items were damaged during shipment.
(C) Prices of some sweets were wrong.
(D) More coffee mugs were included than ordered.

問題は何ですか。

(A) 間違った商品が出荷された。
(B) 商品が輸送中に破損した。
(C) お菓子の値段が間違っていた。
(D) 注文数より多くのコーヒーマグが入っていた。

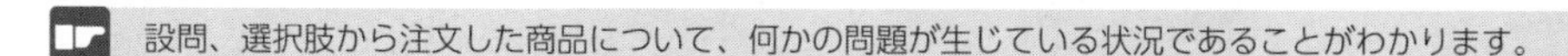

設問、選択肢から注文した商品について、何かの問題が生じている状況であることがわかります。

11. What has the speaker done to solve the problem?

(A) Refunded the purchase price
(B) Visited the customer's address
(C) Dispatched a replacement
(D) Sent a special gift card

話し手は問題を解決するために何をしましたか。

(A) 購入金額を払い戻した。
(B) 顧客の住所先を訪れた。
(C) 交換品を発送した。
(D) 特別なギフトカードを送った。

話し手が店員、聞き手がお客だろうと予測します。

12. Why does the speaker say she will call again?

(A) To arrange a parcel pickup
(B) To decide on a date
(C) To confirm delivery
(D) To provide information about inventory

話し手はなぜもう一度電話をすると言っているのですか。

(A) 小包の受け取りを手配するため。
(B) 日にちを決めるため。
(C) 配達を確認するため。
(D) 在庫についての情報を提供するため。

トーク後半に、電話をかける用件について述べるだろうと予測しておきます。

解説&トレーニングポイント

Rather than have you send the wrong type back, please accept it as a gift from us.

rather than の基本形は、A rather than B（BよりもむしろA）ですが、この英文ではそれが逆転して、rather than B, A という形になっています。than の後には I（または We）が省略されており、使役動詞の have を使った（have + O + 動詞の原形）の使役構文になっています。文法的な構造が理解できたら、音読をしてこの構文を頭に染み込ませておきましょう。

Drill 15 解説とトレーニング

1(A) 2(C) 3(B) 4(A) 5(C) 6(B) 7(B) 8(C) 9(A) 10(C) 11(B) 12(D)

Part 1

1.

(A) 鉢植えの植物が歩道に置かれている。
(B) はしごが建物の壁に立て掛けられている。
(C) 女性は日よけの下の柱によりかかっている。
(D) 男性は街灯を取り換えている。

□potted 鉢植えの
□prop up against …に立て掛ける

スクリプト 15_1  M

(A) Potted plants have been placed on the sidewalk.
(Potted: パティd ×ポッテッド)

(B) A ladder is propped up against a wall of the building.
(ladder: ラd ×ラダー)

(C) A woman is leaning against a column under the awning.
(awning: オーニンg ×アウィング)

(D) A man is replacing street lamps.

解説 & トレーニングポイント

(A) 写真に写っている potted plants「鉢植えの植物」は大型ですが、小型のものも室内の写真に登場します。potted はスペルから想像する音と異なっているので要注意です。
(B) be propped up against ははしごや自転車が立て掛けられている場面を表すときに用いられるフレーズです。丸ごと覚えておきましょう。
(C) awning は建物などから突き出した、主に布製の日よけです。

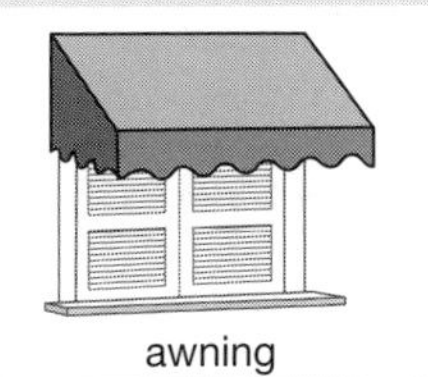
awning

トレ ③解説を読む ④ゆっくり音読 ⑤オーバーラッピング ⑥キモチオンドク

Date ／ ③④⑤⑥ Date ／ ③④⑤⑥ Date ／ ③④⑤⑥

Part 2

2. スクリプト 15_2_2 M: W:

M: Do I need to join the following session or is it optional?

W: (A) It's partly due to the schedule.

(B) About thirty minutes long.

(C) Can you stay for a minute?

男性： 次のセッションは参加する必要がありますか、それともどちらでも良いですか。

女性： (A) それはスケジュールが原因だということもあります。

(B) 約 30 分間です。

(C) ちょっとお待ちいただけますか。

□optional 自由選択の

解説 & トレーニングポイント

次のセッションに参加する必要があるかどうかが問われ、ちょっと待ってもらえるかと答えている（C）が正解です。(A) は英文の意味を「スケジュール次第です」と間違って理解してしまうと正解に思えてしまいます。(B) はセッションの長さを答えているので不正解です。

Do I need to join the following session or is it optional?

optional は「任意で」という意味の形容詞です。パート 7 では以下のような英文で、正解のヒントとして出題されます。

Attendance at the meeting is optional.（会議への出席は任意です）

反意語の mandatory（強制的な）と共に覚えておきましょう。

Date ／ ③④⑤⑥　Date ／ ③④⑤⑥　Date ／ ③④⑤⑥

3. スクリプト 15_2_3 W: M:

W: Why don't we hold a benefit concert?

M: (A) Because there was a problem with the equipment.

(B) We have many guests to invite.

(C) I'll fold the paper for you.

女性： 慈善コンサートを開きませんか。
男性： (A) 機器に問題があったからです。
(B) 我々には招くべき多くの客がいます。
(C) 私があなたのために紙を折りましょう。

□benefit 慈善イベント

解説＆トレーニングポイント

慈善コンサートを開きませんかと提案され、正解の（B）では招くべき多くの客がいると答えており、開催する意義を補足しています。（A）はコンサートを開催できない理由が問われていると誤解すると正解に思えてしまいます。（C）は hold と fold を使った音のヒッカケです。

Why don't we hold a benefit concert?

hold は「持つ」、「保持する」という意味の他動詞で、目的語に concert や meeting を取ると「～を開催する」という意味で使われます。カタカナ式だと「ホールド」になりますが、o は二重母音なので「ホウゥ d」という音になります。また、「畳む」という意味の fold も同様に二重母音なので「f オウゥ d」になります。

③解説を読む ④ゆっくり音読 ⑤オーバーラッピング ⑥キモチオンドク

Date ／ ③④⑤⑥ Date ／ ③④⑤⑥ Date ／ ③④⑤⑥

4. スクリプト 15_2_4 M: (オーストラリア) W: (イギリス)

M: I don't think I can remember all the procedures.

W: **(A) Here's the manual.**

(B) They're produced locally.

(C) It's clearly low.

男性： 手順をすべて覚えられないと思います。
女性： (A) マニュアルがここにあります。
(B) それらは地元で生産されています。
(C) それは明らかに低いです。

□procedure 手続き、手順

解説&トレーニングポイント

手順をすべて覚えられないという発言に対して、マニュアルがある、つまりマニュアルを読めば覚えられなくても大丈夫であるとアドバイスしている (A) が正解です。(B) は procedures と produced を使った音のヒッカケです。

I don't think I can remember all the procedures.

procedure は「手順」という意味の名詞で、パート 7 では以下のような手順を示すときに使われています。

safety procedures：安全手順
quality control procedures：品質管理手順
hiring procedures：採用手順

皿トレ ③解説を読む ④ゆっくり音読 ⑤オーバーラッピング ⑥キモチオンドク

Date ／ ③④⑤⑥ Date ／ ③④⑤⑥ Date ／ ③④⑤⑥

5. スクリプト 15_2_5 M: W:

M: Why's that copy machine not functioning?

W: (A) It's up to you.

(B) Let's take a picture of our new store.

(C) How old is it?

男性： なぜあのコピー機は動いていないのですか。

女性： (A) それはあなた次第です。
(B) 我々の新しい店の写真を撮りましょう。
(C) それはどのくらい古いのですか。

□function 正常に機能する

解説＆トレーニングポイント

コピー機が正常に動作していない理由が問われていますが、正解はそのコピー機がどれくらい古いのかを問い返している（C）が正解です。女性はコピー機が古くなったために動作していないのではないかと考えており、男性に対してどれくらい古いのかを確認しているという場面です。問いかけ文と正解の応答との間にはかなり距離がありますが、問いかけ文を聞いた瞬間に壊れたコピー機について会話している場面をリアルにイメージして会話がつながるかどうかを判断して解答してください。

Why's that copy machine not functioning?

functionには「機能」という意味の名詞の用法の他に、本問のように「正常に動作する」という動詞の用法もあります。TOEICの世界ではコピー機やパソコンが動作していない状況がしばしば出題され、その際にはfunctionが動詞として使われるので、ここでしっかりと覚えておきましょう。

③解説を読む ④ゆっくり音読 ⑤オーバーラッピング ⑥キモチオンドク

Date ／ ③④⑤⑥　Date ／ ③④⑤⑥　Date ／ ③④⑤⑥

6. スクリプト 15_2_6 W: W:

W: You're taking paid leave for a week, aren't you?

W: (A) I can't believe Mr. Lee is leaving the company soon.

(B) Actually, it will be only for three days.

(C) Yes, I enjoyed it a lot.

女性： あなたは1週間有給休暇を取るのですよね。

女性： (A) 私はLeeさんがまもなく会社を辞めるなんて信じられません。
(B) 実のところ、3日間だけです。
(C) はい、私はそれをとても楽しみました。

□paid leave 有給休暇

解説＆トレーニングポイント

1週間の有給休暇を取るのかと問われ、3日間だけであると答えている（B）が正解です。(A) はleaveとleavingを使った音のヒッカケです。(C) は過去形で答えており、すでに有給休暇を取ったと言いたいのであれば、説明をしないと会話がつながらないので不正解です。

You're taking paid leave for a week, aren't you?

文法的にはpaidは過去分詞で名詞のleaveを前から修飾しています。このpaid leaveの部分を名詞のカタマリとして意識しながら、スムーズに音読できるまで繰り返しておきましょう。

paid leave（有給休暇）に関連した用語もまとめて覚えておきましょう。
maternity leave：育児休暇
paternity leave：育児休暇
sick leave：病気休暇

Date ／③④⑤⑥ Date ／③④⑤⑥ Date ／③④⑤⑥

Part 3 スクリプト 15_3 W: M:

Questions 7 through 9 refer to the following conversation.

W: Hi. My microwave door handle broke, so I'm wondering when you'd be able to come out and fix it.

M: Sure. We could make an appointment for as early as Wednesday at ten A.M.

W: That would be great. Oh, and 7 what do you charge?

M: It's eighty dollars for the visit and we also charge for parts and labor. Labor is one hundred dollars per hour. 8 Although I have some parts in stock, there are some cases when I have to order parts. We'd have to make a second appointment, then.

W: That's quite a lot. I can't imagine a handle replacement being that difficult, so 9 I'll check online videos to see if I can take care of it myself now.

問題 7-9 は次の会話に関するものです。
女性： こんにちは。電子レンジのドアの取っ手が壊れてしまったので、いつでしたら修理に来ていただけるのかと思っているのですが。
男性： 承知しました。早くて水曜日の午前 10 時の予約が取れます。
女性： それでいいです。ええと、いくらになりますか。
男性： 出張費が 80 ドルで部品と作業料も請求します。作業料は 1 時間 100 ドルです。部品の在庫がいくつかありますが、部品を注文しなければならない場合もあります。その場合は再度予約をしなければなりません。
女性： ずいぶんするんですね。取っ手の交換がそんなに難しいとは思えないので、オンラインの動画を見て、自分でできるかどうか考えてみます。

□come out 訪ねて来る □as early as 早ければ…で

7. What does the woman ask the man?

(A) Where he provides services
(B) How much his fees are
(C) How to fix the vehicle
(D) When to take her microwave

女性は男性に何を尋ねていますか。

(A) 彼がどこでサービスを提供するのか。
(B) 彼の料金はいくらか。
(C) どうやってその車を修理するのか。
(D) いつ電子レンジを持って行ったら良いか。

正解のヒントは女性が述べます。

8. What does the man say about the job?

(A) He can probably handle it himself.
(B) Parts generally take a week to arrive.
(C) There is a possibility that it will require two visits.
(D) He could give the woman a discount.

男性はその仕事について何と言っていますか。

(A) 彼はおそらく自分で対応できそうだ。
(B) 部品が到着するのに通常1週間かかる。
(C) 2回の訪問が必要となる可能性がある。
(D) 彼は女性に割引することができる。

正解のヒントは男性が述べます。

9. What will the woman do next?

(A) Attempt the repair herself
(B) Order the part through the man
(C) Set up an appointment
(D) Buy a new microwave

女性は次に何をしますか。

(A) 自分で修理を試みる。
(B) 男性を通して部品を注文する。
(C) 予約をする。
(D) 新しい電子レンジを買う。

女性の最後のセリフに正解のヒントがあると予測します。

解説&トレーニングポイント

Although I have some parts in stock, there are some cases when I have to order parts.

接続詞 Although はパート5の正解の選択肢の常連ですが、読めても、聞き取るのは苦手という方が多いのです。主な原因は、その音をカタカナ式の「オールゾー」で覚えているために、逆接の構文としてとらえることができず、文意の理解に混乱してしまうからです。まず、2音節の単語で、ストレスは第2音節にあります。

al · **though**

第2音節にストレスが置かれるために、第1音節の al は弱音化して弱く、短い「ァ」に近い音です。以上の点を理解したら、音声を聞き直して、自分の耳で正しい音にアップデートしておいてください。

Part 4 スクリプト 15_4 M

Questions 10 through 12 refer to the following excerpt from a meeting.

Thank you all for coming. The purpose of this meeting is to prepare for the annual company banquet. I'd like the five of you to form an organizing committee. (10) The first thing that you'll need to set is the date. We've always held the banquet in late December so sometime around then would be best. We can decide the venue once we take the attendance. (11) Unfortunately, the budget you have to work with is slightly lower than it was last year. By the end of this meeting, (12) I'd like you all to decide who's responsible for what parts of the preparation and put together a tentative schedule.

問題 10-12 は次の会議の一部に関するものです。

皆さん、お集まりいただきありがとうございます。この会議の目的は毎年恒例の会社のパーティの準備をすることです。あなた方５名で幹事会を結成してもらいたいと思います。まず初めに決めなければいけないのは、日にちです。パーティはいつも 12 月下旬に行っていますので、その頃が一番良いです。出席を取ったら会場を決めることができます。残念ながら、昨年より予算が少々少なくなりました。この会議が終わるまでに誰が何の準備の担当なのかを決めて、暫定的なスケジュールをまとめてください。

□take the attendance 出席を取る　□put together (考えなど)をまとめる　□tentative 仮の

音トレ ③解説を読む ④ゆっくり音読 ⑤オーバーラッピング ⑥キモチオンドク

10. What are listeners being asked to decide?

(A) Who to invite to a conference
(B) What to include on a menu
(C) When to have a celebration
(D) Where to hold a company banquet

聞き手たちは何を決めるよう求められていますか。

(A) 会議に誰を招待するか。
(B) メニューに何を入れるか。
(C) いつ、お祝いをするか。
(D) どこで会社のパーティをするか。

listeners とあるので、話し手が複数の聞き手に向かって話している場面だとわかります。

11. What is the speaker concerned about?

(A) The tentative schedule is too tight.
(B) The budget is smaller than the previous year.
(C) A competitor might beat his company.
(D) The attendance is lower than expected.

話し手は何を心配していますか。

(A) 暫定的なスケジュールがきつすぎる。
(B) 予算が前年よりも少ない。
(C) 競合他社が彼の会社を負かすかもしれない。
(D) 出席者が予想したより少ない。

選択肢の内容と Q10 の設問を関連させて、社内会議でのトークだろうと予測します。

12. What are listeners requested to do?

(A) Prepare for interviews
(B) Revise a schedule
(C) Put off a meeting
(D) Allocate tasks

聞き手たちは何をするよう求められていますか。

(A) 面接の準備をする。
(B) スケジュールを変更する。
(C) 会議を延期する。
(D) 仕事を割り振る。

トーク終盤で話し手がヒントを述べるだろうと予測します。

解説 & トレーニングポイント

By the end of this meeting, I'd like you all to decide who's responsible for what parts of the preparation and put together a tentative schedule.

I'd like you all to 以下が聞き手に対して依頼している内容で、Q12 の正解のヒントになっています。この部分を I'd like to と勘違いしてしまうと、全く違った意味になってしまい、正解が選べなくなってしまうので要注意です。音声をよく聞いて I'd like you all までを一息で短く、all を強く言うリズムを確認して、それを真似するように音読してみましょう。

1(A) 2(B) 3(C) 4(C) 5(A) 6(B) 7(D) 8(C) 9(A) 10(A) 11(A) 12(A)

Part 1

1.

(A) 彼らはまな板の上で道具を使っている。
(B) 彼らは棚の中の皿を整理している。
(C) ふたが調理台の上に積み上げられている。
(D) いくつかの調理道具が流しの中で洗われているところである。

□utensils キッチン用品
□pile …を積み重ねる

スクリプト 16_1  W

(A) They're using the utensils on cutting boards.

(B) They're arranging plates on a shelf.
シェｩf ×シェルフ

(C) Lids have been piled on a kitchen counter.
パイｩd ×パイルド

(D) Some cookware is being washed in the sink.

解説＆トレーニングポイント

(A) utensil は包丁、お玉など台所で使われる道具を指す単語として出題されます。
(C) lidはナベなどのふたを表し、短くて聞き取りにくい単語なので聞き込んで耳に慣らせておきましょう。
(D) sink を調理台と勘違いしている方がいますが、「流し」の事です。

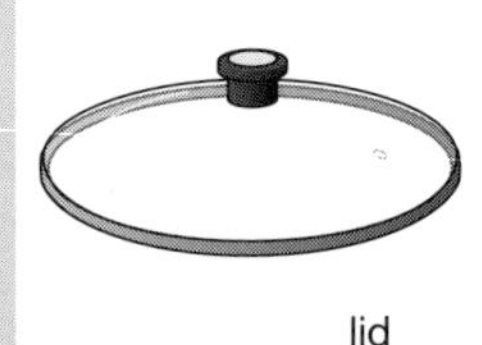

sink

③解説を読む ④ゆっくり音読 ⑤オーバーラッピング ⑥キモチオンドク

Date ／ ③④⑤⑥　Date ／ ③④⑤⑥　Date ／ ③④⑤⑥

Part 2

2. スクリプト 16_2_2 M: W:

M: When will you interview the designer?

W: (A) Actually, wherever you want.

(B) My secretary is fixing the date.

(C) I enjoyed the nice view and design of the hotel.

男性： デザイナーにはいつインタビューをするのですか。

女性： (A) 実のところ、あなたがお好きな場所でどこでも良いです。

(B) 私の秘書が日にちを決めています。

(C) 私はホテルの素晴らしい景色と設計を楽しみました。

解説＆トレーニングポイント

問いかけ文では、インタビューがいつかが問われていますが、秘書が日にちを決めている、つまりまだ決まっていないと答えた（B）が正解です。動詞 fix は TOEIC では「直す」という意味で頻出ですが、fix the date という組み合わせだと「日にちを決める」という意味になります。when を where と聞き間違えるとインタビューの場所が問われていることになるので、（A）を正解として選んでしまいます。

When will you interview the designer?

Drill 7 Q4 でも取り上げましたが、オーストラリア人男性が早口で読む when will が聞き取れているかどうかがポイントです。満点レベルを試す定番問題ですので、必ず音の復習をして聞き取れるようにしておいてください。

皿トレ ③解説を読む ④ゆっくり音読 ⑤オーバーラッピング ⑥キモチオンドク

Date ／③④⑤⑥ Date ／③④⑤⑥ Date ／③④⑤⑥

3. スクリプト 16_2_3 W: M:

W: Didn't you apply for the job?

M: (A) Approximately 23 years.

(B) The résumé was on your desk.

(C) I'm still thinking about it.

女性： あなたはその仕事に応募しなかったのですか。

男性： (A) 約 23 年です。
(B) 履歴書はあなたの机の上にありました。
(C) 私はまだそれについて考えています。

解説＆トレーニングポイント

仕事に応募をしなかったのかと問われ、まだ応募しようかどうか考えていると答えている (C) が正解です。(B) は仕事の応募という話題から、résumé（経歴書）を連想させる錯乱肢です。

Didn't you apply for the job?

apply for は「～に申し込む」という意味で、TOEIC では job の他に、以下の名詞と共に使われることが多いので、それぞれのフレーズを 10 回ずつ音読して覚えておきましょう。

apply for a position：仕事に応募する
apply for a transfer to a different office：別の事務所への転勤に応募する
apply for a loan：ローンを申し込む

皿トレ ③解説を読む ④ゆっくり音読 ⑤オーバーラッピング ⑥キモチオンドク

Date ／ ③④⑤⑥　Date ／ ③④⑤⑥　Date ／ ③④⑤⑥

4. スクリプト 16_2_4 W: M:

W: How can we reduce utility expenses?

M: (A) The food and drinks will be delivered.

(B) Could you use the specially designated bins?

(C) Ms. Cooper's experience might be useful.

女性： どうしたら我々は光熱費を減らせるでしょうか。

男性： (A) 飲食物は配達されます。
(B) 指定のごみ入れを使用していただけますか。
(C) Cooper さんの経験が役に立つかもしれません。

□utility 水道·ガス·電気などの公共サービス
□designated 指定された

解説＆トレーニングポイント

光熱費の減らし方について問われ、Cooper さんの経験が役に立つかもしれないと答えている (C) が正解です。男性は Cooper さんが過去に光熱費を減らした経験があることを知っており、その経験を活かしてみてはというアドバイスを出している場面です。

How can we reduce utility expenses?

reduce は「減らす」という意味の動詞で、目的語には量や大きさなどさまざまなものを取ることができます。最初の e は「エ」ではなく「イ」なので、正しい音は「リデュース」です。反意語として increase をセットで覚えておきましょう。

皿トレ ③解説を読む ④ゆっくり音読 ⑤オーバーラッピング ⑥キモチオンドク

Date ／③④⑤⑥ Date ／③④⑤⑥ Date ／③④⑤⑥

5. スクリプト 16_2_5 M: M:

M: Who's in charge of the next company picnic?

M: **(A) It'll be decided at the meeting.**

(B) Sorry, my charger is broken.

(C) Not until next week.

男性： 誰が次回の野外懇親会の幹事ですか。

男性： (A) 会議で決定します。

(B) すみません、私の充電器が壊れています。

(C) 来週まではありません。

解説＆トレーニングポイント

正解の（A）は現時点では担当者が決まっていないと答える頻出パターンの1つです。（B）は charge と charger の音のヒッカケです。（C）は next company picnic から連想して開催日を述べている錯乱肢です。

<u>Who's in</u> charge of the next company picnic?

Who's と母音で始まる in がつながって、「フーズィン」と聞こえています。これを謎の単語だと認識してしまうとつまずいてしまい、その後が聞き取れなくなってしまいます。音の変化が起こっているという事を認識することがまず第一ですが、つまずかずにスッキリと聞こえるようになるためには、身体に染み込ませる必要があります。Who's in の部分に意識を集中させて 10 回聞き込んでおきましょう。

③解説を読む ④ゆっくり音読 ⑤オーバーラッピング ⑥キモチオンドク

Date ／ ③④⑤⑥ Date ／ ③④⑤⑥ Date ／ ③④⑤⑥

6. スクリプト 16_2_6 M: W:

M: Where's the customer report?

W: (A) The reporter on TV right now is my friend.

(B) It's still in progress.

(C) No later than four P.M.

男性： 顧客報告書はどこですか。
女性： (A) 今テレビに出ているレポーターは私の友達です。
(B) まだ処理中です。
(C) 遅くとも午後4時までにです。

□in progress 進行して
□no later than 遅くとも…までに

解説 & トレーニングポイント

正解（B）の in progress は「進行中である」という意味で、この文脈では顧客報告書は今、書いている最中であるという意味になります。（A）は report と reporter の音のヒッカケです。（C）は where を when と聞き間違えた場合の錯乱肢になっています。

Where's the customer report?

Where's the はよく出題される組み合わせなので、音を丸ごと覚えてしまいましょう。一息で早口に読まれるので、まるで1つの単語のように聞こえます。単語（スペル）を一旦忘れて、自分の耳で聞こえたままの音を覚え直すようにしましょう。

Questions 7 through 9 refer to the following conversation.

W: You wanted to speak with me, Mr. Fewell?

M: Yes. As I'm sure you're aware, (8) Cindy Schuller has been completing her regular tasks as well as many assignments not included in her job description over the past year. Her accomplishments have reduced time spent on data entry, reduced the number of mistakes made, and saved the company a great deal of money.

W: (7) I see where you're going with this…compensation.

M: I believe Cindy enjoys working here, but (7) I would like to make sure she doesn't leave for another company. According to research, others in Cindy's position are paid eight percent more than she is.

W: She is definitely an asset to our company, so (9) I will bring this up with management.

問題 7-9 は次の会話に関するものです。
女性： Fewell さん、私と話したかったんですよね。
男性： はい。お気付きかとは思うのですが、Cindy Schuller はこの 1 年間、自分の通常業務の他に彼女の業務内容に記載されていない仕事も多くこなしています。彼女の働きのおかげでデータ入力の時間が減り、ミスの件数も減り、会社として多くのお金を節約できました。
女性： あなたの言おうとしていることはわかります…報酬ですよね。
男性： Cindy はここで働くのを楽しんでいるとは思いますが、絶対に他の会社に彼女が移らないようにしたいです。調べたところ、Cindy の職位の他の人たちは彼女より 8% 多く給料をもらっています。
女性： 彼女は当社にとって本当に貴重な人材ですから、この件を経営陣に上げようと思います。

□I see where you're going with this. 何を言おうとしているか察しがつきます。
□bring up (話題など)を持ち出す

7. What is the man's reason for meeting with the woman?

(A) To accept job responsibilities
(B) To explain his recent achievements
(C) To discuss a need for more help
(D) To consult about a raise in salary

男性が女性に会った理由は何ですか。

(A) 職務を引き受けること。
(B) 最近の彼の業績を説明すること。
(C) もっと手助けが必要だと話し合うこと。
(D) 昇給について相談すること。

男性と女性が登場し、何らかの会議を行う状況であると予測します。

8. What does the man say Cindy Schuller has done?

(A) Lowered the employee turnover rate
(B) Trained coworkers on the new computers
(C) Completed projects beyond her normal duties
(D) Developed software specific to the company

男性は Cindy Schuller が何をしたと言っていますか。

(A) 従業員の離職率を下げた。
(B) 新しいパソコンについて同僚に教えた。
(C) 彼女の通常業務を超えてプロジェクトを完成させた。
(D) 会社専用のソフトウェアを開発した。

Cindy Schuller は会話の中に登場する第三者です。正解のヒントは男性が述べます。

9. What will the woman do?

(A) Speak with a company director
(B) Write a recommendation letter
(C) Give Cindy Schuller a promotion
(D) Introduce Cindy Schuller to another company

女性は何をしますか。

(A) 会社の重役と話す。
(B) 推薦状を書く。
(C) Cindy Schuller を昇進させる。
(D) Cindy Schuller を他の会社に紹介する。

女性が最後のセリフで正解のヒントを述べるだろうと予測します。

解説&トレーニングポイント

Her accomplishments have reduced time spent on data entry, reduced the number of mistakes made, and saved the company a great deal of money.

time spent on data entry
・spent は過去分詞で time を後置修飾しています

the number of mistakes made
・made は過去分詞で mistakes を後置修飾しています

saved the company a great deal of money
・save A B で「A にとっての B が節約になる」という語法が使われています

I see where you're going with this…compensation.

compensation は「補償」という意味ですが、この文脈では Cindy が職務以外の仕事で成果を出したことに対する、報酬、つまりボーナスに近い意味として使われています。企業によってはこれを制度化して、compensation plan として提示する場合もあります。

Part 4 スクリプト 16_4 M

Questions 10 through 12 refer to the following talk.

Thanks for inviting me to speak here today. I'm Geoff Lim from Lim and Singh, Inc. I've worked with several publishing companies like yours. And using such experience, **10** I'm here to offer some advice on the marketing of your new online magazine. **11** The content is aimed at people in their 20s, which is perfect for online content. **12** This group is very unlikely to spend money on print magazines. On the other hand, they are also accustomed to getting articles and photographs free online. That's not likely to change. In fact, it might be better to get revenue from advertisers and online shopping.

問題 10-12 は次の話に関するものです。

本日は講演の機会をいただきありがとうございます。Lim and Singh 社の Geoff Lim と申します。御社のような出版社数社と仕事をして参りました。その経験を活かして、御社の新たなオンラインマガジンのマーケティングについて助言を差し上げに参りました。コンテンツは 20 代向けということで、これはオンラインコンテンツとしてはぴったりです。この層は印刷された雑誌にはお金を使うことがほとんどありません。一方で、記事や写真を無料でオンラインから得ることにも慣れています。これは変わりそうもないです。実際、広告主やオンラインショッピングから収入を得る方が良いと思われます。

□unlikely ありそうにない、…しそうにない　□be accustomed to …に慣れている
Q □shoot a photo 写真を撮る

10. Who most likely is the speaker?

(A) A consultant
(B) A Web site designer
(C) A photographer
(D) A choreographer

話し手は誰だと考えられますか。

(A) コンサルタント
(B) ウェブサイトデザイナー
(C) 写真家
(D) 振付師

most likely とあるので、トークの中の情報から話し手の職業を推測する必要のある問題です。

11. What is mentioned about people in their 20s?

(A) They are the main target of a new product.
(B) They will be offered a free sample.
(C) Mr. Lim interviewed them to write an article.
(D) The company hired them to shoot an advertising photo.

20 代の人々について何が述べられていますか。

(A) 彼らは新商品の主な対象者 である。
(B) 彼らには無料のサンプルが提供される。
(C) Lim さんは記事を書くために彼らを面接した。
(D) 会社は広告写真を撮るために彼らを雇った。

具体的キーワードの 20s（twenties）を意識しながら、何が述べられているのかを聞き取るようにします。

12. What does the speaker mean when he says, "That's not likely to change"?

(A) Online content cannot be charged for.
(B) Targeting different age groups is a good option.
(C) Printing magazines must be discontinued.
(D) Advertising in various places has huge benefits.

話し手は "That's not likely to change" という発言で、何を意図していますか。

(A) オンラインコンテンツに対してお金を払ってもらうことはできない。
(B) 他の年齢層を対象とすることが良い選択肢だ。
(C) 雑誌の印刷は廃止すべきだ。
(D) さまざまな場所で宣伝することが大きな利益を生む。

That's not likely to change は「それは変わることはなさそう」という意味で、何が変わらないのかを文脈から聞き取るようにします。

解説＆トレーニングポイント

This group is very unlikely to spend money on print magazines. On the other hand, they are also accustomed to getting articles and photographs free online.

on the other hand は「一方で」という意味で、その前に述べたことと、これ以降を対比するときのフレーズです。パート 4 で on the other hand 以降に述べることが正解のヒントになる可能性があり、Q12 の正解のヒントになっています。

その前の英文から始めて、on the other hand で後半と対比するキモチを乗せて音読しておきましょう。

1(D) 2(B) 3(B) 4(B) 5(C) 6(B) 7(B) 8(C) 9(A) 10(A) 11(C) 12(B)

Part 1

1.

(A) 男性は何冊かの本を積み上げている。
(B) 男性はTシャツを着ようとしている。
(C) 男性はポケットに手を入れようとしている。
(D) 男性は読み物に目を通している。

□pile up …を積み重ねる
□look through …を十分に調べる

スクリプト 17_1 M

(A) A man is piling up some books.

(B) A man is putting on a T-shirt.
T-shirt: ティーシューt ×ティーシャツ

(C) A man is reaching into his pocket.
pocket: パケッt ×ポケット

(D) A man is looking through some reading material.
through: thルー ×スルー

解説&トレーニングポイント

(B) T-shirtは「ティー・シャ・ツ」ではなく「ティー・シューt」と2音節であることを意識してインプットしておきましょう。put onは動作を表すのでここでは不正解ですが、wearであれば正解になります。

A man is wearing a T-shirt.（男性はTシャツを着ている）

(C) pocketは「ポケット」として日本語化しているので、正しい英語の音「パケッt」をインプットしておきましょう。
(D) throughはカタカナ英語とのギャップが大きく、パート1で出題される単語の中で最も聞き取りにくい単語の1つです。特に先頭のthの部分を繰り返し聞き込んで正確な音をつかんでおきましょう。look throughは新聞、雑誌などのページを手繰りながら読んでいる様子を表します。

Date ／③④⑤⑥ Date ／③④⑤⑥ Date ／③④⑤⑥

Part 2

2. スクリプト 17_2_2 W: M:

W: What does your company specialize in?

M: (A) There are many people.

(B) Mainly law.

(C) On a special menu.

女性：御社は何が専門ですか。
男性：(A) 多くの人がいます。
(B) 主に法律です。
(C) 特別なメニューについてです。

解説＆トレーニングポイント

自社が何を専門としているかを問われ、Mainly law（主に法律を専門としている）と答えた（B）が正解です。副詞の mainly が名詞の law を修飾しているように見えますが、以下のような省略が行われています。

(We) mainly (specialize) in law.

（A）は specialize in の部分の意味が取れなかった人が、company から連想することを想定した錯乱肢です。（C）は意味がつながりそうですが、前置詞の on が余分です。

Mainly law.

この文は省略されていることが見抜けないと選びづらかったと思いますが、意外にも law の音も聞き取りが難しいポイントになっています。law は日本語化して law firm「ロウ・ファーム」と読まれますが、law の正しい音は「ロー」です。「ロウ」と「ロー」はわずかな違いのようですが、この違いをきっちりと矯正しておきましょう。
law ○「ロー」、×「ロウ」

一方で、low（低い）は「ロー」ではなく「ロウ」です。
low ○「ロウ」、×「ロー」

Date ／ ③④⑤⑥　Date ／ ③④⑤⑥　Date ／ ③④⑤⑥

3. スクリプト 17_2_3 M: M:

M: Have you finalized the web design?

M: (A) Rachel was hired as a designer.

(B) It still needs some adjustments.

(C) It was launched about two years ago.

男性： ウェブのデザインは完成しましたか。
男性： (A) Rachel はデザイナーとして採用されました。
(B) まだ少し調整が必要です。
(C) 2 年前に開始されました。

解説＆トレーニングポイント

ウェブのデザインが完成したかどうかが問われ、まだ少し調整が必要である、つまり完成していないと答えている（B）が正解です。（A）は design から designer を連想させる錯乱肢です。（C）は it をウェブだとしても、会話としては不自然なので不正解です。

It **still needs** some **adjustments**.

It が短く読まれ、その後は still、needs、adjustments が強く読まれているのがわかります。音読をして、このリズムを体感しておきましょう。

皿トレ ③解説を読む ④ゆっくり音読 ⑤オーバーラッピング ⑥キモチオンドク

Date ／③④⑤⑥ Date ／③④⑤⑥ Date ／③④⑤⑥

4. スクリプト 17_2_4 W: M:

W: Why did you have to cancel the dental appointment?

M: (A) The dentist is across the street.

(B) Something came up.

(C) I don't think it was left.

女性： 歯医者の予約をなぜキャンセルしなければならなかったのですか。

男性： (A) 歯医者は通りの向こう側です。
(B) 何か予定ができてしまったからです。
(C) それが残っているとは思いません。

□come up （事が）起こる

解説＆トレーニングポイント

歯医者の予約をキャンセルした理由について問われ、他に予定ができたと答えている（B）が正解です。something とあいまいに答えているのは、予定の内容を詳しく答える必要がない、答えたくない、などの状況だと推測できます。（A）は dental から dentist を連想させる錯乱肢です。（C）は it が指し示すものが不明で、歯医者の予約だとしても会話がつながりません。

Something came up.

come up は何かが現れることを言い表すときに使われる汎用度の高いフレーズでパート 3、4 でもしばしば登場します。この英文では予定が主語になっていますが、人やモノなどを主語にすることができます。TOEIC で使われる可能性のある以下の例文を音読して身につけておきましょう。

He came up to the office this morning.（彼は、今朝オフィスに現れた）
The subject of interns came up in the meeting.（インターンの話題が会議に出た）

皿トレ ③解説を読む ④ゆっくり音読 ⑤オーバーラッピング ⑥キモチオンドク

Date ／③④⑤⑥ Date ／③④⑤⑥ Date ／③④⑤⑥

5. スクリプト 17_2_5 M: W:

M: Aren't you supposed to be in New York?

W: (A) There're lots of great sites.

(B) One of the customer support staff members.

(C) I'll be there next week.

男性： あなたはニューヨークにいる予定ではなかったのですか。

女性： (A) 素晴らしい場所がたくさんあります。
(B) 顧客サポートスタッフの 1 人です。
(C) 私は来週行きます。

□be supposed to *do* …する予定になっている

解説 & トレーニングポイント

ニューヨークにいる予定ではなかったのかと問われ、来週行くことになっていると答えている (C) が正解です。(A) はニューヨークには素晴らしい場所がたくさんある、という意味だとしても、質問の回答になっていないので不正解です。(B) は supposed と support を使った音のヒッカケです。

Aren't you supposed to be in New York?

be supposed to は「～をすることになっている」という意味で、パート 2 では登場頻度の高いフレーズなので、ぜひマスターしておきましょう。supposed と to の部分がつながって読まれ、d が消えている様子を確認しておきましょう。

皿トレ ③解説を読む ④ゆっくり音読 ⑤オーバーラッピング ⑥キモチオンドク

Date ／③④⑤⑥ Date ／③④⑤⑥ Date ／③④⑤⑥

6. スクリプト 17_2_6 M: W:

M: Can you tell me what to wear for the farewell party?

W: (A) I'll inform the boss of the banquet.

(B) Any style should be fine, don't you think?

(C) At a room in Homes Convention Center.

男性： 送別会に何を着て行ったら良いか教えてくれませんか。

女性： (A) 私がパーティのことを上司に知らせます。

(B) どんなスタイルでも良いと思いませんか。

(C) Homes コンベンションセンターの部屋でです。

解説＆トレーニングポイント

送別会に何を着ていったら良いかが問われ、どんなスタイルでも良いのでは、と答えている（B）が正解です。（A）は party から banquet を連想させる錯乱肢です。（C）は着替えの場所を答えてしまっているので不正解です。

Can you tell me <u>what to wear for the farewell party?</u>

「疑問詞 ＋ to 不定詞」は動詞の目的語になることが多く、ここでは what to wear が tell の第２目的語になっています。音読をするときは、can you tell me と言い切ってから、この名詞節のカタマリを意識して読んでみましょう。

皿トレ ③解説を読む ④ゆっくり音読 ⑤オーバーラッピング ⑥キモチオンドク

Date ／③④⑤⑥ Date ／③④⑤⑥ Date ／③④⑤⑥

Part 3 スクリプト 17_3 W: M:

Questions 7 through 9 refer to the following conversation.

W: Hello. ⑦ I've got a ticket for a regular seat on the six o'clock leaving for Seattle tomorrow evening, but I was wondering if I could upgrade to a compartment in a sleeping car.

M: Well, I know there were cancellations... ⑧ Yes, there are a few openings. There's availability in a compartment with two beds, four beds, and six beds. The one with six can get a bit cramped, but it is the cheapest.

W: Actually, ⑨ I'll take that one. I don't need much room. I just need to arrive in Seattle well-rested.

M: All right. The difference in price will be 55 dollars. We accept cash and credit cards.

問題 7-9 は次の会話に関するものです。
女性： こんにちは。明日の晩 6 時のシアトル行き普通席の切符があるのですが、アップグレードして寝台車の客室に変更できないかと思っているんです。
男性： ええと、キャンセルがありましたね。はい、何席か空いています。ベッドが 2 つの客室、4 つの客室、6 つの客室に空きがあります。6 つの客室はちょっと狭苦しいですが、一番安いです。
女性： では、私はそれにします。そんなにスペースは必要ないです。ゆっくり休んでシアトルに着ければ良いので。
男性： かしこまりました。価格の差が 55 ドルです。現金とクレジットカードを受け付けます。

□compartment 列車の仕切り客室、寝台車のトイレ付個室 □cramped 狭苦しい、窮屈な
□well-rested 十分に休憩した Q □turn down (提案など)を断る

7. Where most likely is the woman?

(A) At a concert venue
(B) At a train station
(C) At an airport
(D) At a car dealer

女性はどこにいると考えられますか。

(A) コンサート会場
(B) 列車の駅
(C) 空港
(D) 自動車販売会社

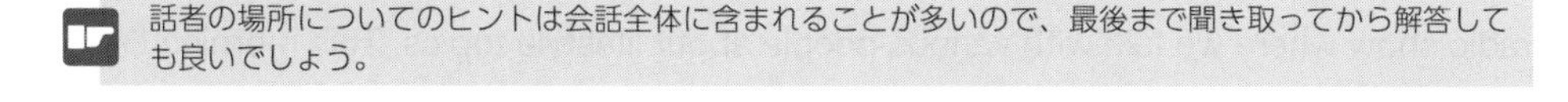

話者の場所についてのヒントは会話全体に含まれることが多いので、最後まで聞き取ってから解答しても良いでしょう。

8. What does the man mean when he says, "Well, I know there were cancellations"?

(A) He needs a replacement.
(B) He has to turn down the offer.
(C) He can meet the woman's request.
(D) He is planning to postpone the event.

男性は "Well, I know there were cancellations" という発言で、何を意図していますか。

(A) 彼は交代要員が必要である。
(B) 彼は提案を断らなければならない。
(C) 彼は女性の要望に応えられる。
(D) 彼はイベントを延期するつもりである。

Well, I know there were cancellations というセリフを意識しながら、男性はなぜ「キャンセルがあった」と述べているのかを会話の流れから聞き取るようにします。

9. What does the woman decide?

(A) To ride with other passengers
(B) To pay by credit card
(C) To change her destination
(D) To reserve a seat in the front row

女性は何を決めましたか。

(A) 他の乗客と一緒に乗車すること。
(B) クレジットカードで支払うこと。
(C) 目的地を変更すること。
(D) 前列に席を予約すること。

女性の最後のセリフに正解のヒントがあるだろうと予想しておきます。

解説 & トレーニングポイント

I've got a ticket for a regular seat on the six o'clock leaving for Seattle tomorrow evening, but I was wondering if I could upgrade to a compartment in a sleeping car.

会話の冒頭に述べられる、本問の最重要キーセンテンスです。前半部分でチケットに関する話題であることがわかり、but 以降でそのチケットのアップグレードについて会話が進行していくという、会話の流れを決定づける情報が述べられています。wonder if は「~していただけないでしょうか」と控えめに依頼をする場面で使われるフレーズです。ほとんどの場合、この例文の I am (was) wondering のように進行形が使われます。聞き取る際には、I was wondering if I could の部分がひとカタマリで処理できれば、その後の依頼する内容が聞き取りやすくなります。

 スクリプト 17_4 M

Questions 10 through 12 refer to the following talk.

Welcome back, listeners. I'm Jo Hills and this is Weekend Breather — the morning radio show where we talk with various people about lifestyle topics. This morning I'm talking with (10) Karen Huttenmeister from the cooking school, Karen's Kitchen. Yes, I know, (11) it's hardly a household name. Nevertheless, Karen's Kitchen has been getting more attention in recent months. (10) Her evening and weekend classes are now full and she is considering hiring a second instructor for them. (12) The reason for her success seems to be the wonderful original recipes she comes up with and her humorous teaching style.

問題 10-12 は次の話に関するものです。

リスナーの皆さん、またお聞きくださりありがとうございます。Jo Hills が Weekend Breather をお届けします―ライフスタイルに関する話題についてさまざまな人々とお話しする朝のラジオ番組です。今朝は料理学校、Karen's Kitchen の Karen Huttenmeister とお話をします。はい、そうですよね、あまり聞きなじみのないお名前ですね。でも、ここ数か月で Karen's Kitchen はだんだんと注目を集めています。夜間及び週末のクラスは、今はいっぱいで、もう 1 人先生を雇うことを考えています。成功の理由は彼女が考えた素晴らしいオリジナルのレシピとユーモアあふれる教え方のようです。

- □household 身近な、周知の cf. a household name 誰でもよく知っている名前
- □nevertheless それにもかかわらず、それでも □get attention 注目を浴びる
- □come up with (考えなど)を思いつく Q □culinary 料理の、台所(用)の
- □be acquainted with (人)を知り合いである

③解説を読む ④ゆっくり音読 ⑤オーバーラッピング ⑥キモチオンドク

Date ／③④⑤⑥ Date ／③④⑤⑥ Date ／③④⑤⑥

10. Who is Ms. Huttenmeister?

(A) A culinary teacher
(B) A host of a talk show
(C) A news reporter
(D) A restaurant owner

Huttenmeister さんは誰ですか。

(A) 料理の先生
(B) トーク番組のホスト
(C) ニュースレポーター
(D) レストランの経営者

Ms. Huttenmeister は聞き手、または、トークの中に出て来る第三者の名前ですが、Q12 と合わせると、第三者であることがわかります。

11. Why does the speaker say, "Yes, I know"?

(A) He has been to Karen's Kitchen before.
(B) He has been acquainted with the guest speaker for a long time.
(C) He admits that few people recognize the name.
(D) He expects that listeners will like the talk.

話し手はなぜ "Yes, I know" と言っていますか。

(A) Karen's Kitchen に以前に行ったことがある。
(B) ゲストスピーカーを長年知っている。
(C) その名前を知る人が少ないことを認めている。
(D) 聞き手が話を気に入ると予想している。

話者が「何を」知っていると言いたいのかを聞き取るようにします。

12. What does the speaker say about Ms. Huttenmeister?

(A) She is opening a second location.
(B) She creates imaginative dishes.
(C) She has been on the show before.
(D) She will teach at the college next year.

話し手は Huttenmeister さんについて何と言っていますか。

(A) 彼女は2つ目の教室を開こうとしている。
(B) 彼女は創造的な料理を作る。
(C) 彼女は以前に番組に出た。
(D) 彼女は来年大学で教える。

トーク終盤で、話し手が正解のヒントを述べるだろうと予測します。

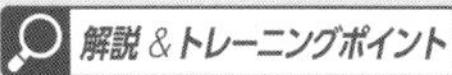

Yes, I know, it's hardly a household name. Nevertheless, Karen's Kitchen has been getting more attention in recent months.

neverthelessは「～にもかかわらず」という意味の副詞で、パート6では定番問題としてしばしば出題されます。リスニングセクションでの頻度は少ないですが、パート4のラジオ番組や、会議などでは出題されることがあります。その前の英文とセットで、neverthelessに「にもかかわらず」というキモチを込めて音読しておきましょう。第4音節にストレスが置かれる点も重要です。

nev·er·the·**less**

1(A) 2(A) 3(A) 4(A) 5(C) 6(B) 7(A) 8(C) 9(B) 10(B) 11(C) 12(A)

Part 1

1.

スクリプト 18_1 W

(A) A room is illuminated by ceiling lights.

(B) Chairs are facing outside.

(C) A potted plant has been placed next to the easel.

(D) One of the pictures is being hung on the wall.

(A) 部屋は天井灯で照らされている。
(B) 椅子は外の方を向いている。
(C) 鉢植えの植物がイーゼルの隣に置かれている。
(D) 絵の1つが壁に掛けられているところである

□illuminate …を照らす・照明する

解説&トレーニングポイント

(A) 人が写っていない写真では、写真の中のモノが主語として読まれるだろうと予測しておくのが定石です。ところが本問では、部屋が明かりで照らされているという、やや意外性のある描写に対応できるかどうかがポイントです。

(B) 動詞 face は「~に向かう」「~に面する」という意味で、人だけでなくモノも主語になれますが、この写真の椅子はどれも外を向いていないので不正解です。

(D) 他動詞の hang は「~を掛ける」という動作を表し、受動態の進行形は掛けられている最中を表すので不正解です。完了形の受動態、または「掛かっている」という意味の自動詞を用いれば正解になります。

A picture has been hung on the wall. (絵が壁に掛かっている)
A picture is hanging on the wall. (絵が壁に掛かっている)

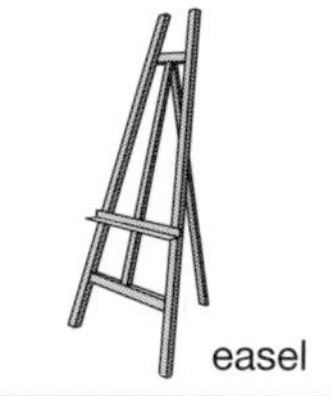

③解説を読む ④ゆっくり音読 ⑤オーバーラッピング ⑥キモチオンドク

Date ／ ③④⑤⑥ Date ／ ③④⑤⑥ Date ／ ③④⑤⑥

Part 2

2. スクリプト 18_2_2 W: W:

W: He's new to our company, isn't he?

W: **(A) I guess so.**

(B) No, the machine looks pretty old.

(C) Probably 9 or 10 P.M.

女性： 彼は新しく当社に入ってきたのですよね。

女性： (A) そうだと思います。
(B) いいえ、その機械はとても古く見えます。
(C) おそらく午後 9 時か 10 時でしょう。

解説＆トレーニングポイント

彼は新しく入社した人なのかが問われ、そうだと思うと答えている（A）が正解です。（B）は付加疑問文に対して、No で答えることができますが、彼の入社と機械が古く見えることとは関連がないので不正解です。

He's new to our company, isn't he?

be new to は、人が主語になった場合には「～になじみのない」、「～に不慣れである」という意味で、この例文では会社になじみがない、つまり新しく会社に入ってきた、という意味になっています。シンプルなフレーズですが、聞き取ってすぐに意味が浮かぶよう繰り返し音読をしておきましょう。

皿トレ ③解説を読む ④ゆっくり音読 ⑤オーバーラッピング ⑥キモチオンドク

Date ／ ③④⑤⑥ Date ／ ③④⑤⑥ Date ／ ③④⑤⑥

3. スクリプト 18_2_3 M: W:

M: Where's your sister's new flower shop?

W: **(A) It's not on the map yet.**

(B) Because they have many kinds of roses.

(C) She's a famous architect.

男性： あなたの姉妹の新しい花屋はどこですか。
女性： (A) まだ地図に載っていません。
(B) たくさんの種類のバラがあるからです。
(C) 彼女は有名な建築家です。

解説＆トレーニングポイント

先頭だけでなく文全体を聞き取り、状況を理解する必要のある問題です。new flower shop（新しい花屋）の場所について問われているのに対して、正解の（A）では地図にはまだ載っていないと答えています。開店して間もないので、地図に反映が間に合っていないという状況がイメージできます。
（B）は Where's の部分を Why と聞き間違えた場合の錯乱肢になっています。（C）は sister's（女性）から連想した場合の錯乱肢です。

Where's your sister's new flower shop?

この部分の音はよく出題されるパターンです。where's の s と your が混ざっているので未知の単語に聞こえたり、why と聞き間違ったりします。スペルを見ないで、自分の耳で聞こえた音をそのままに覚えてしまいましょう。

皿トレ ③解説を読む ④ゆっくり音読 ⑤オーバーラッピング ⑥キモチオンドク

Date ／③④⑤⑥ Date ／③④⑤⑥ Date ／③④⑤⑥

4. スクリプト 18_2_4 W: M:

W: What souvenir did Max get for you?

M: **(A) The same as you.**

(B) Thank you very much.

(C) I think the older model is far superior.

女性： Max はあなたに何のお土産を買いましたか。

男性： (A) あなたと同じです。
(B) どうもありがとうございます。
(C) 旧型のほうが格段に優れていると思います。

□superior 優れた、優秀な

解説＆トレーニングポイント

What souvenir はお土産の種類を問うています。それに対して正解は、The same as you（あなたが買ったお土産と同じもの）と答えている（A）です。
（B）はお土産を買ったという状況から連想される錯乱肢になっています。（C）は souvenir と superior の音のヒッカケです。

What souvenir did Max get for you?

「what ＋ 名詞」で始まる疑問文は苦手にしている人が多いので、以下のように２段階に分けて音読をして体に染み込ませておきましょう。

What souvenir（お土産は何?）
＋ did Max get for you?（Max があなたに買ったのは）

Date ／③④⑤⑥ Date ／③④⑤⑥ Date ／③④⑤⑥

5. スクリプト 18_2_5 M: W:

M: Who will receive an award this time?

W: (A) Here's the receipt.

(B) Mary gave it to me.

(C) We'll see tomorrow.

男性： 今回は誰が賞を受けるのですか。
女性： (A) こちらがレシートです。
(B) Mary がそれを私にくれました。
(C) 明日わかります。

解説 & トレーニングポイント

問いかけ文も選択肢も短いですが、意外に難問です。まず問いかけ文の Who will の部分が短く弱く読まれているので、聞き取りの難易度が高めです。本書では複数のナレーターによって音声を吹き込んでいるので同じ Who will でも微妙な違いを体験することができます。それぞれの音を聞き込むことによって聞き取れる幅が広がってきます（Drill 8 Q6 イギリス、Drill 30 Q3 カナダ、Drill 44 Q4 アメリカ）。

さらに正解の選択肢(C)の先頭部分 We'll が聞き取りづらく、語尾の tomorrow が耳に残るため、Who（誰が）に対する応答だとは思えないのです。ポイントは see のとらえ方です。see の意味は「見る」ですが、単純に見るという行為だけでなく「見て理解する」というニュアンスを含んでいるので、本問の文脈では「(受賞するのが誰かは) 明日わかる」という意味になります。

皿トレ ③解説を読む ④ゆっくり音読 ⑤オーバーラッピング ⑥キモチオンドク

Date ／ ③④⑤⑥ Date ／ ③④⑤⑥ Date ／ ③④⑤⑥

6. スクリプト 18_2_6 M: W:

M: Is there any restaurant that you could recommend nearby?

W: (A) The room can accommodate up to five people.

(B) Do you have any food preferences?

(C) I'll have fish and chips.

男性： この近くにお薦めのレストランがありますか。

女性： (A) その部屋は５人まで収容可能です。
(B) 何か食べ物の好みはありますか。
(C) 私はフィッシュ・アンド・チップスをいただきます。

□nearby 副 近くに cf. 形容詞の場合は「nearby ＋ 名詞」となることが多い：nearby hotel
□preference 好きなもの、好み

解説＆トレーニングポイント

お薦めのレストランについて問われ、逆に食べ物の好みを聞き返している（B）が正解です。（A）はレストランの個室の情報を答えていますが会話としてつながらないので不正解です。（C）は食事のオーダーをしている錯乱肢です。

Is there any restaurant / that you could recommend nearby?

that は restaurant を先行詞とする目的格の関係代名詞です。文構造が理解できたら、この英文を自分で作り出せるように音読をしてみましょう。まず、that の前までで「レストランがあるか」と骨格になる部分を言い切ってしまい、どんなレストランなのかを補ってあげるつもりで、that 以降を付け足してみましょう。

皿トレ ③解説を読む ④ゆっくり音読 ⑤オーバーラッピング ⑥キモチオンドク

Date ／③④⑤⑥ Date ／③④⑤⑥ Date ／③④⑤⑥

Part 3 スクリプト 18_3 W: M:

Questions 7 through 9 refer to the following conversation and list.

W: 7 We've been offered three photography jobs this weekend. Unfortunately, we can only take one due to the distances between them and the travel time. Here's the list. Ignore the one from Prince Publishing. They've found someone else to take pictures at their event.

M: I'd like to take this one. 8 It's only $2,100. They're not offering the most money, but it would be a new client for us and I think we need to broaden our client base.

W: Great point. I'll call them and let them know. It means going all the way to Sandy Ridge, though. It's a long drive.

M: 9 Let's take a train and rent a car when we get there.

Client	Offer
Galveston Advertising	$1,400
Prince Publishing	$1,900
Wild Wonder Magazine	$2,100
Murdock Inc.	$2,300

問題 7-9 は次の会話とリストに関するものです。

女性： 今週末は 3 件撮影の仕事のオファーがありました。あいにく各案件間の距離と移動時間からして 1 件しか引き受けられないですね。これがリストです。Prince 出版社の件は無視してください。彼らはそのイベントで他に写真を撮る人を見つけましたので。

男性： これを受けたいですね。たったの 2100 ドルですが。お金では最高額ではないけど、我々にとっては新規顧客ですし、顧客基盤を広げる必要があると思います。

女性： 良い考えですね。電話をして知らせておきます。Sandy Ridge まではるばる行くことになりますが。長距離の運転になりますね。

男性： 列車で行って、着いたら車を借りましょう。

顧客	オファー
Galveston 広告社	$1,400
Prince 出版社	$1,900
Wild Wonder 誌	$2,100
Murdock 社	$2,300

□go all the way to はるばる…まで行く

③解説を読む ④ゆっくり音読 ⑤オーバーラッピング ⑥キモチオンドク

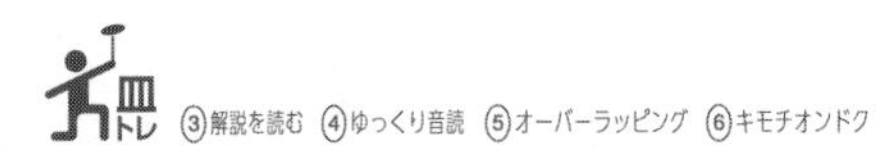

Date ／③④⑤⑥ Date ／③④⑤⑥ Date ／③④⑤⑥

7. Who most likely are the speakers?

(A) Photographers
(B) Landscapers
(C) Lawyers
(D) Architects

話し手たちは誰だと考えられますか。

(A) 写真家
(B) 造園家
(C) 弁護士
(D) 建築士

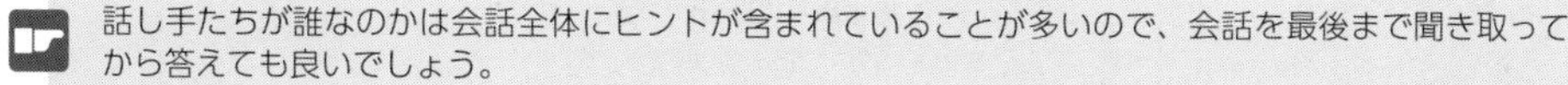

話し手たちが誰なのかは会話全体にヒントが含まれていることが多いので、会話を最後まで聞き取ってから答えても良いでしょう。

8. Look at the graphic. Which job would the man like to accept?

(A) Galveston Advertising
(B) Prince Publishing
(C) Wild Wonder Magazine
(D) Murdock Inc.

図を見てください。どの仕事を男性は受けたいですか。

(A) Galveston 広告社
(B) Prince 出版社
(C) Wild Wonder 誌
(D) Murdock 社

選択肢と図から、正解のヒントは Offer（提示金額）になるだろうと予測をしておきます。また、複数社からの仕事の依頼があり、どれを受諾するかということが会話の中心であろうということまで予測できればベストです。

9. What does the man suggest?

(A) Leaving early
(B) Using public transportation
(C) Requesting more money
(D) Making a phone call

男性は何を提案していますか。

(A) 早く出発すること。
(B) 公共交通を使うこと。
(C) もっとお金を請求すること。
(D) 電話をかけること。

男性の最後のセリフで提案表現を述べるだろうと予測します。本問では、定番の Let's ～を使っています。

解説＆トレーニングポイント

They're not offering the most money, but it would be a new client for us and I think we need to broaden our client base.

client base は日本語では「顧客基盤」と訳され、端的に言い換えると、その企業の製品やサービスを使っている顧客の数です。ビジネス英会話の重要単語ですし、TOEIC でも同じ意味の customer base を含めてよく登場します。TOEIC の世界の企業はどこも成長志向で、顧客を増やし、売り上げを増やそうと思っているので、broaden client base というフレーズごと覚えておきましょう。

Part 4 スクリプト 18_4 W

Questions 10 through 12 refer to the following excerpt from a meeting and graph.

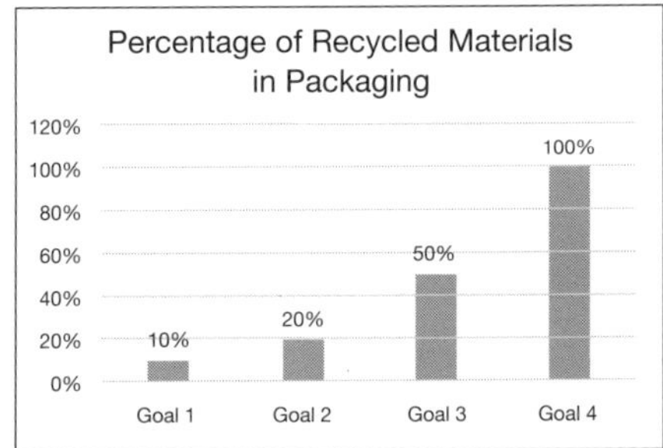

10 I'd like to announce our new policy today. We're going to convert all our packaging materials to recycled ones in four years. I'm sure this new policy will improve our brand's image. I've set three short term goals by year. In the first year, we'll start the campaign by using ten-percent recycled materials. Seeing these goals, 11 I'm assuming the goal set for 50% would be the most challenging goal, since it's quite a jump from the previous year. Before confirming these goals, 12 could you check to see whether our machines will be able to handle that jump, Fred? Also, I'd like to hear opinions on these goals from everyone here now. Any thoughts?

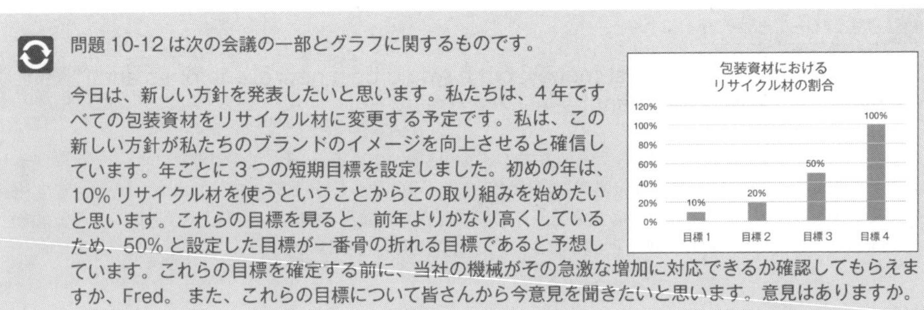

問題 10-12 は次の会議の一部とグラフに関するものです。

今日は、新しい方針を発表したいと思います。私たちは、4 年ですべての包装資材をリサイクル材に変更する予定です。私は、この新しい方針が私たちのブランドのイメージを向上させると確信しています。年ごとに 3 つの短期目標を設定しました。初めの年は、10% リサイクル材を使うということからこの取り組みを始めたいと思います。これらの目標を見ると、前年よりかなり高くしているため、50% と設定した目標が一番骨の折れる目標であると予想しています。これらの目標を確定する前に、当社の機械がその急激な増加に対応できるか確認してもらえますか、Fred。 また、これらの目標について皆さんから今意見を聞きたいと思います。意見はありますか。

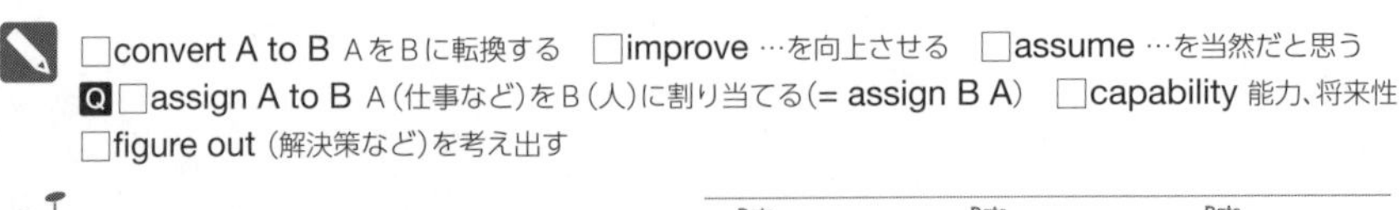

□convert A to B AをBに転換する □improve …を向上させる □assume …を当然だと思う
Q □assign A to B A(仕事など)をB(人)に割り当てる(= assign B A) □capability 能力、将来性
□figure out (解決策など)を考え出す

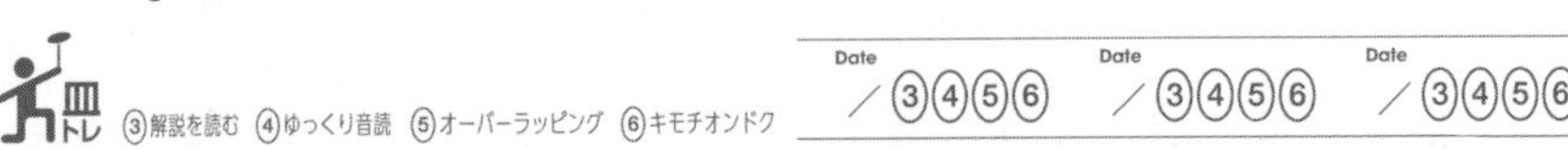

トレ ③解説を読む ④ゆっくり音読 ⑤オーバーラッピング ⑥キモチオンドク

Date ／③④⑤⑥ Date ／③④⑤⑥ Date ／③④⑤⑥

10. What is the purpose of the meeting?

(A) To review client feedback
(B) To announce a new policy
(C) To provide a workshop for interns
(D) To present an award

会議の目的は何ですか。

(A) クライアントのフィードバックを再調査するため
(B) 新しい方針を発表するため
(C) インターンにワークショップを提供するため
(D) 賞を授与するため

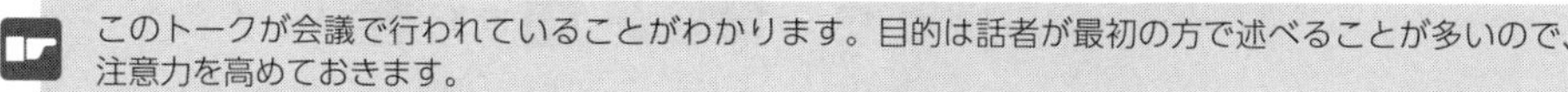

このトークが会議で行われていることがわかります。目的は話者が最初の方で述べることが多いので、注意力を高めておきます。

11. Look at the graphic. According to the speaker, which goal will be the most challenging?

(A) Goal 1
(B) Goal 2
(C) Goal 3
(D) Goal 4

図を見てください。話し手によると、どの目標が一番骨が折れますか。

(A) 目標 1
(B) 目標 2
(C) 目標 3
(D) 目標 4

選択肢には目標の番号が並んでいるので、その目標値がヒントになるだろうと予測しておきます。

12. What job does the speaker assign to Fred?

(A) Checking the equipment capabilities
(B) Contacting the supply companies
(C) Figuring out the change in costs
(D) Discussing the progress with his coworker

話し手はFredにどんな仕事を割り当てていますか。

(A) 機器の能力を確認すること。
(B) 納入会社に連絡をすること。
(C) コストの変化を算定すること。
(D) 同僚と進捗を話し合うこと。

話者がFredと呼びかけるセリフにヒントがあるので、そこを注意深く聞き取るようにします。

解説＆トレーニングポイント

I'm assuming the goal set for 50% would be the most challenging goal,

challengingは「困難な」という意味の形容詞ですが、名詞のchallengeの意味について理解を深めておきましょう。日本語のチャレンジは挑戦する、新しく始めるという意味で使われますが、英語のchallengeはそれとは少しニュアンスが異なります。ビジネス会話の中で使われるchallengeは達成すべき課題、困難な状況を意味します。したがって、このトークにおいて50%という数値は困難ではあるが、達成すべき課題という意味が感じられます。

Drill 19 解説とトレーニング

 1(B) 2(C) 3(C) 4(A) 5(C) 6(C) 7(D) 8(A) 9(D) 10(D) 11(B) 12(A)

Part 1

1.

(A) 男性の 1 人が購入するために待っている。
(B) 店員が買物客にいくつかの商品を手渡している。
(C) 何冊かの本が机の上に整理されている。
(D) 天井灯がカウンターの上の方に設置されているところである。

スクリプト 19_1  M

(A) One of the men is waiting to make a purchase.

(B) A clerk is handing the shopper some goods.

(C) Some books have been organized on a desk.

(D) Ceiling lights are being installed above a counter.
Ceiling：スィーリンg ×シーリング

解説&トレーニングポイント

(B) hand が hand O1 O2 と目的語を 2 つ取れることを知らないと、つまずいてしまう英文です。以下の用例と合わせて覚えておきましょう。

A clerk is handing some goods to the shopper.

また、以下の英文もパート 1 で頻出です。

A woman is handing out papers.（女性が紙を配っている）

(D) ceiling「天井」を使って以下の英文が出題されます。

Some light fixtures are hanging from the ceiling.（照明器具が天井から掛けられている）

 皿トレ ③解説を読む ④ゆっくり音読 ⑤オーバーラッピング ⑥キモチオンドク

Date	Date	Date
/ ③④⑤⑥	/ ③④⑤⑥	/ ③④⑤⑥

Part 2

2. スクリプト 19_2_2 M: W:

M: Will you modify the blueprint or do you need any help?

W: (A) You don't need to print that out.

(B) Some mistakes on the page.

(C) Can you do it for me?

男性：あなたが設計図を変更しますか、それとも何か手伝いが必要ですか。

女性：(A) あなたはそれを印刷する必要はありません。

(B) ページにいくつか間違いがあります。

(C) あなたが私のためにそれをしていただけますか。

□modify …を修正する

解説＆トレーニングポイント

自分で設計図を変更するか、あるいは手伝いが必要かと問われ、手伝ってもらえるかと答えている (C) が正解です。(A) は blueprint と print を使った音のヒッカケです。(B) は設計図にミスがあると指摘していますが、男性の問いに答えていないので不正解です。

Will you modify the blueprint or do you need any help?

will you の部分は単語がつながることで、聞き取りにくい音になっています。問題作成者は、上級者でもここが聞き逃しやすいことを知っていて、その先に modify や blueprint などやや難しめの単語を入れて、リスニング力を試してきます。will you の組み合わせは出題の可能性が高いので、音をよく聞き直して慣れておいてください。

皿トレ ③解説を読む ④ゆっくり音読 ⑤オーバーラッピング ⑥キモチオンドク

Date ／ ③④⑤⑥　Date ／ ③④⑤⑥　Date ／ ③④⑤⑥

3. スクリプト 19_2_3 W: W:

W: When will the repair of the projector be finished?

W: (A) There's a repair shop on Third Street.

(B) I'm working with Mr. Brooks on the innovation project.

(C) It'll be taken care of by noon.

女性：プロジェクターの修理はいつ終わりますか。

女性：(A) 3番通りに修理店があります。
(B) 私はBrooksさんと革新プロジェクトに取り組んでいます。
(C) 正午までには処理できるでしょう。

解説＆トレーニングポイント

修理がいつ終わるかが問われているので、(C)のby noon（正午まで）が正解のキーワードになります。(A)はrepairが音のヒッカケになっているのに加え、whenをwhereと聞き間違えると正解に思えてしまいます。(B)はprojectが音のヒッカケになっています。

It'll be taken care of by noon.

take care ofは、「(子供や動物など）の世話をする」という意味で覚えている方は多いと思いますが、ここでは「(仕事など）を処理する」という意味で使われています。その意味を感じながら、自分のセリフとしてキモチを込めて音読をしておきましょう。

また、以下のように自分を主語にした能動態の文に直して、読んでおくのも有効なトレーニングになります。

I'll take care of the repair of the projector by noon.

Date ／③④⑤⑥ Date ／③④⑤⑥ Date ／③④⑤⑥

4. スクリプト 19_2_4 W: M:

W: Why was the computer so slow?

M: **(A) Ms. Patel was complaining about it yesterday, too.**

(B) The computer class fills up very quickly.

(C) Could you send me the sales data for the past three years?

女性： なぜコンピュータがこんなに遅かったのですか。

男性： (A) Patel さんもそれについて昨日不満を漏らしていました。

(B) コンピュータのクラスはすぐに満員になってしまいます。

(C) 過去３年分の販売データを私に送ってくれますか。

解説＆トレーニングポイント

パソコンが遅い理由について問われていますが、正解の（A）では理由については答えず、Patel さんもパソコンが遅かったことの不満を述べていたと会話をつなげています。(B)は部分的にしか聞き取れず、「今はコンピュータは速くなっている」と解釈してしまった人に対しての錯乱肢です。

Ms. Patel was complaining about it yesterday, too.

complain は前置詞 about を伴って、「～について不満を述べる」という意味で使われ、TOEIC の頻出単語です。頻度は下がりますが、of や to を伴って用いられる用法も出題される可能性があります。

You should complain to the boss.（上司に不満を述べるべきだ）
He has complained of being tired.（彼は疲れていることについて不満を述べている）

皿トレ ③解説を読む ④ゆっくり音読 ⑤オーバーラッピング ⑥キモチオンドク

Date ／ ③④⑤⑥ Date ／ ③④⑤⑥ Date ／ ③④⑤⑥

5. スクリプト 19_2_5 W: M:

W: I've got an evaluation sheet.

M: (A) It's the personnel department.

(B) Where's your seat?

(C) How was it overall?

女性： 私は評価シートを受け取りました。
男性： (A) それは人事部です。
(B) あなたの席はどこですか。
(C) 全体的にどうでしたか。

□overall 全体的に見て

解説＆トレーニングポイント

評価シートを受け取ったという発言に対して、全体的にどうだったかと問いかけている (C) が正解です。(A)は evaluation sheet から personnel department を連想させる錯乱肢です。(B)は sheet と seat を使った音のヒッカケです。

How was it overall?

この overall は「全般的に」という意味の副詞です。評価シートには複数の評価項目があるので、それらが全体的にどうだったのかを問うています。音はカタカナ式の「オーバーオール」ではなく、「オーブオー」のように聞こえる点を確認しておきましょう。

皿トレ ③解説を読む ④ゆっくり音読 ⑤オーバーラッピング ⑥キモチオンドク

Date ／ ③④⑤⑥ Date ／ ③④⑤⑥ Date ／ ③④⑤⑥

6. スクリプト 19_2_6 M: W:

M: What's your opinion on Barbara's decision?

W: (A) During the sales meeting.

(B) To submit it for their division.

(C) I don't like it very much.

男性： Barbara の決断についてのあなたの意見は何ですか。

女性： (A) 営業会議の間にです。
(B) 彼らの部署のためにそれを提出することです。
(C) 私はあまり良くないと思います。

解説＆トレーニングポイント

Barbara の決断について問われ、あまり良くないと意見を述べている（C）が正解です。(A) はその決断が営業会議でなされたことを示唆しているようですが、会話としてはつながらないので不正解です。(B) は decision と division を使った音のヒッカケです。

What's your opinion on Barbara's decision?

何かに対する意見を表す場合の前置詞は、例文のように on や about が使われます。opinion は第２音節にアクセントが置かれ、第１、第３音節の o はあいまい母音で弱く発音されるので、「ゥピニゥ n」のように聞こえています。
なお、意見を述べると言いたい場合、say は使えず give や state を使うことを覚えておきましょう。

I gave an opinion on her decision.（彼女の決断に対して意見を述べた）

Date ／ ③④⑤⑥ Date ／ ③④⑤⑥ Date ／ ③④⑤⑥

Part 3 スクリプト 19_3 M: W:

Questions 7 through 9 refer to the following conversation.

M: (7) It looks like those new courses we offered on electrical engineering are very popular. We have so many students signed up!

W: Yes. It's been hard to find enough qualified people to teach the courses. (8) I hired four people last week. I was about to ask you to help with their orientation.

M: I'd be happy to. Just not next week, though. (9) I'm taking a vacation. I'm going skiing in Nagano, Japan.

W: Wow. Good for you. (9) You really deserve a break. You've been working too hard. Anyway, I'll schedule the orientation for the week after. Make sure you're prepared.

問題 7-9 は次の会話に関するものです。
男性： 本校が提供する電気工学のあの新しい講座はとても人気のようですね。たくさんの学生が申し込みました。
女性： そうですね。講座で教える適任者を十分な人数探すのが大変でした。先週は 4 名雇いました。彼らへのオリエンテーションを手伝ってもらえないかあなたに頼もうと思っていたんですが。
男性： 喜んでやらせていただきます。ただ、来週はだめです。休暇を取るんです。日本の長野にスキーに行く予定なんです。
女性： あら。いいですね。あなたは本当に休みを取る資格がありますよ。ずっと根をつめて働いていましたよね。とにかくオリエンテーションは再来週に予定しておきます。準備しておいてくださいね。

□be about to *do* 今にも…しかけている　□deserve …を受けるに足る　Q □reassign （人）を再配置する

皿トレ ③解説を読む ④ゆっくり音読 ⑤オーバーラッピング ⑥キモチオンドク

7. Where does the conversation most likely take place?

(A) At a ski resort
(B) At an electrical appliance store
(C) At a staffing agency
(D) At a technical college

会話はどこで行われていると考えられますか。

(A) スキーリゾート
(B) 電気店
(C) 人材派遣会社
(D) 工科大学

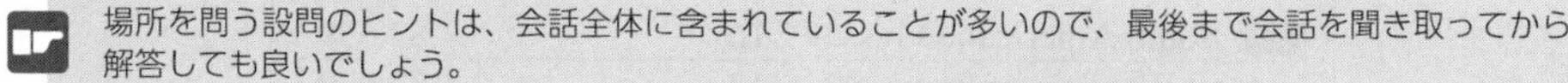

場所を問う設問のヒントは、会話全体に含まれていることが多いので、最後まで会話を聞き取ってから解答しても良いでしょう。

8. What has changed in the office?

(A) Additional instructors have been hired.
(B) Some policies have been changed.
(C) A new software program is being used.
(D) Desks have been reassigned.

会社では何が変わりましたか。

(A) 追加の講師が雇われた。
(B) 方針がいくつか変わった。
(C) 新しいソフトウェアのプログラムが使用されている。
(D) 机が再び割り当てられた。

会社で何かが変更になったことが、話題の中心であろうという予測をしておきます。

9. What does the woman mean when she says, "Good for you"?

(A) She thinks a task will help the man's career.
(B) She believes that a decision lacks benefit for the company.
(C) She recommends a special diet.
(D) She is pleased about the man's decision.

女性は "Good for you" という発言で、何を意図していますか。

(A) 作業が男性の経歴の助けになると思っている。
(B) 決断が会社の利益にならないと信じている。
(C) 特別な食事を推奨している。
(D) 男性の決断が気に入っている。

good for you というセリフを意識しつつ、女性がなぜ「それは良い」と述べているのかを会話の流れから聞き取るようにします。

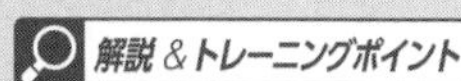

解説＆トレーニングポイント

It looks like those new courses we offered on electrical engineering are very popular.

主語が長くなると、構造がつかみにくくなり、結果として意味が取れなくなってしまいます。上級者は、It looks like までで区切りをつけて、新たに主語を見つけるようにして聞き取りをします。そして、those new courses の後に we が来た時点で、ここからは修飾部分だと判断し、次に述語動詞を待ち受けるようにして are を聞き取り、文の構造と意味の理解をしています。

このような聞き方ができるようになるには、文法的な構造を理解したうえで、意味の区切り単位で、音読を繰り返すことが近道です。

It looks like/those new courses/we offered/on electrical engineering/are very popular.
～のようだ / あの新しい講座は / 私たちが提供した / 電気工学に関する / とても人気がある

Part 4 スクリプト 19_4 W

Questions 10 through 12 refer to the following talk and brochure.

Tour	Number of Days	Price
Spirit of the Amazon	15	$3,499
11 South American Odyssey	16	$3,699
Natural Wonders of Peru	12	$2,999
Galapagos Getaway	7	$3,199

10 The next one I'll introduce to you is my favorite package and the one I recommend to most people. If you can't decide which tour you'd like to sign up for, you can't go wrong with this one. It'll give you a good taste of what the continent has to offer and includes four countries and several must-see natural wonders. 11 While this tour is the longest and most expensive one we offer, it is quite reasonable considering everything it covers, for instance, all flights starting from Miami. And don't forget, specific information can be found in the brochure I handed out when you arrived. 12 Now I'm going to have you watch a slideshow while I explain the highlights.

問題 10-12 は次の話とパンフレットに関するものです。

ツアー	日数	価格
Spirit of the Amazon	15	3,499 ドル
South American Odyssey	16	3,699 ドル
Natural Wonders of Peru	12	2,999 ドル
Galapagos Getaway	7	3,199 ドル

次に私が皆さまにご紹介するのは私が個人的に好きなパッケージでして、ほとんどの皆さまにお薦めするツアーです。どのツアーにお申し込みいただくのか決めかねている場合にはこちらなら間違いありません。その大陸でどのような見どころがあるのかがよくわかりますし、4つの国と見るべき自然の驚異も含まれています。このツアーは当社が提供する中では、一番日数が長く、一番金額も高いですが、たとえば、Miami からのすべてのフライト等、すべて含まれていることを考えるととてもお値打ちです。それから、各ツアーの具体的な情報はお越しの際にお渡ししたパンフレットに記載されていることをお忘れなく。ただいまからスライドショーをお見せして、ハイライトをご説明いたします。

□can't go wrong with …を選択すれば間違いない □continent 大陸 □must-see 必見のもの
□wonder 自然界の奇観 Q □move on to 話題が…に移る

Date ／③④⑤⑥ Date ／③④⑤⑥ Date ／③④⑤⑥

10. Who is the audience for the talk?

(A) Travel agents
(B) A university class
(C) A team of researchers
(D) Potential tourists

話を聞く人は誰ですか。

(A) 旅行代理店
(B) 大学のクラス
(C) 研究者の一団
(D) 旅行を考えている人々

 audience とあるので、話し手が複数の聞き手に対して話している状況です。

11. Look at the graphic. Which tour does the speaker recommend?

(A) Spirit of the Amazon
(B) South American Odyssey
(C) Natural Wonders of Peru
(D) Galapagos Getaway

図を見てください。話し手はどのツアーを薦めていますか。

(A) Spirit of the Amazon
(B) South American Odyssey
(C) Natural Wonders of Peru
(D) Galapagos Getaway

図表から旅行商品を説明する場面だろうと予測します。選択肢にはツアー名が並んでいるので、正解のヒントは日数、値段、またはその組み合わせだろうと予測します。

12. What will the speaker do next?

(A) Present some images
(B) Explain a new procedure
(C) Hand out brochures
(D) Move on to the next tour

話し手は次に何をしますか。

(A) 画像を提示する。
(B) 新たな手順を説明する。
(C) パンフレットを渡す。
(D) 次のツアーに進む。

トーク終盤に、話し手がこれからすることを述べるだろうと予測します。

 解説＆トレーニングポイント

If you can't decide which tour you'd like to sign up for, you can't go wrong with this tour.

旅行代理店が顧客に対して、パッケージツアーを提案している場面であることがわかる、重要なキーセンテンスです。go wrong with は「～を間違える」という意味の句動詞で、このツアー（South American Odyssey）を選んでおけば間違いない、と強く薦めているのです。go wrong with は、you can't go wrong with という決まり文句として使われるので、このまま丸ごと覚えるつもりで音読しておきましょう。

Drill 20 解説とトレーニング

1(D) 2(A) 3(A) 4(A) 5(A) 6(B) 7(C) 8(B) 9(B) 10(D) 11(B) 12(D)

Part 1

1.

スクリプト 20_1 W

(A) A man is pointing at a whiteboard.
ポインティンガッタ

(B) One of the women is talking on the phone.

(C) They're dining at a table.

(D) They're seated across from each other.

(A) 男性は白板を指している。
(B) 女性の 1 人は電話をしている。
(C) 彼らはテーブルで食事をしている。
(D) 彼らは向かい合って座っている。

□seat（人）を着席させる
□across from …の向こう側に・向かいに（= opposite）

解説 & トレーニングポイント

(A) A man is pointing at までは写真の状況と合っているので、文末まで正確に聞き取らないと引っかかってしまう錯乱肢です。

(D) 動詞の seat は他動詞として使うので be seated と必ず受動態で使います。写真の様子をテーブルに向かって座っている、と表現する以下の英文もパート 1 で頻出です。

They're seated at a table.

They're seated across from each other.

この across は副詞で across from A で「A の向こう側」という意味です。each other は「お互いに」という意味なので、お互いが向こう側にいる、つまり向かい合っているという意味になります。前置詞の across は弱く読まれますが、この副詞の across は強く読まれます。

トレ ③解説を読む ④ゆっくり音読 ⑤オーバーラッピング ⑥キモチオンドク

Date ／ ③④⑤⑥ Date ／ ③④⑤⑥ Date ／ ③④⑤⑥

Part 2

2. スクリプト 20_2_2 W: M:

W: Where will the opening celebration take place?

M: **(A) I'm still looking for a venue.**

(B) As long as the place is booked.

(C) At the end of the day.

女性： 開業祝いはどこで行われますか。

男性： (A) 私は会場をまだ探しています。

(B) その場所が予約されている限りはです。

(C) 1日の終わりにです。

□as long as …である限り

解説＆トレーニングポイント

the opening celebration（開業祝い）の場所はどこかと問われ、venue（会場）はまだ決まっていないと答えている（A）が正解です。venue はコンサートや会議などが行われる場所を意味しており、パート7での頻出単語です。

（B）は place を使った音のヒッカケです。（C）は where を when と聞き間違えた場合の錯乱肢になっています。

Where will the opening celebration take place?

聞き取りの難しいツートップがそろって登場しています。本問では早口のイギリス人女性が担当することでさらに難易度が上がっています。本番のテストでもこの組み合わせで出題されます。カタカナ英語の「ホエアーウィル」で音を記憶しているとそこでつまずいてしまい、後の簡単なはずの部分まで聞き逃してしまいます。音声を素直に聞いて where will の音をセットで覚え直しておきましょう。

Date ／③④⑤⑥ Date ／③④⑤⑥ Date ／③④⑤⑥

3. スクリプト 20_2_3 M: W:

M: Who's supervising the interns from local culinary schools?

W: **(A) It'll be announced today.**

(B) To direct some e-mail.

(C) It depends on the stability of the Internet connection.

男性： 誰が地元の料理学校のインターンたちを監督しますか。

女性： (A) 今日、発表されます。
(B) E メールを何通か送るためです。
(C) インターネット接続の安定性によります。

□culinary 台所用の、料理用の
□direct …を送る

解説＆トレーニングポイント

正解の（A）は問われた事が決まっていないと返答する定番の正解選択肢です。（C）は interns と Internet の音のヒッカケです。ただし、It depends on はその後の内容によっては WH 疑問文の正解の選択肢になり得るので要注意です。

Who's supervising the interns / from local culinary schools?

この問いかけ文を音読トレーニングする場合には、まず interns までの部分を音読します。「インターンを監督するのは誰か」がこの疑問文の骨格ですから、ここまでを音読してしっかりと身体に染み込ませます。そして from 以降の部分は interns を修飾しているので、interns の後にペタリと付け加えるように音読をします。

③解説を読む ④ゆっくり音読 ⑤オーバーラッピング ⑥キモチオンドク

Date ／ ③④⑤⑥　Date ／ ③④⑤⑥　Date ／ ③④⑤⑥

4. スクリプト 20_2_4 M: W:

M: Didn't you borrow the marketing book from the library?

W: **(A) Somebody already checked it out.**

(B) I can do it, thanks.

(C) It is located near the building.

男性： 図書館からマーケティングの本を借りなかったのですか。

女性： (A) 誰かがすでにそれを借りていました。
(B) 自分でできます、ありがとう。
(C) それはその建物のそばにあります。

解説＆トレーニングポイント

マーケティングの本を借りなかったのかと問われ、誰かがすでに借りていた、つまり借りられなかったと答えている（A）が正解です。(B) はマーケティングの本を借りることができる、という意味になってしまい、男性の問いには答えていないので不正解です。(C) はマーケティングの本が建物のそばにあることと、本を借りなかったことには関連性がないので不正解です。

Somebody already checked it out.

check out は「ホテルをチェックアウトする」、「注目する」、の他に「本を借りる」という意味があります。check it out は「チェケラ」と聞こえますが、ここでは過去形になっており「チェッkディタウt」のように聞こえている点に注意をして、自分でも繰り返し音読しておきましょう。

皿トレ ③解説を読む ④ゆっくり音読 ⑤オーバーラッピング ⑥キモチオンドク

Date ／③④⑤⑥ Date ／③④⑤⑥ Date ／③④⑤⑥

5. スクリプト 20_2_5 W: M:

W: When will the magazine be published?

M: **(A) It's released monthly.**

(B) In the city library.

(C) I subscribe to three different magazines.

女性： 雑誌はいつ発行されますか。
男性： (A) 毎月発行されます。
(B) 市の図書館の中です。
(C) 私は３種類の雑誌を購読しています。

□subscribe to（新聞など）を購読する

解説＆トレーニングポイント

いつ発行されるかが問われているので、(A) の monthly のみでも正解を選ぶことができます。満点レベルを目指すためには雑誌の発行（the magazine be published）まで聞き取って、その言い換えとして released を結びつけられるようにしておきたい問題です。
(B) は when を where と聞き間違えてしまうと正解に思えてしまいます。(C) は magazines が音のヒッカケになっています。

When will the **magazine** be **published**?

この英文を使って英語のリズムを体感してみましょう。太字の箇所が強く、それ以外が弱く、短く発話されています。強調して表現すると、このような感じになります。

ターン·タタ·**ターン**·タ·**ターン**？

正しい英語のリズムは、正しい英語の音の理解と同じくらい重要で、リスニング力の強化に役立ちます。

Date ／③④⑤⑥ Date ／③④⑤⑥ Date ／③④⑤⑥

6. スクリプト 20_2_6 M: M:

M: The lunch was good, wasn't it?

M: (A) Let me help you after the luncheon.

(B) I'll definitely go there again.

(C) That's why the product release was delayed.

男性： 昼食はおいしかったですよね。

男性： (A) 昼食会の後であなたを手伝わせてください。

(B) 私は絶対にもう一度そこに行きます。

(C) そういうわけで製品の発売が遅れたのです。

解説＆トレーニングポイント

昼食がおいしかったかどうかが問われ、絶対にもう一度行く、つまりおいしかったと答えている（B）が正解です。（A）は lunch と luncheon を使った音のヒッカケです。

I'll definitely go there again.

この definitely は go there again（もう一度そこへ行く）という主張を強調しているので、文意としては絶対に行くという強いキモチを表しています。4 音節（def · i · nite · ly）の最初の音節にストレスがある点も確認しておきましょう。

皿トレ ③解説を読む ④ゆっくり音読 ⑤オーバーラッピング ⑥キモチオンドク

Date	Date	Date
／ ③④⑤⑥	／ ③④⑤⑥	／ ③④⑤⑥

Questions 7 through 9 refer to the following conversation.

M: Have you tried any of the healthy options the cafeteria added to the menu this week?

W: (7) Today is my first day back from negotiating in New York with IDT Company's representatives, so (8) I'm excited to see what they have when I eat there today.

M: (8) I'm going at noon if you want to join me.

W: I think I will. By the way, I went to a cooking workshop the other weekend and learned how to make some great meals. They're all vegetarian and delicious. (9) I'll make copies of the recipes for you if you're interested.

M: Thanks! I'd love that.

問題 7-9 は次の会話に関するものです。
男性： 今週食堂のメニューに加わった健康食を何か食べてみましたか。
女性： 今日がニューヨークの IDT 社の担当者との交渉から戻ってきた初日なので、今日そこで食べるときに何があるのかとても楽しみなんです。
男性： 12 時に行くんですが、良かったら一緒にどうですか。
女性： そうしようと思います。ところで、この前の週末に料理教室に行っていくつかとても良い料理の作り方を習ったんです。すべて菜食料理でおいしいのです。興味があればレシピをコピーしますが。
男性： ありがとう。ぜひほしいです。

皿トレ ③解説を読む ④ゆっくり音読 ⑤オーバーラッピング ⑥キモチオンドク

7. What was the woman doing in New York?

(A) Attending a session at headquarters
(B) Preparing for a new cafeteria
(C) Having a meeting with her client
(D) Taking part in a cooking workshop

女性はニューヨークで何をしていたのですか。

(A) 本社で会合に参加
(B) 新しい食堂の準備
(C) 顧客と会議
(D) 料理教室に参加

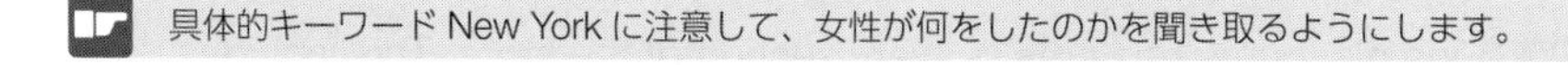

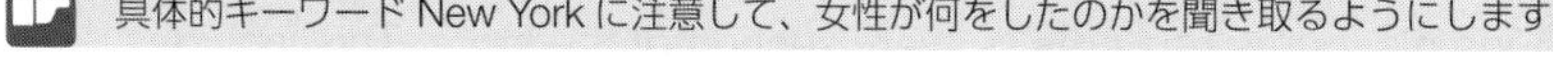
具体的キーワード New York に注意して、女性が何をしたのかを聞き取るようにします。

8. What does the man invite the woman to do?

(A) Prepare food together
(B) Have lunch with him
(C) Attend a seminar
(D) Watch a cooking show

男性は女性に何をするよう誘ったのですか。

(A) 一緒に料理を作ること。
(B) 彼と一緒にお昼を食べること。
(C) セミナーに参加すること。
(D) 料理番組を見ること。

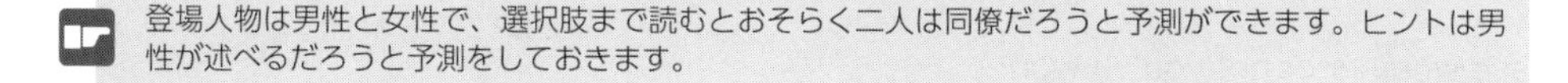

登場人物は男性と女性で、選択肢まで読むとおそらく二人は同僚だろうと予測ができます。ヒントは男性が述べるだろうと予測をしておきます。

9. What will the woman do for the man?

(A) Lend him her new cookbook
(B) Copy some cooking instructions
(C) Introduce him to a famous chef
(D) Purchase some rare ingredients

女性は男性のために何をしますか。

(A) 彼女の新しい料理本を貸す。
(B) 料理の作り方をコピーする。
(C) 彼を有名なシェフに紹介する。
(D) 珍しい食材を購入する。

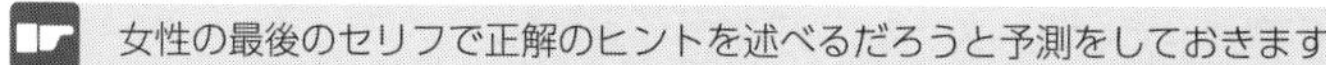
女性の最後のセリフで正解のヒントを述べるだろうと予測をしておきます。

解説 & トレーニングポイント

By the way, I went to a cooking workshop the other weekend and learned how to make some great meals.

パート 3 は、1 つの話題で会話が完結するのが通常ですが、本問は新メニューの話から、By the way 以降は、女性が習った菜食メニューに話題が移っている、珍しいパターンです。注意をすべきは、went です。動詞の go は go-went-gone と不規則変化をするという知識はあっても、went を聞いて過去の事実だと認識できない方が非常に多いのです。すると、話題が変わって、これから料理教室に行く話だと誤解してしまい、会話の流れが全くつかめなくなってしまうのです。復習の仕方はシンプルです。過去に起こった事実という意識をして、英文を繰り返し音読しておきましょう。

Questions 10 through 12 refer to the following advertisement.

(10) Clarks Athletics Super Store (11) is having its fall sale (12) this weekend and there are (10) huge discounts on items in every section of the store. This includes sportswear, weights, balls, shoes, and even camping equipment. Doors open at eight A.M. So, if you want to get your hands on the best bargains, get in early — stocks won't last. (12) One lucky shopper will win a trip to see the Australian Surfing Championships live at Bells Beach. Don't forget to check the back of your receipt to see whether or not you've won.

問題 10-12 は次の宣伝に関するものです。

Clarks Athletics Super Store は今週、秋のセールを予定していて、店内の全商品を大幅割引いたします。対象はスポーツウェア、ウエート、ボール、靴、さらにはキャンプ用品などです。開店は午前8時です。ですから、お買い得品をお求めになるには早くお越しください一早い者勝ちです。幸運なお客さま1名に Australian Surfing Championships を Bells Beach で生でご覧いただける旅行が当たります。当たり外れは、レシートの裏側を忘れずにチェックしてください。

□get one's hands on …を手に入れる

皿トレ ③解説を読む ④ゆっくり音読 ⑤オーバーラッピング ⑥キモチオンドク

10. What type of business is being advertised?

(A) A tour company
(B) A supermarket
(C) A fitness club
(D) A sporting goods store

どのような種類の企業が宣伝されていますか。

(A) ツアー会社
(B) スーパーマーケット
(C) フィトネスクラブ
(D) スポーツ用品店

 ラジオ番組のコマーシャル、お店での放送ではと予測します。

11. What is mentioned about Clarks Athletics Super Store?

(A) It will host a surfing event.
(B) It is holding a seasonal offer.
(C) It has some branch stores.
(D) It opens twenty hours a day.

Clarks Athletics Super Store について何が述べられていますか。

(A) サーフィンイベントを主催する。
(B) 季節の売り出しを行う。
(C) 支店がある。
(D) 1日に20時間開いている。

 具体的キーワードの Clarks Athletics Super Store を意識しながら、述べられていることを注意深く聞きます。

12. What will happen at the business this weekend?

(A) The opening hours will be extended.
(B) Some refreshments will be served.
(C) A celebrity will make an appearance.
(D) A prize will be awarded.

その企業では、今週末は何が起きますか。

(A) 営業時間が延長される。
(B) 飲食物が提供される。
(C) 有名人が来る。
(D) 賞が与えられる。

 トーク終盤で、this weekend というフレーズに注意をして、正解のヒントを聞き取るのが定番です。本問では、冒頭のセリフで、this weekend が出てきてしまうので、予測は外れますが One lucky shopper will win a trip to see を聞き取り、これは週末に行われる秋のセールのイベントだと結びつけて正解したい問題です。

解説＆トレーニングポイント

One lucky shopper will win a trip to see the Australian Surfing Championships live at Bells Beach.

Q12の正解のヒントになっており、正確に聞き取ったうえで、幸運なお客に旅行が当たるということを、賞が与えられるという言い換えで表していることに気が付かないと正解を選べません。聞き取りのポイントとして shopper が聞き取れたでしょうか。カタカナ式の「ショッパー」ではなく、「シャーパ」に近い音で、2音節の最初の音節にストレスが置かれています。

shop·per

Drill 21 解説とトレーニング

 1(A) 2(C) 3(A) 4(A) 5(A) 6(A) 7(A) 8(D) 9(B) 10(A) 11(C) 12(D)

Part 1

1.

(A) 彼らは橋の上をサイクリングしている。
(B) 木々が川沿いに植えられている。
(C) サイクリストが自転車を修理している。
(D) バイクが影を落としている。

□cast a shadow 影を落とす

スクリプト 21_1 M

(A) They're cycling on a bridge.

(B) Trees are being planted along a river.

(C) Cyclists are repairing bicycles.

(D) A motorcycle is casting a shadow.
モウtサイkゥ ×モーターサイクル

解説＆トレーニングポイント

(B) 木々が川の両岸に見られますが、植えられている最中ではないので不正解です。
(D) 影が差している場面は以下の受動態の進行形で出題されます。

Shadows are being cast on the ground.（地面に影が映っている）

cast a shadow

受動態の進行形が正解になるのは、ほとんどの場合人が写っている写真ですが cast は状態を表すため、人が写っていなくても正解になります。

motorcycle はカタカナ英語の「モーターサイクル」とはかなり違って聞こえるのでよく音をチェックしておきましょう。モー・ター・サ・イ・ク・ルは 6 音節ですが、mo · tor · cy · cle は 4 音節です。またアクセントは最初の o にあります。

皿トレ ③解説を読む ④ゆっくり音読 ⑤オーバーラッピング ⑥キモチオンドク

Date ／③④⑤⑥ Date ／③④⑤⑥ Date ／③④⑤⑥

Part 2

2. スクリプト 21_2_2 M: W:

M: Which exhibition did you go to?

W: (A) We're very excited to be in first place.

(B) You can use the nearest exit while you're driving.

(C) I have the brochure.

男性： どの展示会に行ったのですか。

女性： (A) 1番になってとても興奮しています。
(B) 運転時は一番近い出口を使用できます。
(C) パンフレットを持っています。

解説＆トレーニングポイント

どの展示会に行ったのかと問われ、そのパンフレットを持っていると答えている（C）が正解です。そっけない対応のようにも思えますが、女性は男性がその展示会に興味を持っているという意図をくんで、展示品の説明や写真など展示会に関する詳しい情報が載っているパンフレットを見せてあげるという場面の会話です。

I have the brochure.

brochure は「パンフレット」、「チラシ」という意味の名詞で、TOEIC 最重要単語の1つです。パンフレット、チラシ、小冊子などに類する単語をまとめて記載しておきます。

brochure
flyer
pamphlet
booklet

日本語での区分とは必ずしも一致していないので、それぞれの違いが気になる方は、画像検索で確認をすることをお勧めします。

Date ／ ③④⑤⑥ Date ／ ③④⑤⑥ Date ／ ③④⑤⑥

3. スクリプト 21_2_3 W: M:

W: How do you like your new job?

M: **(A) People there seem very nice.**

(B) I work at a department store.

(C) On the table, please.

女性： あなたの新しい仕事はどうですか。
男性： (A) 職場の人々がとても感じが良いです。
(B) デパートで働いています。
(C) テーブルの上にお願いします。

解説＆トレーニングポイント

新しい職場について問われ、新しい職場の人々は感じが良いと答えている（A）が正解です。（B）は仕事の内容について問われたと勘違いした人に対する錯乱肢です。

How do you like your new job?

直訳すると「新しい仕事はどのように好きですか」になりますが、このセリフの意図はもっと幅広く新しい仕事についての状況を尋ねています。how do you like は会話の糸口をつかむために、ざっくりと話題を引き出すときに用いられるフレーズです。

皿トレ ③解説を読む ④ゆっくり音読 ⑤オーバーラッピング ⑥キモチオンドク

Date ／ ③④⑤⑥ Date ／ ③④⑤⑥ Date ／ ③④⑤⑥

4. スクリプト 21_2_4 W: M:

W: Can you tell me how much we can spend on the new circulator?

M: **(A) The cheaper, the better.**

(B) It'll take about a week.

(C) It's about the magazine's circulation.

女性： 新しい循環装置にいくら使っても良いのか教えてもらえませんか。

男性： (A) 安ければ安いほど良いです。
(B) 約1週間かかります。
(C) それはその雑誌の発行部数についてです。

解説&トレーニングポイント

循環装置にいくら支出しても良いかが問われており、安ければ安いほど良いと答えている（A）が正解です。（B）は循環装置の設置期間などが問われていると誤解した人に対する錯乱肢です。（C）はcirculator と circulation の音のヒッカケです。

The cheaper, the better.

「the ＋ 比較級 A, the ＋ 比較級 B」は、「Aであればあるほど、Bである」という意味の定型表現です。頻度は多くありませんが、出題例はあるので、高得点を目指す皆さんはここでマスターしておきましょう。「安ければ安いほど良い」というキモチをリアルに伝えるつもりで20回音読しておきましょう。

皿トレ ③解説を読む ④ゆっくり音読 ⑤オーバーラッピング ⑥キモチオンドク

Date ／ ③④⑤⑥　Date ／ ③④⑤⑥　Date ／ ③④⑤⑥

5. スクリプト 21_2_5 W: M:

W: Was that Mike's proposal or yours?

M: **(A) Mine was turned down.**

(B) How about doing it yourself?

(C) It's for the design competition.

女性： それは Mike の提案ですか、それともあなたの提案ですか。

男性： (A) 私のは却下されました。
(B) それを自分でやってみてはどうですか。
(C) それは設計コンペ用です。

□turn down（提案など）を拒否する

解説＆トレーニングポイント

それが Mike の提案か、あなたの提案かと問われ、私の提案は却下されたと答えている（A）が正解です。それが Mike の提案かどうかは不明ですが、少なくとも自分の提案ではない、という情報を伝えているので会話がつながっています。

Mine was turned down.

一人称の代名詞、I, my, me, mine は中学校で習う基礎英語なので、mine の意味を知らない人はいませんが、この英文のように文頭で mine が使われて聞き取れなかった人はいるはずです。意味を知っていたとしても、音と単語がつながっていないと、文頭でとっさに単語が思い浮かばず、まごまごしているうちに文が終わってしまうのです。英文を 10 回音読して、基礎の穴を今すぐ埋めておきましょう。

皿トレ ③解説を読む ④ゆっくり音読 ⑤オーバーラッピング ⑥キモチオンドク

Date ／ ③④⑤⑥　Date ／ ③④⑤⑥　Date ／ ③④⑤⑥

6. スクリプト 21_2_6 W: M:

W: Have you been working here for over ten years?

M: **(A) Yes, why do you ask?**

(B) In ten minutes to restart.

(C) No, I've never been there.

女性： あなたはこちらで10年以上働いていますか。

男性： (A) はい、なぜそのようなことをお聞きですか。

(B) 10分で再開します。

(C) いいえ、私はそこに行ったことがありません。

解説＆トレーニングポイント

10年以上ここで働いているかどうかが問われ、はいと肯定した後、さらに質問の意図を聞き返している(A) が正解です。(C) は No, I've never までは問いかけ文の応答としてあり得るので正解に思えてしまいますが、最後まで聞けば不正解とわかる錯乱肢です。

Yes, why do you ask?

Yes/No 疑問文に、シンプルに Yes と答えていますが、正解の選択肢として見極めるには後半部分を聞き取って、会話のつながりを理解する必要があります。このナレーターは why do you ask を一息で言い切っていて聞き取れなかったかも知れませんが、本番でも出題されるスピードです。自分でも同じスピードで真似して音読してみれば、難なく聞こえるようになります。

③解説を読む ④ゆっくり音読 ⑤オーバーラッピング ⑥キモチオンドク

Date ／③④⑤⑥ Date ／③④⑤⑥ Date ／③④⑤⑥

Part 3 スクリプト 21_3 M: W:

Questions 7 through 9 refer to the following conversation.

M: So, what do you do, Ms. Hendrix?

W: 7 I help increase walk-in-customers for retail firms. I do a lot of curbside advertising.

M: Like what?

W: 8 My most popular service is painting clients' vehicles, essentially making them mobile billboards. They advertise both when they're being driven around and when they're parked outside the store.

M: 8 How much does that increase foot traffic?

W: Believe it or not, our research finds that stores get fifty percent more customers that way.

M: 9 I need to get your business card. I think I could use your services.

問題 7-9 は次の会話に関するものです。
男性： それで Hendrix さん、あなたは何をなさっているのですか。
女性： 小売業向けにふらっと入ってくるお客様を増やすお手伝いです。沿道広告をいろいろやっています。
男性： たとえばどんなものですか。
女性： 一番人気なのはお客様の車をペイントすることで、つまりは車を動く広告にすることです。走っているときも店の外に停まっているときも宣伝になります。
男性： それによってどのくらい店に入ってくる人が増えるのですか。
女性： 信じられないかもしれませんが、当社の調査によると、この方法で小売店に来るお客様が 50% 増えています。
男性： あなたの名刺をもらわないといけませんね。あなたのサービスを私も使えると思います。

□walk-in-customer 飛び込み客 □curbside 歩道、歩道の縁石 □mobile 移動式の、動き回れて
□billboard 屋外の広告版 □foot traffic 客足、客の出足 Q □bring in (利益など)をもたらす
□storefront 店頭、店先

Date ／③④⑤⑥ Date ／③④⑤⑥ Date ／③④⑤⑥

7. What does the woman do for stores?

(A) She helps bring in business.
(B) She designs bulletin boards.
(C) She purchases mobile phones.
(D) She conducts some research.

女性は小売店向けに何をしますか。

(A) 商売を取り込む手助けをする。
(B) 掲示板のデザインをする。
(C) 携帯電話を買う。
(D) 調査を行う。

☞ 女性が、自分が店に対して行っている仕事について述べるのではないかと予測をしておきます。

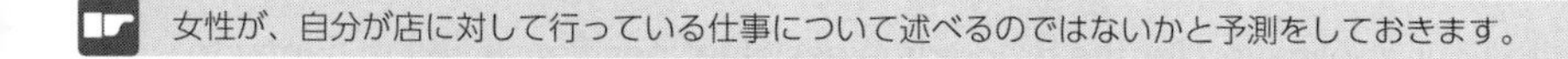

8. What does the man ask about?

(A) The main target of the store
(B) The real-time traffic delay information
(C) The average cost for the service
(D) The expected result of the advertising

男性は何について尋ねていますか。

(A) その店の主なターゲット
(B) リアルタイムの交通遅延情報
(C) そのサービスの平均的な費用
(D) その広告に期待できる効果

☞ 正解のヒントは男性が述べます。

9. What will the woman most likely do next?

(A) Take the man to a customers' storefront
(B) Provide the man with her contact information
(C) Show the man a video about her services
(D) Reschedule a business meeting with the man

女性は次に何をすると考えられますか。

(A) 男性を顧客の店先に連れて行く。
(B) 彼女の連絡先を男性に教える。
(C) 彼女のサービスについて動画を見せる。
(D) 男性との仕事の打ち合わせ予定を変更する。

☞ 女性が最後のセリフで正解のヒントを述べるだろうと予測します。most likely とあるので、男性が女性に対して依頼や指示を行い、それを女性が受け入れることもあります。

解説&トレーニングポイント

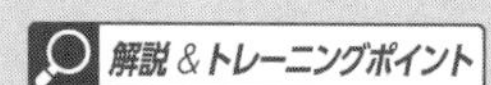

So, what do you do, Ms. Hendrix?

抽象的な疑問文に思えますが、ほとんどの場合、相手の仕事内容を聞くときの定番フレーズです。英会話では入門クラスで習うレベルの英文ですが、TOEIC 教材のみで学習をしていると、意外と馴染みがないかも知れません。パート 2 での出題例があるので、知らなかった場合は、音読をして身に付けておきましょう。

Part 4 スクリプト 21_4 W

Questions 10 through 12 refer to the following telephone message.

It's Rosa Brady from the personnel department at GNG Production. I'm calling with regard to your application for the production assistant position. (10) I'm happy to inform you that you've been selected. We're starting production on a children's television program. The project itself will start at the beginning of November and (11) the program will be broadcast from January. I've sent you an e-mail with a formal letter of acceptance. It also lists some of the things we'd like you to bring on your first day. (12) Please reply to that e-mail and let me know whether or not you accept the position. Thanks.

問題 10-12 は次の電話のメッセージに関するものです。

GNG Production 人事部の Rosa Brady です。制作アシスタントの仕事にご応募いただいた件でお電話を差し上げています。あなたが選ばれたことをお知らせいたします。当社は子供向けテレビ番組の制作を始めます。このプロジェクト自体は 11 月初めに始まり、番組は 1 月から放送されます。正式な採用通知を添付したEメールを送りました。そのメールには初日に持ってきていただきたい物も記載されています。Eメールにご返信いただき、その仕事をお引き受けいただけるかどうかを私にお知らせください。よろしくお願いします。

□with regard to …に関しては　□list …を一覧表にする

③解説を読む ④ゆっくり音読 ⑤オーバーラッピング ⑥キモチオンドク

Date	Date	Date
/ ③④⑤⑥	/ ③④⑤⑥	/ ③④⑤⑥

10. Why is the speaker calling?

(A) To make a job offer
(B) To explain a registration system
(C) To approve an idea for a project
(D) To introduce an employee

話し手はなぜ電話をかけていますか。

(A) 仕事を提供するため。
(B) 登録システムを説明するため。
(C) プロジェクトのためのアイデアを承認するため。
(D) 従業員を紹介するため。

留守番電話に話者が録音している場面だとわかります。電話をかけた用件は冒頭の方に述べられるだろうと予測します。

11. According to the speaker, what will happen in January?

(A) A new employee will be hired.
(B) An orientation session will be held.
(C) A new show will start.
(D) A newsletter will be sent.

話し手によると、1月には何が起きますか。

(A) 新入社員が雇われる。
(B) オリエンテーションが開かれる。
(C) 新たな番組が始まる。
(D) 社報が送られる。

According to the speaker の部分は時短のために読み飛ばします。具体的キーワードの January を意識しながら、何が起きるかを聞き取ります。

12. What is the listener asked to do?

(A) Summarize a program
(B) Accept an assignment
(C) List the required matters
(D) Respond to an e-mail

聞き手は何をするよう求められていますか。

(A) 番組を要約する。
(B) 任務を受け入れる。
(C) 必要事項をまとめる。
(D) Eメールに返信する。

トーク終盤で、正解のヒントが述べられるだろうと予測します。

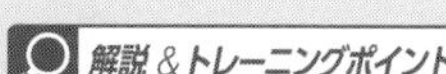

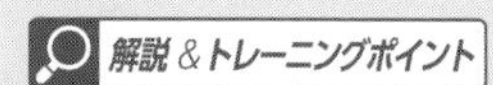

I'm calling with regard to your application for the production assistant position.

留守番に電話をかけている問題では、冒頭に述べられる電話の用件を聞き取ることがとても重要です。本問ではこの英文によって、採用担当者が求職者に電話をしている場面だとわかります。I'm calling with regard to は「~の件でお電話しています」という意味のフレーズです。これ以外には、以下の定番フレーズを覚えておきましょう。

I'm calling to let you know that you have been selected for an interview.
(面接に選ばれたことをお知らせするためにお電話しています)

I'm calling to reschedule an appointment.
(約束の予定を変更するためにお電話しています)

 1(B) 2(A) 3(A) 4(B) 5(B) 6(A) 7(D) 8(C) 9(B) 10(B) 11(C) 12(D)

Part 1

1.

(A) 店主が客と話している。
(B) いくつかの商品が陳列されている。
(C) 女性は洗濯物をかごに入れている。
(D) 女性は積み重ねた箱を持っている。

□shopkeeper (小さい規模の)店主
□stack 積み重ね

スクリプト 22_1 W

(A) A shopkeeper is talking to a customer.

(B) Some merchandise is being displayed.

(C) A woman is putting some laundry in the basket.
laundry: ローンドゥリ ×ランドリー

(D) A woman is holding a stack of boxes.
holding: ホウゥディンg ×ホールディング

解説&トレーニングポイント

(A) 写真に写っている人は she や woman で表されることが多いですが、shopkeeper のように職業や人の役割を表す単語が使われることもあります。知らない単語は意味と音を合わせて覚えておきましょう。

(B) 受動態の進行形は、動作を行う人が写り込んでいる場合に正解になります。この写真には商品を陳列している人が写っていないのに正解なのは display が状態を表す動詞であるためです。

(C) laundry は「ラ・ン・ド・リー」(4 音節)ではなく、「ローン・ドゥリ」(2 音節)と音のギャップが大きいので正しい音を知らないと正答として選んでしまいます。

(D) hold は onto と共に使う用法も出題されます。

A woman is holding onto a railing.(女性が手すりをつかんでいる)

③解説を読む ④ゆっくり音読 ⑤オーバーラッピング ⑥キモチオンドク

Date ／③④⑤⑥ Date ／③④⑤⑥ Date ／③④⑤⑥

Part 2

2. スクリプト 22_2_2 M: W:

M: The elevator in this building is out of order.

W: **(A) Let's take the stairs.**

(B) I didn't order anything, though.

(C) Please turn on the heater.

男性： このビルのエレベーターは故障しています。

女性： (A) 階段で行きましょう。
(B) 私は何も注文しませんでしたが。
(C) 暖房をつけてください。

解説 & トレーニングポイント

ビルのエレベーターが故障しているという発言に対して、階段で行きましょうと提案している (A) が正解です。(B) は order を使った音のヒッカケです。

The elevator in this building is out of order.

elevator は第 1 音節にストレスが置かれる点を確認しておきましょう。

el · e · va · tor

3. スクリプト 22_2_3 M: W:

M: You can attend the farewell party, can't you?

W: **(A) I'm afraid I can't make it.**

(B) How was the fair?

(C) I was at the reception.

男性： 送別会には参加できますよね？

女性： (A) 残念ながら出席できません。

(B) フェアはどうでしたか。

(C) 私は受付にいました。

□make it 間に合う

解説＆トレーニングポイント

送別会に参加できるかどうかが問われ、残念ながら出席できないと答えている（A）が正解です。(B) はfarewellとfairを使った音のヒッカケです。(C)はfarewell partyからreceptionを連想させる錯乱肢です。

I'm afraid I can't make it.

このmake itは「(送別会に) 参加する」という意味で使われていますが、文脈によって「～に間に合う」、「～にたどり着く」などの意味で、リスニングセクションに登場しますのでマスターしておきましょう。

皿トレ ③解説を読む ④ゆっくり音読 ⑤オーバーラッピング ⑥キモチオンドク

4. スクリプト 22_2_4 M: W:

M: When can I receive the membership card?

W: (A) At the newly renovated gym.

(B) As soon as you're signed up.

(C) He's a member of the team.

男性： 会員カードはいつ受け取れますか。

女性： (A) 新たに改装されたジムでです。
(B) 入会したらすぐにです。
(C) 彼はチームの一員です。

解説＆トレーニングポイント

いつカードを受け取れるかが問われているので、(B) の as soon as（～したらすぐ）が正解のキーワードになっています。when を where と聞き間違えると (A) が正解に思えてしまいます。(C) は member が音のヒッカケになっています。

As soon as you're signed up.

as soon as の意味は知っていたとしても、音が聞き取れないと正解として選ぶことはできません。as はカタカナ英語では「アズ」ですが、a はハッキリとした「ア」ではなくあいまいな「ァ」です。最初の as の s は次の soon とつながって消えてしまっています。2 つ目の as は s が you're につながって音の変化が起こっています。その様子をよく聞き取っておきましょう。

皿トレ ③解説を読む ④ゆっくり音読 ⑤オーバーラッピング ⑥キモチオンドク

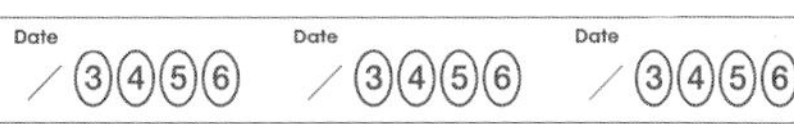

5. スクリプト 22_2_5 M: W:

M: What size of table are you looking for?

W: (A) We reserved a table for three.

(B) Do you have a tape measure?

(C) It wasn't as big as I thought.

男性： どのような大きさのテーブルをお探しですか。

女性： (A) 3人分の席を予約しました。
(B) 巻き尺をお持ちですか。
(C) 私が思ったほど大きくありませんでした。

解説＆トレーニングポイント

問いかけ文の内容から、男性は家具屋の店員がお客の応対をしている場面だと想像ができます。それに対して正解（B）はお客である女性が、巻き尺を借りて商品のテーブルの大きさを測って自分でほしいテーブルを検討してみると答えています。
（A）は table を使った音のヒッカケです。（C）はテーブルを探しているという状況から連想される錯乱肢になっています。

what + 名詞の構文は、前後半に分けて音読をしておきましょう。

What size of table（テーブルの大きさは何?）
+ are you looking for?（あなたが探している）

③解説を読む ④ゆっくり音読 ⑤オーバーラッピング ⑥キモチオンドク

Date ／ ③④⑤⑥　Date ／ ③④⑤⑥　Date ／ ③④⑤⑥

6. スクリプト 22_2_6 W: M:

W: Who gave you the advice on how to make a phone call?

M: **(A) I learned it at the seminar.**

(B) Why don't we invite Fred, too?

(C) Yes, we do.

女性： 誰があなたに電話のかけ方についてアドバイスしたのですか。

男性： (A) セミナーで習いました。
(B) Fred も招待しませんか。
(C) はい、私たちはそうします。

解説＆トレーニングポイント

(B) は人名が含まれているので Who に対する直接的な回答であると勘違いした人に対する錯乱肢です。

who（誰が）で問われているので名前や役職などをストレートに回答するか、わからないと答える頻出パターンですが、本問はそのいずれでもありません。

W：Who gave you the advice on how to make a phone call?
M：I learned it at the seminar.

女性は「男性は誰かに電話のかけ方を習ったのだろう」という前提で質問をしています。ところが男性はセミナーで電話のかけ方を学んだ（ので上手くなった）、と答えているので、会話はつながっています。あえてセリフを補足すると以下のようになります。
M：(誰かが私にアドバイスをくれたのではなくて）セミナーで習いました。

このパターンの問題は、問いかけ文を完全に聞き取り、会話の状況をイメージして適切な回答を選ぶ必要があります。

皿トレ ③解説を読む ④ゆっくり音読 ⑤オーバーラッピング ⑥キモチオンドク

Date ／ ③④⑤⑥ Date ／ ③④⑤⑥ Date ／ ③④⑤⑥

Part 3 スクリプト 22_3 M: W:

Questions 7 through 9 refer to the following conversation.

M: 7 There haven't been any open spots in the parking garage lately, so I've been spending ten minutes driving around just to find a place to park. 8 That sometimes makes me late to meetings. I don't want it to keep happening.

W: I've heard the lot on Harrison Street is just as good, and they charge less. 9 The only drawback is that it's an open lot, so your car will get covered in snow if it ever snows while you're at work. But that doesn't happen often.

M: True. And that location on Harrison should be about the same distance away from the office. I'll look into that. Thanks.

問題 7-9 は次の会話に関するものです。
男性： 屋内駐車場に最近空いている場所がなくて、停める場所を探すだけでぐるぐる回って 10 分かかっていますよ。それで時々会議に遅れてしまいます。こんなことを続けるわけにはいきません。
女性： Harrison 通りの駐車場も同じくらい良くて、料金も安いらしいです。唯一の欠点は屋外だから、万一、仕事中に雪が降ると車に雪が積もることです。でもそんなことはあまり起きません。
男性： 確かにそうですね。それに Harrison 通りのあの場所は会社から同じくらいの距離のはずです。そこを見てみますね。ありがとう。

Q □assign（人に仕事など）を割り当てる □on duty 当番で、勤務時間中で

皿トレ ③解説を読む ④ゆっくり音読 ⑤オーバーラッピング ⑥キモチオンドク

Date	Date	Date
／ ③④⑤⑥	／ ③④⑤⑥	／ ③④⑤⑥

7. What are the speakers discussing?

(A) When to leave their office
(B) How much to spend for a car rental
(C) Who to assign as a guard
(D) Where to leave the man's car

話し手たちは何を話し合っていますか。

(A) 会社をいつ出るか。
(B) 車を借りるのにいくら払うか。
(C) 警備員を誰にするか。
(D) 男性の車をどこに置いておくか。

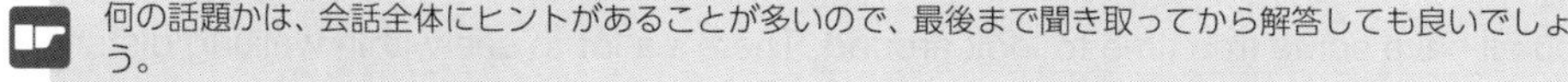

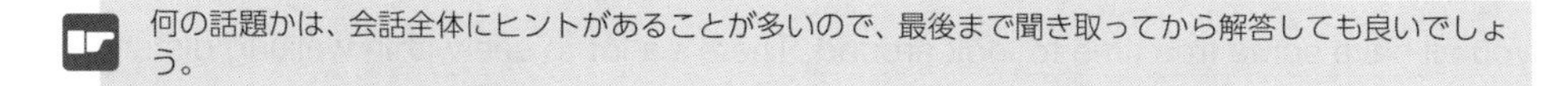

何の話題かは、会話全体にヒントがあることが多いので、最後まで聞き取ってから解答しても良いでしょう。

8. What does the man want to avoid?

(A) Relying on public transportation
(B) Walking a long way in the snow
(C) Getting to the office late
(D) Paying a monthly fee

男性は何を避けたいのですか。

(A) 公共交通機関に頼ること。
(B) 雪の中、長距離を歩くこと。
(C) 会社に遅刻すること。
(D) 月極料金を払うこと。

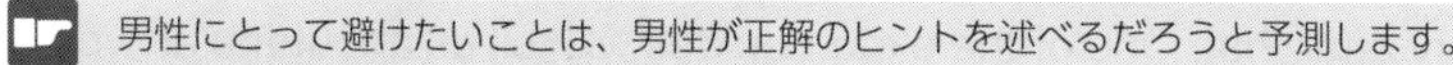

男性にとって避けたいことは、男性が正解のヒントを述べるだろうと予測します。

9. Why is the lot on Harrison Street less desirable?

(A) It is further away.
(B) It has no roof.
(C) There are few spots available.
(D) There is no attendant on duty.

Harrison 通りの駐車場はなぜあまり良くないのですか。

(A) より遠い。
(B) 屋根がない。
(C) 停められる場所が少ない。
(D) 係員が勤務していない

選択肢まで読めれば、解きやすい問題です。Harrison Street の駐車場は「遠い」、「屋根がない」、「場所が少ない」、「係員がいない」のいずれかだと待ち受けることができるからです。

解説&トレーニングポイント

I don't want it to keep happening.

keep -ing は「動作が継続する、反復する」という意味の語法です。この会話では、駐車場がなかなか見つからず、そのために会議に遅れる、という事が反復して起こるということを示しています。同じ意味で、keep on -ing という語法もあります。この英文を繰り返し音読して、keep -ing の語法を頭に染み込ませておきましょう。

Part 4 スクリプト 22_4 W

Questions 10 through 12 refer to the following talk.

Well, I hope you're all enjoying Boston City. (10) We're going to take a break now to let you all have some free time to look around. There's a lot to see within walking distance of this spot. There are some historical sites, a lot of restaurants, and several gift shops for you to buy souvenirs for people back home. (11) Please take this paper with you and refer to it from time to time so that you don't get lost. (12) We'll meet at Union Square at two P.M, which you can find on the copy. We're going to walk towards the Gandolfini Art Gallery after that. One of the expert guides will tell us about the artworks inside.

問題 10-12 は次の話に関するものです。

さて、皆さん全員、Boston 市を楽しんでいただいていると思います。ここでいったん中断して、皆さんにご自由に見て回っていただく時間にします。この場所から歩いて行ける距離に見るべき物がたくさんあります。歴史的な場所や多くのレストラン、土産物屋もいくつかありまして、お土産を買えます。このプリントをお持ちいただき、時々ご覧になって道に迷われないようにしてください。午後2時に Union 広場に集合ですが、このプリントに載っています。その後、Gandolfini 画廊まで歩きます。熟練のガイドが中にある芸術作品について話してくれます。

Q □handout (講演会などでの)配布印刷物 □nutritious 栄養分のある
□giveaway (販売促進用の)景品、グッズ □encourage X to *do* Xに…するよう勧める

Date ／③④⑤⑥ Date ／③④⑤⑥ Date ／③④⑤⑥

10. Who most likely is the intended audience for the talk?

(A) Exhibitors of artworks
(B) Tour participants
(C) Financial contributors
(D) Trainee gallery guides

この話の対象者は誰だと考えられますか。

(A) 芸術作品の展示者
(B) ツアー参加者
(C) 財政的援助者
(D) 研修中の画廊ガイド

複数の聞き手（audience）に対するトークだとわかります。most likely とあるのでトークの中の情報から聞き手を推測する問題です。

11. Why might the listeners use handouts?

(A) To check nutritional information
(B) To receive a special giveaway
(C) To confirm the right directions
(D) To learn about the history of Boston

聞き手たちはなぜプリントを使用するかもしれないのですか。

(A) 栄養情報を確認するため。
(B) 特別な景品を受け取るため。
(C) 正しい道順を確認するため。
(D) Boston の歴史を学ぶため。

handouts（配布物）は何なのかが聞き取れれば、解答できるはずです。

12. Why does the speaker mention Union Square?

(A) To encourage the listeners to join an event
(B) To explain the current location
(C) To introduce a popular tourist attraction
(D) To show the listeners where to gather

話し手はなぜ Union Square について述べているのですか。

(A) 聞き手たちにイベントへの参加を促すため。
(B) 今いる場所を説明するため。
(C) 人気のある観光名所を紹介するため。
(D) どこに集合するのか示すため。

具体的キーワードの Union Square を意識しながら、トーク終盤で正解のヒントが述べられるだろうと予測します。

解説 & トレーニングポイント

We'll meet at Union Square at two P.M, which you can find on the copy.

このwhich は Union Square を先行詞とする目的格の関係代名詞です。ハイスコアを目指す方であれば、which の部分が空白になった問題がパート 5 で出題されたとしても難なく解答することができるでしょう。ただし、文法知識があったとしても聞き取れるわけではなく、特に目的格の関係代名詞を使った構文は上級者でも聞き取れない方が多いのです。音読する場合には、前半を読み終えてから、Union Square を補足するキモチで、後半を続けて読みましょう。

Drill 23 解説とトレーニング

1(A) 2(B) 3(B) 4(C) 5(B) 6(C) 7(C) 8(A) 9(C) 10(A) 11(C) 12(C)

Part 1

1.

(A) テーブルが縦１列に配置されている。
(B) テーブルクロスが折り畳まれているところである。
(C) いくつかの家具が積み重ねられているところである。
(D) 家の屋根が修理されているところである。

□in single file 一列（縦隊）で、縦列で
□fold up …をきちんと折り畳む
□stack up （物）を積み重ねる

スクリプト 23_1  W

(A) Tables are arranged in single file.

(B) A tablecloth is being folded up.
fォーゥディダp

(C) Some furniture is being stacked up.

(D) The roof of the house is being repaired.

解説＆トレーニングポイント

(A) arrange は「計画する」「準備をする」など複数の意味がありますが、パート１では「配置する」という意味で登場します。モノが設置されている様子は他に、以下の英文で表せます。

Tables are set up in a row.（テーブルが一列に設置されている）
Tables are positioned outside.（テーブルが屋外に設置されている）

file は「縦列」の意味で、in single file は「縦１列」を表します。
(B) tablecloth は写真に写っているので、folded up の部分が聞き取れないと不正解であると判別しにくくなります。

③解説を読む ④ゆっくり音読 ⑤オーバーラッピング ⑥キモチオンドク

Date ／③④⑤⑥ Date ／③④⑤⑥ Date ／③④⑤⑥

Part 2

2. スクリプト 23_2_2 W: M:

W: Where was the conference held?

M: (A) In December.

(B) I thought you were there.

(C) To schedule a conference call.

女性： 会議はどこで開かれましたか。
男性： (A) 12 月にです。
(B) あなたはそこにいると思いました。
(C) 電話会議の予定を立てるためです。

解説 & トレーニングポイント

トリッキーな問題です。問いかけ文で会議の場所がどこだったかと聞いているので、会議はすでに開催され女性は参加しなかったという状況です。男性は女性が会議に参加していると思っていたので（B）で I thought you were there.（あなたはそこにいると思いました）と答えています。
（A）は where を when と聞き間違えた場合の錯乱肢になっています。

I thought you were there.

thought の音はスペルから判断して「ソウト」と覚えている方がいますが、実際には th の部分が速く短く読まれ語尾の t はほとんど聞こえません。ここを聞き逃してしまうと、わずか 5 語の文なので全体の意味が取れなくなってしまいます。繰り返し音を聞いて覚え、念を入れて自分でも真似して文全体を音読しておきましょう。

皿トレ ③解説を読む ④ゆっくり音読 ⑤オーバーラッピング ⑥キモチオンドク

Date ／③④⑤⑥ Date ／③④⑤⑥ Date ／③④⑤⑥

3. スクリプト 23_2_3 M: W:

M: Do you need a red marker or a green one?

W: (A) To highlight some sentences.

(B) Either is fine.

(C) Sure, just give it back to me later.

男性： 赤の蛍光ペンが必要ですか、それとも緑の蛍光ペンですか。

女性： (A) いくつかの文を目立たせるためです。
(B) どちらでも大丈夫です。
(C) もちろんです、後で私に返却してください。

解説＆トレーニングポイント

赤の蛍光ペンか、緑の蛍光ペンが必要かが問われ、どちらでも大丈夫と答えている（B）が正解です。(A) は蛍光ペンを使う理由を答えていますが、質問には答えていないので不正解です。(C) は男性が女性に言いそうなセリフですが、ここでは会話がつながらないので不正解です。

Either is fine.

この英文は選択疑問文に対する、定番の正解選択肢です。出題傾向からすると green one などのシンプルな回答が正解になる方がまれです。

たった3語の英文ですが、聞き取る上で要注意なポイントについて解説します。まず、either は「イーザー」と覚えている方が多いですが、イギリス英語では「アイザー」のように発音されます。リアルな世界では、イギリスでも特に若い人は「イーザー」と発音する人が増えていますが、TOEIC の世界ではイギリス人ナレーターに「アイザー」と発話させています。まず、この点を押さえておきましょう。

そして、is の i が either につながり、「アイザリ z」のように音が変化している様子を聞き込んでおきましょう。

Date ／ ③④⑤⑥ Date ／ ③④⑤⑥ Date ／ ③④⑤⑥

4. スクリプト 23_2_4 W: M:

W: Wasn't this wardrobe available online?

M: (A) Let me check the calendar for you.

(B) Yes, I'll be busy on that day.

(C) This model was only available in-store.

女性： この衣装だんすはオンラインで買えなかったのですか。

男性： (A) あなたのためにカレンダーを確認させてください。

(B) はい、私はその日は忙しいです。

(C) このデザインは店でしか買えませんでした。

□wardrobe 衣装だんす

解説＆トレーニングポイント

衣装だんすがオンラインで買えなかったのかと問われ、そのデザインの衣装だんすは店でしか買えなかったと答えている (C) が正解です。(A) は let me check までで、買えなかった理由などを確認させてほしいという回答だと早合点してしまうと正解に思えてしまいます。(B) は忙しかったから買えなかったと過去形であれば正解でした。

Wasn't this wardrobe available online?

wasn't this の部分は t が重なって消えているので、これを未知の単語だと誤解しまうと、その後が聞こえなくなってしまいます。まず、音声をよく聞いて、自分で音を確かめ、次にその音をそっくり真似るつもりで、音読しておきましょう。

皿トレ ③解説を読む ④ゆっくり音読 ⑤オーバーラッピング ⑥キモチオンドク

Date ／③④⑤⑥ Date ／③④⑤⑥ Date ／③④⑤⑥

5. スクリプト 23_2_5 M: W:

M: Do you often go to the bookstore near our office?

W: (A) I'm afraid it was the nearest one.

(B) Sure, I'm a loyal customer.

(C) What do you want to read?

男性： あなたは会社の近くの本屋によく行きますか。

女性： (A) 残念ながらそれが一番近くだったと思います。
(B) もちろんです、私はお得意様です。
(C) あなたは何を読みたいですか。

解説＆トレーニングポイント

会社の近くの本屋によく行くかどうかが問われ、もちろんですと肯定し、さらに自分はその店のお得意様だと説明している (B) が正解です。(A) は以前は会社に最も近かったその本屋に行っていたという意図であれば正解に思えてしまいますが、「残念であるがその本屋が一番近かった」では会話がつながらないので不正解です。

Sure, I'm a loyal customer.

loyal customer は「お得意」、「常連客」という意味です。ロイヤルという単語は日本語化していますが、文末の l は「ル」とは読まれず、弱い「ゥ」なので正しい音を確認しておきましょう。

皿トレ ③解説を読む ④ゆっくり音読 ⑤オーバーラッピング ⑥キモチオンドク

Date ／ ③④⑤⑥ Date ／ ③④⑤⑥ Date ／ ③④⑤⑥

6. スクリプト 23_2_6 M: W:

M: Why are all the staff here?

W: (A) This stuff is used for repairs.

(B) I wanted to try on the pants.

(C) We're expecting the guests soon.

男性： なぜ全従業員がここにいるのですか。
女性： (A) これは修理に使用します。
(B) ズボンを試着したかったのです。
(C) 来賓がまもなくみえるからです。

- □stuff 材料、原料、(漠然とした)物
- □try on …を試着する
- □expect (人)が来ると思う

解説＆トレーニングポイント

従業員が集まっている理由について問われ、来賓を出迎えるためだと答えている (C) が正解です。expect のコアな意味は「～を予想する」、「期待する」ですが、そこから派生して be expecting ～として使われると「～が来るだろうと思う」という意味になります。

Why are all the staff here?

語数が少なく、しかも基本単語のみで構成さえたシンプルな疑問文ですが、先頭の部分がつながって読まれているので聞き取れなかった方もいるのではと思います。それぞれの単語をカタカナ英語の音で記憶していると、つながった音はなおさら自分の感覚と遠い音となって認識できなくなってしまいます。all はカタカナ英語の「オール」ではなく「オーゥ」に近い音です。

Date ／ ③④⑤⑥ Date ／ ③④⑤⑥ Date ／ ③④⑤⑥

Part 3 スクリプト 23_3 W: M:

Questions 7 through 9 refer to the following conversation.

W: Lulu's Café. How may I help you?

M: Hello. This is Edward Davis from Anderson Oil Service. (7) I want to talk to the owner about the use of oil for heating.

W: (7) I'm the one.

M: Great! Oil burners are fuel-efficient but do require regular maintenance in order to prevent costly problems. If you haven't had your burner inspected in the last six months, (8) I'd like to send one of our service representatives out to give you a free inspection and cleaning. Is Tuesday at one P.M. a convenient time for you?

W: I guess so.

M: Wonderful. (9) With our free annual inspections, you won't have to deal with breakdowns during winter's coldest weeks.

問題 7-9 は次の会話に関するものです。
女性：　Lulu's カフェです。どのようなご用件でしょうか。
男性：　もしもし。こちらは Anderson Oil Service 社の Edward Davis です。暖房用のオイルの使用についてオーナーさんとお話ししたいのですが。
女性：　私です。
男性：　ちょうど良かったです。オイルバーナーは燃費は良いですが、問題が起きてお金がかからないように定期的な保守が必要ですよ。過去 6 か月間に点検をされていないなら、当社のサービス担当者を派遣して無料で点検とクリーニングをいたします。火曜日の午後 1 時のご都合はいかがですか。
女性：　大丈夫だと思います。
男性：　良かったです。当社では年に 1 回の点検が無料ですので、冬の一番寒い時期に故障に対応せずに済みますよ。

□fuel-efficient 燃費の良い　□breakdown (突然の)故障　Q □proprietor 事業主、所有者
□failure (機能の)停止、故障

③解説を読む　④ゆっくり音読　⑤オーバーラッピング　⑥キモチオンドク

Date	Date	Date
／ ③④⑤⑥	／ ③④⑤⑥	／ ③④⑤⑥

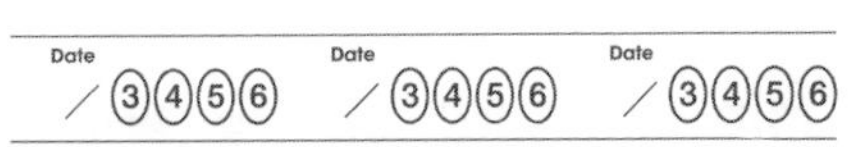

7. Who is the woman?

(A) A residential customer
(B) An inspector at Anderson
(C) A store proprietor
(D) A financial advisory consultant

女性は誰ですか。

(A) 住宅に住む顧客
(B) Anderson の点検担当者
(C) 店のオーナー
(D) 財務のアドバイスをするコンサルタント

話者が誰なのかは、自分では名乗らないので会話の中のヒントから、特定する必要があります。

8. What will happen on Tuesday?

(A) The woman's burner will be checked.
(B) The man will send a bill for services.
(C) The man will call the woman.
(D) The woman will visit Anderson Oil Service.

火曜日には何が起きますか。

(A) 女性のバーナーが点検される。
(B) 男性がサービスの請求書を送る。
(C) 男性が女性に電話をする。
(D) 女性が Anderson Oil Service 社を訪れる。

具体的キーワードの Tuesday を意識しながら、会話を注意深く聞き取ります。

9. How is the man trying to help the woman?

(A) By installing a new appliance for her
(B) By teaching her to clean her burners herself
(C) By preventing the failure of her heater
(D) By changing her gas heater to an oil heater

男性はどうやって女性を助けようとしていますか。

(A) 彼女のために新しい電気器具を取り付けることによって。
(B) バーナーを彼女が自分で清掃するように教えることによって。
(C) 彼女の暖房器具の故障を防ぐことによって。
(D) ガス暖房器をオイル暖房器に変更することによって。

女性の最後のセリフで正解のヒントを述べると予測します。

解説 & トレーニングポイント

With our free annual inspections, you won't have to deal with breakdowns during winter's coldest weeks.

Q9の正解の根拠になっているキーセンテンスで、聞き取りのポイントは先頭のwithです。このwithは「～があれば」という意味の前置詞です。この英文では、年１回の無償点検があるので（それを受けてくれれば）という意味になっています。with の音は、カタカナ式の「ウイズ」ではなく、弱く短い「ゥイ th」に近い音で、さらにここでは our とつながって「ゥイ th ァ r」のように音が変化している様子を聞き込んでおきましょう。

Part 4 スクリプト 23_4 M

Questions 10 through 12 refer to the following telephone message.

Hi, Ted. It's Glen Rhodes from sales calling. (10) Yesterday we had an order from a construction company in Southport. They needed an urgent delivery of some plumbing supplies. (11) It seems that the delivery driver took them to the wrong customer. Now the firm that ordered them is falling behind schedule because they don't have the supplies. (12) We don't have time to pick them up from the other customer in Northport and redeliver them. I'd like you to load the truck now and take the order out to Southport. It's a real problem. We're already late, so I need you to do this as quickly as possible.

問題 10-12 は次の電話のメッセージに関するものです。

こんにちは、Ted さん。営業の Glen Rhodes です。昨日、Southport の建設会社から注文をもらいました。配管部品を至急配達してほしいとのことでした。配送ドライバーが間違ったお客さんに持って行ってしまったらしいのです。注文した会社は資材がないのでスケジュールが遅れています。Northport の別のお客様の所から回収して再配達する時間はありません。Ted さんに今からトラックに積んで注文品を Southport に持って行ってもらいたいのです。大事な仕事です。すでに遅れているので、できるだけ早急にやってほしいと思います。

□plumbing 配管工事、水道･ガス管敷設　□fall behind（予定など）より遅れる　□load（車･船など）に積む
Q □hardware 金物類　□defective 欠陥のある、欠点のある　□run out of …を使い果たす･切らす

Date ／③④⑤⑥　Date ／③④⑤⑥　Date ／③④⑤⑥

10. What type of business does the speaker work for?

(A) A hardware store
(B) A shipping center
(C) A driving service
(D) A construction company

話し手はどんな種類の企業で働いていますか。

(A) 金物店
(B) 出荷センター
(C) 運転サービス
(D) 建設会社

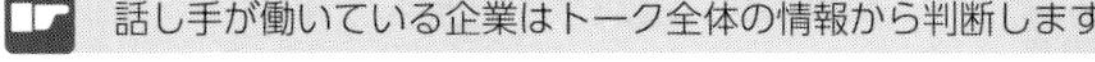

話し手が働いている企業はトーク全体の情報から判断します。

11. What is mentioned about the order?

(A) It has been cancelled.
(B) It included some defective items.
(C) It has not arrived at the correct address.
(D) It is currently running out of stock.

注文品について何が述べられていますか。

(A) キャンセルされた。
(B) 不具合品が含まれていた。
(C) 正しい住所に配達されなかった。
(D) 現在在庫切れである。

設問、選択肢から注文に関して問題が生じ、その対応に関するトークだろうと予測できます。

12. What does the speaker ask the listener to do?

(A) Contact a customer in Northport
(B) Find the cause of a problem
(C) Go to the right site with supplies
(D) Check stock levels

話し手は聞き手に何をするよう求めていますか。

(A) Northport の顧客に連絡する。
(B) 問題の原因を見つける。
(C) 資材を持って正しい場所に行く。
(D) 在庫量を確認する。

トーク終盤で、正解のヒントが述べられるだろうと予測します。

解説 & トレーニングポイント

Yesterday we had an order from a construction company in Southport. They needed an urgent delivery of some plumbing supplies.

パート4で状況がつかみにくいのは、このような企業と企業の取引（B to B）に関するトークです。特に学生さんは、苦手とする傾向があります。企業と個人の取引（B to C）、たとえばピザ屋に注文した料理が間違って配達されたという場面であれば理解しやすいでしょう。本問では、建設会社が配管部品を話者の会社に発注したということをこの英文から理解できないと、状況がつかめないままになってしまいます。なお、plumbing（配管）とは、水道管、ガス管などの類で、イメージできない方は画像検索で plumbing のイメージを確認しておきましょう。

 1(C) 2(B) 3(B) 4(A) 5(A) 6(C) 7(B) 8(C) 9(A) 10(C) 11(B) 12(D)

Part 1

1.

スクリプト 24_1 M

(A) Drivers are stuck in traffic.

(B) A line is being painted on a road.

(C) Vehicles are facing in the same direction.

(D) Shopping carts are being pushed.

(A) ドライバーたちは交通渋滞にはまっている。
(B) 1本の線が道にペンキでひかれているところである。
(C) 車は同じ方向を向いている。
(D) 買い物カートが押されているところである。

□be stuck in traffic 交通渋滞に巻き込まれている

解説&トレーニングポイント

(B) ペンキで線が引かれている最中ではないので不正解ですが、完了形であれば正解になります。

A line has been painted on a road.（1本の線がペンキで引かれている）

(C) in the same direction は「同じ方向」という意味で、写真に写っている車はすべて同じ方向を向いているので正解です。イラストのように同じ方向を向いて縦列駐車されている写真も in the same direction で表すことができます。

Vehicles are parked in the same direction.
（車は同じ方向を向いて駐車されている）

皿トレ ③解説を読む ④ゆっくり音読 ⑤オーバーラッピング ⑥キモチオンドク

Date ／ ③④⑤⑥ Date ／ ③④⑤⑥ Date ／ ③④⑤⑥

Part 2

2. スクリプト 24_2_2 M: W:

M: Do you know if Monica is joining the dinner tonight?

W: (A) The food was served.

(B) I'll call her now.

(C) Yes, I knew it was today.

男性： あなたは Monica が今晩夕食会に参加するかどうかわかりますか。

女性： (A) 食事が出されました。
(B) 彼女に今、電話します。
(C) はい、私はそれが今日だったとわかっていました。

解説＆トレーニングポイント

Monica が夕食会に参加するかどうかを知っているかが問われ、電話をして確認してみると答えている（B）が正解です。（A）は dinner から food を連想させる錯乱肢です。（C）は Yes 以降が、会話としてつながらないので不正解です。

I'll call her now.

中上級者でも足元をすくわれてしまうのが、この英文です。語数が少ないので前半でつまずいてしまうと、全く意味が取れず正解を特定できなくなってしまいます。I'll は「アイル」ではなく、「アゥ」または「アー」に近い音です。call は「コゥ」、または「コー」に近い音です。本番でも問題作成者はこの単語でつまずくことを想定して、問題を作成してきます。出現頻度の高い基本単語だからこそ、正しい音で上書きしておきましょう。

皿トレ ③解説を読む ④ゆっくり音読 ⑤オーバーラッピング ⑥キモチオンドク

Date ／ ③④⑤⑥ Date ／ ③④⑤⑥ Date ／ ③④⑤⑥

3. スクリプト 24_2_3 W: W:

W: How are we celebrating this year's company anniversary?

W: (A) Congratulations on your promotion.

(B) A banquet will be organized.

(C) The college was founded twenty years ago.

女性： 今年の会社の設立記念日はどう祝いますか。

女性： (A) 昇進おめでとうございます。
(B) パーティを企画します。
(C) その大学は20年前に設立されました。

解説＆トレーニングポイント

会社の設立記念日の祝い方について問われ、パーティを企画する予定だと答えた（B）が正解です。問いかけ文の前半部分が聞き取れずanniversary（記念日）だけが頭に残ってしまうと、お祝いのセリフ（A）が錯乱肢として効いてしまいます。(C)はthis year's company anniversary(今年の会社設立記念日)から、設立された年を連想させる錯乱肢です。

How are we celebrating this year's company anniversary?

howで始まる疑問文では、このhow are weが最も聞き取りにくいパターンです。本番でも中上級向けに出題されます。音声を繰り返し聞いて、１つのカタマリの音として覚えてしまいましょう。

皿トレ ③解説を読む ④ゆっくり音読 ⑤オーバーラッピング ⑥キモチオンドク

Date ／ ③④⑤⑥ Date ／ ③④⑤⑥ Date ／ ③④⑤⑥

4. スクリプト 24_2_4 W: M:

W: When can we not access the Internet?

M: **(A) During the renovation.**

(B) Certainly not.

(C) At a networking event.

女性： インターネットにアクセスできないのはいつですか。

男性： (A) 改装の間です。
(B) もちろんだめです。
(C) ネットワーキングイベントにおいてです。

解説＆トレーニングポイント

インターネットにアクセスできないのはいつか、という問いに対して回答になっているのは (A) のみです。(B)の certainly は「確かに」という意味の副詞で、certainly not は強く否定するときに使われるフレーズです。Can we access the Internet during the renovation? に対して、「絶対にできません」と返答する際には certainly not が使えます。(C) の networking を Internet から連想して選んだ方がいるかもしれませんが、networking event とは参加者同士の出会いやつながりを目的とした懇親会のことです。

When can we not access the Internet?

Internet のストレスは先頭の I に置かれ、他の母音はそれよりも短く、弱く読まれます。ここでは、「イントゥネ t」、「イン t ネ t」 のように聞こえています。

皿トレ ③解説を読む ④ゆっくり音読 ⑤オーバーラッピング ⑥キモチオンドク

Date ／ ③④⑤⑥ Date ／ ③④⑤⑥ Date ／ ③④⑤⑥

5. スクリプト 24_2_5 W: M:

W: Where will you visit next Monday?

M: **(A) I'll be heading to headquarters to give my speech.**

(B) As soon as I finish up this report.

(C) We've been there twice.

女性： あなたは次の月曜日にどこを訪れるのですか。

男性： (A) スピーチをするために本社に行きます。

(B) この報告書が終わり次第です。

(C) 我々はそこに２回行ったことがあります。

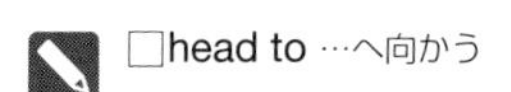

□head to …へ向かう

解説＆トレーニングポイント

問いかけ文では月曜日の訪問先が問われ、正解（A）では headquarters（本社）であると答えています。headquarters はリスニング、リーディング全般に登場する重要単語で、必ず複数形で使われる点も覚えておきましょう。

(B) は where を when と聞き間違えると選んでしまいます。(C) は visit から連想した場合の錯乱肢です。

Where will you visit next Monday?

この問題を正解できるかどうかは先頭の where will の音が聞き取れたかどうかにかかっています。where と will という聞き取りの難しい単語が速く読まれ、ひとかたまりの単語として聞こえています。本番でもこれくらいの早口の話者が登場するので、耳に慣らせておきましょう。

③解説を読む ④ゆっくり音読 ⑤オーバーラッピング ⑥キモチオンドク

Date	Date	Date
／③④⑤⑥	／③④⑤⑥	／③④⑤⑥

6. スクリプト 24_2_6 W: M:

W: Michael, are you willing to take on the job?

M: (A) By taking the express train.

(B) Yes, I always wear business suits.

(C) I'd be glad to.

女性： Michael、あなたはその仕事をやりたいですか。

男性： (A) 急行に乗ることによってです。
(B) はい、私はいつもビジネススーツを着ています。
(C) 喜んで。

□be willing to *do* …する用意がある、…してもかまわない
cf. 積極的な be eager toほどではないことに留意する。

解説＆トレーニングポイント

仕事がやりたいかどうかが問われ、喜んで、と答え同意をしている（C）が正解です。(B) は Yes までは Yes/No 疑問文の回答としては合っていますが、その後の部分が会話としてつながらず不正解です。

I'd be glad to.

I は早口で読まれると「アイ」ではなく「ア」となり、次の d は be と重なって消えています。glad の d は to と重なって消えています。これらの点を押さえてから、賛意を表す定番のフレーズとして正しい音で丸ごと覚えておきましょう。

皿トレ ③解説を読む ④ゆっくり音読 ⑤オーバーラッピング ⑥キモチオンドク

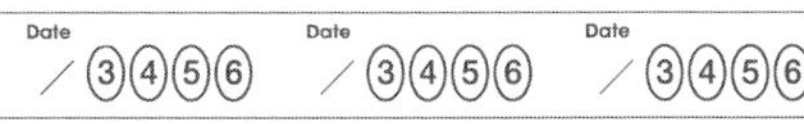

Part 3 スクリプト 24_3 W: M:

Questions 7 through 9 refer to the following conversation.

W: Hi. I'm not sure why, but the computer is telling me to ask for staff assistance 7 when I try to check out this book. Here's my card.

M: Oh. 8 It looks like your card has expired. Do you have a photo ID with you and proof of your current address, like a letter you received in the mail to prove that you live in the library district? I can renew it right now.

W: Actually, I don't live in the area around here, but I got the card last time.

M: 9 Oh then, maybe your office is in this district. Do you have anything to prove which company you work for?

W: 9 Oh, I see. I have an employee ID card.

問題 7-9 は次の会話に関するものです。
女性：こんにちは。なぜかわからないのですが、この本を借りようとするとパソコンに職員に聞くようにと表示が出るのです。私のカードはこれです。
男性：なるほど。カードが期限切れのようですね。写真付きの ID と現在の住所を証明する物、たとえば受け取った手紙などあなたが図書館のある地域に住んでいることを証明する物がありますか。今すぐ更新できますが。
女性：実は、私はこの辺りには住んでいませんが、この前このカードをもらったのです。
男性：ああ、ということはおそらくあなたの会社はこの地域にあるのですね。どの会社で働いているのか証明する物がありますか。
女性：ええ、わかりました。従業員の ID カードがあります。

□check out (図書館で本を)借り出す、(預けた荷物を)受け取る　Q □designated 指定された

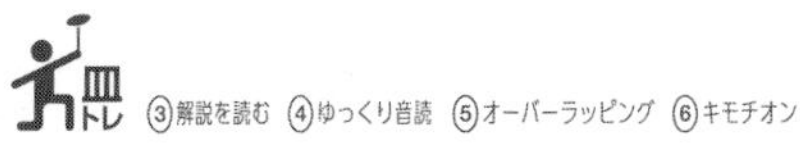

7. What is the woman trying to do?

(A) Hire an assistant
(B) Borrow a publication
(C) Apply for a credit card
(D) Log in to a laptop computer

女性は何をしようとしているのですか。

(A) アシスタントを雇う。
(B) 出版物を借りる。
(C) クレジットカードを申し込む 。
(D) ノートパソコンにログインする。

女性が何かをしようとしている場面なので、女性がヒントを述べるだろうと予測します。

8. What is the problem?

(A) The scanner is not working.
(B) The card cannot be found.
(C) The item is no longer valid.
(D) The barcode has been removed.

何が問題ですか。

(A) スキャナーが動かない。
(B) カードが見つからない。
(C) その物がもう有効ではない。
(D) バーコードが取れている。

Q7 と組み合わせて、女性が何か困っている状況ではと予測します。

9. Why can the woman probably renew her card?

(A) Her company is located near the library.
(B) Her residence is in the designated area.
(C) She has done some volunteer work before.
(D) She has been a premium member for ten years.

おそらくなぜ女性はカードを更新できるのですか。

(A) 彼女の会社が図書館の近くにある。
(B) 彼女の住まいが指定地域にある。
(C) 彼女は以前にボランティア活動をした。
(D) 彼女は 10 年間プレミアム会員である。

女性がカードを更新しようとしている場面ではないかと予測します。

解説 & トレーニングポイント

Actually, I don't live in the area around here, but I got the card last time.

actually は「実は」という意味の副詞で、文脈の変化点を示す重要な単語です。図書館の係員である男性は、女性が図書館の周辺に住んでいるという前提で、カードの更新変更手順を説明しています。それに対して、女性が actually と切り出しているのは、男性にとって意外なこと、つまり図書館の近くに住んでいるのではなく、それ以外の資格があるという事実を述べる前置きをしているのです。大げさに言えば、事実を述べる前に、聞き手のショックをやわらげているのです。この actually に込められたキモチを理解できれば、この会話にとって重要な女性の住所が図書館の近くにはないという情報を聞き逃すことはありません。

Part 4 スクリプト 24_4 M

Questions 10 through 12 refer to the following broadcast.

(10) It has been announced this week that the city council has decided to allow the redevelopment of parkland on the north bank of the Cranston River. For years this very valuable piece of land near the city's center has been a nature reserve. (11) Max Peterson, the head of the Parks and Recreation Department, announced that the area no longer had much of its natural value and that development would be allowed. (12) He will make a presentation to local construction companies about the bidding process in the coming weeks.

問題 10-12 は次の放送に関するものです。

市議会が Cranston 川北側土手の公園用地再開発の許可を決定したことが、今週発表されました。何年もの間、この非常に貴重な市の中心部に近い土地は自然保護区でした。公園レクリエーション部長の Max Peterson は、その地域はもはや自然的価値はあまりなく、開発が許可されるだろうと発表しました。彼はこれからの数週間で、地域の建設会社に入札の過程についてプレゼンテーションをします。

□redevelopment 再開発、復興　□bank 堤防、土手　□valuable (金銭的に)価値がある
cf. precious 金銭で計れない貴重さ(priceless、valuableより強い意味。invaluableは質が有益なこと。)
□nature reserve 自然保護区　□bidding 入札　Q □refurbishment 改装、一新
□conservation (自然環境の)保護･保全

皿トレ ③解説を読む ④ゆっくり音読 ⑤オーバーラッピング ⑥キモチオンドク

Date	Date	Date
/ ③④⑤⑥	/ ③④⑤⑥	/ ③④⑤⑥

10. What is the topic of the broadcast?

(A) A refurbishment of the City Hall
(B) The condition of river water
(C) Plans to develop some land
(D) Rising land prices in downtown areas

放送の話題は何ですか。

(A) 市役所の改修
(B) 川の水の状態
(C) 土地開発計画
(D) 市中心部の地価上昇

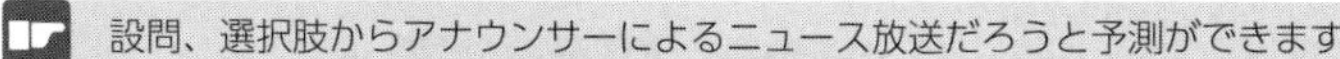
設問、選択肢からアナウンサーによるニュース放送だろうと予測ができます。

11. Who is Mr. Peterson?

(A) A software developer
(B) A government employee
(C) An amusement park owner
(D) A member of a conservation group

Peterson さんとは誰ですか。

(A) ソフトウェア開発者
(B) 公務員
(C) 遊園地の経営者
(D) 自然保護団体員

Mr. Peterson は番組のゲストや、アナウンサーが紹介する第三者だろうと予測します。

12. What will Mr. Peterson make a presentation about?

(A) Where to rebuild a park
(B) What to bring to the nature reserve
(C) When to stop the construction
(D) How to bid for the property

Peterson さんは何についてプレゼンテーションをしますか。

(A) どこに公園を再建設するか。
(B) 自然保護区に何を持って行くか。
(C) 建設をいつ中止するか。
(D) 不動産の入札をどう行うか。

トーク終盤で正解のヒントが述べられるだろうと予測します。

解説＆トレーニングポイント

It has been announced this week that the city council has decided to allow the redevelopment of parkland on the north bank of the Cranston River.

土地の再開発は TOEIC では定番の話題の１つです。本問では自然保護区を公園として再開発する話題ですが、歴史的建造物の保存や再利用をするという話題もよく出題されます。この最初の英文は、トークのテーマ（公園の再開発）を説明しているので、しっかりと聞き取る必要があります。

この動詞 allow は「～を許可する」という意味で使われており、音はカタカナ式の「アロウ」「アロー」ではなく、「アラゥ」に近い音です。

 1(D) 2(C) 3(A) 4(B) 5(A) 6(C) 7(B) 8(D) 9(A) 10(D) 11(A) 12(B)

Part 1

1.

(A) 数本の木々が植えられているところである。
(B) 数本のパラソルがテラスで広げられているところである。
(C) いくつかの椅子が畳まれている。
(D) いくつかのテーブルが手すりのそばに並べられている。

□patio 中庭(人が座れるようになっている)

スクリプト 25_1 W

(A) Some trees are being planted.

(B) Some parasols are being opened on a patio.

(C) Some chairs are folded.
fオーゥディd

(D) Some tables are arranged beside a railing.

解説&トレーニングポイント

大きく写り込んでいるものがない写真は焦点を絞りにくいので要注意です。文の中の一部が間違っている錯乱肢が次々と読まれるので、上級者でも思わず間違えてしまい、間違いに気が付かないのがこのタイプの問題です。文末までしっかりと聞き取り、写真と照合して不正解を除外していきましょう。

(A) 木は写っていますが、植えられている場面ではないので不正解です。

(B) openは「開ける」という動作を意味するため、すでに開いている状態のパラソルが写っているので不正解です。

(C) 椅子は写っていますが、畳まれていないので不正解です。

patio

皿トレ ③解説を読む ④ゆっくり音読 ⑤オーバーラッピング ⑥キモチオンドク

Date ／③④⑤⑥ Date ／③④⑤⑥ Date ／③④⑤⑥

Part 2

2. スクリプト 25_2_2 M: M:

M: Do you mind if I take pictures here?

M: (A) No, we didn't buy it.

(B) It's just around the corner.

(C) Please refrain in this area.

男性： ここで写真を撮ってもかまいませんか。

男性： (A) いいえ、我々はそれを買いませんでした。

(B) それはその角を曲がったところです。

(C) この区域ではお控えください。

□refrain 差し控える

解説＆トレーニングポイント

写真を撮ってもかまわないかと問われ、この区域では控えてと答えている（C）が正解です。(A）は絵を買う話だと誤解した人に対する錯乱肢です。

Do you mind if I take pictures here?

do you mind if は相手に丁寧に許可を求めるときに使われるフレーズです。この mind は「～を気にする」という意味なので、許可をしない場合には以下のように Yes、許可する場合には No と否定で答えます。

Yes, please refrain in this area.

皿トレ ③解説を読む ④ゆっくり音読 ⑤オーバーラッピング ⑥キモチオンドク

Date ／③④⑤⑥ Date ／③④⑤⑥ Date ／③④⑤⑥

3. スクリプト 25_2_3 W: M:

W: Isn't the conference room occupied?

M: **(A) The marketing department will leave in a minute.**

(B) No, they didn't supply enough.

(C) With a projector and microphone.

女性： 会議室は使用中ではないのですか。

男性： (A) マーケティング部があと少しで出ます。

(B) いいえ、彼らは十分に供給しませんでした。

(C) プロジェクターとマイクがあります。

解説＆トレーニングポイント

会議室が使用中ではないのかと問われ、マーケティング部門があと少しで退出すると答えている（A）が正解です。（C）は会議室（conference room）から連想される錯乱肢です。

Isn't the conference room occupied?

occupyは「～を占める」という意味で、この例文では「会議室が人によって占められている」、つまり「会議室が使用中である」という意味になります。occupyの反意語であるunoccupy（空いている）と共に、パート1でも出題される可能性があるので、音と意味を覚えておきましょう。

皿トレ ③解説を読む ④ゆっくり音読 ⑤オーバーラッピング ⑥キモチオンドク

Date ／ ③④⑤⑥ Date ／ ③④⑤⑥ Date ／ ③④⑤⑥

4. スクリプト 25_2_4 W: M:

W: Who has been working on the journal?

M: (A) Maria is leaving the office.

(B) Several people in the sales department.

(C) On the day of the publication.

女性： 誰が日誌を担当していますか。
男性： (A) Maria はオフィスを出ようとしています。
(B) 営業部の何名かです。
(C) 出版の日です。

□work on …に取り組む

解説＆トレーニングポイント

誰が（who）が問われているのに対して、(A) は名前で始まっているので正解かと思ってしまいますが、意味がつながらないので不正解です。(C) は journal と publication を関連付けた連想のヒッカケです。

Who has been **working** on the **journal**?

この英文は太字部分が強く読まれ、それ以外の語は弱く読まれています。has been の部分はつながって読まれているので、短く読まれています。この英語のリズムを体感するつもりで、繰り返し音読しておきましょう。

皿トレ ③解説を読む ④ゆっくり音読 ⑤オーバーラッピング ⑥キモチオンドク

Date ／③④⑤⑥ Date ／③④⑤⑥ Date ／③④⑤⑥

5. スクリプト 25_2_5 M: W:

M: Why was the bookshelf moved?

W: **(A) To make more room.**

(B) Where's your locker?

(C) The renowned author of the novel.

男性： なぜ本棚を移動したのですか。

女性： (A) もう少し空間を作るためです。
(B) あなたのロッカーはどこですか。
(C) 有名な小説の作家です。

□room 空き場所 □renowned 有名な

解説＆トレーニングポイント

本棚を移動した理由について問われ、空間を広げるためと答えた（A）が正解です。この room は不加算名詞の「空間」、「場所」という意味です。部屋を作ると言いたい場合は make a room、make many rooms となります。

Why was the bookshelf moved?

ブックシェルフ（本棚）は日本語化しているので、リスニングでは要注意の単語です。l の音は「ル」ではなく弱い「ゥ」として聞こえるので、音声を聞き直して正しい音を覚えておきましょう。

皿トレ ③解説を読む ④ゆっくり音読 ⑤オーバーラッピング ⑥キモチオンドク

6. スクリプト 25_2_6 M: W:

M: What time is the sales figure updated?

W: (A) The merchandise is on sale.

(B) Do you think the computer needs to be updated?

(C) You should check with the accounting department.

男性：売上高は何時に更新されますか。

女性：(A) 商品が特売中です。

(B) パソコンを更新する必要があると思いますか。

(C) 経理部に確認すべきです。

解説＆トレーニングポイント

問いかけ文では何時かが問われていますが、the sales figure updated（売上高が更新される）という部分まで聞き取れているかどうかが正解のポイントになります。正解（C）では時刻を直接答えず、経理部に確認すべきという解決策が示されています。

（A）は sales、（B）は updated を使った音のヒッカケです。

You should check with the accounting department.

先頭の部分は「ユー・シュドゥ」とハッキリは読まれず、「ユーシュ」と短く速く読まれているのでこれが未知の単語として聞こえてしまうと重要な後半部分の意味が取れなくなってしまいます。この文では下線部分が強く読まれているのを音声で確認して、自分でも真似して音読しておきましょう。

皿トレ ③解説を読む ④ゆっくり音読 ⑤オーバーラッピング ⑥キモチオンドク

Date ／ ③④⑤⑥ Date ／ ③④⑤⑥ Date ／ ③④⑤⑥

Part 3 スクリプト 25_3 M: W:

Questions 7 through 9 refer to the following conversation.

M: So, (7) how was your test drive?

W: I liked it. The ride was very smooth, and I think it will fit in my garage. (8) But I worry that the car is too low to the ground. I don't want to hit the frame going up hills or steep driveways.

M: Actually, this is the same model I have, and I love it. I haven't had any trouble with ground clearance.

W: All right. (9) Well, if I write you a check for the entire amount today, will you include all of the taxes and fees in the quoted price?

M: Oh, that's a hard bargain. I'm going to have to consult my manager on that one. Please come inside and have a seat while I do that.

問題 7-9 は次の会話に関するものです。
男性： 試乗されてどうでしたか。
女性： 気に入りました。とてもスムーズに走りますし、私の車庫にもぴったりだと思います。でも車高が低すぎるのではないかと心配です。坂や急勾配を登るときにフレームが当たるのはいやです。
男性： 実はこれは私の持っているのと同じモデルなんですが、私は気に入っているんですよ。地面との距離は問題ないです。
女性： わかりました。ええと、もし今日、小切手で全額を支払う場合、税金や料金をすべて見積価格に入れていただけますか。
男性： えっ、そのような契約は難しいですね。その件はマネジャーに相談しないといけません。その間、どうぞ中に入っておかけになっていてください。

□steep 急勾配の □driveway 私設道路 □clearance 場所のゆとり・余裕、空間の隙間
□entire 完全な、そろった □hard bargain 厳しい取引

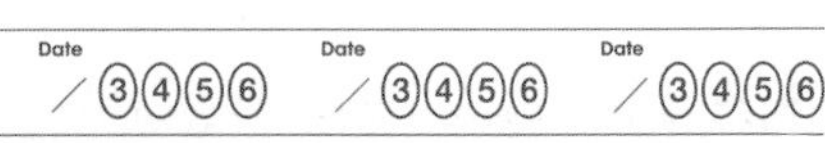

Date ／ ③④⑤⑥ Date ／ ③④⑤⑥ Date ／ ③④⑤⑥

7. Where does the conversation most likely take place?

(A) At an appliance store
(B) At an automobile dealership
(C) At a racetrack
(D) At a repair shop

この会話はどこでされていると考えられますか。

(A) 電気店
(B) 自動車販売店
(C) レース場
(D) 修理店

☞ most likely とあるので、セリフの中から場所を推測する問題だと予測します。

8. What is the woman concerned about?

(A) The braking ability in the mountains
(B) The amount of storage in the trunk
(C) The width in her garage
(D) The height above the road

女性は何を心配していますか。

(A) 山中でのブレーキの利き
(B) トランクの収納量
(C) 彼女の車庫の幅
(D) 道上の高さ

☞ 女性が心配することなので、女性が正解のヒントを述べるだろうと予測します。

9. What does the woman want to do?

(A) Negotiate a price
(B) Discuss financing options
(C) Look at extra fees
(D) Upgrade some features for free

女性は何をしたいのですか。

(A) 価格を交渉する。
(B) 資金調達の選択肢を話し合う。
(C) 他にかかる料金を知る。
(D) 無料で機能をアップグレードする。

☞ 女性がしたいことなので、女性が正解のヒントを述べるだろうと予測します。

解説＆トレーニングポイント

Well, if I write you a check for the entire amount today, will you include all of the taxes and fees in the quoted price?

write a check は、「小切手に（金額を）記入する」という意味です。小切手は日本の商習慣ではあまり使う場面がなく、以前は海外旅行の際に使われていたトラベラーズチェック（TC）も発売終了になったので、馴染みがないかもしれません。TOEIC の世界では今でも小切手が流通しているようなので、write a check というフレーズを押さえておきましょう。

Part 4 スクリプト 25_4 M

Questions 10 through 12 refer to the following excerpt from a meeting.

I like how our fast food chain has evolved over the years. We started out offering just burgers and fries. That grew to include chicken and fish sandwiches, and most recently, salads. (11) Our research shows that, just by adding salads, our customer base has grown exponentially—we now have something for everyone, healthy foods as well as our regular fare. (10) I asked you all to come today with ideas to help us continue expanding, and I gave you each a specific demographic of the public to consider. So, Adam, would you mind sharing your thoughts on the infant-to-age-12 group followed (12) by Hilary sharing on the teenage group? We'll then take a short break and finish with the older groups.

問題 10-12 は次の会議の一部に関するものです。

私は、我々のファーストフードチェーンが数年にわたりこのように発展してきたことをうれしく思っています。我々はバーガーとポテトのみの販売でスタートしました。それからチキンとフィッシュのサンドイッチを売るようになり、ごく最近ではサラダも始めました。当社の調査によるとサラダを加えただけで、顧客基盤が飛躍的に拡大しました。今では、ヘルシーな食べ物から通常の料理まで、あらゆる人向けに何らかのメニューがあります。皆さんには当社が成長を続けるためのアイデアを本日持ってきていただくようにお願いし、各人が検討すべき年齢層を示しました。では、Adam、幼児から 12 歳の年齢層について、続いて、Hilary、13 から 19 歳の年齢層についてのあなたの考えを話してもらえますか。それから短い休憩を取り、より高い各年齢層の話を聞いて終わりにしましょう。

□evolve 発展する、展開する　□start out …を始める　□exponentially 爆発的に　□fare 食物
□specific 特定の、具体的な　□demographic 商品の購買層、人口統計　□infant 小児
□teenage 13から19歳（スペルにteenが含まれている）　Q □relay A to B AをBに取り次ぐ

③解説を読む　④ゆっくり音読　⑤オーバーラッピング　⑥キモチオンドク

Date	Date	Date
／ ③④⑤⑥	／ ③④⑤⑥	／ ③④⑤⑥

10. What is the purpose of the meeting?

(A) To relay the company's history to employees
(B) To consider mergers with other fast food chains
(C) To choose menu items to replace in the future
(D) To discuss ways of achieving more growth

会議の目的は何ですか。

(A) 会社の歴史を従業員に引き継ぐこと。
(B) 他のファーストフードチェーンとの合併を検討すること。
(C) 将来的に現在のメニューに代わるメニューを選ぶこと。
(D) さらなる成長を達成する方法を話し合うこと。

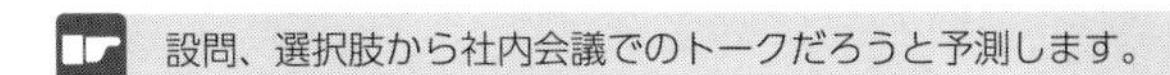

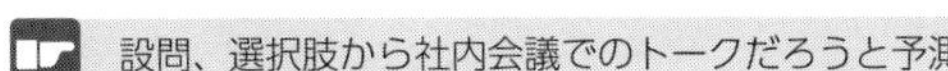
設問、選択肢から社内会議でのトークだろうと予測します。

11. According to the speaker, what recent menu additions have been especially successful?

(A) Salads
(B) Burgers
(C) A new style of fries
(D) Chicken and fish sandwiches

話し手によると、最近加わったどんなメニューが特に成功していますか。

(A) サラダ
(B) バーガー
(C) 新スタイルのフライドポテト
(D) チキンとフィッシュサンドイッチ

メニューに新しく料理を追加する状況とは、飲食業や社内食堂についてのトークだろうと予測します。

12. Which demographic will Hilary speak about?

(A) 0 to 12
(B) 13 to 19
(C) 20 to 44
(D) 45 and up

Hilary が話すのはどの年齢層についてですか。

(A) 0 ～ 12 歳
(B) 13 ～ 19 歳
(C) 20 ～ 44 歳
(D) 45 歳以上

Hilary は話し手、聞き手、第三者のうち誰なのかを注意深く聞き取ります。本設問は 2 つの情報（Adam、Hilary）が述べられ、それが混同しやすい難問です。(Drill 35、Part 3 を参照)

解説&トレーニングポイント

So, Adam, would you mind sharing your thoughts on the infant-to-age-12 group followed by Hilary sharing on the teenage group?

followは「～の後に従う」という意味の動詞で、この英文ではfollowed byと受動の意味になっているので、Adam は Hilary に従われる、つまり Adam が先で、Hilary が後に意見を述べるということです。混乱しやすい点なので、一度、能動態に直して整理をしておきましょう。

Hilary follows Adam.

これを受動態にしても、意味は変わりません。

Adam is followed by Hilary.

A is followed by B の形で、A と B とどちらが先なのかを問われる設問も出題される可能性があるので、ここでしっかりとマスターしておきましょう。

 1(D) 2(A) 3(A) 4(A) 5(B) 6(A) 7(D) 8(C) 9(A) 10(D) 11(D) 12(B)

Part 1

1.

スクリプト 26_1  M

(A) Chairs are lined up along the river.

(B) A coat has been hung.
(has been: ァズベン)

(C) A diner is being served in front of the store.
(diner is being: ダイナーズビーン)

(D) A woman is crossing her legs.

(A) 椅子が川に沿って並べられている。
(B) コートが掛けられている。
(C) 食事客が店の前で接客されているところである。
(D) 女性は足を組んでいる。

□line up …を並べる

解説&トレーニングポイント

(B)has been は先頭の h がほぼ消えて「ァズベン」と読まれます。hung は他動詞 hang の過去分詞ですが、hang の自動詞としての用法も出題されます。

A coat is hanging on the wall.（コートが壁に掛かっている）

(C) の is being は i の音がほぼ消えて「ズビーン」のように聞こえます。been と being の音の違いを覚えましょう。diner は「食事客」の事で発音は「ダイナー」です。dinner「夕食」とは意味も音（ディナー）も異なるので注意しましょう。
(D) cross を使った以下の用法も合わせて覚えておきましょう。

A woman is standing with her arms crossed.（女性が腕を組んで立っている）
A woman is crossing the street.（女性が道路を渡っている）

 ③解説を読む ④ゆっくり音読 ⑤オーバーラッピング ⑥キモチオンドク

Date	Date	Date
／ ③④⑤⑥	／ ③④⑤⑥	／ ③④⑤⑥

Part 2

2. スクリプト 26_2_2 M: W:

M: I found the presenter very persuasive.

W: **(A) I couldn't agree with you more.**

(B) OK, do you want another one next time?

(C) Did you see her purse?

男性： 発表者はとても説得力があると思いました。

女性： (A) 全く同感です。
(B) 了解です、次回は他のものがほしいですか。
(C) 彼女のハンドバッグを見ましたか。

□persuasive 説得力のある

解説＆トレーニングポイント

発表者はとても説得力があったという発言に対して、全く同感であると答えている (A) が正解です。(C) は persuasive と purse を使った音のヒッカケです。

I couldn't agree with you more.

この英文を直訳してみると「私はあなたの意見についてこれ以上の賛成をすることはできません」という意味になります。つまり、最大限に賛成しているという意味です。このような少し難しい英文も定型文として、丸ごと覚えてしまえば、スッキリと聞き取れるようになります。

皿トレ ③解説を読む ④ゆっくり音読 ⑤オーバーラッピング ⑥キモチオンドク

Date ／ ③④⑤⑥ Date ／ ③④⑤⑥ Date ／ ③④⑤⑥

3. スクリプト 26_2_3 W: M:

W: Is this layout good enough or should I change it?

M: **(A) You can leave it as it is.**

(B) Because I didn't think about it.

(C) It was shipped a few days ago.

女性：このレイアウトで大丈夫ですか、それとも変更すべきですか。

男性：(A) そのままでいいです。
(B) 私はそれについて考えていなかったからです。
(C) それは数日前に出荷されました。

□as it is 現状のままで

解説＆トレーニングポイント

レイアウトがこのままで大丈夫か、あるいは変更すべきかが問われ、そのままでと答えている (A) が正解です。(B) は it がレイアウトのことだとしても、理由を答えるべき場面ではないので不正解です。

Is this layout good enough or should I change it?

enough は「十分な」という意味の基本単語ですが、意外にも聞き逃す方が多いので正しい音を確認しておきましょう。ポイントは、第２音節にストレスがある点です。

e · **nough**

You can leave it as it is.

it、as、is はいずれも弱く短く読まれる傾向があり、それぞれに含まれている母音が隣の語とつながりやすいので、この部分は聞こえにくかったはずです。このナレーターはやや早口ですが、本番でもこれくらいの速さで読まれるようになってきたので、高得点を目指すのであれば、十分に耳慣らしをしておいてください。

③解説を読む ④ゆっくり音読 ⑤オーバーラッピング ⑥キモチオンドク

Date	Date	Date
／ ③④⑤⑥	／ ③④⑤⑥	／ ③④⑤⑥

4. スクリプト 26_2_4 W: M:

W: How's the new campaign coming along?

M: **(A) Quite well so far.**

(B) It is located near a bus stop.

(C) I heard Ken is coming to see us.

女性： 新キャンペーンはうまくいっていますか。
男性： (A) これまでのところ大変良いです。
(B) それはバス停の近くにあります。
(C) Ken が我々に会いに来ると聞きました。

□come along（機会などが）現れる

解説＆トレーニングポイント

新しいキャンペーンがうまくいっているかどうかが問われ、順調だと答えている（A）が正解です。How's を Where's と聞き間違えてしまうと（B）が正解に思えてしまいます。

How's the new campaign coming along?

come along は物事の進み具合、うまくいっているかをざっくりと尋ねるときに使われるフレーズです。この例文では新しく開始したキャンペーンが予定通りに進んでいるか、キャンペーンによって商品やサービスの売上が増えているかなどの意味を含んでいます。along の g は発音されない点にも注意をしてください。

皿トレ ③解説を読む ④ゆっくり音読 ⑤オーバーラッピング ⑥キモチオンドク

Date ／③④⑤⑥ Date ／③④⑤⑥ Date ／③④⑤⑥

5. スクリプト 26_2_5 M: W:

M: You haven't done the market research yet, have you?

W: (A) Why don't we market it online?

(B) It's halfway done.

(C) At the research institute.

男性： あなたは市場調査をまだ行っていないですよね？

女性： (A) それをオンラインで売りませんか。
(B) 半ば終わっています。
(C) 研究所においてです。

□halfway 副 半分くらい、途中まで、ある程度

解説＆トレーニングポイント

市場調査をまだ行っていないかどうかが問われ、半分は終わっていると答えている（B）が正解です。（A）はオンラインで市場調査を行いませんかという意味にとらえると正解に思えてしまいます。（C）はresearchを使った音のヒッカケです。

You haven't done the market research yet, have you?

yetは否定文の中で使われる「まだ」という意味の副詞です。この英文では、市場調査を終えていないという動詞を修飾して、まだ終えていないと意味を強めています。このyetに反応して、応答文の半分は終えている(halfway done)が活きてくるわけです。このyetとhalfway doneのつながりを意識しながら、音読をしておきましょう。

③解説を読む ④ゆっくり音読 ⑤オーバーラッピング ⑥キモチオンドク

Date ／ ③④⑤⑥ Date ／ ③④⑤⑥ Date ／ ③④⑤⑥

6. スクリプト 26_2_6 W: M:

W: Do you know how long it will take to complete the online tutorial?

M: **(A) You can skip it if you want.**

(B) Please complete this form before you start.

(C) The new bridge across the Reeds River is the longest in the city.

女性： オンライン学習を終了するのにどのくらい時間がかかるかわかりますか。

男性： (A) ご希望なら省略してもかまいません。
(B) 始める前にこの書類に記入してください。
(C) Reeds 川に架かる新しい橋はその都市で一番長いです。

解説＆トレーニングポイント

男性は女性の質問を、何らかの事情でオンライン学習に時間を多く割けないという意図だと推察をして、受講しなくても良いと回答している (A) が正解です。(B) は女性が受講を了承した後に、男性が言いそうなセリフですが、これでは質問に全く答えておらず不正解です。

You can skip it if you want.

skip の訳語は「省略する」ですが、よりニュアンスを理解するには、英語による次の説明で理解をするのが良いでしょう。

to not do something that you usually do or that you should do
(Longman Dictionary of Contemporary English より)

つまり、本来はやるべきことをやらないという意味なのです。たとえば、朝食を抜く、という時にも skip を使います。例文を 10 回音読して、このニュアンスを染み込ませておきましょう。

皿トレ ③解説を読む ④ゆっくり音読 ⑤オーバーラッピング ⑥キモチオンドク

Date	Date	Date
／ ③④⑤⑥	／ ③④⑤⑥	／ ③④⑤⑥

Part 3 スクリプト 26_3 M: W:

Questions 7 through 9 refer to the following conversation.

M: Hi, my name is Harry Swift. 7 8 I get your magazine twice a month, but I'm moving, so I called to provide you with my new address.

W: Wonderful, Mr. Swift. I'm ready when you are.

M: Okay. It's 421 Harvest Hill Court, same city and zip code.

W: Thank you. 9 Please allow two weeks for the new address to become effective since we plan our mailings in advance.

M: No problem. My mail will be forwarded for six months, so I'll still get it if it goes to the old place.

問題 7-9 は次の会話に関するものです。
男性： こんにちは、私は Harry Swift と申します。月に２回貴社の雑誌を取っていますが、引っ越しをするので新しい住所を連絡しようと電話しました。
女性： かしこまりました、Swift さま。お客様さえよろしければ今お聞きできますが。
男性： では、申し上げます。Harvest Hill Court 421 番地、同じ市で同じ郵便番号です。
女性： ありがとうございます。当社では郵送は前もって準備をしておりますので、新しい住所に郵送されるまで２週間お待ちください。
男性： 大丈夫です。郵便物は６か月間は転送されるので、前の所に送られても受け取れます。

□be ready when you are こちらはいつでも良い

7. Why is the man calling the woman?

(A) To renew his subscription
(B) To arrange a moving company
(C) To inquire about moving options
(D) To alter his account information

男性はなぜ女性に電話をしているのですか。

(A) 購読を更新するため。
(B) 引っ越し会社を手配するため。
(C) 引っ越しの選択肢について問い合わせるため。
(D) 彼の顧客情報を変更するため。

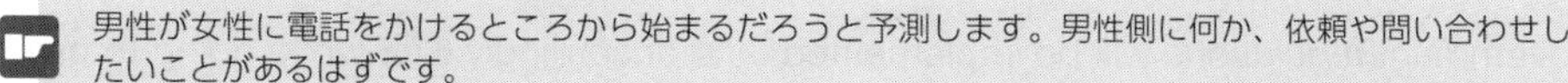

男性が女性に電話をかけるところから始まるだろうと予測します。男性側に何か、依頼や問い合わせしたいことがあるはずです。

8. What does the woman mean when she says, "I'm ready when you are"?

(A) She can answer the man's question.
(B) She is able to go with the man now.
(C) The man can give her some information.
(D) The man can hang up the phone.

女性は "I' m ready when you are" という発言で、何を意図していますか。

(A) 彼女は男性の質問に答えることができる。
(B) 彼女は今、男性と一緒に行くことができる。
(C) 男性は彼女に情報を伝えられる。
(D) 男性は電話を切ることができる。

I'm ready when you are (ready) は、「あなたが準備良ければ、私の方は大丈夫です」という意味です。会話の流れから、女性は男性に何を促しているのかを聞き取るようにします。

9. What does the woman tell the man?

(A) He should not expect the change immediately.
(B) They will not send him a magazine for a while.
(C) His information is not yet confirmed.
(D) They will refund his money.

女性は男性に何と言っていますか。

(A) 彼は変更がすぐにされると思うべきではない。
(B) しばらくは雑誌を彼に送らない。
(C) 彼の情報はまだ確認されていない。
(D) 彼にお金を返金する。

女性の最後のセリフで正解のヒントを述べるだろうと予測します。

解説＆トレーニングポイント

Please allow two weeks for the new address to become effective since we plan our mailings in advance.

この allow は語法に注意してください。この英文では allow A for B は「BのためにAの時間をみておく」という語法が使われています。Aには期間や時間が置かれます。

一方、より多く使われる以下の語法との違いを確認しておきましょう。

Do not allow customers to use this stairs.（お客様にはこの階段を使わせないように）

Part 4 スクリプト 26_4 W

Questions 10 through 12 refer to the following announcement.

Good afternoon, everyone. In the e-mail I sent out this week, I mentioned that revised government regulations will be implemented, and accordingly (10) we're going to have to make a few changes to remain in compliance with the new regulations. Basically, we need to keep records of communications with clients for five years now instead of three. It seems like a long time to me. (11) We've never needed to see communications from a year ago, let alone five years. Anyway, to accommodate all the additional files, (12) I've already upgraded our online storage and expanded it.

問題 10-12 は次のお知らせに関するものです。

皆さん、こんにちは。今週お送りしたEメールで、改正された政府の規制が実施されるということに触れました。それに伴い、引き続き新たな規制を順守するためにいくつかの変更をしなければなりません。基本的には、お客さまとのやりとりの記録を３年ではなく、５年保管する必要があります。私にとっては長い期間に思えます。我々は５年どころか１年前のやりとりを見る必要すら全くありませんでした。いずれにしろ、すべての追加ファイルを保存するために、私はすでにオンラインストレージをアップグレードして容量を増やしました。

- □regulation 規則、規定　□accordingly それに応じて　□in compliance with (規定など)に従って
- □let alone …は言うまでもなく　□accommodate …の十分なスペースを提供する
- Q □requirement 要求されるもの、必要条件　□extend …を延長する

③解説を読む ④ゆっくり音読 ⑤オーバーラッピング ⑥キモチオンドク

Date	Date	Date
／ ③④⑤⑥	／ ③④⑤⑥	／ ③④⑤⑥

10. According to the speaker, why are changes being made?

(A) To increase the number of clients
(B) To improve efficiency
(C) To make the office more attractive
(D) To comply with amended rules

話し手によると、なぜ変更がされるのですか。

(A) 顧客の数を増やすため。
(B) 効率を改善するため。
(C) オフィスをより魅力的にするため。
(D) 修正された規制を順守するため。

 設問の先読みでは、According to the speaker の部分は時短のために読み飛ばします。変更の内容、理由はセットで述べられるので聞き漏らさないようにします。

11. What does the speaker imply when she says, "It seems like a long time to me"?

(A) She cannot remember what they decided to do.
(B) She has not seen one of her clients for many years.
(C) She hopes that some improvements will be worth the wait.
(D) She does not totally agree with a requirement.

話し手は"It seems like a long time to me"という発言で、何を示唆していますか。

(A) 彼らが何をすることに決めたのか思い出せない。
(B) 顧客の1人に何年も会っていない。
(C) 改善事項は待つ価値があると願っている。
(D) 要求事項に完全には同意していない。

 It seems like a long time to me は「私にとって、それは長すぎるようだ」という意味で、このセンテンスの前で述べられる it が正解のヒントになりそうです。

12. What has the company recently done?

(A) Had some of its printed files scanned
(B) Created additional space
(C) Employed people to handle extra work
(D) Extended the one-year warranty

会社は最近何をしましたか。

(A) 印刷したファイルをスキャンした。
(B) 追加のスペースを作った。
(C) 追加の作業を処理するために人を雇った。
(D) 1年保証を延長した。

 トーク終盤で、正解のヒントが述べられると予測します。

解説＆トレーニングポイント

In the e-mail I sent out this week, I mentioned that revised government regulations will be implemented, and accordingly we're going to have to make a few changes to remain in compliance with the new regulations.

文頭からピリオドまでがとても長い英文ですが、ポイントは副詞の accordingly です。accordingly は「それに従って」という意味で、政府の規制が改正されたという事実がまず示され、それに従うために社内でいくつかの変更をすると述べています。原因、結果（ここでは予定）の順番に話されるので、accordingly が聞き取れれば、理解しやすい流れです。なお、以下のように accordingly は文末でも使われることがあります。

We're going to have to make a few changes to remain in compliance with the new regulations accordingly.

 1(B) 2(C) 3(C) 4(A) 5(B) 6(B) 7(B) 8(B) 9(A) 10(B) 11(C) 12(A)

Part 1

1.

(A) 警官が交通整理をしている。
(B) 車が通りに沿って駐車されている。
(C) 男性がアーチ付きの入り口のそばで自転車に乗っている。
(D) いくつかの建物が建設中である。

□direct traffic 交通整理をする
□archway アーチのかけられた入り口、通路

スクリプト 27_1 M

(A) An officer is directing traffic.
アフィサー

(B) Cars are parked along the street.

(C) A man is riding a bike beside the archway.

(D) Some buildings are under construction.

解説&トレーニングポイント

(A) direct は「指揮する」という意味の他動詞で、direct traffic で「交通整理をする」という意味になります。
(B) 車が同じ方向を向いているので、以下の英文も正解になります。

Vehicles are facing in the same direction.
（車両が同じ方向を向いている）

car は聞き取れても cars と複数形になると別の単語を連想して、聞き取れない方がいます。
(D) under construction は工事現場の標識で見かける表現です。

archway

③解説を読む ④ゆっくり音読 ⑤オーバーラッピング ⑥キモチオンドク

Date	Date	Date
／ ③④⑤⑥	／ ③④⑤⑥	／ ③④⑤⑥

Part 2

2. スクリプト 27_2_2 M: W:

M: Where did you find the guest speaker?

W: (A) On behalf of our vice president.

(B) This radio show will be broadcast tomorrow.

(C) Ms. Wangner was my coworker.

男性： あなたはゲストスピーカーをどこで見つけたのですか。

女性： (A) 当社の副社長の代理です。
(B) このラジオ番組は明日放送されます。
(C) Wangner さんは私の同僚でした。

□on behalf of …に代わって

解説＆トレーニングポイント

文の先頭の where だけしか聞き取れていないと、正解が選びにくい問題です。問いかけ文ではゲストスピーカーをどこで見つけたかと問うていますが、正解（C）では Wangner さん（ゲストスピーカー）は私の同僚だったと答え、つまり以前から知っていたという意図で述べているので会話がつながっています。（A）はゲストスピーカーが誰なのかという質問に対する答えになっています。(B) は guest speaker から連想した場合の錯乱肢です。

Where did you find the guest speaker?

did you は「ディジュー」のように音が変化しています。また find の d が落ちて「ファイン」のように聞こえます。Where did you find の部分を一気に発音する感じで、音読をしておきましょう。

皿トレ ③解説を読む ④ゆっくり音読 ⑤オーバーラッピング ⑥キモチオンドク

Date ／③④⑤⑥ Date ／③④⑤⑥ Date ／③④⑤⑥

3. スクリプト 27_2_3 W: M:

W: How can I verify our latest account?

M: (A) No later than 3 P.M.

(B) I'm going to the bank.

(C) There's a link in the e-mail.

女性： 最新のアカウントはどうやって確認できますか。

男性： (A) 午後３時までにです。
(B) 私は銀行に行きます。
(C) Ｅメールにリンクがあります。

□verify …が正しいことを確かめる
□no later than 遅くとも…までに

解説＆トレーニングポイント

アカウントの確認方法について問われ、Ｅメールに書かれているリンクの先に情報があると答えている(C)が正解です。account には複数の意味がありますが、ここでは銀行などの口座の意味で、最新の残高などの情報の見方がＥメールのリンク先に書かれているという場面の会話です。

There's a link in the e-mail.

中学英語で習うレベルの構文ですが、先頭の音は中上級者でも聞き取れない人も多く、ここでつまずくと後を聞き漏らしてしまいます。スペルを一旦忘れて、ナレーターの音を自分の耳で聞こえたままに覚えてしまいましょう。

皿トレ ③解説を読む ④ゆっくり音読 ⑤オーバーラッピング ⑥キモチオンドク

Date ／③④⑤⑥ Date ／③④⑤⑥ Date ／③④⑤⑥

4. スクリプト 27_2_4 M: W:

M: Didn't you make a reservation in advance?

W: **(A) I booked the wrong room.**

(B) When was it replaced?

(C) It was advanced technology.

男性： 事前に予約をしなかったのですか。
女性： (A) 私は違う部屋を予約していました。
(B) それはいつ交換されたのですか。
(C) それは先端技術でした。

解説＆トレーニングポイント

事前に会議室を予約しなかったのかと問われ、違う部屋を予約していたと答えている（A）が正解です。（C）は advance と advanced を使った音のヒッカケです。

I booked the wrong room.

make a reservation を book に言い換えています。パート3、4ではトークに出てきた単語が別の単語に言い換えられて選択肢に出てきますが、パート2でも言い換えは行われるので、基本的な言い換えは出会った度に覚えていきましょう。「予約する」は、動詞 reserve を使って表すこともできます。

I reserved the wrong room.

皿トレ ③解説を読む ④ゆっくり音読 ⑤オーバーラッピング ⑥キモチオンドク

Date ／ ③④⑤⑥ Date ／ ③④⑤⑥ Date ／ ③④⑤⑥

5. スクリプト 27_2_5 M: W:

M: Why don't you renew the contract?

W: (A) It's older than it looks.

(B) How can I do that?

(C) Because it has already expired.

男性： 契約を更新されてはどうですか。
女性： (A) それは見かけよりも古いです。
(B) それはどうやったらできますか。
(C) すでに期限切れだからです。

解説＆トレーニングポイント

契約を更新してはどうかと提案され、どうしたらできるかと問い返している（B）が正解です。（A）は renew と older を対比させる錯乱肢です。（C）は契約を更新する理由を答えていますが、質問の答えにはなっていないので不正解です。

How can I do that?

how can I の部分はとても速く短く読まれて、音がつながって聞こえます。本番のテストでも早口のナレーターはこれくらいの速度で一語のように読むことがあるので、この英文の音を繰り返し聞いて慣れておいてください。

皿トレ ③解説を読む ④ゆっくり音読 ⑤オーバーラッピング ⑥キモチオンドク

Date ／ ③④⑤⑥ Date ／ ③④⑤⑥ Date ／ ③④⑤⑥

6. スクリプト 27_2_6 W: M:

W: Who did they present a medal to?

M: (A) This is a present for our retiring manager.

(B) Whoever came to the event.

(C) By Oliver.

女性： 彼らは誰にメダルを贈りましたか。
男性： (A) これは退職する我々のマネジャーへのプレゼントです。
(B) イベントに来た人すべてです。
(C) Oliver によってです。

解説＆トレーニングポイント

(A) は問いかけ文の present を使った音のヒッカケです。(C) は誰が（who）が問われているのに対して、名前（Oliver）を答えていますがメダルを贈った相手ではないので不正解です。

正解（B）の whoever は「～する人は誰でも」という意味の代名詞で、anyone who で書き換えることができます。

Anyone who came to the event.

Whoever came to the event.

Whoever が強く読まれていることに注目してください。この英文で話者が最も伝えたいのは whoever（誰でも）の部分であり、came 以下はその飾りだからです。トレーニングをする際にも、（メダルを贈ったのは）whoever（誰でも）ですよ、と言い切ってから came to the event（イベントに来た人なら）と付け足すキモチで音読をしてみましょう。

Date ／ ③④⑤⑥ Date ／ ③④⑤⑥ Date ／ ③④⑤⑥

Part 3 スクリプト 27_3 M: W:

Questions 7 through 9 refer to the following conversation and catalog.

M: (7) I see in your catalog that I can place an order online, but I can't figure out how to do that. (9) I need a pair of shoes for jogging.

W: No problem. I can tell you how, but if you'd like to order now, I can help you over the phone.

M: Oh…yes, of course. (8) But I can pay by using a gift card over the phone, right?

W: Sure. Could you tell me the item number, color, and the size of the shoes you want?

M: I don't really remember the item number. I know (9) I want the one which is available in black and perfectly fits my purpose. Let me check the catalog.

Item	Guide	Color	Item number
SS Sneakers	For runners (especially for beginners)	Black / Blue	253045
Light Wing Shoes	For runners (especially for intermediates)	Blue / White	267938
Twinkle Star	For special occasion with formal outfit	Black / White	021847
Keep Up	For everyday life	White	738568

問題 7-9 は次の会話とカタログに関するものです。

男性：カタログを見てオンラインで注文ができるということですが、どうやったら良いかわからなくて。ジョギング用の靴を 1 足ほしいのです。

女性：承ります。注文の仕方をお伝えできますが、今ご注文をご要望でしたら電話でお受けできますよ。

男性：はい、もちろんお願いします。でも、電話でもギフトカードで支払いできるんですよね。

女性：もちろんです。ご希望の靴の商品番号、お色、サイズを教えていただけますか。

男性：商品番号ははっきりと覚えていないのですが。色は黒が入っていて、私の用途にぴったりなものを買いたいということはわかっているんです。カタログを確認します。

商品	用途	色	商品番号
SSスニーカー	ランナー用（特に初心者向け）	黒 / 青	253045
Light Wing シューズ	ランナー用（特に中級者向け）	青 / 白	267938
Twinkle Star	特別な機会にフォーマルな装いと一緒に	黒 / 白	021847
Keep Up	日常生活用	白	738568

③解説を読む ④ゆっくり音読 ⑤オーバーラッピング ⑥キモチオンドク

Date / ③④⑤⑥ Date / ③④⑤⑥ Date / ③④⑤⑥

7. Why is the man calling the woman?

(A) To ask about some product details
(B) To get some instructions
(C) To request a product catalog
(D) To update his contact information

男性はなぜ女性に電話をしていますか。

(A) 製品の詳細を問い合わせるため。
(B) 説明を得るため。
(C) 製品カタログを求めるため。
(D) 彼の連絡先情報を更新するため。

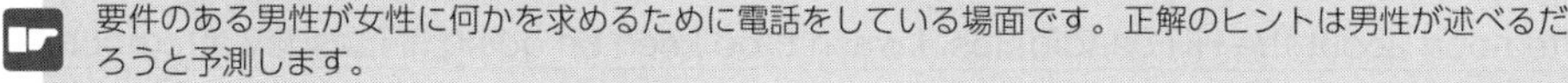

要件のある男性が女性に何かを求めるために電話をしている場面です。正解のヒントは男性が述べるだろうと予測します。

8. What information does the man inquire about?

(A) A phone number
(B) A method of payment
(C) An order status
(D) A delivery date

男性はどんな情報について問い合わせていますか。

(A) 電話番号
(B) 支払い方法
(C) 注文の状況
(D) 配達日

正解のヒントは男性が述べます。選択肢から、男性はお客で、女性が店側だろうと予測ができます。

9. Look at the graphic. Which item will the man most likely order?

(A) SS Sneakers
(B) Light Wing Shoes
(C) Twinkle Star
(D) Keep Up

図を見てください。どの商品を男性は注文すると考えられますか。

(A) SS スニーカー
(B) Light Wing シューズ
(C) Twinkle Star
(D) Keep Up

選択肢には Item が並んでいるので、正解のヒントは Guide、Color、Item number のいずれか、あるいはその組み合わせだろうと予測します。

解説＆トレーニングポイント

I see in your catalog that I can place an order online, but I can't figure out how to do that.

figure out は「わかる」という意味の句動詞ですが、英英辞典の説明を読んでもう少し詳しく使い方を調べておきましょう。

to think about a problem or situation until you find the answer or understand what has happened

（Longman Dictionary of Contemporary English より）

つまりすでに起こった問題や状況について、解決策を見つけるために考えるという意味で使われるのです。

Part 4 スクリプト 27_4 W

Questions 10 through 12 refer to the following telephone message.

James, this is Edna, (10) returning your call. Yes, we can certainly meet on Wednesday afternoon about the HR candidates. I wasn't too keen on doing it Tuesday afternoon as we'd previously planned since I've got a deadline that evening. (11) This way I'll be able to look over the résumés on Wednesday morning and be ready to decide with you who to invite for interviews. (12) If you don't mind checking that we have Room 412 for our interviews, I'd appreciate it. Okay, I'm going to get working on my report for Tuesday. Talk soon.

問題 10-12 は次の電話のメッセージに関するものです。

James さん、Edna が折り返し電話をしています。そうですね、水曜の午後にはもちろん、人事の応募者の件で会えますよ。前に予定していた火曜の午後はその日の晩に締め切りがあるから、あまり良くはなかったんです。これなら水曜の朝に履歴書を見られて、誰を面接に呼ぶかあなたと決める準備ができます。私たちが面接のために 412 号室を取ってあることを確認してもらえるとありがたいです。では、私は火曜日の報告書をやりますね。また。

□be keen on -ing …するのに夢中である □previously 以前は、以前に

Q □familiarize oneself with …に精通する

音トレ ③解説を読む ④ゆっくり音読 ⑤オーバーラッピング ⑥キモチオンドク

Date ／ ③④⑤⑥ Date ／ ③④⑤⑥ Date ／ ③④⑤⑥

10. Why did the listener contact the speaker?

(A) To schedule a meeting on Tuesday
(B) To postpone a meeting
(C) To tell the speaker the meeting location
(D) To give the speaker a meeting summary

聞き手はなぜ話し手に連絡をしたのですか。

(A) 火曜日に会議を予定するため。
(B) 会議を延期するため。
(C) 話し手に会議の場所を告げるため。
(D) 話し手に会議の概要を渡すため。

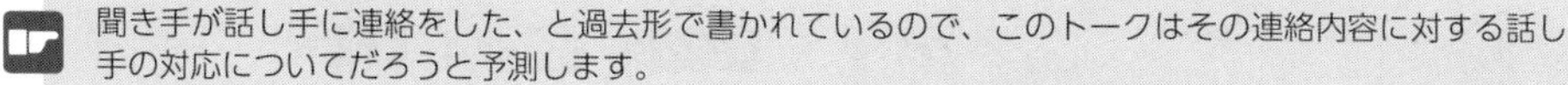
聞き手が話し手に連絡をした、と過去形で書かれているので、このトークはその連絡内容に対する話し手の対応についてだろうと予測します。

11. What will the speaker do before Wednesday?

(A) Choose the best candidate
(B) Interview some candidates
(C) Familiarize herself with candidates' applications
(D) Contact candidates for more information

話し手は水曜日の前に何をしますか。

(A) 一番良い候補者を選ぶ。
(B) 何人かの候補者を面接する。
(C) 候補書類をよく読む。
(D) 候補者に連絡をしてもっと情報を得る。

選択肢から採用に関するトークだろうと予測できます。具体的キーワードの Wednesday を意識しながら、トークを注意深く聞きます。

12. What does the speaker want the listener to do?

(A) Confirm a reservation
(B) Send data for a report
(C) Call back as soon as possible
(D) Send her résumés

話し手は聞き手に何をしてほしいのですか。

(A) 予約を確認する。
(B) 報告書のデータを送る。
(C) 至急折り返し電話をする。
(D) 彼女に履歴書を送る。

トーク終盤で正解のヒントが述べられるだろうと予測します。

解説 & トレーニングポイント

I wasn't too keen on doing it Tuesday afternoon as we'd previously planned since I've got a deadline that evening.

この keen は「～を熱望する」という意味の形容詞で、ここでは否定形になっているので、それを熱望していなかった、つまり火曜日の午後には会いたくなかったと述べています。be keen on -ing を否定形で使う場合には、この英文のように too とセットで使われることが多いので、この英文を丸ごと覚えてしまうつもりで音読しておくと良いでしょう。keen には to 不定詞を使って、be keen to do という語法も合わせて覚えておきましょう。

I'm very keen to meet you on Wednesday afternoon.
(水曜日の午後にあなたにどうしても会いたい)

1(C) 2(B) 3(A) 4(B) 5(A) 6(B) 7(C) 8(A) 9(D) 10(D) 11(B) 12(A)

Part 1

1.

(A) 飛行機が離陸しているところである。
(B) 何人かの買物客がスーツケースを入念に見ている。
(C) 乗客が階段を上っている。
(D) 乗客が手押し車を押している。

□ascend（山・階段）を登る
□staircase 手すりやその周りの建物を含む階段部分

スクリプト 28_1 W

(A) An airplane is taking off.

(B) Some shoppers are examining suitcases.

(C) Passengers are ascending a staircase.
アセンディンg ×アスセンディング

(D) Passengers are wheeling the wheelbarrows.
ウイーリンg ×ホイーリング

解説＆トレーニングポイント

(C) ascend は階段や山などを「昇る」という意味です。前の are とくっついて読まれており sending と認識してしまうと、正解として選べないので要注意です。下る「descend」と共に覚えておきましょう。

(D) 動詞の wheel は「車輪の付いているものを押す、引く」という意味です。キャスター付きのスーツケースを引いている場面も wheel で表すことができます。

A woman is wheeling the suitcase.（女性がスーツケースを引いている）

日本語では車輪の事をホイールと言いますが、wheel は音が異なるのでよく聞いて確認しておきましょう。

wheelbarrow は「手押し車」の意味で「ネコ」「ネコ車」などとも呼ばれます。

wheelbarrow

③解説を読む ④ゆっくり音読 ⑤オーバーラッピング ⑥キモチオンドク

Date ／ ③④⑤⑥ Date ／ ③④⑤⑥ Date ／ ③④⑤⑥

Part 2

2. スクリプト 28_2_2 M: M:

M: When will all the ingredients be prepared?

M: (A) Did you include me?

(B) I can't give you an exact time.

(C) He is an excellent cook.

男性： 材料全部が準備できるのはいつですか。
男性： (A) 私も数に入れましたか。
(B) 正確な時間は言えません。
(C) 彼は優秀な料理人です。

□ingredient 料理の材料、原料

解説＆トレーニングポイント

準備が整う時間が問われているのに対して、正確には答えられないと回答している(B)が正解です。そっけない対応のようですが、all（すべての）という表現を使った問いかけに対する返事としては自然につながっています。

When will all the ingredients be prepared?

will と all は単体でも聞き取りが難しい単語ですが、それが連続しているので、かなり聞き取りにくくなっています。この all には話者が伝えたいキモチがこもっているので強く、長めに読まれている点を意識して聞き込んでみてください。

皿トレ ③解説を読む ④ゆっくり音読 ⑤オーバーラッピング ⑥キモチオンドク

Date ／③④⑤⑥ Date ／③④⑤⑥ Date ／③④⑤⑥

3. スクリプト 28_2_3 W: (Canada) W: (UK)

W: What did you think about the working environment at the office?

W: **(A) I really liked it.**

(B) It's on my desk.

(C) Office hours are from ten A.M.

女性： 職場環境についてどう思いましたか。
女性： (A) とても気に入っていました。
(B) それは私の机の上にあります。
(C) 営業時間は午前10時からです。

解説＆トレーニングポイント

職場環境について意見を求められ、気に入ったと答えている（A）が正解です。(B)、(C) は耳に残りやすい the working environment at the office から連想させる錯乱肢です。

What did you think about the working environment at the office?

職場環境について問われていますが、机、椅子などのハード面、人間関係など回答は多岐にわたるため、予測することはできません。

このタイプの問いかけ文は、具体的キーワード（本問では the working environment at the office）を意識しつつも、ゆったりと構えてどんな回答にも対応できるようにして選択肢を待ち受けるようにしましょう。具体的キーワードの部分をしっかりと聞き取るには、what did you think about の部分をひとカタマリの音として、耳に慣らせておくのがポイントです。

皿トレ ③解説を読む ④ゆっくり音読 ⑤オーバーラッピング ⑥キモチオンドク

Date ／ ③④⑤⑥ Date ／ ③④⑤⑥ Date ／ ③④⑤⑥

4. スクリプト 28_2_4 W: M:

W: Can you tell me what the warehouse is like?

M: (A) What did you like about Cyndi's proposal?

(B) It's much larger than this facility.

(C) Probably in the second building.

女性： 倉庫がどんな感じか教えてもらえますか。

男性： (A) Cyndi の提案のどんな点が気に入ったのですか。

(B) この施設よりかなり広いです。

(C) おそらく第２ビルの中です。

解説＆トレーニングポイント

倉庫がどんな感じなのかが問われ、この施設よりかなり広いと答えている（B）が正解です。(A) は like を使った音のヒッカケです。(C) は倉庫の場所を答えており、会話としては不自然なため不正解です。

Can you tell me what the warehouse is like?

what ～ is like は、～についての情報をざっくりと聞き出すときに使われる便利なフレーズです。the warehouse の部分を別の単語に入れ替えて音読をして、英文を丸ごと自分のものにしてしまいましょう。

皿トレ ③解説を読む ④ゆっくり音読 ⑤オーバーラッピング ⑥キモチオンドク

Date ／③④⑤⑥ Date ／③④⑤⑥ Date ／③④⑤⑥

5. スクリプト 28_2_5 W: M:

W: You're giving a factory tour this afternoon, aren't you?

M: **(A) Actually, Ann will cover for me.**

(B) It resulted from several factors.

(C) But, I had to pay a toll of five dollars.

女性： あなたが今日の午後工場見学を行うのですよね。

男性： (A) 実のところ、Ann が私の代わりに行います。

(B) それはいくつかの要因で起きました。

(C) しかし、私は5ドルの通行料金を払わなければなりませんでした。

□cover for（人）の代わりをする　□toll 使用料

解説 & トレーニングポイント

午後に工場見学を行うかどうかが問われ、Ann が代わりに行うと答えている（A）が正解です。(B) は factory と factor を使った音のヒッカケです。(C) は tour と toll の音のヒッカケです。

Actually, Ann will cover for me.

actually は相手の考えとは異なることを述べるサインなので、私ではなく Ann が代わりを務めるというキモチを込めて音読しておきましょう。

cover は「～を覆う」という他動詞の用法が知られていますが、cover for と自動詞で使われる場合は「～の代理をつとめる」という意味になります。ビジネスでは主担当者が出張や休暇などで行えない業務を、別の人が代理で行うことはよくあることなので、この cover for というフレーズはよく使われています。

Date ／ ③④⑤⑥　Date ／ ③④⑤⑥　Date ／ ③④⑤⑥

6. スクリプト 28_2_6 M: W:

M: That movie was worth watching.

W: (A) To make matters worse.

(B) Was it as good as the original book?

(C) I heard the air conditioner stopped working.

男性： あの映画は見る価値がありました。
女性： (A) さらに悪いことにはです。
(B) 原作と同じくらい良かったですか。
(C) エアコンが止まったと聞きました。

解説＆トレーニングポイント

あの映画は見る価値があったという発言に対して、原作と同じくらい良かったかと問う (B) が正解です。(A) は worth と worse を使った音のヒッカケです。

That movie was worth watching.

この worth の品詞については形容詞と定義している辞書もありますが、ここでは前置詞であるとして、SVC(名詞句)の構文だと理解をしておくとわかりやすいでしょう。英文の構造がもやもやしていると、スッキリと聞き取ることができません。

worth は以下の用法でも登場するので、これらも合わせて音読して聞き取れるようにしておきましょう。

It was worth while watching that movie.

Date ／③④⑤⑥ Date ／③④⑤⑥ Date ／③④⑤⑥

Part 3 スクリプト 28_3 M: W:

Questions 7 through 9 refer to the following conversation.

M: Hi. I'm interested in putting a water filtration system into my office building.

W: If that's for drinking water, 7 8 I would recommend getting a water cooler for each floor instead. It's just not economical to filter the water for the entire building since most of it will be used in the bathrooms.

M: I suppose that makes sense. Would I hire a service then?

W: Yes. Usually people will have them bring a certain number of five-gallon jugs for the coolers each week. We can do that for you, if you like. You could give it a try for a few months.

M: OK. 7 9 Can I see the coolers you have available?

W: Yes, of course. Follow me.

問題 7-9 は次の会話に関するものです。
男性： こんにちは。当社のビルに水浄化システムを入れたいと思っているのですが。
女性： 飲み水用でしたら、その代わりに各フロアに冷水器を入れることをお勧めします。ほとんどの水がトイレに使われるのでビル全体の水を浄化するのは経済的ではないです。
男性： なるほど、そうかもしれませんね。それなら、そのサービスを取り入れましょうか。
女性： わかりました。通常皆さまは、冷水器用に5ガロン入りのタンクを週に1回一定数納入するようにされています。よろしければそのようにいたしますが。数か月お試しいただけます。
男性： わかりました。使用できる冷水器を見せてもらえますか。
女性： ええ、もちろんです。こちらへどうぞ。

□filtration ろ過作用、浄水 □economical 経済的な、節約的な
□suppose that 節 (知っていることから)推測する、…と仮定する □make sense 道理にかなう、当然である
□jug (口のすぼまった)大型容器 □give it a try 試しにやってみる

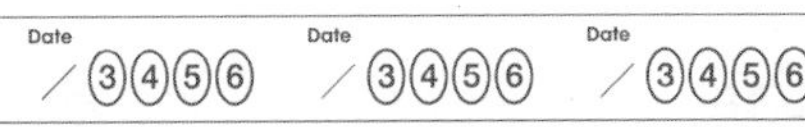

7. Who most likely is the woman?

(A) A repair technician
(B) A restaurant server
(C) A store clerk
(D) A property manager

女性は誰だと考えられますか。

(A) 修理技術者
(B) レストランの給仕係
(C) 店員
(D) 不動産管理者

女性が誰なのかを、会話全体からヒントとなる情報を見つけて推測します。

8. What does the woman recommend?

(A) Supplying each floor with a device for water
(B) Creating one water station for the whole building
(C) Filtering all of the building's water
(D) Having employees bring water jugs from home

女性は何を勧めていますか。

(A) 各フロアに水の機器を供給すること。
(B) ビル全体に1つの給水所を作ること。
(C) ビルの水全部を浄化すること。
(D) 家から水のタンクを従業員に持ってきてもらうこと。

女性が何かを勧めるということは、女性が商品やサービスを提供する側だろうと予測します。正解のヒントは女性が述べます。

9. What does the man ask the woman to do?

(A) Inspect some devices in his office
(B) Follow him to the showroom
(C) Give him some samples of the items
(D) Show him some equipment

男性は女性に何をするよう求めていますか。

(A) 彼の会社の機器を点検する。
(B) 彼の後についてショールームに行く。
(C) 商品のサンプルを彼に渡す。
(D) 機器を見せる。

男性が何かを求める側、つまりお客ではないかと予測します。正解のヒントは男性が述べます。

解説 & トレーニングポイント

If that's for drinking water, I would recommend getting a water cooler for each floor instead.

recommend は「勧める」という意味の他動詞で、この英文で使われている recommend -ing（～をすることを勧める）という語法が重要です。リスニングでは、この他に recommend X という語法も登場します。

I recommend a water cooler.

なお、リーディングセクションでは recommend that 節という語法が多く使われ、that 節内の動詞が原形または should + 原形になるという点が重要です。

I recommended that you get a water cooler.

Questions 10 through 12 refer to the following telephone message.

Hi, Ms. Green. 11 This is Mark Noorlag returning your call about the faucet that won't stop dripping. I'll go into your apartment tomorrow after lunch and check it out. If I can fix the problem, I'll try to do it while you're at work. Otherwise, I'll have to call a plumber. 12 Regarding your question about the charges, it's covered by your monthly rent. 10 By the way, it's time for you to decide if you'll be renewing your lease. Please let me and the real estate agent know by the first of next month. Thanks!

問題 10-12 は次の電話のメッセージに関するものです。

こんにちは、Green さん。Mark Noorlag ですが、水道の蛇口から水がぽたぽた落ち続けている件で折り返しお電話をしています。明日のお昼過ぎにお宅のアパートに伺って見てみます。私が直せるようであれば、あなたが仕事にお出かけの間に直します。そうでなければ、配管工に電話をしなければなりません。お尋ねの料金の件ですが、毎月の家賃に含まれています。ところで、賃貸契約を更新するかどうかを決めていただく時期です。来月 1 日までに私と不動産屋にお知らせください。よろしくお願いします。

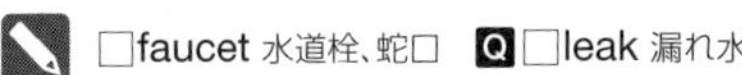

□faucet 水道栓、蛇口　Q □leak 漏れ水

皿トレ ③解説を読む ④ゆっくり音読 ⑤オーバーラッピング ⑥キモチオンドク

Date	Date	Date
／ ③④⑤⑥	／ ③④⑤⑥	／ ③④⑤⑥

10. Who is the speaker?

(A) A real estate agent
(B) A neighbor
(C) A contractor
(D) A landlord

話し手は誰ですか。

(A) 不動産屋
(B) 隣人
(C) 工事業者
(D) 家主

話し手が誰かはトーク全体にヒントがあると予測するのが定石です。ほとんどの場合は設問の順番に正解のヒントが現れますが、本問ではQ11、Q12の正解のヒントの後に、Q10のヒントが述べられています。1回のテストで1問あるかないかの珍しいパターンなので、初中級であれば捨て問にしても良いですが、上級者であればQ10のヒントだけを待ち受けるような聞き方をしないで、トーク全体から判断する意識で取り組むようにしましょう。

11. What is the problem?

(A) There was a delayed rent payment.
(B) There is a leak in the listener's apartment.
(C) The listener lost her apartment key.
(D) The listener must move out soon.

問題は何ですか。

(A) 家賃の支払いが遅れていた。
(B) 聞き手のアパートで水漏れしている。
(C) 聞き手がアパートの鍵をなくした。
(D) 聞き手はすぐに立ち退かなければならない。

すでに発生しているある問題と、その対応についてのトークだろうと予測します。

12. What question does the speaker answer?

(A) Who will pay for repairs
(B) Where to find a good contractor
(C) When the listener must be home
(D) Whether the listener is allowed to fix things

話し手はどんな質問に答えていますか。

(A) 修理代を誰が払うか。
(B) 良い工事業者をどこで探すか。
(C) 聞き手はいつ家にいなければならないか。
(D) 聞き手が修理をしても良いかどうか。

このトーク以前に聞き手が質問した内容について、話し手が回答する場面だと予測します。

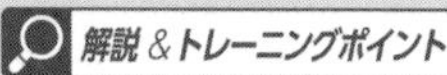

Regarding your question about the charges, it's covered by your monthly rent.

regardingは「～に関して」という意味の前置詞で、同じ意味の前置詞aboutに比べるとややフォーマルな表現です。この英文ではquestionの後のaboutとかぶってしまうのを避けて、あえてregardingを文頭に使っています。regardingは名詞を後ろから修飾することもできます。

your question regarding the charges

regardingと同じ意味のwith regard to、concerningは、パート5の頻出表現でもあるので、合わせて覚えておきましょう。

1(A) 2(B) 3(C) 4(B) 5(B) 6(A) 7(C) 8(D) 9(C) 10(A) 11(B) 12(A)

Part 1

1.

(A) 街灯の柱が歩道に沿って設置されている。
(B) 自転車が手すりのそばに駐輪されている。
(C) 歩行者が通りを渡っている。
(D) 彼らはダウンジャケットを着ている。

□lamppost 街灯の柱
□railing 手すり、さく、垣

スクリプト 29_1 W

(A) Lampposts are placed along the pavement.

(B) Bicycles are parked near a railing.

(C) Pedestrians are crossing the street.

(D) They're wearing down jackets.
ゥエアリンg ×ウエアーリング

解説＆トレーニングポイント

(A)lamppost のアクセントは a にあります。設置されている状況は install を使って表すこともできます。

Lampposts have been installed along the sidewalk.（街灯が歩道に沿って設置されている）

(C) pedestrian は「歩行者」という意味の名詞です。「歩行者用の」という形容詞としての用法もあり、pedestrian bridge は「歩道橋」、pedestrian mall は「歩行者天国」という意味です。

pedestrian

皿トレ ③解説を読む ④ゆっくり音読 ⑤オーバーラッピング ⑥キモチオンドク

Date ／ ③④⑤⑥　Date ／ ③④⑤⑥　Date ／ ③④⑤⑥

Part 2

2. スクリプト 29_2_2 W: M:

W: Is she a new customer or a regular one?

M: (A) He'll do it on a regular basis.

(B) She comes in every day.

(C) As long as the customer wishes.

女性： 彼女は新たな顧客ですか、それともいつもの顧客ですか。

男性： (A) 彼はそれを定期的に行います。
(B) 彼女は毎日来ます。
(C) 顧客が望む限りはです。

□on a regular basis 習慣的に、定期的に
□as long as SV …する限りは

解説＆トレーニングポイント

彼女が新規の顧客か、既存顧客かが問われ、彼女は毎日来ると答えている (B) が正解です。(A) は regular を使った音のヒッカケです。(C) は customer を使った音のヒッカケです。

Is she a new customer or a regular one?

regular customer は「常連客」という意味です。TOEIC に出題される可能性のある、顧客に関する関連表現をまとめて覚えておきましょう。

loyal customer：常連客
frequent customer：常連客
longtime customer：長年の顧客

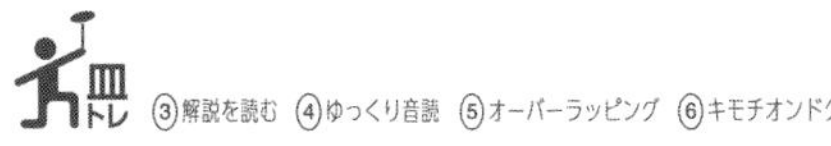

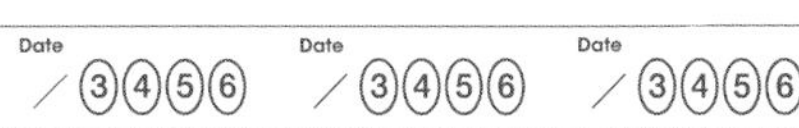

3. スクリプト 29_2_3 M: W:

M: Why didn't you turn right at the last corner?

W: (A) Please take care if you're driving.

(B) Would you turn on the light?

(C) This way is less busy.

男性： さっきの角でなぜ右折しなかったのですか。

女性： (A) 運転の際は注意してください。
(B) 照明をつけてくれますか。
(C) この道のほうが空いているからです。

解説＆トレーニングポイント

車に乗っている２人の会話です。助手席の男性が、角を曲がらなかった理由を尋ね、運転手の女性が空いている道を選択したからだと答えている（C）が正解です。

Why didn't you turn right at the last corner?

why don't you は提案、依頼の表現ですが、why didn't you と過去形になると理由を問うたり、非難の意図が込められることがあります。この英文も、語気を強めて言えば「角を右折してほしかったのに、なぜ曲がらなかったんだ！」という強い意味になり、場合によっては喧嘩になってしまいます。

皿トレ ③解説を読む ④ゆっくり音読 ⑤オーバーラッピング ⑥キモチオンドク

Date ／ ③④⑤⑥ Date ／ ③④⑤⑥ Date ／ ③④⑤⑥

4. スクリプト 29_2_4 M: W:

M: Haven't you decided the alternate date for the party?

W: (A) That sounds a viable alternative.

(B) It will be held as planned.

(C) I might be out of the office.

男性： パーティの代替日を決めたのではなかったのですか。

女性： (A) それは実行可能な代替案だと思われます。

(B) 予定通り行われます。

(C) 私は社にいないかもしれません。

□alternate 代わりの、既存のものに代わる
□viable （計画など）が実現可能な
□alternative 代案、代わりの手段

解説＆トレーニングポイント

パーティの代替日を決めたのではなかったかと問われ、予定通りに行われると答えている（B）が正解です。（A）は alternate と alternative を使った音のヒッカケです。

It will be held as planned.

it will be の部分は短く速く読まれているのに対して、held、planned は強く読まれているリズムを感じ取ってみてください。そのリズムに合わせて音読をしておいてください。

It will be **held** as **planned**.

Date ／③④⑤⑥ Date ／③④⑤⑥ Date ／③④⑤⑥

5. スクリプト 29_2_5 W:  M:

W: How often do you conduct customer satisfaction surveys?

M: (A) Last Monday morning.

(B) Every other month.

(C) There will be some attendees.

女性： 顧客満足度調査はどのくらいの頻度で行いますか。

男性： (A) この前の月曜日の朝です。
(B) 2か月に1回です。
(C) 何人かの出席者がいるでしょう。

□every other month ひと月おきに

解説&トレーニングポイント

how often は物事が生じる頻度を問うフレーズなので、ここでは顧客満足度調査の頻度が問われています。正解の (B) では、2か月に1回と答えています。

How often do you conduct customer satisfaction surveys?

often は t が省略される「オフ n」、t が読まれる「オフ tn」の2通りの発音があります。以前はアメリカ英語では t は省略され、イギリス英語では t が読まれると教えられましたが、現実世界ではその境界は明確ではありません。TOEIC の世界でも、t を発音しないイギリス人ナレーターが登場してきました。

皿トレ ③解説を読む ④ゆっくり音読 ⑤オーバーラッピング ⑥キモチオンドク

Date ／ ③④⑤⑥　Date ／ ③④⑤⑥　Date ／ ③④⑤⑥

6. スクリプト 29_2_6 W: M:

W: How about giving me a discount on the new heater?

M: **(A) Let me talk to the manager.**

(B) Ahead of schedule.

(C) By presenting a coupon.

女性： 新しい暖房機を値引きしてもらえませんか。

男性： (A) マネジャーに聞いてみます。
(B) スケジュールより前です。
(C) クーポンの提示によってです。

解説＆トレーニングポイント

新しい暖房機を値引きしてもらえないかと問われ、マネジャーに聞いてみると答えている（A）が正解です。（C）は値引きの仕方を問われたと誤解した場合の錯乱肢です。

How about giving me a discount on the new heater?

how about は相手に何かを提案するときのフレーズですが、この場面では自分に対して値引きをしてくれませんか、という依頼の意図が含まれています。how と about が結合して一語のようになり、t が落ちている様子を確認しておきましょう。

また、how about は状況や相手の意向について尋ねるときのフレーズとして、正解の選択肢にも登場します。

How about you?：あなたはどうですか。
How about my reservation?：私の予約の状況はどうなっていますか。

Date ／ ③④⑤⑥　Date ／ ③④⑤⑥　Date ／ ③④⑤⑥

Part 3 スクリプト 29_3 M: W1: W2:

Questions 7 through 9 refer to the following conversation with three speakers.

M: I've got seven boxes of printer paper for a Doreen Wong!

W1: That's me. Thanks.

M: Where would you like me to put them?

W1: (7) How about the filing cabinet in the storage room behind the copy machine? Emily, there must be space left there, right?

W2: Sorry, Doreen, that won't work. (8) We're cleaning it out today, and there is no room left. (7) The bookcase there will have to do for now.

M: No problem. (9) Can I get you to sign here to confirm that you received your order, Ms. Wong? Here's a pen.

問題 7-9 は 3 人の話し手による次の会話に関するものです。
男性： Doreen Wong さまに印刷用紙を 7 箱お届けです。
女性 1：私です。ありがとう。
男性： どこに置いたらいいですか。
女性 1：コピー機の奥にある倉庫の書類整理棚はどうですか。Emily さん、そこにスペースが空いていたはずですよね。
女性 2：ごめんなさい、Doreen さん、それはできないです。今日、そこを片付けていてスペースがありません。今のところ、そこの本棚に入れておくしかないですね。
男性： 承知しました。Wong さま、注文を受け取った確認でここにサインしていただけますか。ペンがここにあります。

Q □be adjacent to …に隣接している

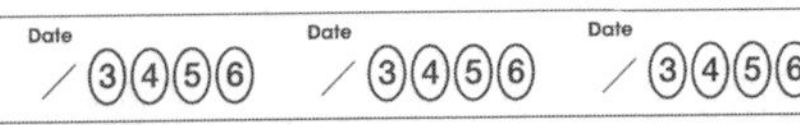

7. What is mentioned about the storage room?

(A) It was recently expanded.
(B) It is adjacent to Doreen's office.
(C) Its bookshelf has some space on it.
(D) Its key has been changed.

倉庫について何が述べられていますか。

(A) 最近広くなった。
(B) Doreen の事務室の隣にある。
(C) 本棚にスペースがある。
(D) その鍵が変更された。

会話の中で倉庫について述べられることがわかります。

8. What does Emily mean when she says, "Sorry, Doreen, that won't work"?

(A) A piece of equipment is broken.
(B) She made a mistake.
(C) Her schedule is already full then.
(D) A different location must be selected.

Emilyは "Sorry, Doreen, that won't work" という発言で、何を意図していますか。

(A) 機器一式が壊れた。
(B) 彼女は間違えた。
(C) そのときに彼女の予定がすでに一杯である。
(D) 他の場所を選ばなければならない。

登場人物の中に、Emily、Doreen が登場することがわかります。Emily がどの話者なのかを特定したうえで、なぜ Doreen に対して「それは上手く機能しないだろう」と述べているのかを聞き取るようにします。

9. What does the man need?

(A) An invoice
(B) A pen
(C) A signature
(D) An autograph

男性は何が必要ですか。

(A) 請求書
(B) ペン
(C) 署名
(D) サイン

男性の最後のセリフで正解のヒントを述べると予測します。

Sorry, Doreen, that won't work.

このworkは仕組みや、手段などが「うまくいく」、「(目的に対して) 機能する」という意味です。この会話では、印刷用紙を倉庫の書類整理棚に置くということがうまくいかない、ということを述べています。意味が取れなかった場合は、Emily になりきってこのセリフを音読してみましょう。なお、won't は「ウォント」ではなく、「ウォウン t」に近い音であることも意識しておいてください。

Part 4 スクリプト 29_4 W

Questions 10 through 12 refer to the following excerpt from a meeting.

First thing on the agenda today — I'm happy to announce that we have a new client. Malcolm Manufacturing is a British maker of kitchenware and they are hoping to launch their brand here in the United States. (10) They've asked us to handle their publicity. This should be a learning experience for us. (11) We've never marketed kitchenware before. I think we need to learn a lot more about the competition before we try to develop a plan. (12) I want you all to spend the next three days researching other kitchenware brands and come back on Friday with some information we can use.

問題 10-12 は次の会議の一部に関するものです。

本日の議題の１番目です―うれしいことに、新しい顧客があります。Malcom Manufacturing 社はイギリスの台所用品のメーカーで、ここアメリカでそのブランドを発売したいと思っています。彼らは当社にその宣伝を手がけるよう依頼してきました。これは当社にとっては良い勉強の機会です。我々はこれまで台所用品の売り込みは行ったことがありません。計画を立てる前に競合他社についてもっと多くを学ぶ必要があると私は思います。皆さんにはこれからの３日間を他の台所用品ブランドについての調査に費やしていただき、使えそうな情報を持ち寄って金曜日に再び集まりましょう。

□publicity 宣伝、広告　□learning 勉強になる　□spend X -ing X（時間）を…して費やす

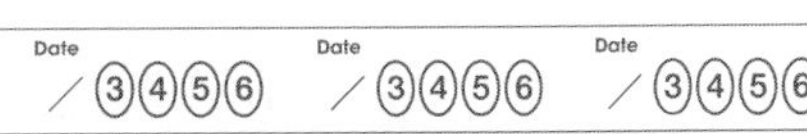

10. Where does the speaker most likely work?

(A) At an advertising agency
(B) At a manufacturing plant
(C) At an event planning company
(D) At a kitchenware retailer

話し手はどこで働いていると考えられますか。

(A) 広告会社
(B) 製造工場
(C) イベント企画会社
(D) 台所用品小売業

話し手が働いている企業は、トーク全体から情報を集めて推測するのが定石です。本問は、"They've asked us to handle their publicity" が決定的なヒントになっているので、これを聞き逃すと推測しづらい難問です。

11. Why does the speaker say, "This should be a learning experience"?

(A) A seminar is being led by a highly respected expert.
(B) The company has not worked on the product in the past.
(C) The employees have repeated the same mistake.
(D) A manual will be distributed to all department members.

話し手はなぜ、"This should be a learning experience" と言っているのですか。

(A) セミナーが非常に尊敬されている専門家により行われるため。
(B) その会社はその製品に関して過去に仕事をしたことがないため。
(C) 従業員が同じミスを繰り返したため。
(D) マニュアルが部署の全員に配られるため。

This should be a learning experience は「これは学びの機会になるはずだ」という意味で、この文の前に述べられるであろう this の内容を聞き取るようにします。

12. What are listeners asked to do by Friday?

(A) Analyze some manufacturers
(B) Attend a competition
(C) Send a product sample
(D) Publicize an event

聞き手たちは金曜日までに何をするよう求められていますか。

(A) いくつかの製造業者を分析する。
(B) コンテストに参加する。
(C) 製品サンプルを送る。
(D) イベントを宣伝する。

具体的キーワードの Friday を意識しながら、トーク終盤で述べられるヒントを聞き取るようにします。

解説＆トレーニングポイント

Malcolm Manufacturing is a British maker of kitchenware and they are hoping to launch their brand here in the United States.

TOEIC の世界では、新製品、サービスなどがよく発表されますが、そのときに使われるのが launch という動詞です。この英文では、新ブランドを立ち上げるという意味で使っていますが、目的語には製品や、キャンペーンなどが置かれます。

to launch a line of automobiles
to launch an ad campaign

また、発売日は launch date、発売記念イベントは launch event です。合わせて覚えておきましょう。

 1(B) 2(B) 3(A) 4(C) 5(B) 6(B) 7(C) 8(A) 9(C) 10(C) 11(C) 12(A)

Part 1

1.

スクリプト 30_1 W

(A) Some flowers are decorated on the shelf.

(B) Some pillows have been set on the sofa.

(C) The window pane is being repaired.

(D) A vase is being adjusted.
ヴァーz

(A) 何本かの花が棚に飾られている。
(B) いくつかのクッションがソファに置かれている。
(C) 窓ガラスが修理されているところである。
(D) 花瓶が調節されている。

解説＆トレーニングポイント

(A) decorate はパート 1 では以下の用法でも登場します。

A waiting area is decorated with flowers.（待合室は花で飾られている）

(B) pillow には「枕」という意味の他に「クッション」という意味があることを知っているかがこの問題のポイントになります。
(C) pane は「ガラス板」という意味で、パート 1 には window pane「窓ガラス」として出題されます。
(D) vase「花瓶」はイギリス人ナレーターによって「ヴァー z」と発音されているので注意しましょう。

pillow

皿トレ ③解説を読む ④ゆっくり音読 ⑤オーバーラッピング ⑥キモチオンドク

Date ／③④⑤⑥ Date ／③④⑤⑥ Date ／③④⑤⑥

Part 2

2. スクリプト 30_2_2 M: W:

M: Wasn't the departure time five P.M.?

W: (A) Both Sue and Irene.

(B) It was, but there was heavy snowfall.

(C) In the baggage claim area.

男性： 出発時刻は午後５時ではなかったのですか。

女性： (A) Sue と Irene の両方です。
(B) そうだったのですが、大雪が降ったのです。
(C) 手荷物受取所です。

解説＆トレーニングポイント

出発時刻は午後５時ではなかったのかと問われ、元々はそうだったが、大雪が降った（ことによって変更になった）と答えている（B）が正解です。（C）は departure time（出発時刻）から連想させる錯乱肢です。

It was, but there was heavy snowfall.

it was の部分を省略せずに書き直すと、The departure time was five P.M. です。つまり、出発時刻は午後５時かどうかについて肯定しているので、Yes/No で答えるならば Yes となります。

It was の肯定と、but 以降でそれを否定するキモチを大げさなくらいに対比させながら、音読をしておきましょう。

皿トレ ③解説を読む ④ゆっくり音読 ⑤オーバーラッピング ⑥キモチオンドク

Date	Date	Date
／ ③④⑤⑥	／ ③④⑤⑥	／ ③④⑤⑥

3. スクリプト 30_2_3 W: M:

W: Who will give you the instructions?

M: **(A) I've already got the manual.**

(B) Just after the meeting.

(C) Anybody can buy the picture.

女性： 誰があなたに指示を出しますか。
男性： (A) 私はすでにマニュアルを持っています。
(B) 会議のすぐ後です。
(C) 誰でもその絵を買うことができます。

解説&トレーニングポイント

女性は、男性がこれから行う作業は誰かの指示がないとできないであろうという前提で質問をしています。それに対して、「(誰からも指示をもらわなくても大丈夫です)私はすでにマニュアルを持っています(から)」と回答している(A)が正解です。

(B)はwho willの部分が聞き取れなかった人に対する錯乱肢です。(C)はWho(誰が)に対して、Anybody(誰でも)と回答をしていますが意味がつながらないので不正解です。

I've already got the manual.

I've とalreadyの部分がつながって読まれており、これが未知の単語に聞こえてしまうと意味が取れなくなってしまいます。この部分を注意深く聞いて、耳に音を慣らせておきましょう。

皿トレ ③解説を読む ④ゆっくり音読 ⑤オーバーラッピング ⑥キモチオンドク

Date ／③④⑤⑥ Date ／③④⑤⑥ Date ／③④⑤⑥

4. スクリプト 30_2_4 W: M:

W: When will the Spring sale start?

M: (A) Let's go to the hot springs on our next vacation.

(B) To improve the current sales.

(C) Here's the flyer.

女性： スプリングセールはいつ始まりますか。
男性： (A) 次の休みは温泉に行きましょう。
(B) 現在の売り上げを改善するためです。
(C) こちらがチラシです。

□hot spring 温泉　□improve …を進歩させる

解説＆トレーニングポイント

先頭のwhenを聞き取っただけでは正解が選べないタイプの問題です。問われているのはスプリングセールの開始はチラシに書かれている、という会話のつながりを理解できれば (C) を正解として特定できます。(A) は springs、(B) は sales が音のヒッカケになっています。

When will the Spring sale start?

注意すべき単語は sale です。le で終わっているのでカタカナ英語のような「セール」ではなく「セーゥ」です。

なお、Spring sale のような複合名詞は、前の語の方を強く読むのが原則です。一方、形容詞＋名詞の場合は後ろの名詞を強く読むのが原則です。

Spring sale（スプリングセール）

big **sale**（大きな売り上げ）

Date ／③④⑤⑥　Date ／③④⑤⑥　Date ／③④⑤⑥

5. スクリプト 30_2_5 M: M:

M: Do you know why Ivan's so passionate about the project?

M: (A) Do we have to make it now?

(B) He was the one who proposed it.

(C) I came across him a little while ago.

男性： Ivan がなぜそんなにそのプロジェクトに熱心なのかわかりますか。

男性： (A) 今それを作成しなければなりませんか。
(B) 彼がそれを提案したからです。
(C) 私はちょっと前に彼にばったり会いました。

□come across …に出くわす
cf. (考えが頭に)浮かぶ

解説 & トレーニングポイント

Ivan がプロジェクトに熱心な理由について問われ、そのプロジェクトの提案者だからであると答えている（B）が正解です。英文を正確に聞き取り、Ivan が起案者である、プロジェクトを成功させたい、成功させるために熱心である、という状況を理解する必要のある上級者向けの問題です。

He was the one who proposed it.

the one は特定の人、物を表す代名詞です。この英文では、「あの人」ということを強調して伝えるために one が強く読まれている点を確認しておいてください。

③解説を読む ④ゆっくり音読 ⑤オーバーラッピング ⑥キモチオンドク

Date ／③④⑤⑥ Date ／③④⑤⑥ Date ／③④⑤⑥

6. スクリプト 30_2_6 W: M:

W: Where can I find keyboard accessories?

M: (A) The library is now accessible to the public.

(B) Please come this way.

(C) As soon as possible, I think.

女性： キーボードの付属品はどこにありますか。
男性： (A) 図書館は現在、一般の人が利用可能です。
(B) こちらへどうぞお越しください。
(C) できるだけすぐにと私は思います。

□accessible (人·場所が)近づきやすい

解説＆トレーニングポイント

問いかけ文の内容から第1話者はキーボードの付属品を探しているお客ではないかと推測できるかがポイントです。正解 (B) Please come this way（こちらへどうぞお越しください）は、店員がお客を売り場に案内するセリフです。
(A) は accessories と accessible の音のヒッカケです。(C) は where を when と聞き間違えた場合の錯乱肢です。

Please come this way.

人を案内するときに使われる定番フレーズですが語数が短く、速く読まれているので聞き漏らして意味が取れなかった方もいるでしょう。please はカタカナ英語では「プリーズ」ですが p の後には母音の u は入りません。way は道ではなく、方向を表しています。音声をよく聞き直した後に、自分が店員になったつもりでセリフとして音読しておきましょう。

皿トレ ③解説を読む ④ゆっくり音読 ⑤オーバーラッピング ⑥キモチオンドク

Date ／ ③④⑤⑥ Date ／ ③④⑤⑥ Date ／ ③④⑤⑥

 スクリプト 30_3 M: W:

Questions 7 through 9 refer to the following conversation.

M: OK, windshield wiper blades and fluid. That comes to $39.95, please.

W: Here's my credit card. (7) Oh, the price tag said there's a rebate if I buy Hooper brand for both of these, which I'm doing. I suppose I should have asked in the Automotive section, but… (7) how can I get that?

M: (9) Go to the customer service counter and pick up a rebate slip. Fill that out and send it in with your receipt. A check will come in the mail in six to eight weeks.

W: And do you know how long I have to send it all in?

M: I believe you have until the end of the month, but (8) check the rebate slip to confirm that.

問題 7-9 は次の会話に関するものです。
男性：はい、窓ガラスのワイパーと洗浄液ですね。39.95 ドルになります。
女性：クレジットカードで支払います。あれ、値札に両方とも Hooper のブランドを買うと払い戻しがあると書いてあって、私はそうしているのですが。自動車部門で聞くべきだったと思うのですが、どうしたらそれを受けられますか。
男性：お客様サービスカウンターに行って払戻用紙をもらってください。用紙に記入してレシートと一緒に送ってください。6 ～ 8 週間で小切手が郵送されて来ます。
女性：いつまでに送れば良いかご存知ですか。
男性：今月末までだったと思いますが、払戻用紙で確認してください。

 □rebate 払い戻し、割引　□send in (郵送で)…を送付する　Q □verify (事実など)正しいことを確かめる

 ③解説を読む ④ゆっくり音読 ⑤オーバーラッピング ⑥キモチオンドク

Date ／③④⑤⑥　Date ／③④⑤⑥　Date ／③④⑤⑥

7. What does the woman want to do?

(A) Receive help choosing an item
(B) Find out the price of a product
(C) Get money back on a purchase
(D) Learn more information about a car

女性は何をしたいと思っていますか。

(A) 商品を選ぶのを手伝ってもらう。
(B) 商品の値段を知る。
(C) 購入品の払戻金を受け取る。
(D) 車についてもっと情報を得る。

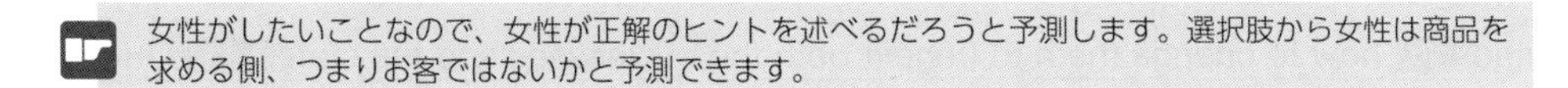

女性がしたいことなので、女性が正解のヒントを述べるだろうと予測します。選択肢から女性は商品を求める側、つまりお客ではないかと予測できます。

8. What does the man tell the woman to do?

(A) Verify some information
(B) Send her slip in right away
(C) Keep a copy for her records
(D) Mail her receipt separately

男性は女性に何をするように言っていますか。

(A) 情報を確認する。
(B) すぐに用紙を送る。
(C) 自分の記録用にコピーを取っておく。
(D) レシートを別送する。

男性は、お客である女性に対してアドバイスをする店員では、と予測します。

9. What will the woman most likely do next?

(A) Send her receipt to the company headquarters
(B) Receive some cash at the cash register counter
(C) Obtain a piece of paper
(D) Fill out the questionnaire

女性は次に何をすると考えられますか。

(A) 会社の本部にレシートを送る。
(B) レジで現金を受け取る。
(C) 1枚の紙を入手する。
(D) アンケートに記入する。

女性が最後のセリフで正解のヒントを述べるだろうと予測します。

解説＆トレーニングポイント

Oh, the price tag said there's a rebate if I buy Hooper brand for both of these, which I'm doing.

the price tag said は、値札には、（said 以降のことが）書かれているという意味のフレーズです。無生物主語の構文ですが、女性が男性に対して値札を指し示しながら話している場面なので、主語に the price tag をもってきているのは、まさにピッタリな表現です。無生物主語の構文は、自分ではなかなか作り出せないですが、この英文を繰り返し音読して自分のものにしてしまいましょう。そうすれば、リスニングでもスッキリと聞こえるようになります。

Part 4 スクリプト 30_4 M

Questions 10 through 12 refer to the following excerpt from a meeting.

I called this meeting to discuss the taxes we impose on businesses here in Oregon and (10) how to change them to benefit both the businesses and the state. (11) Our business taxes, many of which are nonexistent in surrounding states, cause our businesses to struggle to compete with others across the borders. While we may think that the steady income helps our state maintain its infrastructure, they actually hurt us in many ways. I propose that we begin the process of reviewing the business taxes in other states and then revising ours to become more competitive. (12) I guarantee we'll see immediate job growth, an increase in businesses moving to our state, and more revenue coming in overall.

問題 10-12 は次の会議の一部に関するものです。

私はここ Oregon 州の企業に課している税金について、どのように変更して企業と州のどちらにも利益になるようにすべきかを話し合うためにこの会議を招集しました。当州の事業税の多くは周辺の州には存在せず、州内の企業が、州境を超えて他の企業と競う際に苦戦する原因となっています。州のインフラを維持するためには安定した歳入があると助かると思うかもしれませんが、実は多くの点で害が出ています。私は他州の事業税の検討作業を開始し、その後に、当州の事業税をもっと競争力があるものにするように改正することを提案します。即時に雇用が創出され、当州へ移転する企業が増え、全体として歳入が増えることを私は保証します。

□impose a tax on X Xに税を課する　□nonexistent 存在しない　□overall 全体にわたる
Q □favorable 有利な、好都合の　□proceeds 収入、収益

③解説を読む ④ゆっくり音読 ⑤オーバーラッピング ⑥キモチオンドク

Date	Date	Date
／③④⑤⑥	／③④⑤⑥	／③④⑤⑥

10. What is the purpose of the meeting?

(A) To calculate revenue from business taxes
(B) To choose businesses to invite to the state
(C) To decide on action favorable to businesses
(D) To make changes to state laws

会議の目的は何ですか。

(A) 事業税から歳入を計算すること。
(B) 州へ招致する企業を選ぶこと。
(C) 企業に望ましい方策を決めること。
(D) 州法を変更すること。

設問、選択肢から公的機関の会議の場でのトークだろうと予測します。

11. What does the speaker say about surrounding states?

(A) Their number of businesses is decreasing.
(B) Their revenue is the highest in the country.
(C) They do not tax businesses much.
(D) They have low unemployment rates.

話し手は周辺の州について何と言っていますか。

(A) 企業数が減っている。
(B) 歳入が国内で一番高い。
(C) 事業税をあまり課していない。
(D) 失業率が低い。

具体的キーワードの surrounding states を意識しながら、何が述べられているのかを注意深く聞き取ります。

12. What does the speaker guarantee?

(A) There will be more proceeds in general.
(B) There will be immediate increase in taxes.
(C) Some businesses will face financial difficulties.
(D) A new tax law will be withdrawn soon.

話し手は何を保証していますか。

(A) 全般的により多くの収益が出るだろう。
(B) すぐに税金の増加があるだろう。
(C) 財政的な困難に直面する企業があるだろう。
(D) 新たな税法はすぐに撤回されるだろう。

トーク終盤に正解のヒントが述べられるだろうと予測します。

解説＆トレーニングポイント

Our business taxes, many of which are nonexistent in surrounding states, cause our businesses to struggle to compete with others across the borders.

本問は税金という難しいテーマを扱っており、単語、構文の難易度が高い英文で構成されています。TOEIC の出題範囲としては最もハイレベルです。その中でもこの英文は特に意味が取りにくかったのではないでしょうか。many of which の部分は挿入句になっており、主語の our business taxes を補足しています。単に which are とすると自州の事業税のすべてが周辺州には存在しないという意味になるのに対して、many of which とすることでいくつかある自州の事業税の多くが周辺州に存在しないという意味になっている点に注意してください。

述語動詞には、cause X to *do*（X に～させる）という語法が使われており、これも意味の取りにくい部分なので、この英文を自分で作り出したセリフのようにキモチを込めて音読しておきましょう。

Drill 31 解説とトレーニング

1(B) 2(A) 3(A) 4(A) 5(B) 6(C) 7(B) 8(D) 9(C) 10(A) 11(D) 12(C)

Part 1

1.

(A) 女性はコンピュータでタイピングしている。
(B) 女性はマグカップを手に持っている。
(C) カーテンが開けられているところである。
(D) いくつかの陶器がカウンターに置かれている。

□pull back …を引く

スクリプト 31_1  M

(A) A woman is typing on a computer.

(B) A woman is holding a mug in her hand.
holding a：ホウゥディンガ

(C) Curtains are being pulled back.
Curtains：クートゥンz ×カーテンズ　pulled：ポーd ×プルドゥ

(D) Some pottery is placed on a counter.

解説&トレーニングポイント

(B) holding は単独でも聞き取りが難しい単語ですが、冠詞の a とつながって「ホウゥディンガ」と読まれさらに聞き取りにくい音になっています。

(C) カーテンが開けられている状態なので、受動態の進行形が使われている文は不正解。写真の状態は現在完了形で表現が可能です。

Curtains have been pulled back.（カーテンが開けられている）

curtain は cur の部分の音が日本語の「カーテン」の音とは全く異なっています。語尾がＬで終わっている単語の音は要注意ですが pull もその１つ。pulled の音を繰り返し聞いて自分の耳でチェックしておきましょう。

pottery

皿トレ ③解説を読む ④ゆっくり音読 ⑤オーバーラッピング ⑥キモチオンドク

Date ／ ③④⑤⑥　Date ／ ③④⑤⑥　Date ／ ③④⑤⑥

Part 2

2. スクリプト 31_2_2 M: W:

M: Has your manager been reliable?

W: **(A) Nobody can replace her.**

(B) I was able to manage the team.

(C) It has been a great pleasure.

男性： あなたの上司は信頼できますか。
女性： (A) 彼女に代わる人はいません。
(B) 私はチームを管理することができました。
(C) とても喜ばしいです。

□replace …の代わりを務める

解説＆トレーニングポイント

上司が信頼できる人かどうかが問われ、代わりになる人はいない、つまりとても信頼できる人だと答えている（A）が正解です。（B）は manager と manage を使った音のヒッカケです。

Nobody can replace her.

nobody は「状況にあてはまる人が誰もいない」ことを表す人称代名詞なので、可能性を表す can が否定の意味になり、上司の代わりになる人は誰もいないという意味になっています。文頭の否定語で文全体を否定するのは英語らしい用法ですが、これをリスニングで理解できるようになるには、自分でこれを使いこなしてみることです。信頼できる女性の上司をもった状況をリアルに想像して、例文をセリフのように 10 回音読してみましょう。

皿トレ ③解説を読む ④ゆっくり音読 ⑤オーバーラッピング ⑥キモチオンドク

Date ／③④⑤⑥ Date ／③④⑤⑥ Date ／③④⑤⑥

3. スクリプト 31_2_3 M: W:

M: Why was the hotel relocated to the city center?

W: **(A) To attract more customers.**

(B) On Chelsie street.

(C) There should be more rooms available.

男性： なぜホテルが街の中心部に移ったのですか。

女性： (A) もっと顧客を呼ぶためです。
(B) Chelsie 通りです。
(C) もっと多くの部屋を利用できるようにすべきだからです。

解説＆トレーニングポイント

ホテルが街の中心部に移転した理由が問われ、それはもっと顧客を集めるためだと答えた（A）が正解です。（C）はホテルの移転や改装の理由として述べられる可能性のあるセリフですが、街の中心部に移るということと、多くの部屋が利用できることは直接的にはつながらないので、ここでは不正解です。

Why was the hotel relocated to the city center?

hotel は第２音節にストレスが置かれ「ホテゥ」のように聞こえています。この単語を聞き取れないと、何が移転したのかがわからず、（A）が正解だと特定することが難しくなります。プレッシャーのかかった本番でうっかり落としてしまうのは、このような、たった一語のわずかな音の違いなのです。

皿トレ ③解説を読む ④ゆっくり音読 ⑤オーバーラッピング ⑥キモチオンドク

Date ／ ③④⑤⑥　Date ／ ③④⑤⑥　Date ／ ③④⑤⑥

4. スクリプト 31_2_4 M: W:

M: Will Mr. Oka resign or is it just a transfer?

W: **(A) You should ask him directly.**

(B) Please sign your name at the bottom of this contract.

(C) Have you ever been to Europe?

男性： Oka さんは辞めるのですか、それとも単に転勤ですか。

女性： (A) 彼に直接聞くべきです。
(B) この契約書の最後に署名をしてください。
(C) あなたはヨーロッパへ行ったことがありますか。

解説 & トレーニングポイント

Oka さんは辞めるのか、あるいは転勤なのかが問われ、彼に直接尋ねてみてはと答えている（A）が正解です。（B）は resign と sign を使った音のヒッカケです。（C）は transfer から連想させる錯乱肢です。

You should ask him directly.

directly は「直接に」という意味の副詞で、2 通りの音があります。本問の音は、i を「アイ」と読み「ダイレ kt リ」と聞こえています。また、i があいまい母音で「d レ kt リ」と聞こえる場合もあります。ストレスはいずれも第 2 音節です。

di · **rect** · ly

皿トレ ③解説を読む ④ゆっくり音読 ⑤オーバーラッピング ⑥キモチオンドク

Date ／③④⑤⑥ Date ／③④⑤⑥ Date ／③④⑤⑥

5. スクリプト 31_2_5 W: M:

W: I'll go over the financial results later.

M: (A) What is the best season in the coastal areas?

(B) Let me do it.

(C) It'll depart late at night.

女性： 後で決算書を確認します。

男性： (A) 海岸地域ではいつが最も良い季節ですか。

(B) 私にやらせてください。

(C) それは夜遅くに出発します。

解説＆トレーニングポイント

後で決算書を確認するという発言に対して、自分にやらせてほしいと申し出ている (B) が正解です。(C) は later と late を使った音のヒッカケです。

I'll go over the financial results later.

I'll をカタカナ式の「アイル」で覚えている方は、音声をよく聞いて正しい音で上書きしましょう。このナレーターは「アゥ」のような弱く短い音で発話しています。

皿トレ ③解説を読む ④ゆっくり音読 ⑤オーバーラッピング ⑥キモチオンドク

Date ／ ③④⑤⑥ Date ／ ③④⑤⑥ Date ／ ③④⑤⑥

6. スクリプト 31_2_6 W: W:

W: What qualifications are required to apply for the receptionist position?

W: (A) Did you request immediate delivery?

(B) Nancy is next to the door.

(C) Nothing in particular.

女性： 受付係に応募するにはどのような資格が必要ですか。

女性： (A) 即時配達を頼みましたか。
(B) Nancy はドアのそばにいます。
(C) 特に何も。

□qualification 資格
□be required to *do* …するよう求められている
□immediate 即時の □in particular 特に

解説＆トレーニングポイント

受付係に応募するために必要な資格が問われていますが、Nothing in particular（特に何も）と肩透かしのような応答の（C）が正解です。in particular は「特に」という意味で文頭や文末に置かれ particularly と同じように副詞として機能しています。

（A）は required と request の音のヒッカケです。（B）は受付係から連想される錯乱肢になっています。

What qualifications / are required / to apply / for the receptionist position?

11 語とパート 2 としては長めの問いかけ文です。語数が多いと聞き取りの難易度が上がり、もたもたしていると選択肢まで聞き逃してしまいます。スラッシュを入れたところが意味のカタマリなので、そこまでをゆっくりで良いので意味をかみしめるように音読をしてみましょう。すらっと言えるようになったら、文末までを通して音読をします。最後にリッスン＆リピートで仕上げをしておきましょう。

Date ／③④⑤⑥ Date ／③④⑤⑥ Date ／③④⑤⑥

Part 3 スクリプト 31_3 W: M:

Questions 7 through 9 refer to the following conversation and list.

W: Hi, Jerry. I called you earlier about the size of the window. (7) I needed you to measure it so that I could order some new curtains.

M: Yes. I've measured it. (8) It's one hundred ninety centimeters wide and ninety centimeters tall.

W: Thanks for that. But that isn't the exact size, though.

M: True, but we can get one which can cover the whole window. (8) It doesn't matter if it's a little bigger.

W: That's true. (9) By the way, do you know where Helen is?

Type A	Width 175 cm x Length 65 cm
Type B	Width 185 cm x Length 75 cm
Type C	Width 195 cm x Length 85 cm
Type D	Width 205 cm x Length 95 cm

問題 7-9 は次の会話と一覧表に関するものです。
女性： こんにちは、Jerry さん。窓のサイズについてさっき電話したんですよ。新しいカーテンを注文するのに測ってもらう必要があったので。
男性： ええ。測ってあります。幅が 190cm で、高さが 90cm です。
女性： ありがとう。だけど、それは正確なサイズではないですよね。
男性： そうなんですが、窓全体を覆うものでうまくいきます。少し大きくても問題ないんです。
女性： その通りですね。ところで、Helen さんはどこにいるか知っていますか。

Aタイプ	幅 175 cm x 長さ 65 cm
Bタイプ	幅 185 cm x 長さ 75 cm
Cタイプ	幅 195 cm x 長さ 85 cm
Dタイプ	幅 205 cm x 長さ 95 cm

Q □put up …の飾り付けをする

7. What does the woman want Jerry to do?

(A) Put up some curtains before a meeting
(B) Provide information about a window
(C) Accompany her on a business trip
(D) Increase a budget for office furniture

女性は Jerry に何をしてほしいと思っていますか。

(A) 会議の前にカーテンを付ける。
(B) 窓についての情報を提供する。
(C) 彼女の出張に同行する。
(D) オフィス家具の予算を増やす。

女性が登場人物の Jerry に何かを依頼する場面だろうと予測します。

8. Look at the graphic. Which curtain size will the woman order?

(A) Type A
(B) Type B
(C) Type C
(D) Type D

図を見てください。どのサイズのカーテンを女性は注文しますか。

(A) A タイプ
(B) B タイプ
(C) C タイプ
(D) D タイプ

選択肢の並びから、正解のヒントはサイズが読まれるだろうと予測します。男性が「幅 190cm、高さ 90cm」と述べて、それに該当する Type はないのですが、男性の It doesn't matter if it's a little bigger. という情報と関連させて正解の（D）を選ぶ必要があります。超上級者向けの難問です。

9. What does the woman ask about?

(A) When to invite a client
(B) How much to spend on a project
(C) Where to find a coworker
(D) Who to assign some work to

女性は何について尋ねていますか。

(A) 顧客をいつ招待するか。
(B) プロジェクトにいくら使うか。
(C) 同僚をどこで見つけるか。
(D) 仕事を誰に割り振るか。

女性が最後のセリフで正解のヒントを述べるだろうと予測します。

解説 & トレーニングポイント

I needed you to measure it so that I could order some new curtains.

状況、人物の関係がつかみにくい会話です。部分的にしか聞こえていないとカーテンを売る店の店員と客の会話のように誤解してしまいます。この英文は、女性が男性に窓の寸法を測ってほしいと依頼していますが、you を聞き逃すと女性自身が測る必要があると聞き間違えてしまい、そこから文脈がおかしくなってしまいます。I need you to は I want you to と同じく意味を取り違えやすい構文なので注意しましょう。

Part 4 スクリプト 31_4 M

Questions 10 through 12 refer to the following advertisement.

Why do we use logos? Because they work! Logos can be seen on the tallest of buildings and the smallest of devices. (10) That's why you need Promote Me to make your logo look perfect on your choice of thousands of promotional items. These are high-quality items that people use daily, keeping your company front and center. With our exceptional customer service and hundred-percent money-back guarantee, your project will look great and be done right. (11) It's a no-risk way to be totally satisfied. (12) Don't have a logo? Have our Art Assistance team design one for you for free! Text DESIGN to 88488, that's 88488, and our team will get in touch with you. Put your logo to work with Promote Me.

問題 10-12 は次の宣伝に関するものです。

なぜ我々はロゴを使うのでしょうか。成果が出るからです！ ロゴは最も高いビルにも最も小さい機器にも見られます。このことが、御社が選ぶ何千という販促用品で使うロゴがぴったりと映えるようにするため、Promote Me 社が必要な理由です。こうした商品は人々が毎日使う高品質の物であり、あなたの会社に常に目を止まらせます。当社の抜群な顧客サービスと、100% の返金保証で、御社のプロジェクトが素晴らしいものとなり、しっかりと成し遂げられるでしょう。完璧に満足していただける、リスクがない方法です。ロゴがないのですか。当社の Art アシスタントチームに 1 つ無料で御社のためにデザインさせてください。88488 まで、88488 ですよ、DESIGN とテキストメッセージを送ってください。当社のチームがご連絡を差し上げます。Promote Me で御社のロゴの成果を出しましょう。

- □exceptional 例外的な、並外れた
- □get in touch with …と連絡を取る
- **Q** □turnaround 業績の回復
- □complimentary 無料の、優待の

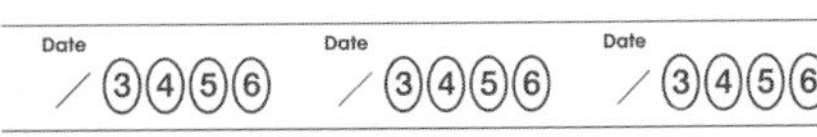

10. What does the company mainly offer?

(A) Design services
(B) Building materials
(C) Computer parts
(D) Accounting services

その会社は何を主に提供していますか。

(A) デザインサービス
(B) 建築資材
(C) コンピュータ部品
(D) 会計サービス

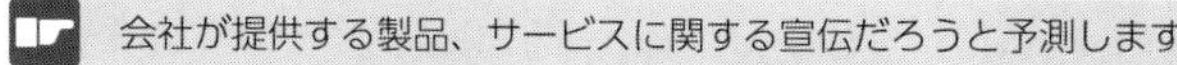
会社が提供する製品、サービスに関する宣伝だろうと予測します。

11. What does the speaker promise?

(A) An immediate boost in sales
(B) A meeting in person
(C) Quick turnaround
(D) Complete satisfaction

話し手は何を約束していますか。

(A) 売上高の即時増加
(B) 対面での会議
(C) 即時好転
(D) 完璧な満足

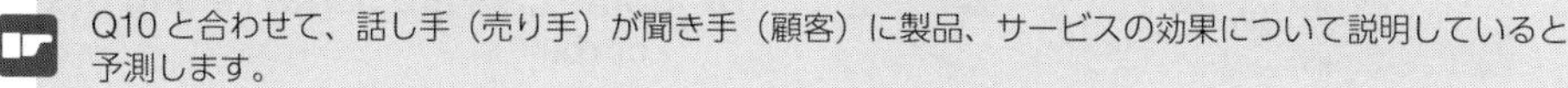
Q10と合わせて、話し手（売り手）が聞き手（顧客）に製品、サービスの効果について説明していると予測します。

12. Why are listeners encouraged to send a text?

(A) To learn more about promotional items
(B) To receive a discount for an order
(C) To get a complimentary service
(D) To enter a logo into a contest

聞き手たちはなぜテキストメッセージを送るように促されているのですか。

(A) 販促用品についてもっと知るため。
(B) 注文を割引してもらうため。
(C) 無料サービスを受けるため。
(D) コンテストにロゴを出品するため。

トーク終盤に正解のヒントが述べられるだろうと予測します。

解説＆トレーニングポイント

Have our Art Assistance team design one for you for free!

この英文で使われている「have + A（目的語）+ B（動詞の原形）」は「AにBをさせる」という意味の使役動詞を使った構文です。この英文には主語がなく、動詞から始まっており、命令文のかたちとなっているので、直訳で「Art アシスタントチームにデザインさせなさい」という意味が文脈から「Art デザインチームにデザインさせてください」という提案になっています。自分がこの Promote Me 社の宣伝担当者になったつもりで、この英文にキモチを込めて無料デザインサービスを提案してみましょう。

 1(B) 2(B) 3(C) 4(A) 5(B) 6(B) 7(B) 8(B) 9(D) 10(B) 11(C) 12(B)

Part 1

1.

(A) ジャケットが広げられているところである。
(B) 何台かの車が縁石に沿って駐車されている。
(C) 男性が中庭で休憩している。
(D) 男性が柱の方へ歩いている。

□unfold（折り畳んだもの）を広げる
□curb 縁石
□courtyard 中庭
□pillar 柱

スクリプト 32_1  M

(A) A jacket is being unfolded.
アンfオーゥデッd ×アンフォールディッド

(B) Some cars are parked along the curb.

(C) A man is resting in a courtyard.

(D) A man is walking towards a pillar.

解説＆トレーニングポイント

（A）unfold は要注意の単語。fold が「畳む」なので、その反対の unfold は「広げる」です。音がよく似た hold「抱える」と聞き間違えると、「ジャケットが抱えられている」という意味になってしまい正解だと思ってしまいます。

（B）車が駐車している場面は以下の英文も正解となります。

Some cars are lined up along the curb.

（C）の courtyard、（D）の pillar はパート 1 の重要語なのでイラストでイメージを確認しておきましょう。

courtyard

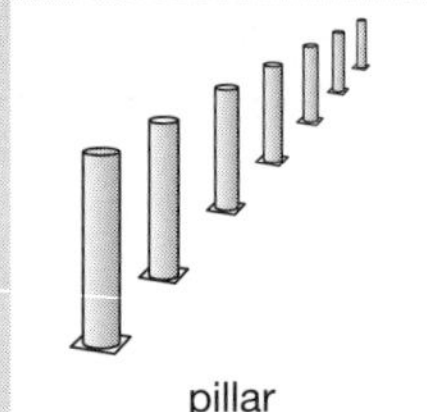
pillar

 ③解説を読む ④ゆっくり音読 ⑤オーバーラッピング ⑥キモチオンドク

Date ／③④⑤⑥ Date ／③④⑤⑥ Date ／③④⑤⑥

Part 2

2. スクリプト 32_2_2 W: M:

W: You called the technician, didn't you?

M: (A) Yes, I earned a Master of Engineering.

(B) Not yet.

(C) Why don't you ask for help?

女性： あなたは技術者に電話をしたのですよね。

男性： (A) はい、私は工学修士号を取得しました。

(B) まだです。

(C) なぜ手助けを頼まないのですか。

□earn …を受けるに値する、(学位)を取る

解説＆トレーニングポイント

技術者に電話をしたかどうかが問われ、まだしていないと答えている (B) が正解です。(C) は男性がまだ電話をしていない、と答えた後に、女性が述べるセリフなので、会話の流れが混乱してしまった人に対する錯乱肢です。

You called the technician, didn't you?

原形のcallを聞き取るのが苦手だと、その過去形のcalledも聞き取りにくくなります。カタカナ式の「コールド」とは全く異なる「コー d」または「コーゥ d」のように聞こえる音です。基礎単語であるcalledを聞き逃すだけで、この問題は難問になってしまいます。

Date ／ ③④⑤⑥ Date ／ ③④⑤⑥ Date ／ ③④⑤⑥

3. スクリプト 32_2_3 M: W:

M: Could you tell me how to correct the data?

W: (A) I'm sorry I must have attached the wrong one.

(B) I was collecting some stamps.

(C) Sorry, I have my hands full now.

男性： データの修正の仕方を教えてもらえますか。

女性： (A) すみません、間違ったものを添付してしまったようです。

(B) 私は切手を集めていました。

(C) すみません、今は手がいっぱいです。

解説＆トレーニングポイント

データの修正方法を教えてもらえるかと問われ、今は手がふさがっていて手伝えないと答えている（C）が正解です。(A) は形容詞の correct（正しい）と wrong（間違っている）を対比させた錯乱肢です。(B) は correct と似た音の collect を使った音のヒッカケです。

Could you tell me how to correct the data?

オーストラリア人ナレーターは data を「ダァタ」と発音するので、この音に慣れていない場合は単語と音を結びつけておきましょう。

皿トレ ③解説を読む ④ゆっくり音読 ⑤オーバーラッピング ⑥キモチオンドク

Date	Date	Date
／ ③④⑤⑥	／ ③④⑤⑥	／ ③④⑤⑥

4. スクリプト 32_2_4 W: M:

W: When did you leave a message?

M: **(A) I didn't make the call.**

(B) By the middle of next week.

(C) I thought it was on your desk.

女性： あなたはいつメッセージを残しましたか。

男性： (A) 私は電話していません。
(B) 来週半ばまでにです。
(C) あなたの机の上だと思いました。

解説 & トレーニングポイント

会話のつながりを理解して解くタイプの難問です。女性は男性が留守電にメッセージを残したという前提で質問をしていますが、男性が自分はメッセージを残していないと回答した（A）が正解です。男性がメッセージを残しただろうというのは女性の思い込みだったか、または、別の第三者がメッセージを残した、などの状況が推測できます。

I didn't make the call.

電話をかけるという状況はパート2、3、4で頻繁に登場するので、この英文で完全に覚えてしまいましょう。

make a call（電話をかける）
make a phone call（電話をかける）

なお、「～に電話をかける」と言う場合は call ～という表現になります。

Please call me at extension 123.（内線 123 番に電話をください）

Date ／③④⑤⑥ Date ／③④⑤⑥ Date ／③④⑤⑥

5. スクリプト 32_2_5 M: W:

M: Why do we need an extra ticket?

W: (A) It's scheduled to be held in July.

(B) Susan wants to join us.

(C) In today's interview.

男性： なぜチケットがもう１枚必要なのですか。
女性： (A) ７月に開催予定です。
(B) Susan も私たちと一緒に参加したいからです。
(C) 今日のインタビューでです。

解説＆トレーニングポイント

チケットがもう１枚必要な理由について問われ、Susan が参加をしたい、つまり Susan 用にもう１枚必要だと答えている（B）が正解です。

Why do we need an extra ticket?

日本語の「エクストラ」は特別な、特殊なという語感があるので、extra ticket を「特別なチケット」ととらえてしまうと、正解の（B）とのつながりがしっくりとしません。extra は「通常、または現状の量に加えて」という意味です。

皿トレ ③解説を読む ④ゆっくり音読 ⑤オーバーラッピング ⑥キモチオンドク

Date ／ ③④⑤⑥ Date ／ ③④⑤⑥ Date ／ ③④⑤⑥

6. スクリプト 32_2_6 M: W:

M: How did you get the stove at such a low price?

W: (A) Let's put it above the stove.

(B) Charlie gave me a voucher.

(C) I'll call the store if your booking is available.

男性： どうやってコンロをそんなに安い価格で手に入れたのですか。

女性： (A) コンロの上のほうにそれを置きましょう。

(B) Charlie が私に割引券をくれたのです。

(C) 私が店に電話をしてあなたが予約できるか聞いてみます。

解説＆トレーニングポイント

コンロを安く手に入れた方法について問われ、Charlie がくれた割引券で安く購入できたと答えている (B) が正解です。(A) は問いかけ文に登場する stove を使った音のヒッカケです。(C) は問いかけ文を「どうやったらコンロを手に入れられるか」と聞き間違えた人に対する錯乱肢です。

How did you get the stove at such a low price?

ここでの stove は暖房器具ではなく、キッチンにあるコンロのことです。この問題では stove の意味がわからなくても解答はできますが、パート 1 に登場したときには、意味を正確に理解しておく必要があります。画像検索を使ってイメージと共に記憶しておくことをお勧めします。なお、音は「s トー v」ではなく「s トウ v」であることに注意してください。

皿トレ ③解説を読む ④ゆっくり音読 ⑤オーバーラッピング ⑥キモチオンドク

Date	Date	Date
／ ③④⑤⑥	／ ③④⑤⑥	／ ③④⑤⑥

Part 3 スクリプト 32_3 M1: (オーストラリア) M2: (アメリカ) W: (カナダ)

Questions 7 through 9 refer to the following conversation with three speakers.

M1: I'm working on Julie Martin's book tour. The Cincinnati bookstore just canceled on me. They think attendance will be low because (7) there's a big festival going on in the city that weekend. So I'm trying to figure out what to do.

M2: Are there other potential locations there?

M1: We did visit quite a few bookstores there, and several seemed interested.

W: Yes, but don't discount the Cincinnati bookstore's opinion. (8) They're probably right. (9) If they're willing to reschedule for a different weekend, you wouldn't have to start all over again.

M1: (9) That's a great idea. Since it's early enough in the planning process, the date doesn't matter too much.

M2: OK, let's try that.

問題 7-9 は 3 人の話し手による次の会話に関するものです。
男性 1： Julie Martin さんの書籍で書店でのプロモーションに取り組んでいるんですが。Cincinnati 書店がたった今キャンセルしてきたんです。その週末は大きな祭りが市内であるので参加者が少ないと思ったそうです。それで、どうしたらいいか考えています。
男性 2： そのあたりで他にできそうな場所はないでしょうか。
男性 1： そこの結構多くの店を我々は訪ねましたが、興味を持ってくれた店はいくつかある感じです。
女性： そうですね、ただ Cincinnati 書店の意見を軽く見てはだめですよ。彼らはおそらく正しいと思います。別の週末に予定を変更したいということでしたら、最初からやり直す必要はないですよ。
男性 1： それはいい考えですね。計画は十分に早い段階なので、日程はそんなに問題ありません。
男性 2： そうですね、そうしてみましょう。

□figure out 考え出す、見つけ出す □discount …を軽視する、…を割引して聞く
□start all over again 最初からやり直す Q □draw …を引き付ける
□convince X to *do* X を説得して…させる (= persuade) cf. convince A of B A に B を確信させる

③解説を読む ④ゆっくり音読 ⑤オーバーラッピング ⑥キモチオンドク

Date ／ ③④⑤⑥ Date ／ ③④⑤⑥ Date ／ ③④⑤⑥

7. Why did the bookstore cancel the tour?

(A) They cannot attend the book tour.
(B) Another event would draw their attendees.
(C) They decided to have a big sale instead.
(D) Their new manager does not like the idea.

なぜ書店は書籍のプロモーションをキャンセルしたのですか。

(A) 彼らはサイン会に出られない。
(B) 他のイベントが参加者を集める。
(C) 代わりに大きなセールをすることに決めた。
(D) 新しい店主がその考えを気に入らない。

書店ツアー（book tour）がキャンセルされることについて、会話が進行していくことがわかります。書店ツアーとは、著者や出版社が書店をまわって行う本の販売促進活動のことで、TOEIC の世界でもよく開催されています。

8. What does the woman mean when she says, "don't discount the Cincinnati bookstore's opinion"?

(A) The store should not get a lower price.
(B) The store may be making an intelligent decision.
(C) The men need to ask another store's advice.
(D) The men should speak with the boss.

女性は"don't discount the Cincinnati bookstore's opinion"という発言で、何を意図していますか。

(A) 店がより低い価格にすべきではない。
(B) 店は賢い決断をしているのかもしれない。
(C) 男性たちは他の店のアドバイスを求める必要がある。
(D) 男性たちは上司と話すべきだ。

この discount は「～を軽視する」という意味の動詞です。Cincinnati 書店の意見が何なのか、そしてなぜそれを軽視してはいけないと女性が述べるのかを聞き取るようにします。

9. What will the speakers most likely do?

(A) Convince the store to keep the same date
(B) Invite another guest speaker to the event
(C) Promote the event online
(D) Use the same store on a different date

話し手たちは何をすると考えられますか。

(A) 同じ日に行うように店を説得する。
(B) イベントに他のゲストスピーカーを招く。
(C) イベントをネットで宣伝する。
(D) 同じ店を違う日に使用する。

話者たちが会話後半でこれから行うことの提案をするだろうと予測します。

解説＆トレーニングポイント

Since it's early enough in the planning process, the date doesn't matter too much.

このmatterは「重要である」という意味の自動詞で、しばしばdoesn't matterで「～は重要ではない」という使い方をします。この英文では、書店ツアーをいつ行うかという日程は重要ではない、という意味でQ9の正解を特定するキーフレーズになっています。

なお、誰かにとって重要ではない、という場合にはmatter toという語法も重要です。以下の英文はパート2にも出題される可能性があるので、音読して覚えておきましょう。

It doesn't matter to me.

Part 4 スクリプト 32_4 M

Questions 10 through 12 refer to the following advertisement.

10 The Housman School of Music is holding its annual open day on Friday, March 23. Potential students, as well as their friends and family, are welcome to attend. For over 50 years, the Housman School of Music has been Greenville's top music school. 11 People come from all over Europe to learn from our highly trained instructors, all of whom have years of industry experience. During the event, some of them will be demonstrating classes and mini-concerts will be given at the modern concert hall by current students and graduates. Entry is free, of course. 12 Don't miss this great opportunity but enjoy the event.

問題 10-12 は次の宣伝に関するものです。

Housman 音楽学校は 3 月 23 日金曜日に年に 1 度のオープンスクールを開催します。ご入学をお考えの方々とそのお友達、ご家族の参加を歓迎いたします。50 年以上にわたり、Housman 音楽学校は Greenville でトップの音楽学校です。業界で何年もの経験がある、大変熟練した当校の講師から学ぶために、ヨーロッパ中から人々が来ています。イベントの間、何名かの講師の模擬授業があり、在校生と卒業生によるミニコンサートが最新式のコンサートホールで行われます。入場はもちろん無料です。この素晴らしい機会を逃さず、イベントを楽しんでください。

□potential 将来性がある Q □prospective 有望な、見込みのある □temporary 一時的な
□encourage X to *do* Xに…するよう奨励する・勧める □reassure …を再保証する
□argue for …に賛成である

Date ／ ③④⑤⑥ Date ／ ③④⑤⑥ Date ／ ③④⑤⑥

10. What is the purpose of this advertisement?

(A) To seek donations for a charity concert
(B) To attract prospective students
(C) To introduce a new music class
(D) To recruit temporary teaching assistants

この広告の目的は何ですか。

(A) 慈善コンサートの寄付を求めるため。
(B) 入学を考えている学生を引き付けるため。
(C) 新しい音楽クラスを紹介するため。
(D) 一時的な授業の助手を採用するため。

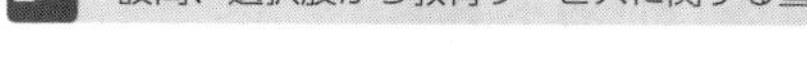

設問、選択肢から教育サービスに関する宣伝だろうと予測します。

11. What is the school known for?

(A) Beautiful facilities
(B) Excellent graduates
(C) Experienced teachers
(D) Reasonable tuition fees

学校は何で有名ですか。

(A) 美しい施設
(B) 優れた卒業生
(C) 熟練した講師陣
(D) 手頃な学費

選択肢を読み終えたら、もう一度、facilities、graduates、teachers、fee を縦読みして、学校について述べられる特徴を待ち受けるようにして聞き取ります。

12. Why does the speaker say, "Entry is free"?

(A) To show the reason why an event is popular
(B) To encourage people to attend
(C) To reassure listeners about the quality of entertainment
(D) To argue for a more efficient system

話し手はなぜ、"Entry is free" と言っているのですか。

(A) イベントが人気である理由を示すため。
(B) 人々に参加するよう促すため。
(C) 質が良いエンターテインメントだと聞き手を安心させるため。
(D) より効率的なシステムについて議論するため。

Entry is free は「入場料、入学金が無料」という意味で、このセリフを補足している部分から話者の意図を特定するようにします。

解説 & トレーニングポイント

Potential students, as well as their friends and family, are welcome to attend.

potential は「潜在的な」という意味の形容詞で、potential students とは自分の学校の生徒になってくれる可能性のある人たちのことです。

potential を使った頻出フレーズの potential customer とは企業にとって自社の製品、サービスを購入してくれる可能性のある人たちを意味します。

また、この英文では as well as 以下の挿入句が主語 Potential students と同等に扱われる人の情報を補足していることを意識して音読しておきましょう。

Drill 33 解説とトレーニング

 1(A) 2(A) 3(A) 4(C) 5(A) 6(C) 7(B) 8(D) 9(A) 10(D) 11(A) 12(C)

Part 1

1.

(A) 男性の１人が筆記具を使っている。
(B) 女性の１人が髪を結い上げている。
(C) ジャケットが物干し綱に掛けられているところである。
(D) 受付カウンターが拭かれているところである。

□tie up …を束ねる･結ぶ　□line 物干し綱
□wipe off …を拭き取る

スクリプト 33_1  M

(A) One of the men is using a writing tool.
ゥライティントゥーゥ

(B) One of the women is tying her hair up.

(C) A jacket is being hung on the line.
ハンゴン

(D) A reception counter is being wiped off.
リセプション ×レセプション

解説＆トレーニングポイント

(A) pen が writing tool と抽象化され、さらに聞き取りにくい音になっている点がこの選択肢を難しくしています。

(B) tie（tying）は「結ぶ」という意味で、パート１ではボートや靴紐を結んでいる写真が出題されます。

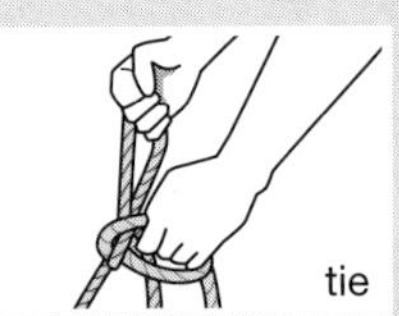

A man is tying a boat to the dock.（男性が埠頭にボートを結わい付けている）
A woman is tying her shoelaces.（女性が靴紐を結んでいる）

(D) wipe は「拭く」という意味の動詞です。車の窓ガラスを拭くものは wiper「ワイパー」です。

 ③解説を読む ④ゆっくり音読 ⑤オーバーラッピング ⑥キモチオンドク

Date ／③④⑤⑥　Date ／③④⑤⑥　Date ／③④⑤⑥

Part 2

2. スクリプト 33_2_2 M: M:

M: Where are all the automobile parts stored?

M: **(A) I'm sorry, I don't know.**

(B) The phone was misplaced.

(C) I think it was Ted.

男性： すべての自動車部品はどこに保管されていますか。

男性： (A) すみません、わかりません。
(B) 電話が置き忘れられていました。
(C) Ted だったと思います。

□misplace …を置き違える、置き忘れる

解説＆トレーニングポイント

問いかけ文では自動車部品の場所が問われていますが、正解（A）ではその場所がわからないと答えています。where などの WH 疑問文に対して、問われている情報を知らないと答えるのは定番パターンです。（B）は stored から連想した場合の錯乱肢です。（C）は where を who と聞き間違えた人に対する錯乱肢です。

Where are all the automobile parts stored?

先頭はもやっとした、似たような音が連続しているので聞き取りが難しい部分です。ここを適当にやり過ごしてしまうと、いつまでたってもリスニング力は上がりません。まずは音声で先頭部分の音をよく聞いて耳に馴染ませて、次に自分でも真似して声に出してみましょう。仕上げには文全体を音読しておきましょう。

皿トレ ③解説を読む ④ゆっくり音読 ⑤オーバーラッピング ⑥キモチオンドク

Date ／③④⑤⑥ Date ／③④⑤⑥ Date ／③④⑤⑥

3. スクリプト 33_2_3 W: M:

W: What's causing the software to run slowly?

M: **(A) Shall we call the help desk?**

(B) I work for CT Technologies.

(C) He's solely responsible for the promotional campaign.

女性： なぜソフトウェアの動きが遅いのですか。

男性： (A) ヘルプデスクに電話をしましょうか。
(B) 私はCT Technologies社で働いています。
(C) 彼は販促キャンペーンの全責任を負っています。

□solely 単独で、たった一人で

解説＆トレーニングポイント

問いかけ文を直訳すると「ソフトウェアの動きを遅くさせているのは何ですか」で、原因を問うています。それに対して、ヘルプデスクに電話をかけて原因を問い合わせるという提案をしている（A）が正解です。

(B)はsoftwareからtechnologyを連想させる錯乱肢になっています。(C)はslowlyとsolelyの音のヒッカケです。なお、solelyの発音はeは読まれず「ソウリィ」である点に注意してください。

Shall we call the help desk?

Lの音はハッキリした「ル」ではなく弱い「ウ」に近い音です。Shallは後ろのweとくっついて「シャウィ」のように聞こえます。callはllの部分はほぼ聞こえず「コー」のように発音されています。helpは「ヘウプ」です。これらの点を意識しながら、繰り返しネイティブの発音を聞いてLの正しい音を耳に馴染ませておきましょう。

Date ／ ③④⑤⑥ Date ／ ③④⑤⑥ Date ／ ③④⑤⑥

4. スクリプト 33_2_4 M: W:

M: Don't you have to talk to Vanessa about the company picnic?

W: (A) Who was the speaker?

(B) The clinic is right across from the fitness center.

(C) Thanks for reminding me.

男性： あなたは野外親睦会について Vanessa と話さなくてもいいのですか。

女性： (A) 誰が講演者でしたか。

(B) そのクリニックはフィットネスセンターの真向かいです。

(C) 思い出させてくれてありがとう。

解説＆トレーニングポイント

野外親睦会について Vanessa と話さなくてもいいのかと問われ、その忠告に対してお礼を言っている（C）が正解です。（A）は talk から speaker を連想させる錯乱肢です。

Don't you have to talk to Vanessa about the company picnic?

疑問文の形をしていますが、don't you have to は相手に対して、提案、注意をうながすときのフレーズとして使われます。目の前にいる人に、Vanessa に話してみるべきでは、というキモチを込めて 10 回音読をしておきましょう。

皿トレ ③解説を読む ④ゆっくり音読 ⑤オーバーラッピング ⑥キモチオンドク

Date ／③④⑤⑥ Date ／③④⑤⑥ Date ／③④⑤⑥

5. スクリプト 33_2_5 W: M:

W: The maintenance work took a lot of time to complete, didn't it?

M: **(A) It's not done yet.**

(B) To maintain high performance.

(C) Throughout the entire wall.

女性： 保守作業が終わるまで長い時間がかかりましたよね。

男性： (A) まだ終わっていません。
(B) 高い性能を保つためです。
(C) 壁全体を通してです。

解説&トレーニングポイント

保守作業を終わらせるのに長時間がかかったかと問われ、まだ終わっていないと答えている（A）が正解です。（B）は maintenance と maintain を使った音のヒッカケです。（C）は maintenance work から wall を連想させる錯乱肢です。

The maintenance work took a lot of time to complete, didn't it?

12 語というパート 2 としては長めの文であることと、無生物主語が使われている点がこの文の聞き取りを難しくしています。人称代名詞が主語の文に比べると、無生物主語の場合は述語動詞を特定しにくくなるためです。この文の場合は、took a lot of time の部分までを聞き取って文構造が把握できたかどうかが、ポイントになってきます。

皿トレ ③解説を読む ④ゆっくり音読 ⑤オーバーラッピング ⑥キモチオンドク

Date ／ ③④⑤⑥ Date ／ ③④⑤⑥ Date ／ ③④⑤⑥

6. スクリプト 33_2_6 W: M:

W: Are there enough materials or should I prepare more?

M: (A) As a study material.

(B) To thank all the employees.

(C) Please do so just in case.

女性： 資料は十分にありますか、それとももっと準備すべきですか。

男性： (A) 検討材料としてです。
(B) 全従業員に感謝するためです。
(C) 念のため、そうしてください。

□just in case 万一に備えて

解説＆トレーニングポイント

資料が十分にあるか、あるいはもっと準備すべきかが問われ、念のためにそうしてと答えている（C）が正解です。（A）は material(s) を使った音のヒッカケです。

Please do so just in case.

do so は prepare more を言い換えています（do は prepare の代動詞）。in case は「万が一の場合」という意味で、やや軽いニュアンスを込める場合には just in case として使われることがあります。この英文では、「念のため、資料が足りない場合に備えて」という文意になります。

皿トレ ③解説を読む ④ゆっくり音読 ⑤オーバーラッピング ⑥キモチオンドク

Date ／③④⑤⑥ Date ／③④⑤⑥ Date ／③④⑤⑥

Part 3 スクリプト 33_3 M: W:

Questions 7 through 9 refer to the following conversation.

M: Hi. I wasn't home when the mail carrier tried to deliver a box today, so I'm here to pick it up. 7 She left this card in my mailbox.

W: 8 Do you have your driver's license or something official with your photo and name on it?

M: Yes. Here you are. By the way, do I always have to come in to pick up a package if I get a card like this?

W: 9 You can visit our Web site and request that your mail person drop it off another day. I can give you the instructions if you want. Anyway, let me go back in and find your box now.

問題 7-9 は次の会話に関するものです。
男性： こんにちは。配達の人が今日荷物を届けに来たときに不在にしていたので、それを取りに来たのですが。郵便受けにこの用紙が置いてありました。
女性： 運転免許証か、写真付きで名前入りの何か公的なものをお持ちですか。
男性： はい。これです。ところで、このような用紙をもらったら、荷物をいつも取りに来ないといけないのですか。
女性： 当社のホームページで配達員に別の日に届けてもらうようにリクエストできますよ。お望みであれば説明書を差し上げますが。いずれにしろ、まずは、中に入ってお荷物を探させていただきます。

□drop off …を置いて行く　Q □be supposed to *do* …することになっている

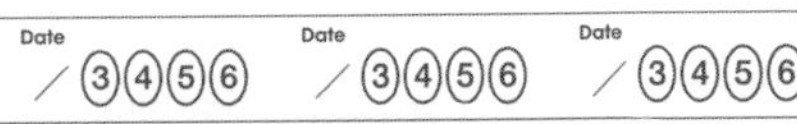

7. What does the man mention about the card?

(A) A mail person's phone number is on it.
(B) A delivery person left it at his house.
(C) He was supposed to deliver it today.
(D) He can't remember where he put it.

男性はそのカードについて何と述べていますか。

(A) 配達員の電話番号が載っている。
(B) 配達員が彼の家に置いていった。
(C) 彼は今日それを配達する予定だった。
(D) 彼はどこにそれを置いたか思い出せない。

☞ 男性がカードについて述べているセリフが正解のヒントになります。

8. What does the woman ask for?

(A) An invoice
(B) The man's address
(C) The man's signature
(D) A form of identification

女性は何を求めていますか。

(A) 請求書
(B) 男性の住所
(C) 男性の署名
(D) 身分証明書

☞ 住所、署名、身分証明書は店側が求めるものなので、女性が店員、男性が客なのではと予測します。

9. What does the woman say the man can do online?

(A) Ask for redelivery
(B) Confirm an order status
(C) Obtain a discount coupon card
(D) See the office floorplan

女性は男性が何をインターネットでできると言っていますか。

(A) 再配達を頼む。
(B) 注文の状況を確認する。
(C) 割引クーポン券を取得する。
(D) 会社の間取り図を見る。

☞ インターネットでできることとは、商品、サービスを提供する側なので、女性が店員、男性が客なのではと予測します。

解説&トレーニングポイント

By the way, do I always have to come in to pick up a package if I get a card like this?

このセンテンスから後半は、不在時の再配達の方法についての話題に変わります。ぼんやりと聞いて、荷物の受け取りにすでに来店しているのに、来店する必要があるのか？と疑問に思ってしまうと、そこで文脈が追えなくなってしまいます。そこで、キーポイントになってくるのがalwaysという副詞です。このalwaysによって、不在票（card）があった場合には、「いつも」来店しなくてはならないか、という意味が明確になるのです。alwaysはカタカナ式の「オールウェイズ」ではなく、「オーウェイz」に近い音であることを確認しておきましょう。

Part 4 スクリプト 33_4 W

Questions 10 through 12 refer to the following announcement and program.

Welcome to the fifth annual Leadership Conference! Today we have three fantastic speakers lined up for you. (10) If you would open your programs quickly to the schedule page, I'd like to inform you of a change. (11) Alan Vidal was scheduled first in the Willow Room. However, Mr. Vidal is having car troubles and will therefore switch with the last speaker of the day, Randall Reed. Jeanette Weinberg will remain in the noon slot. Finally, don't forget to visit the marketplace. It is open from 10 A.M. to 5 P.M. in the lobby (12) and features companies with great products, motivational coaches, training programs, and more. Thank you and enjoy the conference!

Time	Session Title	Location
10:00 A.M. – 5:00 P.M.	Marketplace	Lobby
10:00 A.M.	Understanding the Difficulty of Workplace Ethics	Willow Room
1:00 P.M.	Creating a Budget with the Mission in Mind	Willow Room
3:00 P.M.	Finding and Recruiting Tomorrow's Leaders	Willow Room

問題 10-12 は次のお知らせとプログラムに関するものです。

第5回年次 Leadership Conference へようこそ。本日は皆さまのために3名の素晴らしい講演者を迎えております。プログラムを開いて、すぐ日程表をご覧いただけましたら変更をお知らせしたいと思います。Alan Vidal さんが Willow ルームでの最初の講演者でした。しかし、Vidal さんは車の故障がありまして、本日最後の講演者の Randall Reed さんと交代となりました。Jeanette Weinberg さんは変わらずお昼からの予定です。最後に、マーケットプレイスを訪れるのをお忘れになりませんように。午前10時から午後5時までロビーで開催されていまして、素晴らしい製品やモチベーションを上げる指導、研修プログラム等を扱う会社がそろっております。ありがとうございます、どうぞ会議をお楽しみください。

時間	セッション名	場所
午前10時から午後5時	マーケットプレイス	ロビー
午前10時	職場倫理の難しさを理解する	Willow ルーム
午後1時	使命を持って予算を作る	Willow ルーム
午後3時	明日のリーダーを見つけ、採用する	Willow ルーム

□slot 計画表などの位置 □marketplace 市場 □motivational 動機となる

10. What does the speaker ask listeners to do?

(A) Inform a speaker of a schedule change
(B) Find their seats in the Willow Room
(C) Pick up a new copy of the program
(D) Look at the day's schedule

話し手は聞き手たちに何をするよう求めていますか。

(A) 日程変更を話し手に伝える。
(B) Willow ルームに席を見つける。
(C) プログラムの新版を取る。
(D) その日の日程表を見る。

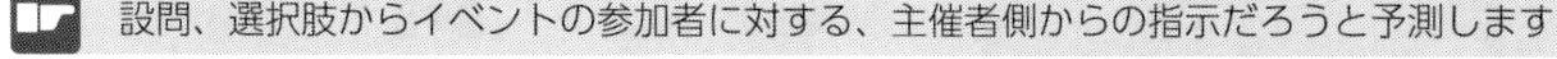

設問、選択肢からイベントの参加者に対する、主催者側からの指示だろうと予測します。

11. Look at the graphic. When can listeners learn about hiring leaders?

(A) 10:00 A.M.
(B) 1:00 P.M.
(C) 3:00 P.M.
(D) 5:00 P.M.

図を見てください。聞き手たちはリーダーを採用することについていつ学ぶことができますか。

(A) 午前 10 時
(B) 午後 1 時
(C) 午後 3 時
(D) 午後 5 時

選択肢には時間が並んでいるので、正解のヒントはセッション名、場所、またはその組み合わせだろうと予測するのが定石です。本問は、Willow Room の最初と最後のセッションが入れ替わったことを聞き取ったうえで、セッション内容から時間を特定するトリッキーな問題です。見方を変えると、採用に関するセッションが設定されている午後 3 時が正解になると、音声を聞かなくてもプログラムを見ただけで正解できてしまうので、午後 3 時が正解にならないように、スケジュール変更があるのだろうと予測することもできます。

12. What can listeners do at the marketplace?

(A) Apply for employment
(B) Network with the speakers
(C) Learn about some merchandise
(D) Win door prizes

聞き手たちはマーケットプレイスで何ができますか。

(A) 求人に応募する。
(B) 講演者と情報交換する。
(C) 商品について学ぶ。
(D) 入場時に渡されたくじに当たる。

具体的キーワードの marketplace を意識しながら、トーク終盤にヒントがあるだろうと予測します。

解説 & トレーニングポイント

Alan Vidal was scheduled first in the Willow Room. However, Mr. Vidal is having car troubles and will therefore switch with the last speaker of the day, Randall Reed.

最初の英文は、予定されていた（was scheduled）という過去時制を聞き取ることが重要です。was scheduled は音としては難しくないので、過去の事実だと認識できていたかが重要なのです。Alan Vidal が Willow ルームでの最初の講演者として予定されていた、ということは、今は変更になっているということなのです。それを受けて、however 以降で変更の理由、内容が述べられているという文脈を聞き取れるのが上級者のリスニングです。

1(C) 2(A) 3(B) 4(B) 5(A) 6(B) 7(C) 8(A) 9(B) 10(D) 11(C) 12(D)

Part 1

1.

(A) 男性の1人がいくつかの商品にタグを付けている。
(B) 箱が歩道を横切って運ばれているところである。
(C) 2人の男性が会話をしている。
(D) 2人の男性がいくつかのヘルメットを持ち上げている。

□walkway 歩道、通路

スクリプト 34_1  W

(A) One of the men is tagging some items.
サマイテムズ

(B) A box is being carried across a walkway.

(C) Two men are having a conversation.

(D) Two men are lifting some helmets.
ヘゥメッツ ×ヘルメッツ

解説&トレーニングポイント

(A) 動詞のtagは商品などに値札を付けることです。
(B) 歩道を表す単語はwalkwayの他に、sidewalk、side street、pavementが出題されます。
(D) helmetはprotective gear、protective equipment、protective itemなどに言い換えられて出題されることがあります。

③解説を読む ④ゆっくり音読 ⑤オーバーラッピング ⑥キモチオンドク

Date ／③④⑤⑥ Date ／③④⑤⑥ Date ／③④⑤⑥

Part 2

2. スクリプト 34_2_2 M: W:

M: Would you mind if I turn off the heater?

W: **(A) Not at all.**

(B) Make sure you keep your receipt.

(C) Let's turn left there.

男性： 暖房を切ってもかまいませんか。

女性： (A) 全くかまいません。
(B) レシートを必ず取っておいてください。
(C) そこで左に曲がりましょう。

解説＆トレーニングポイント

暖房を切っても良いかと問われ、「全く気にならない」、つまり「問題ない」と答えている (A) が正解です。(C) は turn を使った音のヒッカケです。

Not at all.

would you mind if は「～することが気になりますか」という意味のフレーズで、気にならない、つまり相手が取ろうとしている行動について肯定的に答える場合には、No や本問のように Not at all と答えます。定番のフレーズで、ひとカタマリの音として読まれるので、音が変化している様子を確認しておいてください。

トレ ③解説を読む ④ゆっくり音読 ⑤オーバーラッピング ⑥キモチオンドク

Date ／ ③④⑤⑥ Date ／ ③④⑤⑥ Date ／ ③④⑤⑥

3. スクリプト 34_2_3 M: W:

M: I decided to take over the position of the section chief.

W: (A) It depends on what you mean by "take off."

(B) What influenced your decision?

(C) The store has a wide selection of food items.

男性： 課長の職を私が引き継ぐことにしました。

女性： (A) それは「take off」という言葉をあなたがどういう意図で使うかによります。

(B) どうしてその決断をしたのですか。

(C) その店にはいろいろな種類の食料品があります。

解説＆トレーニングポイント

課長の職を引き継ぐことになったという発言に対して、どうして決断したのかと答えている（B）が正解です。(A) は take over と take off を使った音のヒッカケです。(C) は section と selection の音のヒッカケです。

What influenced your decision?

この英文を直訳すると「何があなたに影響を及ぼしたのか」という意味になります。女性は、男性が課長職を引き継ぐことに決めた理由を what で聞き出そうとしています。

皿トレ ③解説を読む ④ゆっくり音読 ⑤オーバーラッピング ⑥キモチオンドク

Date ／ ③④⑤⑥　Date ／ ③④⑤⑥　Date ／ ③④⑤⑥

4. スクリプト 34_2_4 W: M:

W: Which company did you outsource the task to?

M: (A) Outsourcing improves our efficiency.

(B) The one I called yesterday.

(C) It's produced by the company.

女性： どの会社に作業を外注したのですか。
男性： (A) 外注により当社の効率が上がります。
(B) 昨日私が電話した会社です。
(C) それはその会社により生産されます。

解説＆トレーニングポイント

どの会社に作業を外注したのかと問われ、昨日電話をした会社に外注したと答えている (B) が正解です。(A)はoutsourceとoutsourcingを使った音のヒッカケです。(C)はcompanyを使った音のヒッカケです。

Which company did you outsource the task to?

outsourceは「外注する」、「委託する」という意味の他動詞です。外注するものは、これまで社内の従業員がやっていた仕事などです。TOEICの世界では、業務の効率化や事業の拡大のためにoutsourceがよく行われています。

皿トレ ③解説を読む ④ゆっくり音読 ⑤オーバーラッピング ⑥キモチオンドク

Date ／③④⑤⑥ Date ／③④⑤⑥ Date ／③④⑤⑥

5. スクリプト 34_2_5 W: (Canada) W: (UK)

W: Who turned in this sales report?

W: **(A) Is there a problem?**

(B) In five hours.

(C) A drop in sales.

女性： 誰がこの売上報告書を提出しましたか。

女性： (A) 何か問題がありますか。
(B) 5時間でです。
(C) 売り上げの減少です。

□turn in（書類など）を提出する

解説 & トレーニングポイント

第2話者は第1話者の質問の意図を、売上報告書に何か問題があったためにその提出者を尋ねているのだろうと解釈し、Is there a problem?（何か問題がありますか）と質問で返した（A）が正解です。（B）は Who が When に聞こえた人に対する錯乱肢です。（C）は問いかけ文の sales を使った音のヒッカケです。

Who turned in this sales report?

話者は問題のあった売上報告書を指し示してこのセリフを言っているはずです。this（この）を強調して音読をしてみましょう。

③解説を読む ④ゆっくり音読 ⑤オーバーラッピング ⑥キモチオンドク

Date	Date	Date
／ ③④⑤⑥	／ ③④⑤⑥	／ ③④⑤⑥

6. スクリプト 34_2_6 W: M:

W: Is there any better way to make the interior more attractive?

M: (A) The food there was a bit bitter.

(B) Mr. Howell gave me some advice about it.

(C) It's an interactive discussion.

女性： 内装をもっと魅力的にするより良い方法がありますか。

男性： (A) そこの食べ物は少し苦いです。

(B) Howell さんが私にそれについて助言をくれました。

(C) 活発な議論です。

解説＆トレーニングポイント

内装をより魅力的にする方法があるかどうかが問われ、Howell さんが助言をくれた、つまり方法があると答えている（B）が正解です。（A）は better と bitter を使った音のヒッカケです。（C）はその方法を検討するための議論を連想させる錯乱肢です。

Is there any better way to make the interior more attractive?

to 以下の部分は VOC の文型になっています。

make the interior more attractive
V O C

リスニングの際には、いちいち品詞分解していては理解が追い付きませんから、音読によって make の用法を自動化（脳に染み込ませる）しておきましょう。

皿トレ ③解説を読む ④ゆっくり音読 ⑤オーバーラッピング ⑥キモチオンドク

Date ／③④⑤⑥ Date ／③④⑤⑥ Date ／③④⑤⑥

Part 3 スクリプト 34_3 W: M:

Questions 7 through 9 refer to the following conversation.

W: 7 I plan to spend a couple of hours in my office this afternoon interviewing people for our graphic designer position.

M: Really? How are you going to do that?

W: By phone. I like to meet in person with potential employees for the office, 8 but for a graphic designer, I can see plenty of samples of their work on the Web. Besides, some of my applicants live far away.

M: That makes sense. Do you do all of your communication via the phone after that, too?

W: Actually, 9 I'll communicate via e-mail with the person we decide to hire because things like job details and salary negotiations should be in writing for both parties.

問題 7-9 は次の会話に関するものです。
女性： 今日の午後は 2、3 時間、オフィスでグラフィックデザイナー候補の面接をしようと思っています。
男性： 本当ですか。どうやってやるのですか。
女性： 電話でです。事務所の従業員の候補者たちは実際に会いたいけれど、グラフィックデザイナーはネットで作品がたくさん見られるので。それに、候補者の何人かは遠くに住んでいますし。
男性： その通りですね。その後の連絡もすべて電話でするんですか。
女性： 仕事の内容や給料の交渉などは双方とも書面にすべきなので、実際は採用を決めた人にはEメールで連絡します。

皿トレ ③解説を読む ④ゆっくり音読 ⑤オーバーラッピング ⑥キモチオンドク

Date ／ ③④⑤⑥ Date ／ ③④⑤⑥ Date ／ ③④⑤⑥

7. What will the woman do this afternoon?

(A) Meet with new office workers
(B) Give performance reviews to employees
(C) Speak with job candidates
(D) Select applicants based on their résumés

女性は今日の午後、何をしますか。

(A) 新入社員に会う。
(B) 従業員に勤務評価を与える。
(C) 求職者と話す。
(D) 履歴書に基づいて応募者を選ぶ。

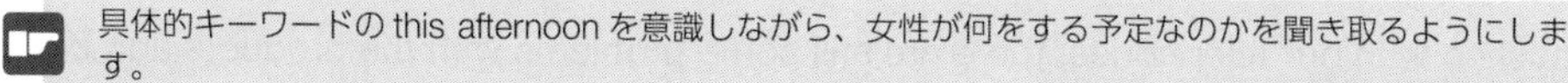

具体的キーワードの this afternoon を意識しながら、女性が何をする予定なのかを聞き取るようにします。

8. What does the woman say about graphic designers?

(A) Their work can be evaluated online.
(B) There are not many looking for jobs.
(C) They seldom work in an office.
(D) It is difficult to contact their references.

女性はグラフィックデザイナーについて何と言っていますか。

(A) 彼らの作品はインターネットで評価できる。
(B) 仕事を探している人はあまり多くない。
(C) 彼らはオフィスで仕事をすることはほとんどない。
(D) 彼らの照会先に連絡を取ることが難しい。

具体的キーワードの graphic designer を意識しながら、女性のセリフに正解のヒントがあるだろうと予測します。

9. How will the woman communicate later about job information?

(A) By phone
(B) Online
(C) Via the postal service
(D) By fax

女性は仕事の情報について後ほどどのように連絡しますか。

(A) 電話で
(B) オンラインで
(C) 郵便で
(D) ファックスで

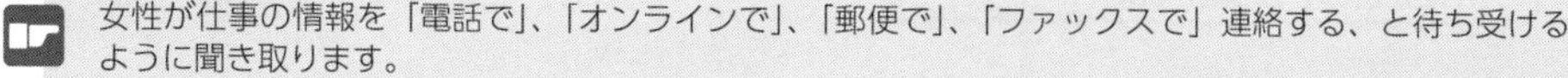

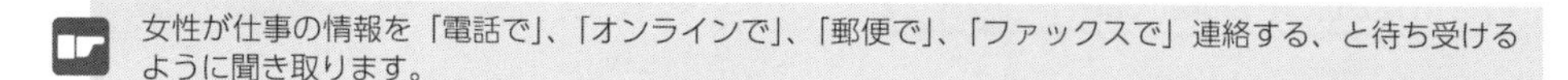

女性が仕事の情報を「電話で」、「オンラインで」、「郵便で」、「ファックスで」連絡する、と待ち受けるように聞き取ります。

解説 & トレーニングポイント

I plan to spend a couple of hours in my office this afternoon interviewing people for our graphic designer position.

基本となる構文をまずは確認しておきましょう。spend は目的語に時間（a couple of hours）を取り、さらにどのようにその時間を過ごすのかという意味を補足する動名詞（interviewing）が添えられています。動名詞がこの位置に置かれるのに違和感があるかも知れませんが、spend がとる SVO -ing の構文があると考えてください。

復習の際には、spend a couple of hours でまず数時間を過ごすと言い切ってから、どこで過ごす（in my office）、いつ過ごす（this afternoon）、そしてどのように過ごす（interviewing）と意味を徐々に補足するキモチで音読をしておきましょう。

Part 4 スクリプト 34_4 W

Questions 10 through 12 refer to the following excerpt from a meeting and list.

Thank you for gathering today, everyone. (10) Although many of our clients seem to be satisfied with our telephones, there are still some problems with the products and our service. Please look at the handout. All issues listed here have been resolved already, but we must take them seriously for improving our customer satisfaction. Especially, take a look at this case. (11) One of our customers said he ordered our products for his office and received them, only he ordered black ones and received white ones. (12) He wanted the correct ones right away, and since the mistake was on our part, we shipped them overnight.

Recent Problems with Products		
Item #		Comment
1.	M100-0T	Missing part
2.	LK41-5E	Does not work properly
3.	P315-0A	Wrong color
4.	H122-0N	Broken part

問題 10-12 は次の会議の一部と表に関するものです。

皆さん、本日はお集まりいただきありがとうございます。当社の電話機にはお客さまの多くがご満足いただいているようですが、製品とサービスについてまだいくつか問題があります。資料を見てください。ここに挙げた問題はすでに解決済みですが、お客さまの満足度を上げるために真摯に受け止めなければなりません。特に、この事例をご覧ください。お客さまの1人がご自分の会社用に製品を注文し、受け取ったのですが、黒を注文したにもかかわらず、白が届いたとのことです。正しい製品をすぐにご所望され、当方の間違いでしたので、翌日配達でお届けしました。

製品に関する最近の問題		
製品番号		コメント
1.	M100-0T	部品欠損
2.	LK41-5E	動作不良
3.	P315-0A	色違い
4.	H122-0N	破損部品

□handout (会議等での)配布用印刷物　□resolve …を解決する　□overnight 翌日配達の
□missing 紛失している

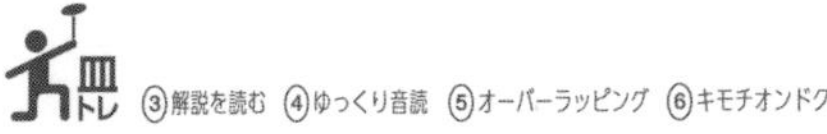

Date ／ ③④⑤⑥　Date ／ ③④⑤⑥　Date ／ ③④⑤⑥

10. What most likely does the company produce?

(A) Landscaping tools
(B) Kitchenware
(C) Office furniture
(D) Telecommunication devices

会社は何を製造していると考えられますか。

(A) 造園器具
(B) 台所用品
(C) オフィス家具
(D) 電話通信機器

トーク序盤に製品を特定するキーワードが読まれるだろうと予測します。

11. Look at the graphic. Which item is the speaker talking about?

(A) M100-0T
(B) LK41-5E
(C) P315-0A
(D) H122-0N

図を見てください。話し手はどの製品について話していますか。

(A) M100-0T
(B) LK41-5E
(C) P315-0A
(D) H122-0N

選択肢には製品番号が並んでいるので、正解のヒントはコメントだろうと予測します。本問では、黒色を注文したのに白色が届いたというセリフをWrong colorと読み替えて解答する上級者向けの問題です。

12. According to the speaker, what did the customer want the company to do?

(A) Give him a discount
(B) Send him a new invoice
(C) Cancel his order
(D) Rush delivery

話し手によると、顧客は会社に何をしてほしかったのですか。

(A) 割引をする。
(B) 新たな請求書を送る。
(C) 注文をキャンセルする。
(D) 配送を急ぐ。

トーク終盤に正解のヒントが述べられるだろうと予測します。

解説＆トレーニングポイント

One of our customers said he ordered our products for his office and received them, only he ordered black ones and received white ones.

このonlyは前に述べた内容に条件や制限を付け加えたいときに使う接続詞です。「ただし、～ではある」という意味で補足情報を述べています。意味としてはbutと置き換え可能です。文意を十分に理解した後、音読をして接続詞のonlyをマスターしておきましょう。

1(A) 2(B) 3(C) 4(B) 5(C) 6(A) 7(A) 8(B) 9(D) 10(D) 11(B) 12(D)

Part 1

1.

(A) 数本の木々が噴水を見下ろしている。
(B) 作業員が芝刈り機を押している。
(C) 水が納屋から放水されているところである。
(D) 低木が木の周りに植えられている。

□overlook …を見下ろす(= look over)
□fountain 噴水 □lawn mower 芝刈り機
□bush 低木の茂み

スクリプト 35_1 W

(A) Some trees overlook a fountain.
fァウンtn ×ファウンテイン

(B) A worker is pushing a lawn mower.

(C) Water is being sprayed from a barn.

(D) Bushes are planted around a tree.

解説&トレーニングポイント

(A) overlook はパート3、4では「～を見落とす」という意味で使われますが、パート1では「～を見下ろす」という意味で使われます。高い建物や山などが主語に使われます。

A building overlooks an intersection.（建物が交差点を見下ろしている）

(C) barn は「納屋」なので不正解ですが、噴水からであれば正解になります。

Water is being sprayed from a fountain.
（噴水から水が噴き出している）

また、噴水を主語にした文も出題されます。

A fountain is spraying water into the air.
（噴水が水を空中に放水している）

lawn mower

barn

③解説を読む ④ゆっくり音読 ⑤オーバーラッピング ⑥キモチオンドク

Date ／ ③④⑤⑥ Date ／ ③④⑤⑥ Date ／ ③④⑤⑥

Part 2

2. スクリプト 35_2_2 M: W:

M: Don't you need a new sweater?

W: (A) You can hang your coat there.

(B) Not quite yet.

(C) I've been subscribed to it for two years.

男性： 新しいセーターが必要ではないですか。
女性： (A) コートをあそこに掛けられます。
(B) まだ少しは大丈夫です。
(C) 私はそれを２年間購読しています。

解説＆トレーニングポイント

新しいセーターが必要ではないですかと問われ、まだ少しの間は大丈夫であると答えている（B）が正解です。(A) は sweater から coat を連想させる錯乱肢です。(C) は new sweater を newsletter と聞き間違えてしまった人に対する錯乱肢です。

Don't you need a new sweater?

sweater の音は日本語の「セーター」とはかなり異なっているので、聞き取れなかった方はナレーターの音で上書きしておきましょう。

皿トレ ③解説を読む ④ゆっくり音読 ⑤オーバーラッピング ⑥キモチオンドク

Date ／ ③④⑤⑥ Date ／ ③④⑤⑥ Date ／ ③④⑤⑥

3. スクリプト 35_2_3 W: W:

W: When should I reply to that e-mail?

W: (A) As a result of the research.

(B) Some files were not enclosed.

(C) As soon as possible.

女性： そのEメールにはいつ返事をすべきですか。

女性： (A) 調査の結果としてです。
(B) いくつかのファイルが同封されていませんでした。
(C) できるだけすぐにです。

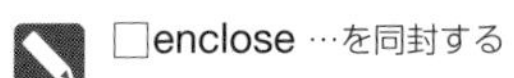

□enclose …を同封する

解説＆トレーニングポイント

メールの返答期限が問われ、as soon as possible（できるだけすぐ）という定番表現で答えた（C）が正解です。
（A）はメールの内容について言及しているように思えますが、何かを補足しないと回答としてはつながりません。（B）の enclosed はメールから連想される単語です。

When should I reply to that e-mail?

should と I の組み合わせは要注意です。should の語尾 d と母音の I がつながって、「シュダイ」のように聞こえています。should I は頻出の組み合わせなので、セットにして覚えておきましょう。

③解説を読む ④ゆっくり音読 ⑤オーバーラッピング ⑥キモチオンドク

Date ／ ③④⑤⑥　Date ／ ③④⑤⑥　Date ／ ③④⑤⑥

4. スクリプト 35_2_4 W: M:

W: You're familiar with this new application, aren't you?

M: (A) I'll interview many candidates.

(B) Not really.

(C) To visit some family members.

女性： あなたはこの新しいアプリケーションに詳しいのですよね？

男性： (A) 私は多くの候補者を面接します。
(B) そうでもありません。
(C) 家族の何人かを訪れるためです。

□be familiar with …を熟知している、…に精通している

解説＆トレーニングポイント

新しいアプリケーションに詳しいかと問われ、それほど詳しくないと答えている（B）が正解です。(C) は familiar と family を使った音のヒッカケです。

Not really.

フルセンテンスで書き換えると以下の英文になります。

I'm not really familiar with that new application.

really は be familiar with（詳しい）を強調して「とても詳しい」という意味になり、それを否定しているので Not really は「それほど詳しくない」という文意になっています。really は話者によって音の差異がありますが、この話者は「リァリィ」のように発話しています。

皿トレ ③解説を読む ④ゆっくり音読 ⑤オーバーラッピング ⑥キモチオンドク

Date ／③④⑤⑥ Date ／③④⑤⑥ Date ／③④⑤⑥

5. スクリプト 35_2_5 M: W:

M: I found the printer is behind schedule.

W: (A) Please bring it to the storage room.

(B) By all means.

(C) Wouldn't you know it?

男性： 印刷業者が予定より遅れているのに気付きました。

女性： (A) 倉庫に運んでおいていただけますか。
(B) もちろんです。
(C) 知らなかったのですか。

解説＆トレーニングポイント

印刷業者が予定より遅れているという発言に対して、会話が成立するのは (C) の知らなかったのですか、です。(A) は問いかけ文を「プリンターを見つけた」という意味にとらえた人に対する錯乱肢です。(B) は依頼や要求をされたときに正解の選択肢で登場するので覚えておきましょう。

Wouldn't you know it?

このwouldn'tには驚きや、いらだちの気持ちが込められていて、女性のセリフには、「今更気が付いたの？」、「私はすでに知っていましたよ」というニュアンスが感じられます。そのキモチをくみ取って音読しておきましょう。

皿トレ ③解説を読む ④ゆっくり音読 ⑤オーバーラッピング ⑥キモチオンドク

Date ／③④⑤⑥ Date ／③④⑤⑥ Date ／③④⑤⑥

6. スクリプト 35_2_6 M:  W:

M: What makes your hotel different from the others?

W: **(A) Each room is equipped with a computer.**

(B) We booked a suite.

(C) In a swimming pool and gym.

男性： こちらのホテルは他とどう違うのですか。
女性： (A) 各部屋にパソコンが備え付けられています。
(B) 我々はスイートルームを予約しました。
(C) プールとジムにおいてです。

解説＆トレーニングポイント

問いかけ文では make A B「AをBにする」の用例が使われており、こちらのホテルが他のホテルと異なる点が問われています。それに対して各部屋にパソコンが備わっていると答えた（A）が正解です。（B）は hotel から連想される錯乱肢になっています。（C）は It's a swimming pool and gym.（異なっている点はプールとジムです）であれば正解ですが、In a swimming pool and gym.（プールとジムにおいてです）では会話がつながらないので不正解です。

What makes your hotel different from others?

SVOC の文型はリーディングにおいても構造が見にくくなりやすいので苦手にしている人が多いですが、リスニングにおいても同じです。慣れるまで、まずはこの例文で音読をしてみましょう。次に空所を自分で作文して、セリフのように音読してみましょう。

What makes your ________________?
例）
What makes your smart phone unique?（御社のスマートフォンが他と異なるのは何ですか）
What made your friend happy?（あなたの友人が楽しそうなのはなぜですか）

Date ／③④⑤⑥ Date ／③④⑤⑥ Date ／③④⑤⑥

Questions 7 through 9 refer to the following conversation and directory.

M: Hi. I have deliveries for a couple of companies in the building. One is for Linda Imports and the other is for Coleman Photography. I was told that Coleman Photography is closed this week. ❼ Can I leave the parcel with you?

W: Certainly. I'll sign for it and we'll keep it in our secure storage facility for them. ❽ You should find Linda Imports open, though.

M: Yes. I'll head up there now.

W: ❾ Oh, you'd better take elevator number three. It's reserved for deliveries.

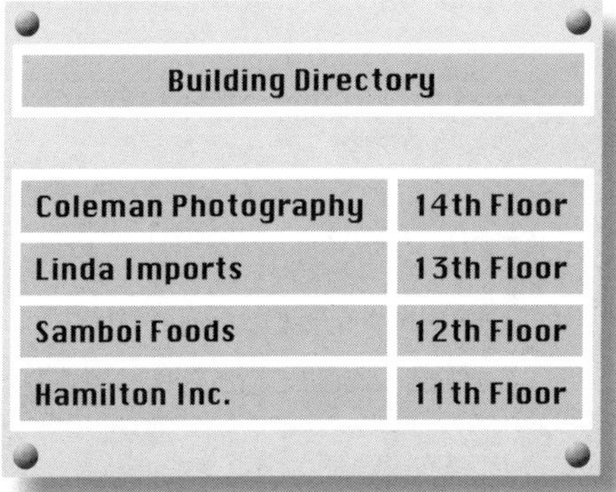

Building Directory	
Coleman Photography	14th Floor
Linda Imports	13th Floor
Samboi Foods	12th Floor
Hamilton Inc.	11th Floor

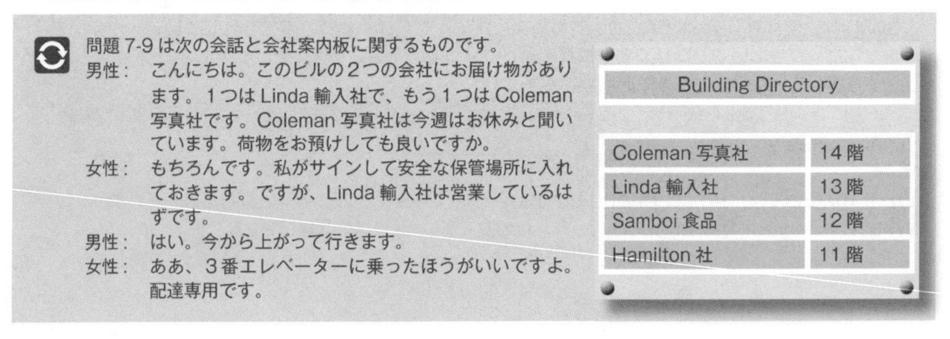

問題 7-9 は次の会話と会社案内板に関するものです。

男性： こんにちは。このビルの２つの会社にお届け物があります。１つは Linda 輸入社で、もう１つは Coleman 写真社です。Coleman 写真社は今週はお休みと聞いています。荷物をお預けしても良いですか。

女性： もちろんです。私がサインして安全な保管場所に入れておきます。ですが、Linda 輸入社は営業しているはずです。

男性： はい。今から上がって行きます。

女性： ああ、３番エレベーターに乗ったほうがいいですよ。配達専用です。

Building Directory	
Coleman 写真社	14 階
Linda 輸入社	13 階
Samboi 食品	12 階
Hamilton 社	11 階

Date ／③④⑤⑥ Date ／③④⑤⑥ Date ／③④⑤⑥

7. What does the man ask the woman to do?

(A) Receive a package
(B) Open an office
(C) Contact a business owner
(D) Read a contract

男性は女性に何をするよう求めていますか。

(A) 荷物を受け取る。
(B) 事務所を開ける。
(C) 事業のオーナーに連絡をする。
(D) 契約書を読む。

女性のセリフに正解のヒントがあるだろうと予測します。

8. Look at the graphic. Which floor will the man most likely visit next?

(A) 14th Floor
(B) 13th Floor
(C) 12th Floor
(D) 11th Floor

図を見てください。男性は次にどの階を訪れると考えられますか。

(A) 14 階
(B) 13 階
(C) 12 階
(D) 11 階

選択肢の並びから、社名が正解のヒントだろうと予測します。

9. What does the woman say about elevator number three?

(A) It is the smallest of the four.
(B) It is currently out of order.
(C) It is only for floors one through ten.
(D) It is not open to the public.

女性は 3 番エレベーターについて何と言っていますか。

(A) 4 つのうち一番小さい。
(B) 現在故障中である。
(C) 1 階から 10 階専用だ。
(D) 一般の人は使えない。

具体的キーワードの elevator number three を意識しながら、女性のセリフに正解のヒントが述べられるだろうと予測します。本問は It's reserved for deliveries.（配達専用）という情報が、It is not open to the public.（一般の人は使えない）に言い換えられていることに気付かなければ解答できない難問です。

解説＆トレーニングポイント

One is for Linda Imports and the other is for Coleman Photography.

one と the other は 2 つのものを対比するフレーズで、いずれかを空所にすればパート 5 に出題される問題になります。パート 3、4 ではこの 2 つの情報が並べて述べられるパターンは上級者向けの問題で使われます。

情報 1：Linda 輸入社　＝　営業している
情報 2：Coleman 写真社　＝　休み

リスニング力が弱いと 2 つの情報が交錯してしまいます。一時的に記憶を保持する力（リテンション）はリスニング力を強化することによって生まれる余力にともなって強化されます。

Questions 10 through 12 refer to the following telephone message.

Hello. This is Harry Schwartz from Human Resources. I'm calling to let you know that we've hired two people. The Marketing Director position will be taken by Franz Smiths and (10) the Manufacturing Director will be Meryl White. They'll be starting at our head office on the first of May. (11) I'd like you to mention the appointments and write introductions of those two for this week's office newsletter. Don't go into too much detail. (12) We should leave them something to talk about at the welcome dinner we're holding on May 4. Just mention that Smiths used to work for Rockwell Aircraft, and White had been at Q&C Corporation.

問題 10-12 は次の電話のメッセージに関するものです。

もしもし。人事の Harry Schwartz です。2名を採用したことをお知らせするために電話をしています。マーケティング部長職は Franz Smiths で製造部長は Meryl White です。彼らは5月1日から本社で勤務開始です。今週の社内報でこの2名の就任に触れ、紹介文を書いてください。あまり詳しく書きすぎないようにしてください。5月4日に開く歓迎夕食会で二人が話すことを何か残しておかないといけません。Smiths が Rockwell Aircraft 社で働いていたこと、White が Q&C 社で働いていたことを述べるにとどめてください。

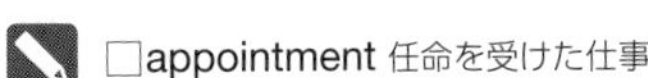

□appointment 任命を受けた仕事

③解説を読む ④ゆっくり音読 ⑤オーバーラッピング ⑥キモチオンドク

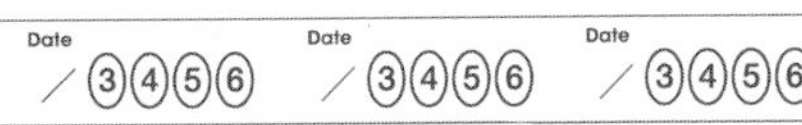

10. What will Meryl White most likely be in charge of?

(A) General Affairs
(B) Accounting
(C) Marketing
(D) Manufacturing

Meryl White は何を担当すると考えられますか。

(A) 総務
(B) 経理
(C) マーケティング
(D) 製造

Meryl White は話し手、聞き手、第三者の可能性があるので、そのうちの誰なのかを特定します。本問は Harry Schwartz、Franz Smiths、Meryl White と 3 名の人名が登場して、さらに Franz Smiths と Meryl White のそれぞれ異なる情報（役割）が述べられる難問です。（Drill 35、Part 3 参照）

11. What does the speaker ask the listener to do?

(A) Check a document
(B) Add an article
(C) Arrange a party
(D) Hire a new writer

話し手は聞き手に何をするよう求めていますか。

(A) 書類を確認する。
(B) 記事を追加する。
(C) パーティの手配をする。
(D) 新しいライターを採用する。

短い選択肢なので、読み切っておきましょう。聞き手に対する依頼表現を待ち構えるようにして聞き取りましょう。

12. Why does the speaker say, "Don't go into too much detail"?

(A) People will not read a very long description.
(B) The company should protect an employee's privacy.
(C) A simple illustration will be more effective.
(D) The new employees need to have information to share with others.

話し手はなぜ "Don't go into too much detail" と言っていますか。

(A) 人々は非常に長い説明を読まない。
(B) その会社は従業員のプライバシーを守るべきである。
(C) 簡単なイラストのほうがより効果的である。
(D) 新しい従業員たちが他の人々に話す情報を持っているべきである。

Don't go into too much detail は「詳細には入りすぎないように」という意味で、何についての詳細なのかを聞き取るようにします。

解説&トレーニングポイント

We should leave them something to talk about at the welcome dinner we're holding on May 4.

leave A B は「A に B を残しておく」というフレーズで、この英文では彼ら（Franz Smiths、Meryl White）に歓迎会で話すことを残しておく、つまり社内報には二人のことは詳しく書かないという意味で使われています。SVOO の構文は目的語が 2 つ続きますが、リスニングでは構造がわからなくなりやすいので要注意です。音読によって SVOO の構造を頭に染み込ませておきましょう。

なお、leave B for A（B を A のために残しておく）という語法も合わせて覚えておきましょう。

1(A) 2(A) 3(C) 4(B) 5(A) 6(C) 7(A) 8(A) 9(A) 10(D) 11(A) 12(B)

Part 1

1.

(A) 女性はボードを持っている。
(B) 女性は前かがみになっている。
(C) 彼らは互いに向き合っている。
(D) 彼らは食器棚のそばに立っている。

  36_1  M

(A) A woman is holding a board.
ホウゥディンガ

(B) A woman is bending over.

(C) They're facing each other.

(D) They're standing near the cupboard.
カボーd ×カップボード

解説&トレーニングポイント

(A) この写真は他に以下の英文も正解になります。

A woman is taking notes on a board.（女性はボードにノートを取っている）

(D) cupboardのpは発音されません。カタカナ英語の「カップボード」とは全く異なった音なので、未知の単語ととらえてしまい、人物が写真に写っている何かの近くに立っていると述べている正解の選択肢だと思えてしまう危険な選択肢です。

cupboard

③解説を読む ④ゆっくり音読 ⑤オーバーラッピング ⑥キモチオンドク

Date	Date	Date
/ ③④⑤⑥	/ ③④⑤⑥	/ ③④⑤⑥

Part 2

2. スクリプト 36_2_2 M: M:

M: Will Nancy make transportation arrangements or is it your responsibility?

M: **(A) You don't know? The trip has been canceled.**

(B) By bus is easier, don't you think?

(C) It was damaged in transit.

男性： Nancy が移動の手配をしますか、それともそれはあなたの担当ですか。

男性： (A) 知らないのですか。出張は中止になったのですよ。

(B) バスのほうがたやすいと思いませんか。

(C) それは輸送中に損傷しました。

解説＆トレーニングポイント

Nancy が移動の手配をするか、あるいはあなたの担当かと問われ、出張は中止になった、つまり手配の必要がなくなったと答えている（A）が正解です。(B) は移動の手段としてバスを提案しているようにもとらえられますが、問いに答えていないので不正解です。

Will Nancy make transportation arrangements or is it your responsibility?

等位接続詞 or によって 2 つの節がつながった長めの構文となっています。聞き取った英文を記憶する力（リテンション力）が弱いと、後半が読まれた途端に前半を忘れてしまい、結局何が問われているのかがわからなくなってしまいます。音読トレーニングをする際には、最初はまず or までの前半、そして後半を自分が理解できるくらいのゆっくりとしたスピードで音読します。そして、徐々に音読するスピードを速くしていきます。練習を繰り返せば、パート 2 に出題されるくらいの英文をリテンションする力は誰でも獲得することができます。諦めずに！

Date ／ ③④⑤⑥ Date ／ ③④⑤⑥ Date ／ ③④⑤⑥

3. スクリプト 36_2_3 M: W:

M: I'd like to discuss the marketing strategy with you.

W: (A) I liked it as well.

(B) In the marketing department.

(C) One moment, please.

男性： あなたと販売戦略について話し合いたいです。

女性： (A) 私もそれが気に入りました。
(B) マーケティング部においてです。
(C) ちょっとお待ちください。

解説 & トレーニングポイント

販売戦略について話し合いたいと求められ、ちょっと待ってほしいと答えている（C）が正解です。(A) は like を使った音のヒッカケです。(B) は marketing を使った音のヒッカケです。

One moment, please.

one moment と同様に、moment を使った「ちょっと待ってください」という意味のフレーズで TOEIC で出題可能性のあるものを挙げておきますので、まとめて覚えておきましょう。

Just a moment.
Give me a moment.

Date ／ ③④⑤⑥ Date ／ ③④⑤⑥ Date ／ ③④⑤⑥

4. スクリプト 36_2_4 W: M:

W: Who's organizing the meeting agenda?

M: (A) A number of documents.

(B) The new recruit.

(C) He was out of town.

女性： 誰が会議の議題を取りまとめていますか。
男性： (A) たくさんの書類です。
(B) 新人です。
(C) 彼は出張中でした。

解説＆トレーニングポイント

正解（B）の recruit は「～を採用する」という動詞の用法の他に、「新人」を意味する名詞の用法があることを知っていないと選びにくい問題です。新人の採用担当は recruiter です。以下の例文でまとめて覚えておきましょう。

We are going to recruit five more people.（我々はさらに5名を採用する予定である）
A recruiter will contact you if you are selected for an interview.
（面接の選考が通ったら、採用担当者が連絡をします）

Who's organizing the meeting agenda?

who is はパート2では省略形の who's で読まれます。who's = who is と変換しなくても意味が取れるよう、繰り返し音を聞き、キモチを込めて音読して体に染み込ませておきましょう。

皿トレ ③解説を読む ④ゆっくり音読 ⑤オーバーラッピング ⑥キモチオンドク

Date ／ ③④⑤⑥ Date ／ ③④⑤⑥ Date ／ ③④⑤⑥

5. スクリプト 36_2_5 W: M:

W: Where can I get those ceiling lights?

M: **(A) From the appliance store on Second Avenue.**

(B) It will start promptly at seven A.M.

(C) Is it on the right side of the picture?

女性： これらの天井灯はどこで入手できますか。
男性： (A) ２番街の電気屋です。
(B) 午前７時きっかりに始まります。
(C) それは絵の右側にありますか。

解説＆トレーニングポイント

問いかけ文では天井灯を入手した場所が問われており、正解(A)ではFrom the appliance store（電気屋）と答えています。
(B) where を when と聞き間違えた場合の錯乱肢になっています。(C) は要注意です。問いかけ文の先頭 where だけを聞き取って待ち構えるようにしていると、Is it on the right side（右側）と場所を答えているので思わず正解として選んでしまいます。

From the appliance store on Second Avenue.

先頭の From の音はカタカナ英語の「フロム」ではなく、速く短く読まれている点に注意してください。細かい事ですが、ここでつまずいてしまうとその後の重要な部分を聞き漏らしてしまいます。

③解説を読む ④ゆっくり音読 ⑤オーバーラッピング ⑥キモチオンドク

Date	Date	Date
／ ③④⑤⑥	／ ③④⑤⑥	／ ③④⑤⑥

6. スクリプト 36_2_6 M: W:

M: How soon will the orientation start?

W: (A) I go there every other day.

(B) It's for job seekers.

(C) At any moment.

男性： オリエンテーションはいつ始まりますか。
女性： (A) 私はそこに２日に１回行きます。
(B) それは求職者向けです。
(C) まもなく始まります。

□How soon...? どのくらい早く、いつごろまでに
□every other day 一日おきに

解説＆トレーニングポイント

オリエンテーションがいつ始まるかが問われ、まもなく始まると答えている（C）が正解です。(A) は how often と勘違いすると正解に思えてしまいます。(B) は問いかけ文の orientation から job seeker を連想した場合の錯乱肢です。

How soon will the orientation start?

how soon はまもなく始まりそうな出来事が、いつ始まるかを確認するときに使われるフレーズです。たとえばオリエンテーション開始予定時刻の直前に少し用事を済ませても間に合うか知りたいときなどに参加者が主催者に確認を取るという場面で使われます。一方で、採用の決まった新入社員が人事に入社後のスケジュールを確認する場面で漫然といつオリエンテーションが始まるのかを尋ねるのであれば、一般的には when を使います。

When will the orientation start?

そのニュアンスの違いを意識して、例文を音読しておきましょう。

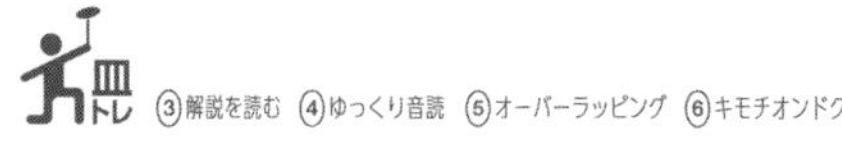

Date ／ ③④⑤⑥　Date ／ ③④⑤⑥　Date ／ ③④⑤⑥

Part 3 スクリプト 36_3 W: M:

Questions 7 through 9 refer to the following conversation.

W: Hello. This is Andrea Grisanzio, and my account number is 66820146. I'm having trouble with my TV, and it started after the big winds we had yesterday. I examined the antenna's position thinking that the wind might have caused some damage, but I couldn't tell.

M: Thank you, Ms. Grisanzio. ⑦ Some of our clients in your district are having the same kind of problem. ⑧ I will have a technician visit your residence to diagnose and fix your antenna if it is damaged.

W: Great, thank you.

M: Yes, of course. ⑨ So…let me just see when I have someone available in your area. We'll make sure that the day and time work for both of us.

問題 7-9 は次の会話に関するものです。
女性： もしもし。顧客番号66820146のAndrea Grisanzioと申します。TVがおかしいのですが、昨日、強風が吹いてからなんです。風のダメージではないかと思ってアンテナの位置を調べたのですが、わからないのです。
男性： かしこまりました、Grisanzioさん。お宅の地域の他のお客様何名かにも同じような問題が生じています。技術者をお宅に行かせて原因を探り、損傷していればアンテナを修理させます。
女性： 良かったです、ありがとう。
男性： ええ、当然ですよ。それで、お宅の地域に誰がいつ行けるか確認させてください。お日にちとお時間が当社とお客様、両者に都合が良いようにいたします。

□diagnose（原因·問題）を明らかにする cf.（病気）を診断する
Q □knock A out of B AをBからなくす·たたき出す □send X out to *do* Xを…するよう送る

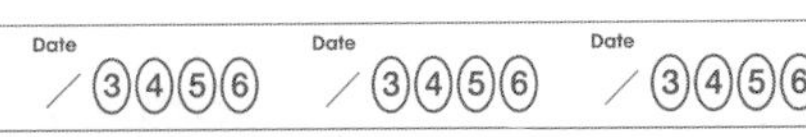

7. What does the man say about the woman's problem?

(A) Similar issues have been reported.
(B) Her antenna could be knocked out of position.
(C) The electrical connection may be the cause.
(D) Some of her TV's parts must be replaced.

男性は女性の問題について何と言っていますか。

(A) 似たような問題が報告されている。
(B) 彼女のアンテナの位置がずらされている可能性がある。
(C) 電気的接続がおそらく原因である。
(D) テレビの部品のいくつかを交換すべきである。

何らかの問題で困っている女性とそれを解決、助言する男性の会話であろうと予測します。ヒントは男性が述べます。

8. What will the man do for the woman?

(A) Send someone out to help
(B) Transfer her call to a technician
(C) Give her a discount for the inconvenience
(D) Check the connectivity of her router

男性は女性のために何をしますか。

(A) 誰か手助けをする人を送る。
(B) 彼女の電話を技術者に転送する。
(C) 迷惑をかけた分、割引する。
(D) ルーターの接続状況を確認する。

女性の問題を解決するために、男性が解決策を述べます。

9. What will the speakers do next?

(A) Schedule an appointment
(B) Discuss the repair charges
(C) Try to fix the problem by phone
(D) Make sure the parts are available

話し手たちは次に何をしますか。

(A) 予約日時を決める。
(B) 修理料金について話し合う。
(C) 電話で問題を解決しようとする。
(D) 部品が入手できることを確認する。

後半のセリフに正解のヒントが含まれている可能性が高いので、最後まで注意深くセリフを聞き取るようにします。

解説＆トレーニングポイント

I examined the antenna's position thinking that the wind might have caused some damage, but I couldn't tell.

分詞構文で、thinking 以下が前半の意味を補足しています。アンテナの位置を調べたと言い切ってから、（なぜかというと）風がダメージを引き起こしたのではないかと思って、という補足情報を加えています。音読をするときには、thinking that の前にタメを作って、この「なぜかというと」というキモチを乗せてみてください。

このtellは「～がわかる」という意味の動詞です。省略されている部分を補足した英文を載せておきますので、確認をしておいてください

but I couldn't tell whether the wind had caused some damage.

Part 4 スクリプト 36_4 M

Questions 10 through 12 refer to the following talk and map.

Okay, so you have an eight-hour layover, and you want to see the city. 10 I suggest you take the community bus. It costs ten dollars, and you can get on and off as much as you like. 11 Definitely stop at the drawbridge and the opera house, as those are the two places that make Sheffler City famous. 12 Then, continue just past Barker Hill to see the exhibition of world-renowned sculptor Hamilton Bookings. I don't normally suggest this stop, but the collection has never been shown publicly and is a once-in-a-lifetime opportunity. Finally, head to the Malavo Lagoon where there are lots of food options and relaxing spots to enjoy.

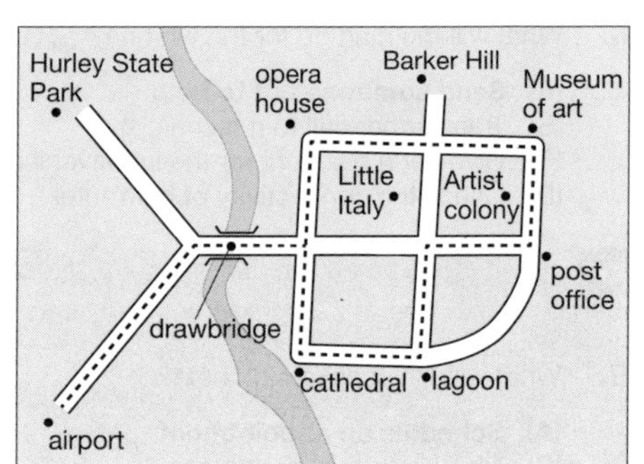

問題 92-94 は次の話と地図に関するものです。

それでは、乗り継ぎまで８時間あって街を見たいということですね。コミュニティバスに乗ることを提案いたします。10ドルで乗り降り自由です。つり上げ橋とオペラハウスではぜひ降りてください、というのもこの２つが Sheffler 市では有名だからです。それから、Baker 丘陵を通り越して進み世界的に有名な彫刻家の Hamilton Bookings の展示を見てください。このバス停はいつもはお薦めしませんが、展示がこれまでに公にされたことはなく、これは一生に一度の機会です。最後に、たくさんの食べ物が選べ、リラックスして楽しめる場所がある Malavo Lagoon に向かってください。

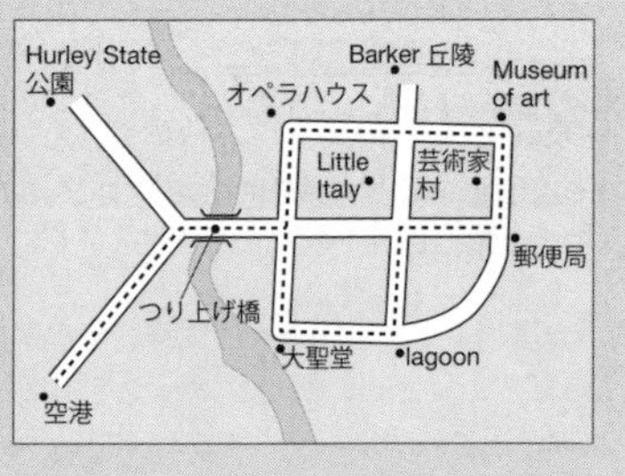

□layover 乗り継ぎの時間待ち（= stopover）、途中下車 □drawbridge つり上げ橋 □sculptor 彫刻家
□once-in-a-lifetime 千載一遇の □lagoon 潟、沼、池 □cathedral 大聖堂
Q □make a loop 一周する □extensive 広範囲な、徹底的な □refurbishment 改装、改修

③解説を読む ④ゆっくり音読 ⑤オーバーラッピング ⑥キモチオンドク

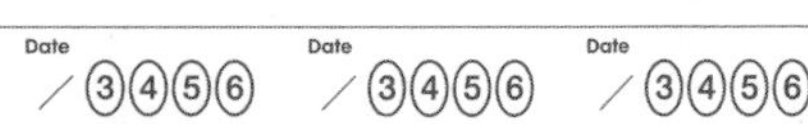

Date ／ ③④⑤⑥ Date ／ ③④⑤⑥ Date ／ ③④⑤⑥

10. What does the speaker mention about the bus?

(A) It stops at all of the tourist sites in the area.
(B) It takes more than an hour to make its loop.
(C) It has a tour guide to explain the sites.
(D) It can be ridden an unlimited number of times.

話し手はバスについて何と述べていますか。

(A) その地域の観光地のすべてに停まる。
(B) 1周するのに1時間以上かかる。
(C) 観光地を説明するガイドが乗っている。
(D) 回数無制限で乗れる。

トーク序盤でバスの特徴が述べられるだろうと予測します。

11. Why should the listeners visit the drawbridge and opera house?

(A) They are renowned sites in town.
(B) They are the closest sites to the airport facility.
(C) They are currently under extensive refurbishment.
(D) They charge no admission fees.

聞き手たちはなぜ跳ね橋とオペラハウスを訪れるべきなのですか。

(A) 街では有名な観光地である。
(B) 空港施設から一番近い。
(C) 現在、大がかりな改修中である。
(D) 入場が無料である。

具体的キーワードの drawbridge、opera house を意識しながら、それらの特徴を聞き取るようにします。

12. Look at the graphic. Which location is unusual for the speaker to recommend?

(A) Barker Hill
(B) The Museum of Art
(C) Little Italy
(D) Malovo Lagoon

図を見てください。話し手が薦める場所としてどれが通常とは違うのですか。

(A) Barker 丘陵
(B) The Museum of Art
(C) Little Italy
(D) Malovo Lagoon

選択肢に並んでいる場所が地図のどこにあるかを確認しておきます。地図問題は、「～の正面」、「～に最も近い」など位置がヒントになることが多いですが、本問では、バスの巡回ルートとトークの情報を照らし合わせて解く難問です。

解説 & トレーニングポイント

Then, continue just past Barker Hill to see the exhibition of world-renowned sculptor Hamilton Bookings.

文構造がわかりにくい英文なので聞き取れたでしょうか。バスルートに沿ってお薦めの見所を紹介してきた続きなので、文頭には I suggest you が省略されていると考えると文の構造が見えてきます。

Then, I suggest you continue just past Barker Hill to see the exhibition of world-renowned sculptor Hamilton Bookings.

もう１つのポイントは past が「～を通り過ぎて」という意味の前置詞として処理できるかどうかです。passed（動詞 pass の過去形）、形容詞の past（過去の）と誤解してしまうとそこで文構造がくずれてしまいます。ここで past の用法を整理しておくので確認しておいてください。

over the past five years「過去５年にわたって」：形容詞
in the past「過去に」：名詞
it is past noon「正午過ぎ」：前置詞（時間を過ぎて）

Drill 37 解説とトレーニング

 1(C) 2(B) 3(C) 4(A) 5(A) 6(B) 7(D) 8(C) 9(B) 10(B) 11(A) 12(C)

Part 1

1.

(A) 男性は足を組んでいる。
(B) スーツケースが引っ張られている。
(C) 男性は腕を椅子に置いている。
(D) 何枚かの絵が受付に飾られている。

スクリプト 37_1 M

(A) A man is crossing his legs.

(B) A suitcase is being dragged.

(C) A man is resting his arm on the chair.
resting his: レスティニz

(D) Some pictures are decorated in the reception area.
reception: リセプション ×レセプション

解説&トレーニングポイント

(B) キャスター付きのスーツケースを男性が引いて歩いている写真では、正解になる英文です。
(C) rest は以下の例文のように自動詞のイメージが強いですが、本問のような他動詞の使い方を知らないと解答に戸惑ってしまいます。rest A on B「AをBに置く」、rest A against B「AをBに寄りかからせる」はパート1に出題されるので覚えておきましょう。

They're resting in a waiting area. (彼らは待合室で休憩している)

(D) decorate は前置詞 with を使った表現も出題されるので、覚えておきましょう。

The reception area is decorated with flowers. (受付には花が飾られている)

皿トレ ③解説を読む ④ゆっくり音読 ⑤オーバーラッピング ⑥キモチオンドク

Date ／ ③④⑤⑥ Date ／ ③④⑤⑥ Date ／ ③④⑤⑥

Part 2

2. スクリプト 37_2_2 M: W:

M: Do you want me to push the meeting back to two P.M.?

W: (A) Yes, a while ago.

(B) If it's possible.

(C) He sent it back to me.

男性： ミーティングを午後２時に遅らせてほしいですか。

女性： (A) はい、少し前です。
(B) もし可能であれば。
(C) 彼がそれを私に返送しました。

- □push back （予定など）を遅らせる
- □a while ago 少し前に

解説＆トレーニングポイント

ミーティングを遅らせてほしいかが問われ、もし可能であれば遅らせてほしいと答えている（B）が正解です。（A）は Yes で遅らせてほしいと答えていることになりますが、その後が過去のことを述べているので不正解です。

If it's **possible**.

直訳すると「もし可能であれば」ですが、会話では「お願いします」という意図を伝えるときに使われるフレーズです。If it's の部分は素早く、possible が強く読まれているリズムを体感しながら音読して、実際の会話でも使えるようにしておきましょう。

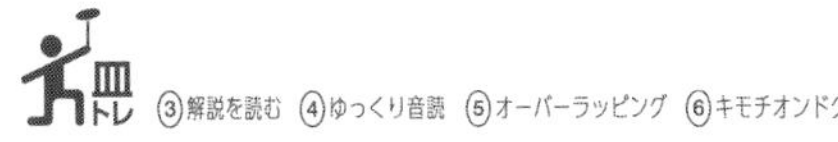

Date ／③④⑤⑥ Date ／③④⑤⑥ Date ／③④⑤⑥

3. スクリプト 37_2_3 W: W:

W: Why didn't you continue the subscription to the monthly newspaper?

W: (A) On social media.

(B) How about next Friday?

(C) The renewal fee wasn't cheap.

女性： 月刊新聞の購読をなぜ続けなかったのですか。

女性： (A) ソーシャルメディア上でです。
(B) 次の金曜日はどうですか。
(C) 更新料が安くなかったからです。

□renewal 更新、延長

解説＆トレーニングポイント

新聞の購読を継続しなかった理由について問われ、更新料が安くなかったからと答えた (C) が正解です。

Why didn't you continue the subscription to the monthly newspaper?

subscription は新聞や動画の配信など、定期的に提供される製品やサービスを購入することで、TOEIC の重要単語です。この問題では subscription の意味が即座に浮かばないと (C) を正解として結びつけられないので、この英文を使って音と意味をつなげて覚えておきましょう。

③解説を読む ④ゆっくり音読 ⑤オーバーラッピング ⑥キモチオンドク

Date ／ ③④⑤⑥ Date ／ ③④⑤⑥ Date ／ ③④⑤⑥

4. スクリプト 37_2_4 M: M:

M: Do you know where I can obtain a parking permit?

M: **(A) Bill knows about that.**

(B) Without permission.

(C) No, it opens in an hour.

男性： 駐車許可証はどこで入手できるかわかりますか。

男性： (A) Bill がそれについて知っています。
(B) 許可なしです。
(C) いいえ、それは 1 時間後に開きます。

解説 & トレーニングポイント

駐車許可証がどこで入手できるかが問われ、Bill が知っていると答えている (A) が正解です。(B) は permit と permission を使った音のヒッカケです。なお、permit は実体のある許可証なので加算名詞、permission は許可という概念なので不加算名詞です。

Do you know where I can obtain a parking permit?

where I can の部分はまとめて読まれているので、ひとカタマリの音として聞こえています。カタカナ式の個別の音（ホエアー、アイ、キャン）で記憶をしていると、この部分でつまずいて後半部分が聞き取れなくなってしまいます。単語のスペルを一度頭から追い出して、聞こえたままの音を真似して音読して、正しい音で上書きしておきましょう。

Date ／③④⑤⑥ Date ／③④⑤⑥ Date ／③④⑤⑥

5. スクリプト 37_2_5 W: M:

W: Weren't the proceeds used to improve customer service?

M: **(A) They all went to charity.**

(B) By proceeding with the plan.

(C) It's open from 10 A.M. to 5 P.M.

女性： 収益は顧客サービスを改善するために使われたのではないのですか。

男性： (A) すべて慈善事業に寄付されました。
(B) 計画を進めることによってです。
(C) 午前 10 時から午後 5 時まで開いています。

□proceeds 収益、売上高
□proceed with …を続けて行う

解説＆トレーニングポイント

収益が顧客サービスの改善に使われたのではないかと問われ、すべて慈善事業に寄付されたと答えている（A）が正解です。（B）は proceeds と proceeding を使った音のヒッカケです。（C）は customer service から連想される錯乱肢です。

Weren't the proceeds used to improve customer service?

weren't で始まる否定疑問文は難問です。weren't の音が聞き取りにくいために、そこを聞き逃すと文の構造が理解できなくなり、単語の意味から文意を推測すると、選択肢の罠にはまってしまうからです。weren't の部分に意識を集中して、繰り返し音を聞き込んでおいてください。

③解説を読む ④ゆっくり音読 ⑤オーバーラッピング ⑥キモチオンドク

Date ／ ③④⑤⑥ Date ／ ③④⑤⑥ Date ／ ③④⑤⑥

6. スクリプト 37_2_6 W: M:

W: How far is it to the museum from here?

M: (A) Within three business days.

(B) We're almost there.

(C) To showcase beautiful paintings.

女性： ここから美術館まではどのくらいの距離ですか。

男性： (A) 3営業日以内です。
(B) 我々はもうじき着きます。
(C) 美しい絵画を展示するためです。

解説＆トレーニングポイント

問いかけ文ではここから美術館までの距離が問われているので、ストレートに答えるのであればIt's about two kilometers.のように距離で答えます。ここでは、美術館に到着間際なのでもうじき着きますと答えている（B）が正解です。

How far is it to the museum from here?

この疑問文を一度肯定文に直してみます。

It is two kilometers to the museum from here.

この two kilometers の部分を how far で尋ねている、と考えると文の構造がスッキリと見えてきます。まずは文構造を意識しながら音読を繰り返していると、やがては自然な英文として体に染み込んできます。

皿トレ ③解説を読む ④ゆっくり音読 ⑤オーバーラッピング ⑥キモチオンドク

Date ／ ③④⑤⑥ Date ／ ③④⑤⑥ Date ／ ③④⑤⑥

Part 3 スクリプト 37_3 W: M:

Questions 7 through 9 refer to the following conversation.

W: Hello. It's Rosemary White from Hanson Building. You delivered some windows to us at the building site of Douglas College on Burbank Street. (7) Unfortunately, some of the windows appear to be missing.

M: I'm very sorry to hear that.

W: We ordered 32 windows, not 30. Anyway, we'd like you to handle the situation as soon as possible. We're due to complete the work by tomorrow.

M: I see. We will be shipping them now, but (8) given the long distance between Burbank Street and our warehouse, I'm afraid they won't arrive soon.

W: (9) If we can get them by 2 o'clock today, we'll wait for you. If not, we will have to order from another supplier.

問題 7-9 は次の会話に関するものです。
女性： もしもし。Hanson Building の Rosemary White です。Burbank 通りの Douglas 大学の建設現場に窓を配達してもらいました。残念ながら窓がいくつか見当たらないようです。
男性： それは申し訳ありません。
女性： 窓は 30 ではなく、32 個発注しました。いずれにしろ、できる限り早く対応してほしいです。明日までには作業を完了する予定ですから。
男性： わかりました。今から出荷しますが、Burbank 通りと当社の倉庫は距離がありますので、すぐには着かないと思います。
女性： 今日の 2 時までに受け取れるようなら待ちます。そうでなければ他の納入業者から注文しないといけません。

□be due to *do* …することになっている　Q □windowpane 窓ガラス　□remote 遠く離れた

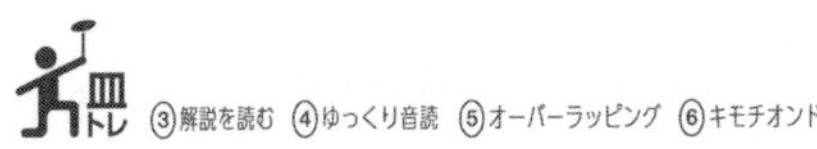

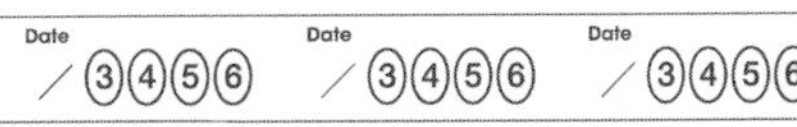

7. Why is the woman calling?

(A) She wants to order some more windowpanes.
(B) She tries to make a change to an order.
(C) She is checking a shipment status.
(D) She is reporting an issue.

女性はなぜ電話をしていますか。

(A) 彼女は窓ガラスをもっと注文したい。
(B) 彼女は注文を変更しようとしている。
(C) 彼女は出荷状況を確認している。
(D) 彼女は問題を報告している。

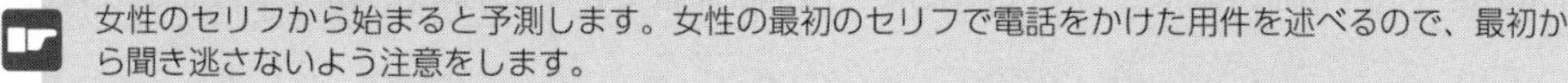

女性のセリフから始まると予測します。女性の最初のセリフで電話をかけた用件を述べるので、最初から聞き逃さないよう注意をします。

8. What is suggested about Burbank Street?

(A) The shipping center is located in the same city.
(B) There are several large warehouses on it.
(C) It is remote from the storage facility.
(D) It has recently been renamed.

Burbank 通りについて何がわかりますか。

(A) 出荷センターは同じ市内にある。
(B) そこにはいくつかの大きな倉庫がある。
(C) 保管施設から離れている。
(D) 最近、名称が変更された。

具体的キーワードの Burbank Street について、何が述べられるのかを聞き取ります。

9. What is the woman concerned about?

(A) When to finish the work
(B) How long the shipment will take
(C) Who is in charge of the service
(D) Where to take the ordered items

女性は何について心配していますか。

(A) 仕事をいつ終わらせるか。
(B) 荷物が届くのにどのくらいかかるか。
(C) サービスの担当は誰か。
(D) 注文の品をどこに届けるか。

女性の最後のセリフに正解のヒントが述べられるだろうと予測します。

解説 & トレーニングポイント

We will be shipping them now, but given the long distance between Burbank Street and our warehouse, I'm afraid they won't arrive soon.

定石通り、but の後に重要な情報が述べられ、Q8 の正解のヒントになっています。given は give の過去分詞のように見えますが、ここでは「~であることを考えると」という意味の前置詞です。前置詞なので、the long distance between Burbank Street and our warehouse という名詞句が後ろにきています。ややかしこまった表現ですが、本問のようなクレーム対応の場面などではしっくりくるので、パート3、4では出題される可能性は十分にあります。音読をして、前置詞 given の使い方をマスターしておきましょう。

Part 4 スクリプト 37_4 M

Questions 10 through 12 refer to the following announcement.

Hello, I'm Leif, your tour guide. We're going to arrive at the hotel in about fifteen minutes. Until then please enjoy the view of the fjords to your right. (10) Please refrain from standing until we are at the Thon Hotel Oslo. Our agent, (11) Emil, will meet us at the bus to collect the bags and distribute them to the rooms. Please watch to make sure that he takes yours — (11) it'll be easier to correct the situation right away if he doesn't. Emil has checked everyone in and will give out room keys so you can relax after this long day of travel. (12) Also, don't forget the information session at five o'clock in the lobby. On behalf of Norwegian Tours, have a wonderful vacation.

問題 10-12 は次のお知らせに関するものです。

こんにちは、皆さんのツアーガイドの Leif です。あと 15 分ほどでホテルに到着いたします。それまでは右手に見えますフィヨルドの景色をお楽しみください。Thon Hotel Oslo に到着するまでは席をお立ちになることはお控えください。当社のエージェントの Emil がバスのところまで来て皆さんをお迎えし、かばんを集めて、それぞれのお部屋へお届けします。彼が皆さんのかばんを持って行くのを確認してください—彼がちゃんと持って行かない場合には、すぐにそのことを指摘したほうが面倒なことにはなりません。皆さんがこの長旅の後でゆっくりしていただけますように、Emil が皆さんのチェックインを済ませておりますので、お部屋の鍵をお配りします。5時にロビーでの説明会もお忘れなく。Norwegian Tours 社を代表しまして、素晴らしい休暇になりますことを願っております。

□fjord 峡湾、フィヨルド　□give out …を配る

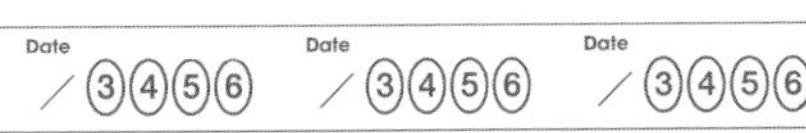

10. What are the listeners asked to do while they are on the bus?

(A) Wear seat belts
(B) Remain seated
(C) Move to the right side
(D) Put on name tags

聞き手たちはバスにいる間、何をするように求められていますか。

(A) シートベルトを着用する。
(B) 着席したままでいる。
(C) 右側に移動する。
(D) 名札を付ける。

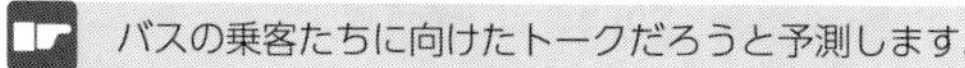
バスの乗客たちに向けたトークだろうと予測します。

11. Why does the speaker say, "<u>Please watch to make sure that he takes yours</u>"?

(A) He does not want anything left behind.
(B) The listeners must make sure the agent is paid.
(C) Emil will give the listeners their keys right away.
(D) The agent will not handle all the luggage.

話し手はなぜ、"<u>Please watch to make sure that he takes yours</u>" と言っているのですか。

(A) 何も置き忘れられないようにしたい。
(B) 聞き手たちはエージェントに支払いがされていることを確認すべきだ。
(C) Emil は聞き手たちにすぐに鍵を渡す。
(D) エージェントはすべての荷物を取り扱うわけではない。

"Please watch to make sure that he takes yours" は、彼が確実にあなたのものを持って行くように見ていてくださいという意味で、彼とは誰なのか、何を持っていくのかを聞き取るようにします。

12. What should the listeners do at five o'clock?

(A) Board another bus
(B) Meet in front of a building
(C) Participate in a talk
(D) Bring luggage to rooms

聞き手たちは5時に何をすべきですか。

(A) 他のバスに乗る。
(B) 建物の前に集合する。
(C) 話に参加する。
(D) 荷物を部屋に持って行く。

具体的キーワードの five o'clock を意識しながら、トーク終盤を注意深く聞き取ります。

解説＆トレーニングポイント

Please <u>refrain from standing</u> until we are at the Thon Hotel Oslo.

refrain は「～を控える」という意味の自動詞で、refrain from -ing という語法が重要です。パート4では、写真を撮るのを控える（taking photos）、携帯電話を使うのを控える（using mobile phones）など頻出の表現なので、繰り返し音読をしてここで覚えてしまいましょう。強く読まれるのは refrain、standing の部分で、from は fm のように弱く短く読むリズムが重要です。

Please **refrain** from **standing**

Drill  38 解説とトレーニング

1(C) 2(B) 3(B) 4(B) 5(C) 6(B) 7(C) 8(A) 9(D) 10(C) 11(D) 12(C)

Part 1

1.

(A) 何人かの女性が手を挙げている。
(B) 画架が演台の隣に置かれている。
(C) 発表者が人々の集団に話している。
(D) 男性の1人がブラインドを降ろしている。

□podium 演台、演壇
□address …に話しかける
□pull down …を引き降ろす
□window shade 日除け、ブラインド

スクリプト 38_1 W

(A) Some women are raising their hands.
レイズィンg ×ライジング

(B) A picture stand has been set next to a podium.

(C) A presenter is addressing a group of people.

(D) One of the men is pulling down a window shade.

解説&トレーニングポイント

(A) raising は他動詞 raise「～を上げる」の現在分詞で、音は「ライジング」ではなく「レイズィン g」です。自動詞 rise は「上がる」という意味で、音は「ライ z」です。どっちがどっちだかわからなくなる場合は rising sun「ライジング・サン」と覚えておきましょう。太陽は誰に頼ることもなく、自ら昇ってくるものですから。

(B) picture stand は「画架」という意味で、写真右側に写っていますが podium「演台」は写っていないので不正解です。

(C) 写真の状況は以下の英文でも表現することができます。

podium

A man is giving a talk to people.（男性が人々に話している）
A man is making a presentation to an audience.（男性が聴衆にプレゼンテーションをしている）

トレ ③解説を読む ④ゆっくり音読 ⑤オーバーラッピング ⑥キモチオンドク

Date ／③④⑤⑥ Date ／③④⑤⑥ Date ／③④⑤⑥

Part 2

2. スクリプト 38_2_2 M: W:

M: Who's delivering a speech this year?

W: (A) Mr. Lee talked about his life in Canada last year.

(B) I'm supposed to do it.

(C) It was overnight delivery.

男性： 今年は誰がスピーチをしますか。

女性： (A) 去年は Lee さんが自身のカナダでの生活について話しました。

(B) 私が行う予定です。

(C) それは翌朝配達されました。

□deliver (演説など)を述べる

□be supposed to *do* …する予定になっている

解説 & トレーニングポイント

この問題のポイントは be supposed to「～することになっている」の意味を知っているかどうかです。be supposed to はパート 2 の問いかけ文、選択肢のいずれにも登場する表現なので音読をしてしっかり覚えておきましょう。

例 1）

When is the item supposed to arrive here?（品物はここにいつ届くことになっていますか）

例 2）

The sales report was supposed to be finished last night.

（営業報告書は昨晩、完成することになっていた）

過去形で使われる場合には予定通りにいかないニュアンスを含んでいるので、例 2 では営業報告書は完成していなかったことを示唆しています。

(A)は問いかけ文の speech からの連想を狙った錯乱肢。(C)は delivering と delivery の音のヒッカケと、When と聞き間違えた人に対する二重の錯乱肢になっています。

Date ／③④⑤⑥ Date ／③④⑤⑥ Date ／③④⑤⑥

3. スクリプト 38_2_3 M: W:

M: What's this box for?

W: (A) I used them yesterday.

(B) Keeping miscopied paper.

(C) You can see the box office over there.

男性： この箱は何のためにあるのですか。
女性： (A) 私はそれらを昨日使いました。
(B) ミスコピーをした紙を入れておくためです。
(C) あちらにチケット売り場があります。

解説＆トレーニングポイント

箱の用途が問われており、それに対して Keeping miscopied paper.（ミスコピーをした紙を入れておくためです）と答えた（B）が正解です。省略をしない文にすると This box is for keeping miscopied paper. となりますが、ここでは前置詞 for の目的語で回答をしています。

(A)は I used it for ～と具体的な用途を示していたら正解でした。(C)は box を使った音のヒッカケです。

What's this **box** for?

このように極端に短い文は、一瞬で意味を理解できないと置いていかれてしまいます。太字の部分が強く読まれている様子を意識しながら音声をよく聞いて、自分でも真似して音読してみましょう。また、box の部分を他の語に変えて自分のセリフとして音読をしておくとさらに効果的です。

例）
What's this ladder for?
What's this wheelbarrow for?
What's this podium for?

③解説を読む ④ゆっくり音読 ⑤オーバーラッピング ⑥キモチオンドク

Date	Date	Date
／ ③④⑤⑥	／ ③④⑤⑥	／ ③④⑤⑥

4. スクリプト 38_2_4 W: M:

W: Where was the press conference held?

M: (A) It was last week.

(B) I was just about to ask Brian.

(C) Please press the blue button.

女性： 記者会見はどこで行われましたか。
男性： (A) それは先週でした。
(B) 私は Brian にちょうど尋ねようとしていました。
(C) 青いボタンを押してください。

解説 & トレーニングポイント

問いかけ文では記者会見の場所が問われており、正解（B）では Brian にその場所を尋ねようとしていたと答えています。be about to は「～をするところである」という意味で、ここでは過去形になっているので「尋ねようとしていたところ」という意味になります。WH 疑問文で問われていることを、「～に聞く」「～に聞いてみて」と回答するのは定番の応答です。
（A）は where を when と聞き間違えた人に対する錯乱肢です。（C）は press が音のヒッカケになっています。

I was **just** about to **ask Brian**.

音声をよく聞いて、ネイティブのナレーターがどこに強弱をつけて発話しているかを感じ取ってみましょう。先頭の I was は速く、弱く読まれていますが、just はハッキリ、強く読まれています。そしてこの文で最も重要な ask Brian もハッキリと発話されています。

皿トレ ③解説を読む ④ゆっくり音読 ⑤オーバーラッピング ⑥キモチオンドク

Date ／③④⑤⑥ Date ／③④⑤⑥ Date ／③④⑤⑥

5. スクリプト 38_2_5 W: M:

W: Did you find out any reasons for the late shipment?

M: (A) Who's getting promoted?

(B) In the customer service department.

(C) So far, nothing.

女性： 出荷が遅れている理由が何かわかりましたか。

男性： (A) 誰が昇進するのですか。
(B) 顧客サービス部門においてです。
(C) 今のところまだ何もです。

解説＆トレーニングポイント

出荷が遅れている理由がわかったかどうかが問われ、今のところ何もわかっていないと答えている（C）が正解です。（B）は顧客サービス部門に原因があって出荷が遅れたと誤解した人に対する錯乱肢です。

Did you find out any reasons for the late shipment?

find out は理由や状況などが「わかる」という意味です。find を単独で使う場合には目的語に人やモノを置いて、「見つける」という意味になります。find と out がつながって「f ァインダウ t」のように聞こえる音を確認しておきましょう。

皿トレ ③解説を読む ④ゆっくり音読 ⑤オーバーラッピング ⑥キモチオンドク

Date ／③④⑤⑥ Date ／③④⑤⑥ Date ／③④⑤⑥

6. スクリプト 38_2_6 M: W:

M: Can you send us a technician right away or will it take a while?

W: (A) It wasn't right in terms of certain conditions.

(B) Let me check availability.

(C) I sent you some interns.

男性： 技術者をすぐによこしてもらえますか、それとも少し時間がかかりますか。

女性： (A) いくつかの条件に関して適切ではありませんでした。

(B) 手が空いているかどうか確認させてください。

(C) 何人かインターンを送りました。

□in terms of …の点から、…に関して

解説＆トレーニングポイント

技術者をすぐによこしてもらえるか、あるいは少し時間がかかるかが問われ、手が空いているかどうかを確認させてくれと答えている（B）が正解です。（A）は right を使った音のヒッカケです。（C）は選択疑問文に答えておらず、また、会話がかみ合っていないので不正解です。

Let me check availability.

availability を辞書で調べると「入手可能性」、「有用性」、「役に立つこと」などの訳語が載っているので抽象的な概念を意味していることがわかります。この会話では、技術者をすぐによこしてもらえるかという問いに対する回答なので、「技術者の予定が空いているかどうか」という意味としてとらえることができるのです。このように抽象的な概念を、文脈によって具体的な意味として理解できるようになるには、会話の場面をイメージして、話者になりきって英文を音読するのが最も有効なトレーニング方法です。

Date ／③④⑤⑥ Date ／③④⑤⑥ Date ／③④⑤⑥

Part 3 スクリプト 38_3 W: M:

Questions 7 through 9 refer to the following conversation.

W: Hi, Brad. I'd like to meet up tomorrow afternoon and (7) discuss some ideas about a new project.

M: (8) Unfortunately, I'm working from home tomorrow afternoon. How's the day after?

W: That should be fine. Well, (7) I just got a call from the Byron Bay Tourism Promotion Committee. They've asked us to put together a guided tour of the sites in Byron Bay. It's to be led by volunteer tour guides from around the area.

M: It sounds like an interesting project.

W: (9) I'd like to start advertising the volunteer positions in the newspaper this week.

M: (9) Try the *Byron Bay Tribune*, then. They have a volunteering section in the classified advertisements.

問題 7-9 は次の会話に関するものです。

女性：こんにちは、Brad さん。新規プロジェクトのアイデアについて明日の午後に会って話し合いたいのですが。

男性：残念ですが、明日の午後は在宅勤務なんです。明後日はどうですか。

女性：それで大丈夫です。Byron Bay 観光促進協会から今電話がきたところです。Byron Bay の観光地のガイド付きツアーをまとめるよう頼んできました。地域のボランティアガイドが案内するんですよ。

男性：面白そうなプロジェクトですね。

女性：今週、ボランティア募集の広告を新聞で始めたいのです。

男性：それなら Byron Bay Tribune 紙にしてみたらどうでしょうか。案内広告にボランティア欄がありますよ。

□meet up 人と落ち合う　□put together …を編成する･組み立てる
□classified 分類した cf. classify …を分類する　Q □put off …を延期する･遅らせる

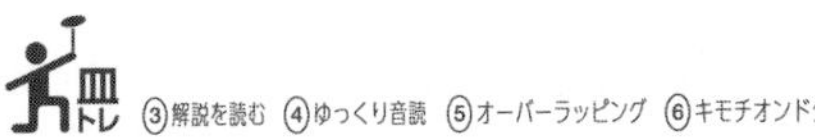

7. What project are the speakers discussing?

(A) Promoting an excursion to the bay area
(B) Taking volunteer leave
(C) Organizing an event
(D) Hiring more tour guides

話し手たちは何のプロジェクトについて話し合っていますか。

(A) ベイエリアへの小旅行の宣伝
(B) ボランティア休暇の取得
(C) イベントの企画
(D) さらなるツアーガイド雇用

何かのプロジェクトについて話し合っているということは、同僚同士の会話ではないかと予測します。

8. What is the man planning to do tomorrow afternoon?

(A) Work remotely
(B) Inspect a supplier
(C) Sign a contract
(D) Conduct a survey

男性は明日の午後、何をする予定ですか。

(A) リモートワークをする。
(B) 納入業者を調査する。
(C) 契約書に署名する。
(D) 調査を実施する。

具体的キーワードのtomorrow afternoonを待ち受けて、男性が何をする予定かを聞き取るようにします。

9. What does the woman say she will do?

(A) Contact a supervisor
(B) Subscribe to a newsletter
(C) Put off promoting online
(D) Place an advertisement

女性は何をすると言っていますか。

(A) 上司に連絡をする。
(B) 新聞を購読する。
(C) インターネット広告を延期する。
(D) 広告を出す。

女性が最後のセリフで正解のヒントを述べるだろうと予測をします。

解説&トレーニングポイント

Unfortunately, I'm working from home tomorrow afternoon.

Unfortunately は副詞ですが、but や however など逆接の接続詞と同様に文脈の転換点となり、正解のヒントに絡むことが多いキーセンテンスです。本問では女性から明日の午後に打ち合わせをしたいという依頼を受けて、「残念ながら」明日は在宅勤務だと述べ、それが Q8 の正解のヒントになっています。

なお、明日の午後に在宅勤務をするという確定した未来の予定なので、I'm working と進行形が使われています。

Questions 10 through 12 refer to the following telephone message and graph.

Hi. This is Ralph Hardy from the Greendale Historical Museum. (10) You called earlier asking about the best time to lead a group of international tourists through the museum. I would ordinarily suggest lunchtime because that's when we have the fewest visitors, but I understand you already have a restaurant reservation at that time. I've sent you an e-mail with a graph of our daily visitation rates. (11) You have a large group so I would come at the least crowded time other than noon. (12) We have a range of industry rates as well as special discounts for large groups. Please give me a call if you would like to discuss them.

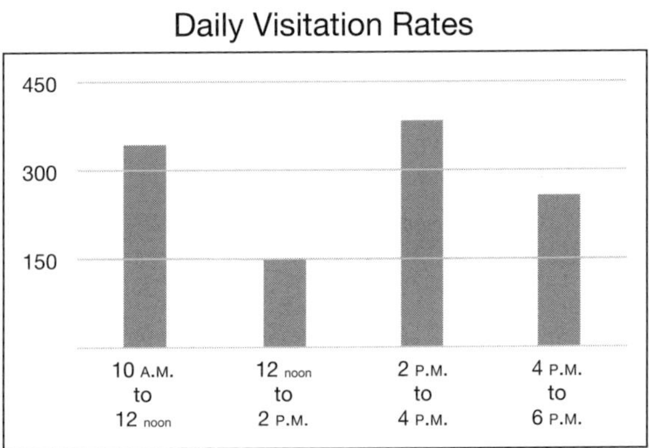

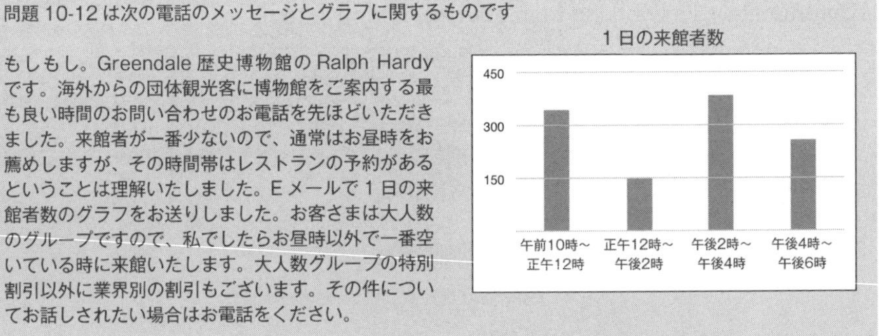

問題10-12は次の電話のメッセージとグラフに関するものです

もしもし。Greendale歴史博物館のRalph Hardyです。海外からの団体観光客に博物館をご案内する最も良い時間のお問い合わせのお電話を先ほどいただきました。来館者が一番少ないので、通常はお昼時をお薦めしますが、その時間帯はレストランの予約があるということは理解いたしました。Eメールで1日の来館者数のグラフをお送りしました。お客さまは大人数のグループですので、私でしたらお昼時以外で一番空いている時に来館いたします。大人数グループの特別割引以外に業界別の割引もございます。その件についてお話しされたい場合はお電話をください。

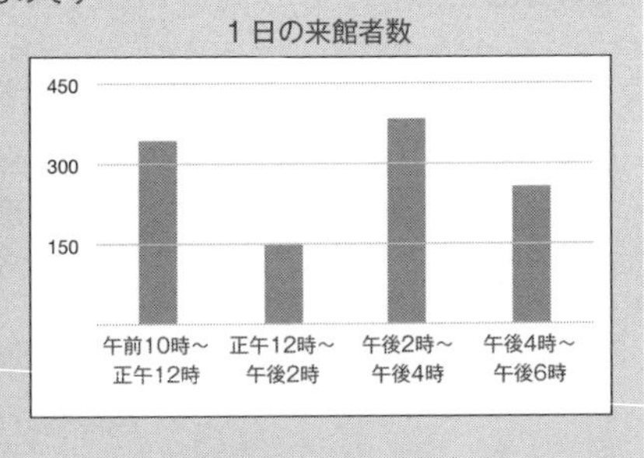

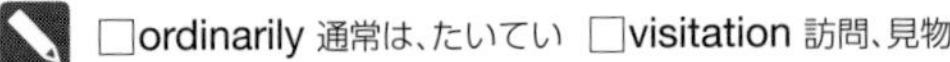

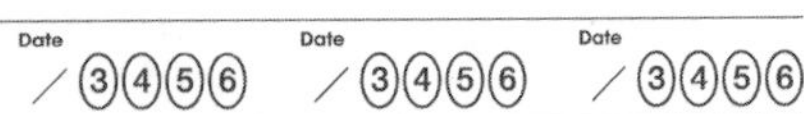

10. Who most likely is the speaker calling?

(A) An art dealer
(B) A local historian
(C) A tour coordinator
(D) A restaurant server

話し手は誰に電話をしていると考えられますか。

(A) 画商
(B) 地元の歴史学者
(C) ツアーコーディネーター
(D) レストランの給仕係

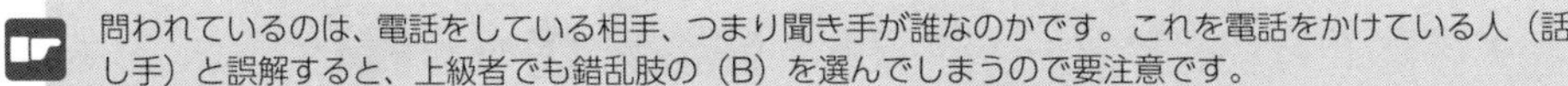

問われているのは、電話をしている相手、つまり聞き手が誰なのかです。これを電話をかけている人（話し手）と誤解すると、上級者でも錯乱肢の（B）を選んでしまうので要注意です。

11. Look at the graphic. When will the listener probably visit the business?

(A) Between 10 A.M. and 12 noon
(B) Between 12 noon and 2 P.M.
(C) Between 2 P.M. and 4 P.M.
(D) Between 4 P.M. and 6 P.M.

図を見てください。聞き手はおそらくいつその事業所を訪れますか。

(A) 午前 10 時から正午 12 時
(B) 正午 12 時から午後 2 時
(C) 午後 2 時から午後 4 時
(D) 午後 4 時から午後 6 時

棒グラフの問題は、先読みでそのグラフが何を表しているかを読み取ります。本問では、一日の時間帯別の来場者数だとわかります。

12. According to the speaker, why should the listener return the call?

(A) To reserve tickets in advance
(B) To inquire about lunch menu options
(C) To talk about a price reduction
(D) To receive an information pack

話し手によると、聞き手はなぜ折り返し電話をすべきですか。

(A) チケットを事前に予約するため。
(B) ランチメニューの選択肢を問い合わせるため。
(C) 値下げについて話すため。
(D) 案内書一式を受け取るため。

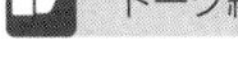

トーク終盤で、聞き手に対して折り返し電話を依頼するだろうと予測します。

解説＆トレーニングポイント

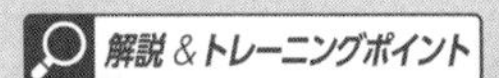

You have a large group so I would come at the least crowded time other than noon.

Q11 の正解のヒントとなるキーセンテンスですが、正確に聞き取れたでしょうか。I would come は「私ならば来るでしょう」という仮定法が使われており、文脈的には聞き手に対して来館する時間帯を薦めています。また、other than は「～以外」という前置詞として機能しており、これを聞き逃すと正解が選べません。

1(B) 2(B) 3(A) 4(B) 5(B) 6(B) 7(A) 8(D) 9(B) 10(A) 11(D) 12(B)

Part 1

1.

スクリプト 39_1  M

(A) An assortment of fruits has been delivered.

(B) A clock has been placed above an oven.
アベン ×オーブン

(C) A woman is setting a table.

(D) A man is picking up a knob.

(A) 果物の詰め合わせが配達された。
(B) 時計がコンロの上の方に設置されている。
(C) 女性はテーブルを設置している。
(D) 男性は取っ手を拾い上げている。

□assortment 詰め合わせ

解説 & トレーニングポイント

(B) 男性、女性の動作、状態だけに着目して音声を待ち受けていると正解できないトリッキーな問題です。人物に注意を引き寄せておいて、その後ろに写っているモノを正解の主語にするのは定番のパターンになっています。oven はカタカナ英語の「オーブン」とは全く異なるので、パート1、2に出題される要注意単語です。

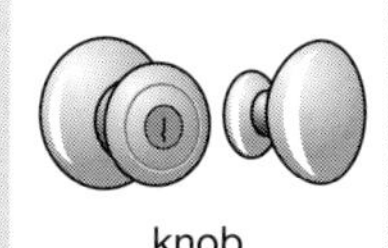
knob

(D) knob は引き出しやドアの取っ手、電気器具のスイッチなどを表します。k は発音されない点に注意してください。

皿トレ ③解説を読む ④ゆっくり音読 ⑤オーバーラッピング ⑥キモチオンドク

Date ／③④⑤⑥ Date ／③④⑤⑥ Date ／③④⑤⑥

Part 2

2. スクリプト 39_2_2 M: W:

M: When did you see Amelia off?

W: (A) At the International airport.

(B) A while ago.

(C) Isn't that turned off?

男性： あなたはいつAmeliaを見送りましたか。
女性： (A) 国際空港でです。
(B) 少し前です。
(C) それは消されていませんか。

□see X off Xを見送る
□turn off (テレビなど)を消す、(ガスなど)を止める

解説&トレーニングポイント

短いやり取りですが難問です。問いかけ文のsee ~ offは「~を見送る」という意味で、人名(Amelia)も聞き取りにくいので、問いかけ文の意味が取れないと、whenだけで正解を特定しなければならなくなります。正解(B)のa while agoは基本的な表現ですが、トレーニングポイントにあるように正しい音で覚えていないと意味が取れません。

A while ago.

Drill 9 Q6でwhileの音については解説をしましたが、本問ではしっかりと聞き取れたでしょうか。このwhileはaとagoがつながって読まれているので、単体の音からは変化しています。語数が少なく、しかも早口で読まれているので聞き逃してしまうと、消去法で選ばなければならなくなってしまいます。上級者と中級者を分けるのはこのような問題です。a while agoは定番のフレーズなので、自分の耳で聞こえた音を丸ごと覚えてしまいましょう。

皿トレ ③解説を読む ④ゆっくり音読 ⑤オーバーラッピング ⑥キモチオンドク

Date ／ ③④⑤⑥　Date ／ ③④⑤⑥　Date ／ ③④⑤⑥

3. スクリプト 39_2_3 W: M:

W: We ran out of paper, didn't we?

M: **(A) I've already called the supplier.**

(B) It's run by James.

(C) We finally reached the finish line.

女性： 紙がなくなりましたね。
男性： (A) 私がすでに納入業者に電話しました。
(B) それは James によって経営されています。
(C) 我々はようやくゴールラインにたどり着きました。

□run out of （品物）を切らす

解説 & トレーニングポイント

紙がなくなったという発言に対して、すでに納入業者に電話をした、つまり紙を発注したと答えている(A)が正解です。問いかけ文で示された問題（紙がなくなった）ことに対して、解決策（発注した）を答えるのはパート2の定番応答です。

We ran out of paper, didn't we?

run out of は「～がない」という意味で、コピー機の用紙がなくなっている状態などを表すときに使われるフレーズで、リスニングセクションではおなじみです。よく似た以下のフレーズと合わせて覚えておきましょう。

out of order：The machine is out of order.（機械が故障している）
out of service : The train is out of service.（列車は運行中止である）

皿トレ ③解説を読む ④ゆっくり音読 ⑤オーバーラッピング ⑥キモチオンドク

Date ／③④⑤⑥ Date ／③④⑤⑥ Date ／③④⑤⑥

4. スクリプト 39_2_4 W: M:

W: Why is Sue not in the office these days?

M: (A) We reserved a room at 6:30.

(B) Didn't you know about her transfer?

(C) Sorry, I was away on holiday last week.

女性：なぜ Sue は最近社内にいないのですか。
男性：(A) 我々は6時半に部屋を予約しました。
(B) 彼女の転勤を知らなかったのですか。
(C) すみません、先週は休暇でいませんでした。

解説&トレーニングポイント

Sue が社内にいない理由について問われ、転勤したのを知らなかったのかと問い返している（B）が正解です。（A）は問いかけ文の中の聞き取りやすい office から、会議室の予約を連想してしまった人への錯乱肢です。（C）は問いかけ文の主語を聞き取れず、自分が社内にいない（いなかった）理由を問われたと勘違いすると正解に思えてしまいます。

Didn't you know her transfer?

transfer はビジネス会話が多い TOEIC の重要単語なので、頻出の用法を以下の例文で覚えておきましょう。

最も多いのは「～に転勤させられた」という以下の用法です。

Mr. Osim was transferred to Austria.（オシムさんはオーストリアに転勤させられた）
Mr. Yashima will transfer to Pokhara next year.（ヤシマさんは来年ポカラに転勤する）

Date ／③④⑤⑥ Date ／③④⑤⑥ Date ／③④⑤⑥

5. スクリプト 39_2_5 M: M:

M: Can you tell me who will estimate the average cost?

M: (A) Do you accept credit cards?

(B) The manager's team.

(C) He used to work for a real estate agency.

男性： 平均コストは誰が見積もるのかわかりますか。

男性： (A) クレジットカードは使えますか。
(B) 管理者チームです。
(C) 彼は以前不動産会社で働いていました。

解説＆トレーニングポイント

平均コストは誰が見積もるのかを知っているかが問われ、管理者チームが行うと答えている（B）が正解です。（C）は estimate と estate を使った音のヒッカケです。

Can you tell me who will estimate the average cost?

estimate は動詞と名詞の用法がありますが、発音が異なる点に注意しておきましょう。

名詞：エスティメ t
動詞：エスティメイ t

皿トレ ③解説を読む ④ゆっくり音読 ⑤オーバーラッピング ⑥キモチオンドク

Date	Date	Date
／ ③④⑤⑥	／ ③④⑤⑥	／ ③④⑤⑥

6. スクリプト 39_2_6 M: W:

M: Could you spare some time for me?

W: (A) I've spent much money.

(B) Do you need any advice?

(C) We have enough space, thanks.

男性： 少し私に時間をいただけますか。
女性： (A) 私はお金をたくさん使いました。
(B) 何かアドバイスが必要ですか。
(C) 十分なスペースがあります、ありがとう。

□spare（時間·金など）を割く

解説&トレーニングポイント

時間をいただけないかと問われ、アドバイスが必要なのかと聞き返している（B）が正解です。（A）は spare と spent の音のヒッカケです。（C）は spare と space の音のヒッカケです。

Could you spare some time for me?

spare は spare parts、spare cartridge など「予備の」という形容詞として使われるほかに、英文のように「確保する」という意味の他動詞としての用法もあります。また、以下の例文のように、spare A（人）B（モノ）という形でも使われるので合わせて覚えておきましょう。

Could you spare me a few minutes?

Date ／ ③④⑤⑥　Date ／ ③④⑤⑥　Date ／ ③④⑤⑥

Part 3 スクリプト 39_3 W: M:

Questions 7 through 9 refer to the following conversation and coupon.

W: **7** Hi. I'd like to order some paper for my office. Last time I was here, I was given a coupon. But I can't find it in my bag.

M: **8** That's fine. I should have a record of your last purchase. If you tell me the phone number of your office, I should be able to find it in our database. You can have the discount even without the coupon.

W: **9** I'd like to order 12 cartons of the white copy paper. We already have enough regular size, so this time we'd like the large size only.

M: Sure. That's quite a lot. I suppose you'll be making use of our delivery service.

Klinger Paper Co.

DISCOUNT VOUCHER

Regular white paper 7 percent off
Large white paper 10 percent off
Regular colour paper 12 percent off
Large colour paper 15 percent off
(minimum order —10 cartons)

Expires March 23

問題 7-9 は次の会話とクーポンに関するものです。

女性： こんにちは。会社用の用紙を注文したいのですが。前回ここに来たときにクーポンをもらいました。でも、バッグの中に見当たりません。

男性： 大丈夫ですよ。前回の購入履歴があるはずです。会社の電話番号をいただければ、データベースの中に見つけられるはずです。クーポンがなくても割引されます。

女性： 白のコピー用紙を 12 箱ほしいです。通常サイズは十分ありますので、今回は大きいサイズのみほしいです。

男性： もちろんです。大量ですね。当店の配達サービスをご利用されますね。

Klinger 製紙会社

割引クーポン

白紙（サイズ通常） 7% 引き
白紙（サイズ大） 10% 引き
色付き紙（サイズ通常） 12%引き
色付き紙（サイズ大） 15%引き
（最低注文数 10 箱）

有効期限：3 月 23 日

□make use of …を利用する Q □replenish …を補充する

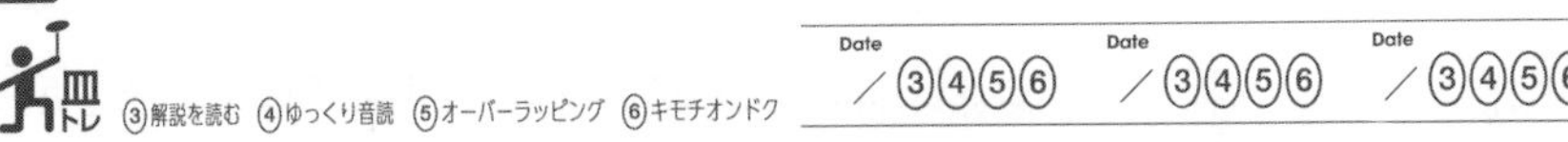

7. What is true about the woman?

(A) She wants to replenish some office supplies.
(B) She has just started working at Klinger Paper Co.
(C) She will be provided with a product sample.
(D) She is confirming her order status.

女性について何が正しいですか。

(A) 彼女は会社の備品を補給したい。
(B) 彼女は Klinger 製紙会社で働き始めたばかりである。
(C) 彼女に製品サンプルが提供される。
(D) 彼女は注文の状況を確認している。

予測がしづらい設問です。先読みで選択肢を読み切っておいて、音声を聞いてから余裕を持って解答できるようにしておきたい問題です。

8. What does the man say about the database?

(A) It was created after the last purchase by the woman's company.
(B) It lists a number of local printing companies.
(C) It is currently unavailable because of maintenance.
(D) It contains the woman's company contact details.

男性はデータベースについて何と言っていますか。

(A) 女性の会社が前回購入した後で作成された。
(B) その地域の印刷会社がリストアップされている。
(C) 保守のため現在は利用できない。
(D) 女性の会社の連絡先情報が含まれている。

具体的キーワードの database を意識しながら、男性のセリフを注意深く聞きます。

9. Look at the graphic. What discount will the woman most likely get?

(A) 7 percent off
(B) 10 percent off
(C) 12 percent off
(D) 15 percent off

図を見てください。女性はどのような割引を受けると考えられますか。

(A) 7%引き
(B) 10% 引き
(C) 12%引き
(D) 15%引き

選択肢には割引率が並んでいるので、紙の種類が正解のヒントだろうと予測します。クーポンやラベルは、意外とわかりづらいので、先読みで見るべきポイントを絞っておきましょう。

解説&トレーニングポイント

If you tell me the phone number of your office, I should be able to find it in our database.

Q8 の正解のヒントが含まれるキーセンテンスです。具体的キーワードの database がオーストラリア英語特有の発音で読まれているのがポイントです。database は「データベース」として日本語化していますが、オーストラリア人ナレーターは「デイタベィス」や「ダータベィス」と読みます。

Part 4 スクリプト 39_4 W

Questions 10 through 12 refer to the following speech and pie chart.

10 Looking at the visitor numbers to the area, it's clear that we attract the most people in winter. Of course, skiing and snowboarding are what Bear Valley is famous for. Nevertheless, 10 I think that we are relying too heavily on the winter tourists for our economic well-being. Furthermore, potential revenue in other seasons is being overlooked — in particular, this one. 11 We get the fewest visitors at this time of year, but it is when the valley is at its most beautiful. 12 I've come up with some poster designs. I'd like you to help me choose one and 10 I'll have it sent out to travel agents around the country.

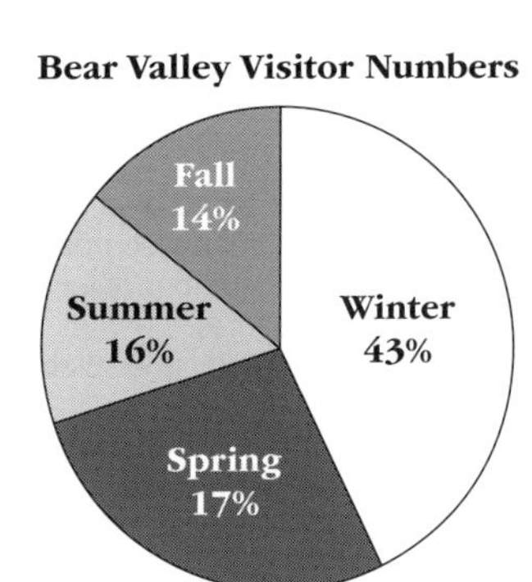

問題 10-12 は次の話と円グラフに関するものです。

地域への訪問者数を見ると、冬に最も多くの人を集めているのは明らかです。もちろん、スキーとスノーボードで Bear Valley は有名です。しかしながら、経済面ではあまりにも冬の観光客に頼りすぎていると思います。さらに、他の季節でも利益が出る可能性が見過ごされています一特に、これです。１年のこの時期には最も訪問者が少ないですが、この渓谷が一番美しい時期です。ポスターのデザインを思い付きました。皆さんに１枚選ぶのをお手伝いいただいて、それを国中の旅行代理店に送ります。

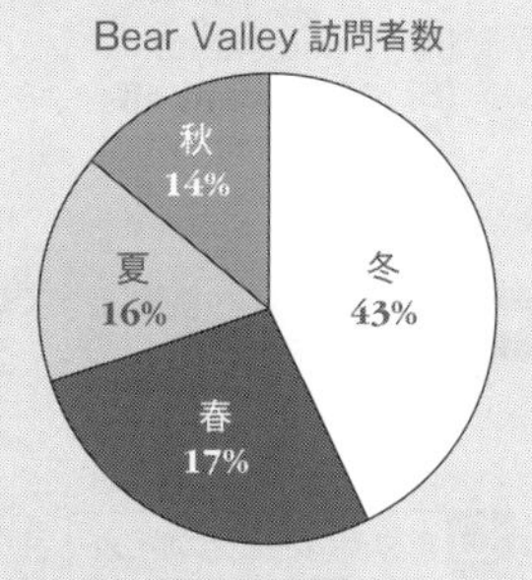

□nevertheless それにもかかわらず、しかしながら □rely on (人)を頼りにする、(もの)を当てにする
□economic well-being 経済的安定

③解説を読む ④ゆっくり音読 ⑤オーバーラッピング ⑥キモチオンドク

Date	Date	Date
／③④⑤⑥	／③④⑤⑥	／③④⑤⑥

10. Who most likely are the listeners?

(A) Members of a tourism board
(B) Travel agents
(C) Potential tourists
(D) Tour participants

聞き手たちは誰だと考えられますか。

(A) 観光局の局員
(B) 旅行代理店
(C) 潜在的観光客
(D) ツアー参加者たち

most likely とあるので、聞き手が誰なのかは直接述べられず、トークの中の情報から推測する問題だろうと予測します。

11. Look at the graphic. Which season does the speaker say is the most beautiful?

(A) Winter
(B) Spring
(C) Summer
(D) Fall

図を見てください。話し手はどの季節が最も美しいと言っていますか。

(A) 冬
(B) 春
(C) 夏
(D) 秋

グラフの問題は、そのグラフが何を示しているのかを先読みで理解しておきます。本問では "Bear Valley Visitor Numbers" とあるので、(Bear Valley が何かはわからなくても) Bear Valley への訪問者数を、季節ごとに比較しているグラフだと理解できます。

12. What are the listeners asked to do?

(A) Submit their reports
(B) Select one of the options
(C) Choose one of the agents
(D) Send a poster design

聞き手たちは何をするように求められていますか。

(A) 報告書を提出する。
(B) 選択肢の1つを選ぶ。
(C) 代理店を1つ選ぶ。
(D) ポスターのデザインを送る。

トーク終盤で正解のヒントが述べられるだろうと予測します。

解説&トレーニングポイント

Nevertheless, I think that we are relying too heavily on the winter tourists for our economic well-being.

nevertheless は「にもかかわらず」という意味の副詞で、however や but などと同様に、文脈の転換点になり、この後が正解のヒントになることがよくあります。however よりも堅い単語なのでリスニングセクションよりも、パート7に多く登場します。音の点では、4音節目にストレスが置かれることを確認しておきましょう。

nev · er · the · **less**

 1(C) 2(B) 3(B) 4(B) 5(C) 6(B) 7(A) 8(C) 9(C) 10(C) 11(D) 12(A)

Part 1

1.

(A) 野菜がトレーの上に置かれている。
(B) 彼らは互いに向き合って座っている。
(C) 買物客が接客されている。
(D) 女性はパンを手に取っている。

スクリプト 40_1 W

(A) Vegetables are being placed on a tray.
tレイ ×トレー

(B) They're sitting opposite each other.

(C) A shopper is being served.

(D) A woman is picking up some bread.
ピキンガp ×ピッキング

解説＆トレーニングポイント

(B) opposite each other は「向き合って」という意味なので、standing を使って以下の英文であれば正解です。

They're standing opposite each other.（彼らは向き合って立っている）

(C) serve は「提供する」という他動詞で、以下の英文も正解になります。

A man is serving some food to a woman.（男性は女性に食べ物を提供している）

(D) 女性が棚からパンを取り出そうとしている場面であれば以下の英文が正解です。

A woman is picking out some bread from the rack.（女性は棚からパンを取り出そうとしている）

pick up の目的語に人を取ると、車などで「出迎えに行く」という意味になります。

I'll pick up my coworker at the airport.（空港に同僚を出迎えに行く）

皿トレ ③解説を読む ④ゆっくり音読 ⑤オーバーラッピング ⑥キモチオンドク

Date ／③④⑤⑥　Date ／③④⑤⑥　Date ／③④⑤⑥

Part 2

2. スクリプト  40_2_2 M: M:

M: I put some illustrations in the description of the digital camera.

M: (A) Please don't hesitate to ask me.

(B) That helps me a lot.

(C) The company's looking for a graphic designer.

男性： デジタルカメラの説明に図を入れました。

男性： (A) どうぞ遠慮なく私に尋ねてください。
(B) それはとても助かります。
(C) その会社はグラフィックデザイナーを探しています。

解説＆トレーニングポイント

デジタルカメラの説明に図を入れたという発言に対して、とても助かると答えている（B）が正解です。（C）は illustrations から graphic designer を連想させる錯乱肢です。

That helps me a lot.

直訳すると「それ（デジタルカメラの説明に図を入れたこと）は、私を大いに助けています」になりますが、会話の中では「ありがとうございます」という感謝のキモチを伝えるときのフレーズとして使われます。決まり文句なので、一息で読まれます。that はカタカナ式の「ザット」ではなく、「ダッ」のように語尾の t が消えている音を確認しておきましょう。

皿トレ ③解説を読む ④ゆっくり音読 ⑤オーバーラッピング ⑥キモチオンドク

Date ／③④⑤⑥ Date ／③④⑤⑥ Date ／③④⑤⑥

3. スクリプト 40_2_3 W: W:

W: Why didn't you enroll in the club?

W: (A) What's his role in the next convention?

(B) I'm still debating.

(C) Let me check on behalf of you.

女性： なぜあなたはクラブに入会しなかったのですか。

女性： (A) 次のコンベンションにおける彼の役割は何ですか。
(B) 私はまだ思案中です。
(C) あなたに代わって私に確認させてください。

□enroll in …に入会する･入学する

解説＆トレーニングポイント

クラブに入会しなかった理由について問われていますが、正解はまだ思案中（つまり入会していない）と答えている（B）です。（A）は問いかけ文の特徴的な enroll と音が似ている role を使ったヒッカケです。

I'm still debating.

動詞 debate の第一義は「討論する」で、「ディベート」のように日本語にもなっていますが、ここでは「検討する」という意味で使われ、TOEIC でも出題される可能性のある用法です。このような新しい語義に出会ったときには、単に日本語の訳語で覚えるだけでなく、例文を使って音読してみると、その意味が頭に染み込んできます。

クラブに入会するかどうかを迷っている人になりきって、セリフのように10回音読しておきましょう。

皿トレ ③解説を読む ④ゆっくり音読 ⑤オーバーラッピング ⑥キモチオンドク

4. スクリプト 40_2_4 M: W:

M: When did you work last week?

W: (A) Alongside the Hudson River.

(B) Every day except for Friday.

(C) This is a wonderful workplace.

男性： あなたは先週いつ働きましたか。
女性： (A) Hudson 川沿いです。
(B) 金曜日以外は毎日です。
(C) ここは素晴らしい職場です。

解説＆トレーニングポイント

いつ働いたかと問われているので、会話がつながるのは金曜日以外の毎日と答えている（B）のみです。（A）はどこを（where）、歩いた（walk）と聞き間違えた場合の錯乱肢です。（C）は workplace が音のヒッカケになっています。

When did you work last week?

シンプルな英文ですが、細部までこだわって音読をしてみましょう。did you はつながって「ディジュ」のように聞こえています。リズムは when と work を強く、ハッキリ、did you は短めを意識してみてください。

皿トレ ③解説を読む ④ゆっくり音読 ⑤オーバーラッピング ⑥キモチオンドク

Date ／ ③④⑤⑥ Date ／ ③④⑤⑥ Date ／ ③④⑤⑥

5. スクリプト 40_2_5 M: W:

M: Did you contact the representative by e-mail or by phone?

W: (A) In my inbox.

(B) It's included in one of our training programs.

(C) I visited him in person.

男性：その担当者にはEメールで連絡しましたか、それとも電話で連絡しましたか。

女性：(A) 私の受信箱の中です。
(B) それは我々の研修プログラムの1つに含まれています。
(C) 彼を直接訪ねました。

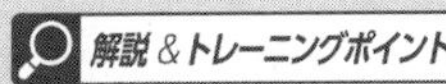

担当者にはEメールで連絡したか、電話で連絡したかが問われ、直接訪問したと答えている (C) が正解です。(A) は e-mail から inbox を連想させる錯乱肢です。

I visited him in person.

in person は「電話やメールではなく直接」、「人に頼らず自分で」という意味の副詞句です。パート7では求人の応募方法などを説明した文章で用いられ、正解のヒントに絡むことがあります。音はカタカナ式の「パーソン」ではなく、「プゥ sn」に近い音であることを確認しておきましょう。

皿トレ ③解説を読む ④ゆっくり音読 ⑤オーバーラッピング ⑥キモチオンドク

Date ／ ③④⑤⑥　Date ／ ③④⑤⑥　Date ／ ③④⑤⑥

6. スクリプト 40_2_6 W: M:

W: Isn't the noise bothering you?

M: (A) To turn up the volume.

(B) It's not a big deal.

(C) That's a document concerning them.

女性： 音がやかましくないですか。
男性： (A) 音量を上げることです。
(B) たいしたことありません。
(C) それはそれらに関連する書類です。

□turn up （テレビなど）の音を大きくする
□concerning …に関して

解説＆トレーニングポイント

音がやかましくないかと問われ、大したことはないと答えている（B）が正解です。(A) は noise からテレビやラジオなどの話題を連想させる錯乱肢です。

It's not a big deal.

deal はビジネス英語では「取引」という意味で、big deal は金額が大きい取引のことを表します。そこから派生して、it's not a big deal は「たいしたことではない」という意味でカジュアルな場面で使われます。この会話では、音のやかましさは自分にとってはたいしたことではない、という意味で使われています。

皿トレ ③解説を読む ④ゆっくり音読 ⑤オーバーラッピング ⑥キモチオンドク

Date ／ ③④⑤⑥ Date ／ ③④⑤⑥ Date ／ ③④⑤⑥

Part 3 

Questions 7 through 9 refer to the following conversation and layout.

M: Here's your room key, Ms. Burton. (7) Please make sure to drop it in this red box on the last day of your stay. And this is your breakfast voucher and a discount coupon for dinner time if you prefer to eat in the hotel.

W: Thank you. Where can I eat breakfast?

M: There are two restaurants and a café in our hotel. Here's our hotel's layout. (8) On the first floor in the East Wing, near the front desk, there's a restaurant where you can use your voucher in the morning. Your room is a corner room on the fifth floor of the Regular area.

W: OK. (9) What time does the breakfast place open tomorrow? I need to leave here at six A.M.

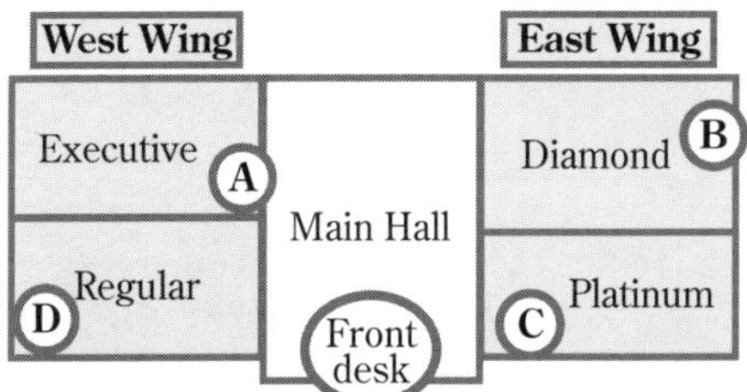

問題 7-9 は次の会話と見取り図に関するものです。

男性： Burton 様、こちらがお部屋の鍵です。ご宿泊の最終日にこの赤い箱に忘れずにお入れください。そして、こちらが朝食券とホテルで夕食を取られる場合の割引クーポンです。

女性： ありがとう。朝食はどこで食べられますか。

男性： 当ホテルにはレストランが 2 か所とカフェが 1 か所あります。こちらがホテルの見取り図です。東棟の 1 階、フロントデスクのそばに朝食券をお使いいただけるレストランがございます。お部屋は Regular エリアの 5 階の角部屋です。

女性： わかりました。明日は朝食会場は何時に開きますか。私は午前 6 時にここを出発する必要があります。

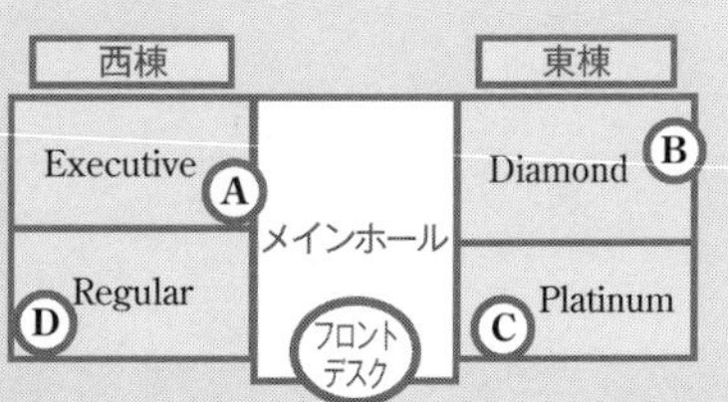

③解説を読む ④ゆっくり音読 ⑤オーバーラッピング ⑥キモチオンドク

Date ／ ③④⑤⑥ Date ／ ③④⑤⑥ Date ／ ③④⑤⑥

7. What does the man ask the woman to do?

(A) Return her key in a container
(B) Apply for hotel membership
(C) Use a café on the fifth floor
(D) Attend a dinner party

男性は女性に何をするよう求めていますか。

(A) 入れ物に鍵を返す。
(B) ホテル会員に申し込む。
(C) 5階のカフェを利用する。
(D) 夕食パーティに出席する。

男性が正解のヒントを述べます。

8. Look at the graphic. Where can the woman use her breakfast voucher?

(A) Location A
(B) Location B
(C) Location C
(D) Location D

図を見てください。女性はどこで朝食券を使えますか。

(A) A 地点
(B) B 地点
(C) C 地点
(D) D 地点

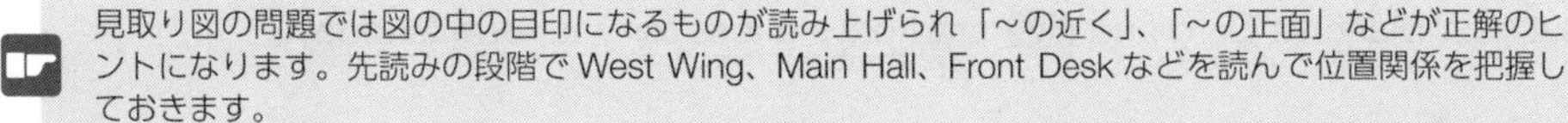
見取り図の問題では図の中の目印になるものが読み上げられ「~の近く」、「~の正面」などが正解のヒントになります。先読みの段階で West Wing、Main Hall、Front Desk などを読んで位置関係を把握しておきます。

9. Why does the woman ask about the opening hours?

(A) She is going to come back late in the evening.
(B) The food truck is arriving behind schedule.
(C) She has some plans in the morning.
(D) She couldn't find its information online.

女性はなぜ開始時間を尋ねていますか。

(A) 彼女は夜遅く帰ってくる。
(B) 食料のトラックが予定より遅れて到着する。
(C) 朝、彼女は予定がある。
(D) 彼女はその情報をインターネットで探せなかった。

女性が最後のセリフで何か開始時間について、尋ねるだろうと予測します。

解説 & トレーニングポイント

On the first floor / in the East Wing, / near the front desk, / there's a restaurant / where you can use your voucher / in the morning.

複数の情報が次々に述べられていく、やや長めの英文で Q8 の正解のヒントを含んでいます。聞き取れなかった場合は、スラッシュの部分で切りながら音読をしておきましょう。where はレストランがどのような場所であるかを説明する部分（節）をつなぐ関係副詞です。この部分は、there's a restaurant（レストランがあります）、where（どのような場所かというと）、というキモチを込めて音読しましょう。

Questions 10 through 12 refer to the following advertisement.

Do you want to save (11) thirty percent on your entire purchase today? Then seek out a sales associate now. By signing up for a Mason's Card, you'll take home much more of our stylish items than usual today and twelve times throughout the year! (12) Plus, customers who spend six hundred dollars in a year are invited to shop sales the night before they open to regular customers! But that's not all! Every cardholder receives countless perks, such as free shipping on online orders and a month extra for returns. Get your Mason's Card and (10) start paying less for your outfits today!

問題 10-12 は次の宣伝に関するものです。

本日、お買い物全額から 30% お得になるようにしたいですか。そうであれば、すぐに販売員をお探しください。Mason カードにお申し込みいただくと、当店のスタイリッシュな商品を、本日いつもより多くお持ち帰りいただけますし、しかも年間 12 回使えます。さらに、1 年で 600 ドルをお使いいただいたお客さまは通常のお客さまにお売りする前日の晩に当店のセールにご招待いたします。それだけではありません。カードをお持ちのお客さまにはオンライン注文の配送料無料や返品期間 1 か月の延長などの数限りない特典がございます。Mason カードをお持ちになり、今日からお洋服への出費を減らし始めましょう。

□seek out 捜し出す　□associate 仲間、同僚　□perk(= perquisiteの短縮形) 特典、特権、恩恵
□outfits 衣装一揃い、用品一式　Q □exclusive 限られた、限定的な　□double …を2倍にする
□reward 報奨、謝礼金　□extend …を延長する

⑥キモチオンドク

Date	Date	Date
／ ③④⑤⑥	／ ③④⑤⑥	／ ③④⑤⑥

10. Where most likely are the listeners?

(A) At a supermarket
(B) At an interior exhibition
(C) At a clothing store
(D) At a stationery store

聞き手たちはどこにいると考えられますか。

(A) スーパーマーケット
(B) インテリア展示場
(C) 洋服店
(D) 文房具店

聞き手の場所はトーク全体にヒントがあるだろうと予測します。本問は、決定的なヒントが最後まで出てこない変則パターンです。

11. How can listeners save thirty percent off their purchase?

(A) By doing their shopping today
(B) By doing lots of shopping
(C) By using a special code
(D) By applying for a service

聞き手たちはどうすれば買い物が 30% お得になりますか。

(A) 本日買い物をする。
(B) たくさんの買い物をする。
(C) 特別なコードを使用する。
(D) サービスに申し込む。

具体的キーワードの thirty percent を意識しながら、値引きに関する情報を聞き取るようにします。

12. What do cardholders receive if a certain condition is met?

(A) Invitations to exclusive events
(B) Double rewards points
(C) Extended shopping hours
(D) A reasonable shipping fee

ある条件が満たされるとカードの所有者は何を受け取りますか。

(A) 限定イベントへの招待
(B) 2倍のポイント
(C) 買い物時間の延長
(D) お値打ちな配送料

具体的キーワードの cardholder に対しての条件を注意深く聞き取ります。

解説 & トレーニングポイント

Plus, customers who spend six hundred dollars in a year are invited to shop sales the night before they open to regular customers!

この plus は「さらに」という意味の接続詞で、前に述べた情報に付け加えて新たな情報をこれから述べるというサインです。plus 以下の部分は正解のヒントに絡むことがあり、本問でも Q12 の正解のヒントになっています。新たな情報を付け加える単語は、and also、in addition、moreover、furthermore、besides などがあり、plus と同様、この後のセンテンスは注意力を上げて聞き漏らさないようにしましょう。

1(A) 2(C) 3(B) 4(A) 5(B) 6(A) 7(B) 8(A) 9(D) 10(B) 11(B) 12(D)

Part 1

1.

(A) はしごが壁に立て掛けられている。
(B) 床板が掃除されているところである。
(C) 照明が仕事机の上に吊るされている。
(D) ドアが取り付けられているところである。

□floorboard 床板
□suspend …を吊るす

スクリプト 41_1 W

(A) A ladder is leaning against a wall.
ラd ×ラダー

(B) A floorboard is being cleaned.

(C) A light is suspended above the workstation.

(D) A door is being installed.
インストーゥd ×インストールド

解説&トレーニングポイント

(A) lean は傾いている様子を表し、パート1では A lean against B「AがBにもたれかかっている」というフレーズが頻出です。他には、A lean over B「AがBに身を乗り出している」も出題されます。「はしご」を表す単語は stepladder も出題されます。
(C) suspend は「～を中断する」という意味の他に「～を吊るす」という意味があります。～の上に吊るされている場合は above、～から吊るされている場合は from と共に用いられます。

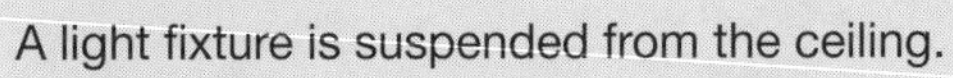

A light fixture is suspended from the ceiling.
(照明器具が天井から吊るされている)

workstation は「コンピュータ」の他に「仕事用机」の意味でパート1に登場します。

lean over

workstation

③解説を読む ④ゆっくり音読 ⑤オーバーラッピング ⑥キモチオンドク

Date ／ ③④⑤⑥　Date ／ ③④⑤⑥　Date ／ ③④⑤⑥

Part 2

2. スクリプト 41_2_2 M: W:

M: Who wants to join the guided tour of the Smith Museum?

W: (A) It'll take about an hour.

(B) The team consists of four people.

(C) I'm in.

男性： 誰が Smith 博物館のガイド付きツアーに参加を希望しますか。

女性： (A) それは約 1 時間かかります。
(B) チームは 4 人編成です。
(C) 私は参加します。

解説 & トレーニングポイント

短すぎて聞き漏らしたり、意味が取れなかった方もいるのではないでしょうか。上級者でも間違えてしまうのはこのような問題です。語数が少ないと聞き取れた単語から推測することもできないので、短い応答は意外にも聞き取りが難しいのです。I'm in の後ろには the guided tour が省略されています。

I'm in the guided tour.

ガイド付きツアーについて話しているという相手との共通理解があるので、省略をしても会話がつながるのです。

I'm in.

I'm in は自分がある場所や状況にある事を伝えるときに使える表現です。TOEIC では以下のような用法で登場します。

Now I'm really in a hurry.（今、私はかなり急いでいます）

約束の時間に遅刻しそうになって、相手に状況を伝えるキモチになってこの例文を音読しておきましょう。

Date ／③④⑤⑥ Date ／③④⑤⑥ Date ／③④⑤⑥

3. スクリプト 41_2_3 W: M:

W: You haven't been in your office recently — what makes you so busy?

M: (A) She says she feels a bit dizzy.

(B) We've just launched a new project.

(C) Our usual business hours are from nine A.M.

女性： 最近会社にいないですねーなぜそんなに忙しいのですか。

男性： (A) 彼女は少しめまいがすると言っています。

(B) 新規プロジェクトを立ち上げたところだからです。

(C) 当社の通常の営業時間は午前９時からです。

□dizzy めまいがして、ふらふらして

解説＆トレーニングポイント

問いかけ文は通常１文ですが、まれにこの問題のように２文が読まれることもあります。what makes you so busy は直訳すると「何があなたをそんなに忙しくさせていますか」ですが、意味は忙しい理由を問うています。正解（B）は新しいプロジェクトを立ち上げたために通常よりも仕事が多くて忙しいという理解を相手に対して求めています。

（A）は busy と dizzy の音のヒッカケです。（C）は your office から営業時間を連想させる錯乱肢になっています。

We've just launched a new project.

launch は「開始する」という意味の他動詞で、TOEIC の重要単語です。目的語に製品を取ると「発売する」という意味になります。

We will launch a new product the next month.（当社は来月、新しい製品を発売する）

発音はスペルから「ラウンチ」と勘違いしている人が多いですが、正しくは「ローンチ」です。

Date ／③④⑤⑥ Date ／③④⑤⑥ Date ／③④⑤⑥

4. スクリプト 41_2_4 M: W:

M: Where's the cheapest hotel around here?

W: **(A) You can stay at our house.**

(B) It should be within the budget.

(C) Overnight delivery.

男性： このあたりで一番安いホテルはどこですか。

女性： (A) 私たちの家に泊まれます。
(B) 予算内のはずです。
(C) 翌日配達です。

解説＆トレーニングポイント

会話の状況がイメージできると解きやすくなる問題です。問いかけ文で付近に安いホテルを探しているということは、男性は泊まる場所を探していると考えられます。それに対して正解（A）で You can stay at our house（私たちの家に泊まれます）と答えているのは、友人や同僚であろう女性がホテルに泊まらなくても、家に泊まったらという提案をしている状況です。

（B）は the cheapest hotel（一番安いホテル）から within the budget（予算内）を連想した場合の錯乱肢です。

Where's the cheapest hotel around here?

先頭の Where's the の部分は頻出のパターンなので繰り返し聞いて、このナレーターの音を耳に馴染ませておきましょう。

皿トレ ③解説を読む ④ゆっくり音読 ⑤オーバーラッピング ⑥キモチオンドク

Date ／ ③④⑤⑥ Date ／ ③④⑤⑥ Date ／ ③④⑤⑥

5. スクリプト 41_2_5 W: M:

W: Why will the company terminate Bob's employment?

M: (A) There is a bus terminal.

(B) I don't think they will.

(C) To your employer.

女性： なぜ会社は Bob の雇用を終わらせるのですか。

男性： (A) バスターミナルがあります。
(B) 終わらせるとは思いません。
(C) あなたの雇用主へです。

□terminate …を終わらせる

解説 & トレーニングポイント

Bob の雇用が終わる理由について問われていますが、正解の（B）では会社（they）が Bob の雇用を終わらせるとは思えないと答えています。問いかけ文の terminate、employment を（A）、（C）ではそれぞれ terminal、employer を使ってよく似た音のヒッカケにしています。

Why will the company terminate Bob's employment?

terminate はある状態や行動を「終わらせる」という意味の動詞です。より簡単な動詞で置き換えると動詞の end です。また、terminate は「人を辞めさせる」という直接的な意味でも使うことが可能です。

Some managers were terminated last month.（何人かのマネジャーが先月、解雇された）

TOEIC に登場する企業は、どこも業績好調なので、起こりにくい状況ですが。

Date / ③④⑤⑥ Date / ③④⑤⑥ Date / ③④⑤⑥

6. スクリプト 41_2_6 W: M:

W: How old is the company?

M: **(A) They just started business.**

(B) Two-weeks notice is required to do that.

(C) Since the president owns a large estate.

女性： 会社はどのくらいの歴史がありますか。

男性： (A) 営業を開始したばかりです。
(B) それを行うには 2 週間前の通知が必要です。
(C) 社長が広大な地所を持っているからです。

解説 & トレーニングポイント

会社の歴史がどれくらいあるかが問われ、営業を開始したばかりである、つまり若い会社であると答えている (A) が正解です。(C) は since が使われているので、創業の時期を述べていると誤解した人に対する錯乱肢です。

They just started business.

この just は動詞 started を修飾している副詞です。They started business. だと、「営業を開始した」という過去の事実を述べているに過ぎませんが、この just があることで、「開始したばかり」という意味が添えられているので、問いかけ文に対する応答としてうまくつながるわけです。この just にキモチを込めて音読しておきましょう。

皿トレ ③解説を読む ④ゆっくり音読 ⑤オーバーラッピング ⑥キモチオンドク

Date ／③④⑤⑥ Date ／③④⑤⑥ Date ／③④⑤⑥

Part 3 スクリプト 41_3 M: W:

Questions 7 through 9 refer to the following conversation.

M: (7) We might be opening a new office in Anaheim. I've been asked to go and look around for a good location.

W: I was there last year with my family. (8) It was really hard to find somewhere to stay. We ended up in a small motel that was nothing like what we'd hoped for. I hope you've booked in advance.

M: Yeah. I had the same problem. In the end, I decided to stay in Orange. (9) I'm renting a car, so I'll just drive up to Anaheim each day.

問題 7-9 は次の会話に関するものです。
男性： Anaheim に新事務所をオープンするかもしれません。そこに行って良い場所を探すように言われてるんです。
女性： 去年家族で行った場所です。泊まる所を探すのが大変でしたよ。結局希望していたのとは全然違う小さなモーテルになってしまったんです。あなたは前もって予約したほうがいいと思います。
男性： そうなんですか。同じ問題ですね。結局、Orange に泊まることにしました。車を借りて毎日 Anaheim まで運転していくことにします。

□end up 最後は…になる □drive up to 車で…まで走る Q □property 物件、不動産

皿トレ ③解説を読む ④ゆっくり音読 ⑤オーバーラッピング ⑥キモチオンドク

Date ／ ③④⑤⑥ Date ／ ③④⑤⑥ Date ／ ③④⑤⑥

7. Why is the man going to Anaheim?

(A) To renovate an office
(B) To examine properties
(C) To attend an opening ceremony
(D) To inspect a new building

なぜ男性は Anaheim へ行くのですか。

(A) 事務所を改装するため
(B) 物件を調査するため。
(C) 開会式に出席するため
(D) 新しいビルを点検するため。

 具体的キーワードの Anaheim を待ち受けるようにして、男性のセリフから正解のヒントを聞き取るようにします。

8. What does the woman say about accommodations there?

(A) There are few options.
(B) It is too small for their new office.
(C) One of her family members used to live there.
(D) She has read about it in the newspaper.

女性はそこでの宿泊施設について何と言っていますか。

(A) あまり選択肢がない。
(B) 彼らの新しい支社には狭すぎる。
(C) 彼女の家族の 1 人が以前そこに住んでいた。
(D) 彼女はそれについて新聞で読んだ。

正解のヒントは女性が述べるだろうと予測をします。

9. What does the man say he will do?

(A) Leave Orange soon
(B) Contact a travel agent
(C) Follow the woman's advice
(D) Use a vehicle

男性は何をすると言っていますか。

(A) Orange をすぐに離れる。
(B) 旅行代理店に連絡する。
(C) 女性の忠告に従う。
(D) 車を使用する。

男性の最後のセリフで正解のヒントを述べるだろうと予測します。

 **解説 & トレーニングポイント**

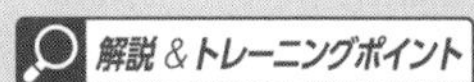

We ended up in a small motel that was nothing like what we'd hoped for.

この like は「～のような」という意味の前置詞です。動詞ととらえてしまうと、文構造がくずれてしまい、意味が取れなくなってしまいます。前置詞なので、後ろには名詞や名詞句を目的語として取ります。この英文では、what we'd hoped for（私たちが望んでいたもの）という名詞節が置かれて、前の nothing を修飾しています。この前置詞の like は実際の英会話でも使い勝手が良いので、頻繁に使われます。この英文を音読して、自分でも使いこなせるようトレーニングしておきましょう。

Questions 10 through 12 refer to the following telephone message.

10 This is Arlene in Truck 4552. My engine gave me trouble out on Route 35, so I had to take it to a nearby service center. Repairs will be done soon, but I'm two hours behind. 11 I'd appreciate it if you'd call my afternoon deliveries and let them know I'll be late. The final one is the landscaping store across town, and it won't be open past five. So please tell them I'll make sure to visit them first thing in the morning. 12 Oh—I was supposed to have a pallet jack on the truck for that one so that I can load their heavy packages. I'll have to remember to get one when I return this evening.

問題 10-12 は次の電話のメッセージに関するものです。

トラック 4552 の Arlene です。Route 35 でエンジントラブルになり、近くのサービスセンターに持って行かないといけませんでした。修理はすぐに終わると思いますが、配達が2時間遅れています。私の午後の配達先に電話して私が遅れると連絡してもらえるとありがたいのですが。最後の配達先が街の向こう側の造園屋で、5時過ぎると開いていません。そのため、朝一番に必ず行くと伝えてください。ええと、そこには重い荷物を積めるようにトラックに荷台のジャッキを積んでおくはずでした。今晩戻ったら1台取っておくのを覚えておかないといけませんね。

□first thing in the morning 朝早く、朝いちで　□jack 重いものを押し上げる道具(ジャッキ)
Q □equipment 器具、設備

③解説を読む ④ゆっくり音読 ⑤オーバーラッピング ⑥キモチオンドク

Date	Date	Date
／ ③④⑤⑥	／ ③④⑤⑥	／ ③④⑤⑥

10. What problem does the speaker mention?

(A) A certain route is unavailable.
(B) Her truck stopped working properly.
(C) She forgot to unload some heavy packages.
(D) The service center cannot be found nearby.

話し手はどんな問題について述べていますか。

(A) あるルートが使えない。
(B) 彼女のトラックが正常に動かなくなった。
(C) 彼女は重い荷物を降ろすのを忘れた。
(D) サービスセンターが近くに見つからない。

話し手が直面している問題と、その解決策に関するトークだろうと予測します。

11. What does the speaker ask the listener to do?

(A) Find someone to finish her work
(B) Relay some messages for the speaker
(C) Prepare a different truck for her
(D) Make an appointment at a service center

話し手は聞き手に何をするよう求めていますか。

(A) 彼女の仕事を終わらせるため誰かを探す。
(B) 話し手のためにメッセージを伝える。
(C) 彼女のために違うトラックを用意する。
(D) サービスセンターに予約をする。

依頼、提案表現に注意して内容を聞き取るようにします。

12. What will the speaker do this evening?

(A) Order parts for her truck
(B) Make her last delivery
(C) Pick up shipments for the next day
(D) Put some equipment on her truck

話し手は今晩何をしますか。

(A) トラックの部品を注文する。
(B) 最後の配達をする。
(C) 翌日の配達品を受け取る。
(D) トラックに器具を載せる。

具体的キーワードの this evening を意識して、トーク終盤を聞き取るようにします。

解説＆トレーニングポイント

Oh—I was supposed to have a pallet jack on the truck for that one so that I can load their heavy packages.

be supposed to は「～をすることになっている」という意味のフレーズで、ここでは、話し手がエンジントラブルで帰社が遅くなり、まだジャッキを積み込めていないので過去形の was supposed to が使われています。supposed の d は to と重なって音が消失している点を確認しておきましょう。

Drill 42 解説とトレーニング

1(D) 2(C) 3(A) 4(B) 5(C) 6(A) 7(C) 8(B) 9(C) 10(B) 11(A) 12(C)

Part 1

1.

スクリプト 42_1 M

(A) A man is jotting down notes on a notepad.

(B) A woman is talking to a shopper.

(C) Some shelves are being assembled.
エセンブゥd ×アッセンブルド

(D) Books are piled on top of one another. パーゥd ×パイルド

(A) 男性はメモ用紙にメモを取っている。
(B) 女性は買物客と話している。
(C) いくつかの棚が組み立てられているところである。
(D) 本が積み重ねられている。

□jot down …をちょっと書き留める
□note メモ、記録
□notepad はぎ取り式のメモ帳
□assemble (機械など)を組み立てる
□pile …を山と積む
□on top of one another 積み重なって

解説 & トレーニングポイント

(A) jot down notes は「メモを取る」という決まり切ったフレーズで、パート1で出題される可能性があります。意味は以下の英文と同じです。

A man is writing on a notepad.

(C) 写真後方に棚は写り込んでいるので are being assembled の部分が聞き取れないと不正解として除外することができません。
(D) on top of one another は本の上に本が重ねて置かれている様子を表しています。pile は積み上げるという意味の動詞で、積まれている場所を主語にして以下のような英文も出題されます。

A truck is piled with some tires.(トラックにはタイヤが積まれている)

また、名詞の pile は「積み重なった山」という意味で、以下のような英文で出題される可能性があります。

There's a pile of earth next to a building.(土の山が建物の隣にある)

③解説を読む ④ゆっくり音読 ⑤オーバーラッピング ⑥キモチオンドク

Date ／③④⑤⑥　Date ／③④⑤⑥　Date ／③④⑤⑥

Part 2

2. スクリプト 42_2_2 W: W:

W: Could you put together the details of the company retreat by this evening?

W: (A) We went to dinner together.

(B) I'd appreciate it if you could provide it to me.

(C) Sure thing.

女性： 社員研修の詳細を今晩までにまとめてもらえますか。

女性： (A) 我々は一緒に夕食に行きました。
(B) それを私に提供していただければありがたいです。
(C) もちろんです。

□company retreat 社員旅行
□I'd appreciate it if you could[would] *do*
…していただければありがたいのですが
□Sure thing. (返答して)もちろん、いいですとも

解説＆トレーニングポイント

社内研修の詳細を今晩までにまとめられるかどうかが問われ、もちろん、と同意している(C)が正解です。(A) は evening から dinner を連想させる錯乱肢です。(B) は it が社員研修の詳細だとしても、それをほしいのは第１話者なので不正解です。

Could you put together the details of the company retreat by this evening?

put together は「まとめる」という意味で、TOEIC でも登場し、ビジネス会話で頻出の超重要単語なので、使い方を覚えておきましょう。まとめるものは、以下のようなものがあります。

put together a contract：契約書をまとめる
put together a proposal：提案書をまとめる
put together a list of questions：質問のリストをまとめる

皿トレ ③解説を読む ④ゆっくり音読 ⑤オーバーラッピング ⑥キモチオンドク

Date ／③④⑤⑥ Date ／③④⑤⑥ Date ／③④⑤⑥

3. スクリプト 42_2_3 M: W:

M: Do you know how to sign up for the bookkeeping class?

W: **(A) By calling the organizer.**

(B) I haven't read it yet—was it good?

(C) Can I have your autograph?

男性： 簿記のクラスにはどうやって申し込んだら良いかわかりますか。

女性： (A) 主催者に電話をすることによってです。

(B) まだ読んでいません—それは良かったですか。

(C) あなたのサインをいただけますか。

□sign up for (講座)を取る手続きをする·申し込む

□autograph 自筆、自著、サイン

解説 & トレーニングポイント

簿記のクラスにどうやって申し込むのかが問われ、主催者に電話をかけると答えている (A) が正解です。(B) は申し込み方法が書かれた案内書などをまだ読んでいない、と解釈すると正解に思えますが、案内書について良かったかとは聞かないので不正解です。

Do you know how to sign up for the bookkeeping class?

how to はカタカナ式だと「ハウトゥー」ですが、このto はもっと弱く短い音なので「ハウタ」、または「ハt」のように聞こえています。日本語として定着している単語ですが、自分の耳で聞こえた音で繰り返し上書きするようにして、新しい単語として覚えるようにしてみてください。

皿トレ ③解説を読む ④ゆっくり音読 ⑤オーバーラッピング ⑥キモチオンドク

Date ／③④⑤⑥ Date ／③④⑤⑥ Date ／③④⑤⑥

4. スクリプト 42_2_4 M: W:

M: I don't have to carry this key around all the time, do I?

W: (A) It's always been cold.

(B) You can substitute your ID card for it.

(C) Could you please unlock the room for me?

男性： 私はこの鍵を常に携帯しなくても良いのですよね。

女性： (A) 常に寒いです。
(B) その代わりに ID カードを使えます。
(C) 私のために部屋の鍵を開けてもらえますか。

□substitute A for B Bの代わりにAを用いる

解説＆トレーニングポイント

鍵を常に携帯しなくても良いかと確認され、ID カードが鍵の代わりに使える、つまり携帯しなくても問題ないと答えている(B)が正解です。(A)は all the time と同じ意味の always を使ったヒッカケです。(C)は鍵を携帯するということから、鍵をなくしたという状況を連想させる錯乱肢です。

You can substitute your ID card for it.

substitute A for B は「Bの代わりにAを使う」という意味です。パート2としては、やや難しめの単語ですが、TOEIC では重要単語なので、ここで用法を覚えておきましょう。パート5では前置詞の for を答えさえせる問題として出題されます。

Date ／③④⑤⑥ Date ／③④⑤⑥ Date ／③④⑤⑥

5. スクリプト 42_2_5 W: M:

W: Shall we take a break?

M: (A) I'll take them apart.

(B) I'd appreciate it if you could buy a new one.

(C) Absolutely.

女性： 休憩しましょうか。

男性： (A) 私がそれらをバラバラにしましょう。
(B) あなたが新しいものを買えれば私はありがたいです。
(C) もちろんです。

□take apart …をばらばらにする

休憩を取ろうかと提案され、もちろん、と答えている（C）が正解です。

Absolutely.

absolutely は相手の意見に対して、完全に同意する場合に用いられ、TOEIC でもパート 2、3 に登場します。休憩を取ろうかと相手に提案をされて、自分もちょうど疲れてきたところなので、完全に同意するキモチを込めて absolutely を音読してみましょう。

なお、完全に相手の意見を否定する場合の absolutely not も覚えておきましょう。

皿トレ ③解説を読む ④ゆっくり音読 ⑤オーバーラッピング ⑥キモチオンドク

Date ／ ③④⑤⑥　Date ／ ③④⑤⑥　Date ／ ③④⑤⑥

6. スクリプト 42_2_6 W: M:

W: I found your memo on my desk.

M: **(A) That was just a reminder.**

(B) Through note taking.

(C) Let's meet at the cafeteria.

女性： 私の机の上にあなたのメモがありました。
男性： (A) ちょっとした再通知です。
(B) ノートを取ることによってです。
(C) 食堂で会いましょう。

解説 & トレーニングポイント

机の上にメモがあったという発言に対して、ちょっとした再通知だと答えている (A) が正解です。(B) は memo から note を連想させる錯乱肢です。(C) は memo に待ち合わせ場所が書いてあったと思い込んでしまった人に対する錯乱肢です。

That was just a reminder.

reminder とは、すでに知らせてあるイベントや依頼事項などについて、相手が忘れてしまうことを防ぐための連絡を意味しています。パート 6、7 ではメールやレターでイベントの再通知をする場面で、以下のような英文でよく登場します。

This is a reminder that construction work will take place next week.
(来週から建設工事が行われることをお知らせします)

that 節の内容を、自分にとってリアルなものに変えて、10 回音読しておきましょう。

皿トレ ③解説を読む ④ゆっくり音読 ⑤オーバーラッピング ⑥キモチオンドク

Date ／ ③④⑤⑥ Date ／ ③④⑤⑥ Date ／ ③④⑤⑥

Part 3 スクリプト 42_3 M: W:

Questions 7 through 9 refer to the following conversation.

M: 7 We always stay at this hotel when we're in Chicago. You know they've just started a business in Seattle as well? We should check it out when we go there in March.

W: Good idea. I'm really happy with the value for money here. The facilities are really great for the price. 8 That reminds me. I'll be working out at the gym before breakfast tomorrow morning. Do you mind meeting in the restaurant after eight o'clock?

M: That's fine with me. I wanted to sleep in.

W: I see. 9 Shall I pick up a newspaper for you from the convenience store around the corner?

問題 7-9 は次の会話に関するものです。
男性： シカゴに来るといつもこのホテルに泊まりますね。シアトルでも開業したって知っていましたか。3月にシアトルに行くときには調べてみるべきですね。
女性： いい考えですね。ここは価格に見合っていて本当に満足です。この値段でこの設備は本当に素晴らしいですね。そういえば思い出しました。明日の朝、私は朝食前にジムで運動する予定なんです。8時過ぎにレストランに集合でも良いでしょうか。
男性： 構わないですよ。私はゆっくり寝たかったので。
女性： わかりました。角のコンビニで新聞を買っておきましょうか。

□value for money お金を払った価値　Q □celebrity 有名人　□valuable 価値･値打のある

7. What does the man say about the accommodations?

(A) A celebrity will be staying there.
(B) It has a safe to keep valuable items.
(C) Another location has been opened recently.
(D) The checkout time is quite late.

男性は宿泊について何と言っていますか。

(A) 有名人がここに泊まるだろう。
(B) 貴重品を入れる金庫がある。
(C) 別の場所にも最近開業した。
(D) チェックアウト時間がとても遅い。

男性が正解のヒントを述べるだろうと予測しておきます。

8. What is the woman planning to do before breakfast tomorrow?

(A) Check traffic updates
(B) Do some exercise
(C) Prepare for a brief meeting
(D) Search for restaurants online

女性は明日の朝食前に何をする予定ですか。

(A) 最新の交通情報を確認する。
(B) 運動する。
(C) 短い打ち合わせの準備をする。
(D) インターネットでレストランを探す。

具体的キーワードの breakfast tomorrow を待ち受けるようにして、女性のセリフから正解のヒントを聞き取るようにします。

9. What does the woman offer to do?

(A) Place an advertisement in a newspaper
(B) Make a reservation at a restaurant
(C) Make a purchase for the man
(D) Check the location of a convenience store

女性は何をすることを申し出ていますか。

(A) 新聞広告を出す。
(B) レストランの予約をする。
(C) 男性のために買い物をする。
(D) コンビニの場所を確認する。

女性が最後のセリフで正解のヒントを述べるだろうと予測しておきます。

解説 & トレーニングポイント

We should check it out when we go there in March.

check out はホテルなどをチェックアウトするという意味の他に、本問のように「調べる」という意味で使われます。この英文では、男性がシカゴにある同系列のホテルの情報を調べるという意味で使っています。この英文のように、調べる対象が代名詞（it）の場合は、check it out になり、音も「チェキラ」のように変化します。また、会話の中で話題になったものについて「確認が必要だね」という時には、"Check it out!" という使われ方もします。

Part 4 スクリプト 42_4 M

Questions 10 through 12 refer to the following talk.

It's great to see so many in our audience today. (10) Our organization, called For the Birds, receives injured raptors from concerned citizens and rehabilitates them with the goal of releasing them back into the wild. We have expert rehabilitators on staff that diagnose and treat the birds. (10) Their dedication and around-the-clock care have helped the population of several species recover from the threat of endangerment. However, organizations like ours do not receive public funding. (11) We rely on donations from people like you to continue this important work. Therefore, at the end of the talk today, I will pass around a donation bowl. We'd greatly appreciate your generosity. And now, (12) I'm going to bring out four raptors.

問題 10-12 は次の話に関するものです。

こんなにもたくさんのお客様にお会いできてとてもうれしいです。我々の団体は For the Birds と呼ばれており、関心のある市民の皆さんから傷ついた猛禽類を受け取り、野生に戻す目的でリハビリをしています。鳥の診断と治療をする専門のリハビリスタッフがいます。彼らの献身的な 24 時間ケアのおかげで、数種類の個体数が絶滅の危機から救われました。しかしながら、我々のような団体は公的資金を受けていません。こうした重要な仕事を続けていくために、皆さまのような人々からの寄付に頼っています。ですので、今日の話の最後に募金入れを回します。お心遣いをいただければとてもありがたいです。それでは、4匹の猛禽をお見せしましょう。

- □raptor 猛禽(きん)類(ワシ、タカ、フクロウなど)　□concerned 関心を持っている、心配そうな
- □have X on staff X関連のスタッフがそろっている　□diagnose …を診断する
- □around-the-clock 24時間休みなしの　□endangerment (動植物の)絶滅の危惧
- □pass around …を次々に回す　□generosity 気前の良い行為　□bring out …を登場させる、…を連れ出す

Date ／ ③④⑤⑥　Date ／ ③④⑤⑥　Date ／ ③④⑤⑥

10. What does the speaker say rehabilitators do?

(A) They search for injured birds nationwide.
(B) They offer care to birds twenty-four hours a day.
(C) They teach concerned citizens how to rescue birds.
(D) They train wild birds to perform some tricks.

リハビリスタッフは何をすると、話し手は言っていますか。

(A) 彼らは傷ついた鳥を国中で探す。
(B) 彼らは1日24時間鳥のケアをする。
(C) 彼らは関心のある市民にどうやって鳥を救うかを教える。
(D) 彼らは野鳥が芸をするように仕込む。

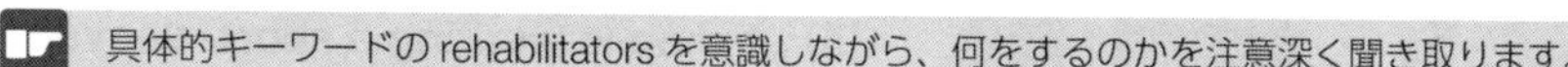
具体的キーワードの rehabilitators を意識しながら、何をするのかを注意深く聞き取ります。

11. What does the speaker say will happen later?

(A) Money will be collected.
(B) Refreshments will be available.
(C) A slide show will be shown.
(D) The speaker's idea will be presented.

話し手は後で何が起こると言っていますか。

(A) お金が集められる
(B) 飲食物が利用できる。
(C) スライドショーが上映される。
(D) 話し手の考えが示される。

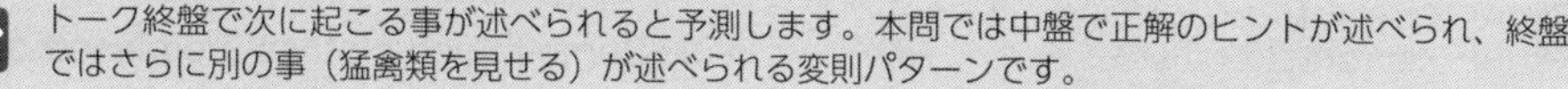
トーク終盤で次に起こる事が述べられると予測します。本問では中盤で正解のヒントが述べられ、終盤ではさらに別の事（猛禽類を見せる）が述べられる変則パターンです。

12. What will the listeners get to do?

(A) Look at new laptop computer
(B) Tour the organization's facility
(C) See some animals in person
(D) Hold an animal in their arms

聞き手たちは何をするようになりますか。

(A) 新しいノートパソコンを見る。
(B) 団体の施設を見学する。
(C) 実際に動物を見る。
(D) 動物を抱く。

トーク終盤でヒントが述べるだろうと予測します。

解説＆トレーニングポイント

We rely on donations from people like you to continue this important work. Therefore, at the end of the talk today, I will pass around a donation bowl.

therefore は「従って」という意味の接続副詞で、前で述べられたことによる、結果、結論を述べるときに使われます。ここでは、仕事を続けていくためには、寄付金が必要なので、募金入れを回覧するという結論を述べています。パート4では therefore の後が正解のヒントに絡むことがあり、また、therefore の前が問われることもあります。therefore と同じ機能をもつ表現には、as a result、consequently、so などがあるので、合わせて覚えておきましょう。

Drill 43 解説とトレーニング

 1(A) 2(A) 3(B) 4(B) 5(B) 6(A) 7(A) 8(C) 9(D) 10(D) 11(B) 12(A)

Part 1

1.

(A) 男性が半袖シャツを着ている。
(B) 男性が靴を試着している。
(C) 何枚かの折り畳んだ服が陳列ケースに置かれている。
(D) 買物客が歩いてドアの外へ出て行くところである。

スクリプト 43_1  M

(A) A man is wearing a short-sleeved shirt.
shirt: シューt ×シャツ

(B) A man is trying on a pair of shoes.

(C) Some folded clothes are placed on the display case.
clothes: クローz ×クロースズ

(D) A shopper is walking out the door.

解説＆トレーニングポイント

(A) 男性が服を試着しようとしているように見えるので、A man is wearing「男性はすでに服を着ている」までしか聞き取れないと、不正解と判断してしまう危険な問題です。満点を目指すのであればパート１ではミスをゼロに抑えたいので、文末までしっかりと聞き取るようにしましょう。

(B) これもA man is trying onまでしか聞き取れないと、正解と思い込んでしまう危険な選択肢です。

(C) clothesの音は誤解して覚えている方が非常に多いので、ここで一度正しい音を確認しておきましょう。

 ③解説を読む ④ゆっくり音読 ⑤オーバーラッピング ⑥キモチオンドク

Date ／ ③④⑤⑥　Date ／ ③④⑤⑥　Date ／ ③④⑤⑥

Part 2

2. スクリプト 43_2_2 M: W:

M: Which of those workshops are you interested in?

W: **(A) The one Adele is in charge of.**

(B) We've just gone to the shop.

(C) In the training manual.

男性：これらのワークショップのどれにあなたは興味がありますか。

女性：(A) Adele が担当しているものです。
(B) 我々はたった今その店に行きました。
(C) 研修マニュアルの中です。

解説＆トレーニングポイント

どのワークショップに興味があるかと問われ、Adele が担当しているものに興味があると答えている (A) が正解です。(B) は workshop と shop を使った音のヒッカケです。(C) は workshop から training を連想させる錯乱肢です。

Which of those workshops are you interested in?

会話の場面としては、話者の間に複数のワークショップが掲載されている案内書があり、その中のどのワークショップに興味があるかを問うているので、which of those workshops という表現になっています。この表現に馴染みがない場合には、この場面を思い浮かべ、自分が問いかけるキモチで 10 回音読しておきましょう。

皿トレ ③解説を読む ④ゆっくり音読 ⑤オーバーラッピング ⑥キモチオンドク

Date ／ ③④⑤⑥ Date ／ ③④⑤⑥ Date ／ ③④⑤⑥

3. スクリプト 43_2_3 M: W:

M: Do you know what the researcher job involves?

W: (A) Please send me an invoice.

(B) Definitely not travel.

(C) It's one of Mike's ideas.

男性： その研究員の仕事にはどんな業務が含まれるかわかりますか。

女性： (A) 請求書を私に送ってください。
(B) 出張は全くないです。
(C) それは Mike のアイデアの 1 つです。

□involve 必ず…を含む、…を伴う（≒ entail）

解説＆トレーニングポイント

研究員の仕事にどんな業務が含まれているかが問われ、出張は全くないと答えている（B）が正解です。（A）は involve と invoice を使った音のヒッカケです。

Definitely not travel.

definitely は「全く」、「確かに」など主張する点を強調する場合に用いられる副詞です。ここでは not を強調して、研究職には出張が全く含まれていないことを強調しています。また、音の面では 4 音節（def · i · nite · ly）の最初の音節にストレスがある点が重要です。

この「強調する」というキモチを込めて例文を音読しておきましょう。

皿トレ ③解説を読む ④ゆっくり音読 ⑤オーバーラッピング ⑥キモチオンドク

Date ／ ③④⑤⑥ Date ／ ③④⑤⑥ Date ／ ③④⑤⑥

4. スクリプト 43_2_4 W: M:

W: Do you mind if I check the file?

M: (A) Tickets can be reserved.

(B) No, please go ahead.

(C) You can't use it, only cash.

女性： ファイルを確認してもかまいませんか。
男性： (A) チケットの予約ができます。
(B) はい、どうぞ。
(C) それは使えません、現金のみです。

解説＆トレーニングポイント

ファイルを確認してもかまわないかと問われ、どうぞと答えている（B）が正解です。（C）は check（小切手）から cash（現金）を連想させる錯乱肢です。

No, please go ahead.

go ahead は「前に進める（物事を推進する）」という意味のフレーズで、パート 1 を除くリスニングセクションで多用されています。この英文では、命令文で使われていますが、平叙文でも以下のようにして使われます。

We decided to go ahead with the marketing plan.
（我々は、マーケティング計画を進めることに決定した）

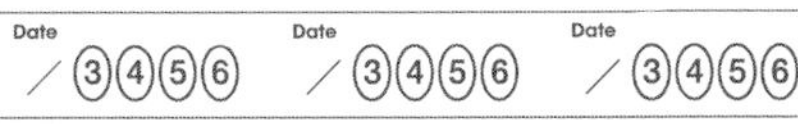

5. スクリプト 43_2_5 M: W:

M: What has become of your proposed floor plan?

W: (A) Actually, I'm planning to go there.

(B) It was approved by a floor manager.

(C) No, it's on the fifth floor.

男性： あなたが提案した間取りはどうなりましたか。

女性： (A) 実のところ、私はそこに行く予定です。

(B) フロアマネジャーによって承認されました。

(C) いいえ、それは5階にあります。

解説＆トレーニングポイント

問いかけ文から女性が工場や店内の改装のプランを提案している状況であることがわかるので、正解は（B）の It was approved by a floor manager.（フロアマネジャーによって承認されました）です。問いかけ文で使われた単語と同じ単語（floor）を含む選択肢はヒッカケの可能性が高いですがここでは、正解になっています。

（A）は plan と planning、（C）は floor の音のヒッカケになっています。

What has become of your proposed floor plan?

become は多くの場合 SVC、SVO の用法で使われます。

The apartment will become available next month.
（あのアパートメントは来月から使えるようになる）

That sweater becomes you a lot.（そのセーターはあなたに大変お似合いです）

本問の例文では become of A で「Aの様子、状況はどうなっているか」と質問をしつつ、気遣っているニュアンスが込められています。「あなたが提案していた間取りはどうなりましたか。うまくいくといいですね」というキモチを込めて音読をしておきましょう。

Date ／③④⑤⑥ Date ／③④⑤⑥ Date ／③④⑤⑥

6. スクリプト 43_2_6 W: M:

W: Why do you prefer coffee to tea?

M: **(A) It keeps me awake better.**

(B) Because you were there.

(C) I'm afraid they don't serve tea.

女性： なぜあなたは紅茶よりもコーヒーのほうが好きなのですか。

男性： (A) より目が覚めるからです。
(B) あなたがそこにいたからです。
(C) 残念ながら紅茶は出さないと思います。

解説＆トレーニングポイント

なぜ紅茶よりコーヒーの方が好きかを問われ、目が覚めるからと答えた (A) が正解です。(B) は because から始まっているので理由を答えているようですが、会話としてつながらないので不正解です。(C) は問いかけ文の最後にある耳に残りやすい tea を使った初中級者向けの錯乱肢です。

Why do you prefer coffee to tea?

prefer は「～を好む」という意味の動詞で、「～よりも」と比較の対象を示すときには前置詞の to を用います。また、アクセントは 2 つめの e に置かれ、最初の e は「エ」ではなく「イ」に近い音であることも確認しておきましょう。

皿トレ ③解説を読む ④ゆっくり音読 ⑤オーバーラッピング ⑥キモチオンドク

Date ／③④⑤⑥ Date ／③④⑤⑥ Date ／③④⑤⑥

Part 3 スクリプト 43_3 M: W:

Questions 7 through 9 refer to the following conversation.

M: Hi, Jennifer. 7 The company generally asks a different person to take responsibility for organizing the annual company banquet each year. It looks like it's our turn.

W: OK. 8 Will you have time to have a meeting this week? I have to go to the Hong Kong branch next week and will be back on October third. So I want to discuss it with you before that. If we decide our roles in advance, I can work on it even when I'm not here.

M: No problem. Let me check the schedule first. 9 I'll e-mail you a list of requirements, dates and so on. It shouldn't take too long to sort it out.

問題 7-9 は次の会話に関するものです。
男性： こんにちは Jennifer さん。会社では通例、年 1 回の社内パーティの企画責任者を毎年違う人に頼んでいます。今年は我々の番らしいですよ。
女性： わかりました。今週打ち合わせをする時間はありますか。来週は香港支社に行かないといけなくて戻りは 10 月 3 日です。ですから、その前にそのことを話し合いたいと思います。前もって役割を決めておけばここにいなくても準備ができます。
男性： 問題ありません。まずはスケジュールを確認します。日程や必要事項のリストをメールしますね。まとめるのにそんなに時間はかからないはずです。

□requirement 必要物、条件　□sort out …を分類する、処理する　Q □feast 宴会　□prolong …を延長する

皿トレ ③解説を読む ④ゆっくり音読 ⑤オーバーラッピング ⑥キモチオンドク

Date ／③④⑤⑥　Date ／③④⑤⑥　Date ／③④⑤⑥

7. What does the man ask the woman to do?

(A) Arrange a feast
(B) Visit Hong Kong
(C) Get a new qualification
(D) Enter an annual competition

男性は女性に何をするよう求めていますか。

(A) 宴会の手配をする。
(B) 香港を訪れる。
(C) 新たな資格を取る。
(D) 年に1回のコンテストに参加する。

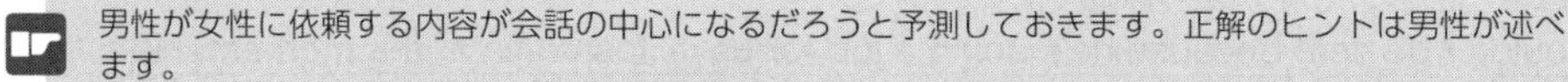

男性が女性に依頼する内容が会話の中心になるだろうと予測しておきます。正解のヒントは男性が述べます。

8. Why does the woman want to have a meeting this week?

(A) She expects her business trip to be prolonged.
(B) She wants to complete the work in early October.
(C) She will be in a different office the following week.
(D) She has to prepare for a meeting in another country.

女性はなぜ今週打ち合わせをしたいのですか。

(A) 出張が長引くことを予想している。
(B) 作業を10月初めに完了したい。
(C) 来週は違う支社にいる。
(D) 他国での会議の準備をしなければならない。

具体的キーワードの this week を待ち受けるようにして、女性のセリフから正解のヒントを聞き取るようにします。

9. What does the man say he will do?

(A) Make a list of problems
(B) Meet his coworker from another branch
(C) Create a meeting summary
(D) Send the woman details

男性は何をすると言っていますか。

(A) 問題のリストを作る。
(B) 他の支社の同僚に会う。
(C) 会議のまとめを作成する。
(D) 女性に詳細を送る。

男性が最後のセリフで正解のヒントを述べるだろうと予測します。

解説&トレーニングポイント

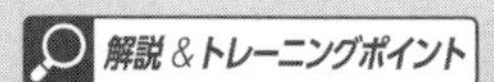

It looks like it's our turn.

このturnは「順番」という意味の名詞です。この会社では社内パーティの企画責任者を固定せずに、順番で社員に割り振っていて、今年はこの話者達に順番が回ってきたという意味で使っています。TOEICの世界では、シフト勤務制の工場や、病院の順番待ちなどの場面でこのturnが使われることがあります。

Please have a seat and wait your turn.（おかけになって、順番をお待ちください）

turnの音はカタカナ式の「ターン」とは違い、あいまい母音なので「トゥーn」に近い音であることを確認しておきましょう。

Part 4 スクリプト 43_4 W

Questions 10 through 12 refer to the following excerpt from a meeting and list.

Good afternoon. This is the monthly work allocation meeting. 10 11 Mick Travis couldn't be here because he's doing a job for us in Tasmania at the moment. He's taking pictures of their logging industry. I've made a tentative plan. You can see it on the handout. Um... Actually, I have to make an update to it already. 12 Mr. Kunchai and Ms. Wang have swapped jobs. Because Ms. Wang had worked with HRM Chemicals in the past. I'd forgotten that she took images of their facility for their promotional materials about two years ago.

Tentative Work Assignment for July	
Bon Kunchai	HRM Chemicals
Heath Black	Douglas Lawyers
Greta Wang	Smithers Dog Food
Bob Downe	Freeman Fashion

問題 10-12 は次の会議の一部と表に関するものです。

こんにちは。毎月の業務割り当て会議です。Mick Travis は現在 Tasmania で我々のために仕事をしているのでここには来られません。そちらの木材産業の写真を撮っています。私が暫定計画を作成しました。プリントに載っています。ええと、実は、早くも訂正があります。Kunchai さんと Wang さんは業務を交代しています。Wang さんが以前に HRM 化学と仕事をしたことがあるからです。約2年前に彼女が販促材料用に彼らの施設の写真を撮ったことを私は忘れていました。

7月の暫定業務割り当て	
Bon Kunchai	HRM 化学
Heath Black	Douglas 法律事務所
Greta Wang	Smithers ドッグフード
Bob Downe	Freeman ファッション

□allocation 割り当て、配置 □logging 樹木の伐採搬出業 □tentative 仮の □swap …を交換する
Q □assignment 割り当てられた任務 □temporary 仮の、一時の

トレ ③解説を読む ④ゆっくり音読 ⑤オーバーラッピング ⑥キモチオンドク

Date / ③④⑤⑥ Date / ③④⑤⑥ Date / ③④⑤⑥

10. At what kind of business does the speaker most likely work?

(A) An accounting firm
(B) An employment agency
(C) A paper manufacturer
(D) A photography studio

話し手はどんな企業で働いていると考えられますか。

(A) 会計事務所
(B) 人材派遣会社
(C) 製紙会社
(D) 写真スタジオ

most likely とあるので、セリフの中の情報から答えを推測する問題だろうと予測します。

11. What does the speaker say about Mr. Travis?

(A) He has recently retired.
(B) He is on an assignment.
(C) He has requested a different job.
(D) He made a temporary plan.

話し手は Travis さんについて何と言っていますか。

(A) 彼は最近退職した。
(B) 彼は引き受けている任務がある。
(C) 彼は他の仕事を要望した。
(D) 彼は一時的な計画を作成した。

具体的キーワードの Mr.Travis を意識しながら、述べられていることを聞き取るようにします。

12. Look at the graphic. Who will most likely handle the Smithers Dog Food project?

(A) Bon Kunchai
(B) Heath Black
(C) Greta Wang
(D) Bob Downe

図を見てください。Smithers ドッグフードプロジェクトは誰が担当すると考えられますか。

(A) Bon Kunchai
(B) Heath Black
(C) Greta Wang
(D) Bob Downe

Smithers ドッグフードには Greta Wang が割り当てられているので、正解は Greta Wang 以外です。トークの中で何かしらの変更が述べられ、それがヒントになるだろうと予測します。

解説＆トレーニングポイント

Mr. Kunchai and Ms. Wang have swapped jobs.

このswapは「～を交換する」という意味の他動詞です。本問でもそうですが、パート４の図表問題ではスケジュールが入れ替わる場面がよく出題されるので要注意の単語です。以下の語法を押さえておきましょう。

He swapped the baggage tag for his suitcase.（彼は荷札とスーツケースを交換した）
He swapped his seat with Mary.（彼は Mary と席を交換した）

1(B) 2(C) 3(A) 4(A) 5(A) 6(A) 7(B) 8(D) 9(C) 10(A) 11(B) 12(D)

Part 1

1.

(A) 何隻かの船が波止場につながれている。
(B) 数脚の椅子が海のほうを向いている。
(C) 歩道が浜辺と平行に延びている。
(D) 木々が砂浜に置かれている。

□sidewalk 歩道
□parallel to …と平行の

スクリプト 44_1 W

(A) Some vessels are tied to the dock.
ヴェスゥz ×ベッセルズ

(B) Some chairs are facing the water.
ゥワラ

(C) A sidewalk runs parallel to the beach.

(D) Trees are lying on the sand.

解説&トレーニングポイント

(A) vesselは「大きめの船」を表します。聞き取れなかった場合は音をよくチェックしておきましょう。

(B) 不加算名詞のwaterは「水」ですが、the waterは「海」「川」「湖」などを表します。

(C) runは「走る」「~を経営する」「上演する」「運行する」などの意味を持つ多義語ですが、ここでは「延びている」という意味で使われています。

vessel

A path runs through the park.（公園の中を小道が延びている）

③解説を読む ④ゆっくり音読 ⑤オーバーラッピング ⑥キモチオンドク

Date ／ ③④⑤⑥　Date ／ ③④⑤⑥　Date ／ ③④⑤⑥

Part 2

2. スクリプト 44_2_2 W: M:

W: Your department has reached the sales target, hasn't it?

M: (A) Let us know when you depart.

(B) It's been out of order.

(C) We just managed it.

女性： あなたの部署は販売目標に達しましたよね。

男性： (A) あなたがいつ出発するのか我々に知らせてください。

(B) それは故障中です。

(C) 我々はやっと達成しました。

□manage どうにか…を成し遂げる

解説＆トレーニングポイント

部署が販売目標に達したかどうかが問われ、やっと目標に達したと答えている（C）が正解です。(A) は department と depart を使った音のヒッカケです。(B) は out of order を注文数が目標を上回ったととらえてしまうと正解に思えてしまいます。

We just managed it.

このmanageは「達成する」、「なんとかやり遂げる」という意味の他動詞です。シンプルに言い換えると achieve、succeed in ですが、manage には困難なことをようやくやり遂げるというニュアンスが込められています。期初には達成が困難と思われていた前年対比 50%アップの販売目標を、苦労の末にようやく達成した部署の責任者になりきって音読しておきましょう。

皿トレ ③解説を読む ④ゆっくり音読 ⑤オーバーラッピング ⑥キモチオンドク

Date ／③④⑤⑥ Date ／③④⑤⑥ Date ／③④⑤⑥

3. スクリプト 44_2_3 M: M:

M: Did you already talk to Mr. Thomas?

M: **(A) About what?**

(B) No, she was away.

(C) I couldn't agree with you more.

男性： Thomas さんとはもう話しましたか。

男性： (A) 何についてですか。
(B) いいえ、彼女はいませんでした。
(C) 全く同感です。

解説＆トレーニングポイント

Thomas さんと話したかどうかが問われていますが、それについては直接答えず、何についての話なのかを問い返している（A）が正解です。状況によっては、第2話者の回答には「Thomas さんと話す必要などない」という意図も感じられる、かなりひねった回答です。（B）は he であれば正解です。（C）はもうこれ以上は同意できないくらい同意しているという意味です。

About what?

同僚や友人などとのカジュアルな会話で使われるフレーズです。たったの2語なので、聞き漏らすリスクに気を付けてください。聞き取りのポイントは about です。先頭の a はカタカナ英語の「アバウト」のようにハッキリとは読まれず、ごく弱い音なので「ァバウ」のように聞こえています。

皿トレ ③解説を読む ④ゆっくり音読 ⑤オーバーラッピング ⑥キモチオンドク

Date ／ ③④⑤⑥ Date ／ ③④⑤⑥ Date ／ ③④⑤⑥

4. スクリプト 44_2_4 M: W:

M: Who will drive to our client's office?

W: **(A) We'll take a taxi.**

(B) Second Avenue and East Street, please.

(C) It's Morison's mobile phone.

男性： 誰が顧客の会社まで運転しますか。
女性： (A) 私たちはタクシーに乗ります。
(B) ２番街と東通りの角までお願いします。
(C) それは Morison の携帯です。

解説＆トレーニングポイント

男性は顧客の会社まで誰かが車を運転していくという前提の質問をしていますが、タクシーに乗っていくと述べている（A）が正解です。この問題は問いかけ文の先頭の who だけでなく、文末まで聞き取れて、客先に向かおうとしている状況を理解できたかどうかがポイントです。

（B）は車の運転から、住所を連想させた錯乱肢です。

We'll take a taxi.

この英文の意味として大事なのは take a taxi の部分です。ただし、先頭の We'll の部分の音につまずいてしまうとその後が理解できなくなってしまいます。リスニング力をブラシュアップするために、We'll の音を繰り返し聞き、自分でも真似して音読をしておきましょう。

皿トレ ③解説を読む ④ゆっくり音読 ⑤オーバーラッピング ⑥キモチオンドク

Date ／③④⑤⑥ Date ／③④⑤⑥ Date ／③④⑤⑥

5. スクリプト 44_2_5 M: W:

M: When do I have to give a speech?

W: **(A) At the end of the farewell party.**

(B) In the auditorium.

(C) Could you give me some more examples?

男性： 私はいつスピーチをしなければならないのですか。

女性： (A) 送別会の最後です。
(B) 講堂でです。
(C) もういくつか例を挙げてもらえませんか。

解説＆トレーニングポイント

スピーチはいつ、と問われているので、送別会の最後と答えている（A）のみが会話として成立します。when を where と聞き間違えると（B）が正解のように思えてしまいます。（C）はスピーチのテーマについて述べているようですが、会話としてはつながりません。

At the end of the farewell party.

at the end of は時間的な終わりを意味しているので、ここがしっかり聞き取れていないと正解を特定することはできません。前置詞の at はハッキリ読まないので、ここでは次の the から始まっているように聞こえます。end は強く、ハッキリ読まれ、それと比べて of the は弱く、短く読まれています。このリズムを意識して音読をしておきましょう。

At the **end** of the **farewell** party.

③解説を読む ④ゆっくり音読 ⑤オーバーラッピング ⑥キモチオンドク

Date	Date	Date
／ ③④⑤⑥	／ ③④⑤⑥	／ ③④⑤⑥

6. スクリプト 44_2_6 W: M:

W: Isn't it difficult to work overseas?

M: **(A) Yes, but it's rewarding.**

(B) By making a difference.

(C) Have a safe flight.

女性： 海外で働くのは難しくはありませんか。

男性： (A) はい、でもやりがいがあります。
(B) 違いを生み出すことによってです。
(C) 安全なフライトを祈ってます。

解説＆トレーニングポイント

海外で働くのは難しくないかと問われ、難しいけれども、やりがいがあると答えている（A）が正解です。（B）は difficult と difference を使った音のヒッカケです。（C）は work overseas（海外で働く）から連想される錯乱肢です。

Yes, but it's rewarding.

rewarding は「～をする価値がある」という意味の形容詞です。リーディングパートでも以下の用例で出題されることがあります。

rewarding job
rewarding experience
rewarding career

音は「リワーディング」ではなく「リウォーディング」に近い音であることを確認しておきましょう。

Date ／ ③④⑤⑥ Date ／ ③④⑤⑥ Date ／ ③④⑤⑥

Part 3 スクリプト 44_3 W: M:

Questions 7 through 9 refer to the following conversation and list.

W: Fortunately, our small company is quickly gaining clientele every year. However, **8** we have so many people requesting our assistance with their taxes, including DSI Communications that we can't keep up. I made a list of my solution ideas to tackle this problem. What do you think?

M: Hmm, **7** we are definitely going to have to hire more bookkeepers in the future, but we're not ready yet to manage a bigger workforce. **9** I think your idea to raise our rates will be a good solution. That would both increase our revenue and limit the number of new clients.

W: Let's talk about that more now. We obviously haven't found the right balance yet.

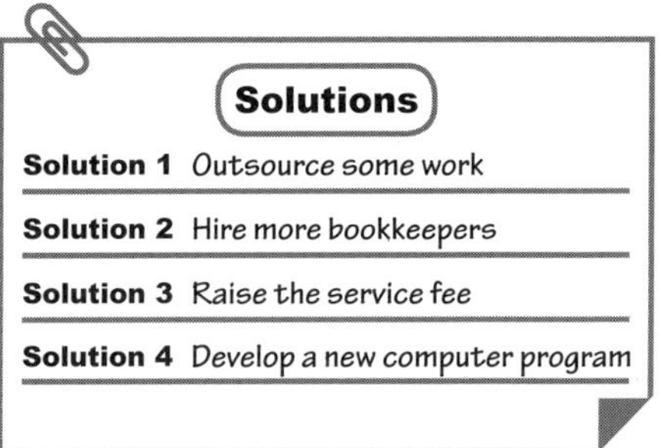
Solutions

Solution 1 Outsource some work

Solution 2 Hire more bookkeepers

Solution 3 Raise the service fee

Solution 4 Develop a new computer program

問題 7-9 は次の会話とリストに関するものです。

女性： ありがたいことに、当社は小さいながら毎年急速に顧客を獲得しています。しかし、DSI 通信社を含め、税金に関して当社の手助けを要望する人がとても多いので対応しきれていません。こうした問題に取り組むための解決策のアイデアリストを作成しました。どう思われますか。

男性： そうですね。将来的には会計係をもっと雇う必要がありますが、今より多い従業員を管理するにはまだ準備不足です。料金を上げるというアイデアは良い解決策になると思います。そうすることで私たちの収益が増え、新たな顧客は限られます。

女性： それについては、一刻も早くもっと話し合いましょう。まだつり合いが取れていないのは明らかですよ。

解決策

解決策 1 いくつかの仕事を外注する

解決策 2 帳簿係をもっと雇う

解決策 3 サービスの料金を上げる

解決策 4 新しいコンピュータプログラムを開発する

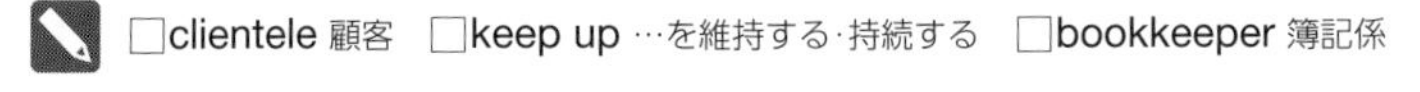

□clientele 顧客　□keep up …を維持する·持続する　□bookkeeper 簿記係

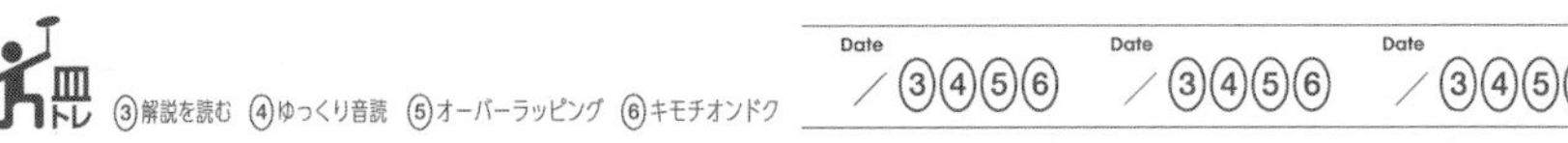

7. Where do the speakers most likely work?

(A) At a library
(B) At an accounting firm
(C) At a law firm
(D) At a real estate agency

話し手たちはどこで働いていると考えられますか。

(A) 図書館
(B) 会計事務所
(C) 法律事務所
(D) 不動産会社

話し手たちの働いている場所は、会話全体から正解のヒントを聞き取るようにします。

8. What is the main problem?

(A) The office is no longer big enough.
(B) Each client is requiring more help.
(C) Too many employees are quitting.
(D) Workloads are no longer manageable.

主な問題は何ですか。

(A) 会社がもはや十分に広くない。
(B) 各顧客がもっと多くの手助けを要望している。
(C) あまりにも多くの従業員が辞めていく。
(D) 作業量がもはや手に負えない。

but, however などの後に問題が述べられるだろうと予測しておきます。

9. Look at the graphic. Which solution will be discussed further?

(A) Solution 1
(B) Solution 2
(C) Solution 3
(D) Solution 4

図を見てください。どの解決策がさらに話し合われますか。

(A) 解決策 1
(B) 解決策 2
(C) 解決策 3
(D) 解決策 4

選択肢には解決策の番号が書かれているので、解決策の内容が正解のヒントになるだろうと予測できます。further（さらに）とあるので、会話の前半では別の解決策が話し合われているという予測もできます。

解説＆トレーニングポイント

However, we have so many people requesting our assistance with their taxes, including DSI Communications that we can't keep up.

定石通りに however の後が設問 8 の正解のヒントになっています。本問では手助けが必要な人たちに追いつけないという内容を、作業量が手に負えないという、やや難しめの言い換えにしているので、この英文を正確に聞き取れていないと対応できません。including 以降の部分は many people を補足していることを意識しながら音読をしておきましょう。

Part 4 スクリプト 44_4 M

Questions 10 through 12 refer to the following excerpt from a meeting.

(10) It was just announced that Clarity Audio is buying out Samson Acoustics as of the first of May. Samson Acoustics, of course, buys a great deal of our speakers. We haven't heard yet if their product line will be continued, (11) so it's imperative that we start a dialog with Clarity Audio to find out. Ms. Erck, please take that on. Mr. Rowe, I need you to find out as much as you can from Samson Acoustics (12) so we know what changes we'll soon encounter and how to maximize our benefits. We've got to act fast. Let's shoot for success.

問題 10-12 は次の会議の一部に関するものです。

Clarity Audio 社が Samson Acoustics 社を５月１日付で買収すると今しがた発表されました。Samson Acoustics 社とは、もちろん当社のスピーカーを大量に買ってくれている会社です。彼らが取り扱う製品の種類が継続されるのかどうかはまだ聞いていませんので、それを明らかにするために Clarity Audio との話し合いを始めることが必要不可欠です。Erck さん、その件をお願いします。Rowe さん、どんな変化に我々がまもなく直面するのか、どうしたら我々の利益が最大となるのかを知るため、Samson Acoustics 社からできるだけ多くの事を探り出してください。すぐに動かなければなりません。成功を目指して頑張りましょう。

□buy out (事業など)を買収する　□imperative 緊急の、避けられない
□find out (調査などで事実など)を見つけ出す　□take on (仕事・責任など)を引き受ける
□encounter (困難など)に遭遇する　□maximize …を最大限度にする　□shoot for …を目指す
Q □retrieve …を回収する　□come up with (解決策など)を思いつく

Date ／ ③④⑤⑥　Date ／ ③④⑤⑥　Date ／ ③④⑤⑥

10. What is the speaker announcing?

(A) A change in a company's ownership
(B) Financial results as of May
(C) A discontinued line
(D) A new sales contract

話し手は何を発表していますか。

(A) 会社の経営者の変更
(B) 5月時点での財務実績
(C) 販売中止になった取扱品目
(D) 新たな販売契約

 何かのニュースが発表されるので、冒頭のセリフを注意して聞くようにします。

11. What task does the speaker assign to Ms. Erck?

(A) Keeping the sales team updated
(B) Getting in touch with Clarity Audio
(C) Preparing for the next product launch
(D) Retrieving products from Samson Acoustics

話し手は Erck さんにどんな業務を割り当てていますか。

(A) 営業チームに最新情報を伝えること。
(B) Clarity Audio 社と連絡を取ること。
(C) 次の製品発売の準備をすること。
(D) Samson Acoustics 社から製品を回収すること。

 Erck を意識しながら、与えられる仕事の内容を注意深く聞き取るようにします。本問では、その後に Rowe にも仕事が与えられているので、2つの情報を整理しながら聞き取れるリスニング力が求められています。(Drill 35、Part 3 を参照)

12. What does the speaker mean when he says, "We've got to act fast"?

(A) There is a limited-time offer for frequent customers.
(B) A work deadline is fast-approaching.
(C) A customer needs a product right away.
(D) The company has to come up with a strategy.

話し手は "We've got to act fast" という発言で、何を意図していますか。

(A) 得意客に対して期間限定のオファーがある。
(B) 仕事の締め切りがすぐに迫っている。
(C) 顧客が製品をすぐに必要としている。
(D) 会社が戦略を見出さなければならない。

 We've got to act fast は、「我々はすぐに行動しなければならない」という意味で、その前に述べられたのであろう行動が何なのか、なぜそれが必要なのかを聞き取るようにします。

We've got to act fast.

have got to は「~をしなければならない」という意味のフレーズで、実際の会話でネイティブはこれを gotta と発音することがあります。おなじみのフレーズ have to と意味は同じなので書き換え可能です。

We've gotta act fast.

We have to act fast.

頻度は多くありませんが、TOEIC でも gotta を使うナレーターが登場するので、合わせて覚えておきましょう。

 1(B) 2(C) 3(A) 4(B) 5(C) 6(A) 7(C) 8(A) 9(B) 10(D) 11(C) 12(C)

Part 1

1.

スクリプト 45_1 W

(A) They're heading toward a gate.
tウォーd ×トワード

(B) They're sitting in a waiting area.

(C) A rug is lying in front of the chair.

(D) A backpack is being unzipped.

(A) 彼らはゲートの方へ向かっている。
(B) 彼らは待合所で座っている。
(C) 敷物が椅子の前に敷かれている。
(D) リュックサックのファスナーが開けられているところである。

□head 進む □backpack リュックサック
□unzip …のジッパーを開ける

解説&トレーニングポイント

(C) lying は自動詞 lie「横たわる」の現在分詞です。lie（現在形）、lay（過去形）、lain（過去分詞）や他動詞 lay の受動態を使った英文も出題されます。

A rug is laid out in front of the chair.（敷物が椅子の前に敷かれている）

rug

lay（現在形）、laid（過去形、過去分詞）、laying（現在分詞）も合わせて確認しておきましょう。

(D) is being + 過去分詞なのでリュックサックのファスナーがまさに開けられている場面を表しています。（海外出張、旅行の際は手荷物に十分注意しましょう）

皿トレ ③解説を読む ④ゆっくり音読 ⑤オーバーラッピング ⑥キモチオンドク

Date ／ ③④⑤⑥ Date ／ ③④⑤⑥ Date ／ ③④⑤⑥

Part 2

2. スクリプト 45_2_2 W: M:

W: Where're the best sightseeing spots in this city?

M: (A) They were beautiful, weren't they?

(B) Good to know.

(C) Actually, I'm new to this place.

女性： この街で一番良い観光場所はどこですか。
男性： (A) それらは美しかったですよね。
(B) わかって良かったです。
(C) 実のところ、私はここへ来たばかりです。

解説＆トレーニングポイント

問いかけ文の内容から旅行者が街行く人や、観光案内所などで観光場所を尋ねている場面であることが予測できます。つまり相手に土地勘がある前提で質問をしていますが、ここへ来たばかり（なので答えられない）という意外な応答（C）が正解になっています。
(A) は sightseeing spots（観光場所）から beautiful（美しい）を連想させる錯乱肢です。(B) は男性が「美術館がお薦めです」などと答えた場合に、女性が言うセリフです。

Where're the best sightseeing spots in this city?

先頭の Where're は Where are の短縮形で、頻度は多くありませんが出題される可能性があります。聞き取りにくい音なので、ここでつまずくと意味が取れなくなってしまいます。スペルを一旦忘れて、聞き取った通りの音で上書きをしておきましょう。

皿トレ ③解説を読む ④ゆっくり音読 ⑤オーバーラッピング ⑥キモチオンドク

Date ／③④⑤⑥ Date ／③④⑤⑥ Date ／③④⑤⑥

3. スクリプト 45_2_3 W: M:

W: How well do you know Derek?

M: **(A) We went to the same college.**

(B) I've been doing well.

(C) Via e-mail messages from Howell.

女性： Derek はよく知っているのですか。
男性： (A) 同じ大学に行きました。
(B) 私は元気にしています。
(C) Howell からの E メールのメッセージを通じてです。

解説 & トレーニングポイント

Derek についてよく知っているかどうかが問われ、私たちは同じ大学に通っていた、つまりそれくらいよく知っていると答えている (A) が正解です。(B) は問いかけ文の well を使った音のヒッカケです。(C) は how well に対して Howell というほぼ同じ音を当てることで混乱をさせる錯乱肢です。

How well do you know Derek?

直訳すると「Derek のことをどれくらいよく知っていますか？」という意味になります。Derek のことを知っている程度を計れるわけではないので、質問者の意図としては「Derek とはどういう関係なのか」をざっくりと尋ねているのです。この問題では、Derek と知り合ったきっかけを答えていますが、「元同僚です」とか、「昨日、一緒に食事をした」なども会話としてつながります。

皿トレ ③解説を読む ④ゆっくり音読 ⑤オーバーラッピング ⑥キモチオンドク

Date ／③④⑤⑥ Date ／③④⑤⑥ Date ／③④⑤⑥

4. スクリプト 45_2_4 W: M:

W: Do you like the design of these sneakers or a different pair?

M: (A) How do you like your new apartment?

(B) Let me try them on.

(C) Across the road.

女性：このスニーカーのデザインは好きですか、それとも他のスニーカーがいいですか。

男性：(A) あなたの新しいアパートはどうですか。

(B) 試し履きさせてください。

(C) 道路の向かいです。

解説＆トレーニングポイント

スニーカーのデザインが好きか、あるいは他のスニーカーが良いかが問われ、試し履きさせてほしいと答えている（B）が正解です。

Let me try them on.

try on は衣類や履物を身に着ける動作を表しています。「スニーカーを履く」であれば try on these sneakers ですが、ここでは代名詞の them が使われているので、try them on の語順になっています。同義語は put on です。すでに身に着けている状態を表す wear との違いはパート 1 でも頻出なのでここで覚えておきましょう。

皿トレ ③解説を読む ④ゆっくり音読 ⑤オーバーラッピング ⑥キモチオンドク

Date ／ ③④⑤⑥ Date ／ ③④⑤⑥ Date ／ ③④⑤⑥

5. スクリプト 45_2_5 W: W:

W: The packages have finally arrived at the hotel.

W: (A) We bought it last week.

(B) It's about to ship from the warehouse.

(C) What took them so long?

女性： 荷物がやっとホテルに届きました。

女性： (A) 我々は先週それを買いました。
(B) 倉庫から出荷されるところです。
(C) なぜそんなに時間がかかったのですか。

解説&トレーニングポイント

荷物がホテルに届いたという発言に対して、なぜ到着するまでそんなに時間がかかったのかと問いかけている（C）が正解です。（B）は arrived から ship を連想させる錯乱肢です。

What took them so long?

この文の直訳は「何が荷物の到着にそんなに長く時間を取らせたのですか」となりますが、意図としては遅れた理由を問うています。同じ構文で、以下の英文も正解の選択肢として出題される可能性があるので、覚えておきましょう。

What took you so long?

③解説を読む ④ゆっくり音読 ⑤オーバーラッピング ⑥キモチオンドク

Date	Date	Date
／ ③④⑤⑥	／ ③④⑤⑥	／ ③④⑤⑥

6. スクリプト 45_2_6 M: W:

M: Do you know which umbrella is yours?

W: **(A) I can't tell.**

(B) The weather was neither hot nor cold.

(C) By adjusting the handle to your size.

男性： どの傘があなたのものかわかりますか。

女性： (A) わかりません。

(B) 天気は暑くも寒くもありません。

(C) ハンドルをあなたのサイズに調整することによってです。

解説＆トレーニングポイント

どの傘が自分のものなのかが問われ、わからないと答えている（A）が正解です。(B) は umbrella から weather を連想させる錯乱肢です。

Do you know which umbrella is yours?

umbrella は中学校で学ぶような基本単語ですが、意外にも聞き取りにくく、また発話をしたときには伝わりにくい単語です。日本人が苦手とされる R、L の音が入っている点もありますが、ストレスの位置を間違えているのが大きな要因です。

um · **brel** · la

音声を聞き直して、2 音節目にストレスがあることを確認しておきましょう。かなりスッキリと聞き取れるようになるはずです。

皿トレ ③解説を読む ④ゆっくり音読 ⑤オーバーラッピング ⑥キモチオンドク

Date ／ ③④⑤⑥　Date ／ ③④⑤⑥　Date ／ ③④⑤⑥

 スクリプト 45_3 M: W:

Questions 7 through 9 refer to the following conversation and list.

M: You're Ms. Esmond, right? I heard your team did a fantastic job on the staff directory last year. (7) Would you like some help this year?

W: Please call me Amy. And, yes, of course, we're always looking for people to offer help! We have lots of jobs, for example confirming information with staff members, typing everything into the program, proofreading for mistakes, and sending it all to the printer. The jobs are endless.

M: Well, I just started here recently, (8) so I think this job would help me meet other employees face to face.

W: Great. (7) I'll put you down for a job that'll do just that. (9) Please help Mr. Foster. He said he needed some help. He's already started with his task today.

M: Great, (9) I'll go talk to him.

問題 7-9 は次の会話とリストに関するものです。

男性： Esmondさんですね。昨年あなたのチームは、スタッフ名簿について素晴らしい仕事をされたと聞いています。今年は何かお手伝いしましょうか。

女性： Amyと呼んでください。ええ、もちろんです。いつも誰かが手伝ってくれるというのを必要としているんです。たくさん仕事があって、たとえば従業員に情報を確認したり、プログラムに情報を入力したり、ミスがないか校正したり、印刷会社にそれを送付したり。仕事は切りがありません。

男性： ええと、私は最近ここで働き始めたので、この仕事は私にとって他の従業員に直接会う良い機会だと思うのです。

女性： 素晴らしいことです。そうしたことを担当する仕事をあなたにお願いしようと思います。Fosterさんの手伝いをしてください。彼は、協力が必要だと言っていました。彼は今日すでに作業に取りかかっています。

男性： わかりました。彼と話してきます。

名前	割り当てられた仕事場	名簿の責務
Terry Ferrell	玄関ホール	従業員に情報を確認する
Jared Foster	会議室	従業員それぞれの写真を撮る
Edward Huff	オフィス 301	コンピュータに情報を打ち込む
Stephen Sturgis	オフィス 303	印刷会社の対応をする

 □put A down for B A（人）をB（仕事など）に参加させる

Date ／③④⑤⑥ Date ／③④⑤⑥ Date ／③④⑤⑥

Name	Assigned working place	Directory Responsibility
Terry Ferrell	Entrance hall	Confirm the information with staff members
Jared Foster	Conference room	Take pictures of each employee
Edward Huff	Office 301	Input information into the computer
Stephen Sturgis	Office 303	Deal with the printing company

7. What are the speakers discussing?

(A) Hiring new employees
(B) Taking over a coworker's position
(C) Assisting with a project
(D) Completing an employee list

話し手たちは何を話し合っていますか。

(A) 新しい従業員を雇うこと。
(B) 同僚の後任となること。
(C) プロジェクトを手伝うこと。
(D) 従業員一覧表を完成させること。

何を話し合っているかは、会話全体に正解のヒントがあります。

8. What does the man want to do by helping Ms. Esmond?

(A) Get to know his coworkers
(B) Gain the approval of his superiors
(C) Experience another job at the company
(D) Improve his business writing skills

男性は Esmond さんを手伝うことによって何をしたいのですか。

(A) 同僚と知り合いになる。
(B) 彼の上司の承認を得る。
(C) 会社で別の仕事を経験する。
(D) 彼のビジネスライティングの技術を高める。

男性のセリフに正解のヒントがあるだろうと予測します。

9. Look at the graphic. Which place will the man go to next?

(A) Entrance hall
(B) Conference room
(C) Office 301
(D) Office 303

図を見てください。男性は次にどの場所に行きますか。

(A) 玄関ホール
(B) 会議室
(C) オフィス 301
(D) オフィス 303

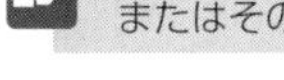

選択肢には Assigned workplace が並んでいるので、正解のヒントは Name、Directory Responsibility またはその組み合わせだろうと予測しておきます。

解説＆トレーニングポイント

I'll put you down for a job that'll do just that.

put down は元々、文字通り「下に置く」という意味ですが、そこから派生して「登録する」という意味が生まれ、ここでは文脈から仕事を割り当てるという意味で使われています。「put down = 仕事を割り当てる」のように、派生した意味を覚えるよりも、文脈によって柔軟に意味を取れることの方が重要です。そのためには、この英文をセリフのように音読をして、put down の元々のイメージを体感しておいてください。

Questions 10 through 12 refer to the following announcement and floor plan.

This is an announcement for travelers who have arrived on Devine Airways Flight DA784 from Tokyo. (10) The baggage carousel where you were instructed to collect your bags is out of order. That's the one closest to the exit doors. We've transferred all of your luggage to Baggage Carousel 3, which is just beside the one that's out of order. We regret the inconvenience. Attention cabin crew. (11) A member of the airport staff is waiting at the bottom of the stairs with your luggage. (12) Please show your identification when you go to claim it.

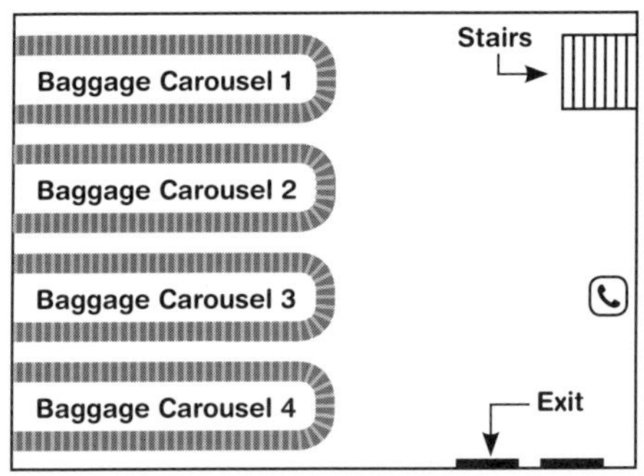

問題 10-12 は次のお知らせと間取り図に関するものです。

東京から Devine Airways の DA784 便でご到着された旅行客の皆さまへのお知らせです。お荷物をお受け取りいただくようご案内がありましたターンテーブルは故障中です。出口に一番近いターンテーブルです。お客さまのお荷物はすべて、故障中のターンテーブルのすぐ隣の３番のターンテーブルへと移動いたしました。ご不便をおかけして申し訳ありません。乗務員へ連絡。階段下で空港スタッフ１人が荷物のそばに待機中。受け取りの際は身分証明を提示ください。

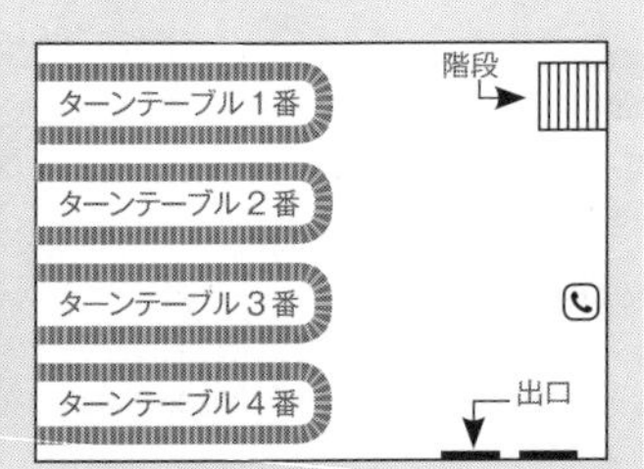

□carousel 飛行機に預けた荷物を空港で受け取る場所にある円形ベルトコンベヤー
□claim …を自分のものだと言う　Q □assemble 集合する、(人)を集める　□proof 証拠となるもの

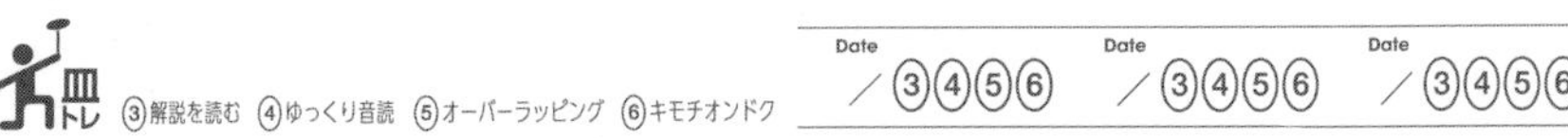

10. Look at the graphic. Which baggage carousel is broken?

(A) Baggage Carousel 1
(B) Baggage Carousel 2
(C) Baggage Carousel 3
(D) Baggage Carousel 4

図を見てください。どのターンテーブルが壊れていますか。

(A) ターンテーブル1番
(B) ターンテーブル2番
(C) ターンテーブル3番
(D) ターンテーブル4番

図に描かれている特徴的なもの、exit（出口）、stairs（階段）、電話の位置を確認しておきます。

11. Where can cabin crew retrieve their baggage?

(A) By the telephone
(B) At the information desk
(C) Near the stairs
(D) At the exit

乗務員はどこで荷物を受け取れますか。

(A) 電話のそば
(B) インフォメーションデスク
(C) 階段のそば
(D) 出口

具体的キーワードの cabin crew について述べられていることを聞き取るようにします。

12. What are cabin crew instructed to do?

(A) Assemble near the stairs
(B) Retrieve their baggage carefully
(C) Present proof of identity
(D) Visit the office immediately

乗務員は何をするように指示されていますか。

(A) 階段の近くに集まる。
(B) 注意して荷物を受け取る。
(C) 身分証明を提示する。
(D) 事務所を直ちに訪れる。

トーク終盤で正解のヒントが述べられるだろうと予測します。

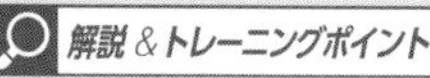

The baggage carousel where you were instructed to collect your bags is out of order. That's the one closest to the exit doors.

where は関係副詞で、場所を表す先行詞を補足説明する働きがあります。この英文では、先行詞の The baggage carousel がどんな場所なのかを補足しています。where の音を苦手としている方は、カタカナ式の「ホエアー」を正しい英語の音で上書きしておきましょう。

もっとわかりやすく、直接的に "Baggage Carousel 4 is out of order" と言えば良いものを、と思われるかも知れませんが、TOEIC の世界では図表問題を成立させるために、あえて間接的な表現を使うことがあるあるです。

 1(D) 2(B) 3(A) 4(C) 5(B) 6(C) 7(A) 8(B) 9(C) 10(B) 11(B) 12(A)

Part 1

1.

(A) 人々がホールで演じている。
(B) 人々がチケットを購入している。
(C) 観客はお互いに手を振っている。
(D) 観客はスポーツイベントに参加している。

□spectator 見物人、観客

スクリプト 46_1 W

(A) People are performing in a hall.
インナホーゥ

(B) People are purchasing tickets.

(C) An audience is waving to one another.

(D) Spectators are attending a sporting event.
スペクテイトーz

解説＆トレーニングポイント

(A) 選手たちの動きを perform と表現することはできますが、場所が in a hall ではないので不正解です。hall の音は「ホール」ではないので、要確認です。

(C) 観客が手を振っている様子は確認できないので不正解です。自動詞の wave は「手を振る」という意味で、2人が手を振って挨拶している場面では正解の選択肢として出題されます。

They're waving to one another.（彼らはお互いに手を振っている）

(D) 写真は観客がサッカーの試合を見ている状況で、これをスポーツイベントに参加していると言い換えています。

③解説を読む ④ゆっくり音読 ⑤オーバーラッピング ⑥キモチオンドク

Date ／ ③④⑤⑥ Date ／ ③④⑤⑥ Date ／ ③④⑤⑥

Part 2

2. スクリプト 46_2_2 M: W:

M: Didn't you have a hard time commuting in this snow?

W: (A) The winter sale still continues.

(B) It didn't affect the train.

(C) We'll get communication tools.

男性： この雪で通勤が大変ではなかったですか。

女性： (A) ウィンターセールがまだ続いています。

(B) それは列車に影響しませんでした。

(C) コミュニケーションツールを入手します。

□have a hard time -ing …するのに苦労する・困難な状況である

解説＆トレーニングポイント

通勤が大変ではなかったかと問われ、列車には影響しなかった、つまり大変ではなかったと答えている（B）が正解です。(A) は in this snow から連想させる錯乱肢です。(C) は commuting と communication を使った音のヒッカケです。

Didn't you have a hard time commuting in this snow?

have a hard time -ing は「～するのに苦労する」、「～するのに困っている」という意味の表現です。非常に苦労しているという場合には、have a really hard time -ing となります。パート5でも、語法の問題として出題される可能性があるので、ここで覚えておきましょう。

皿トレ ③解説を読む ④ゆっくり音読 ⑤オーバーラッピング ⑥キモチオンドク

Date ／ ③④⑤⑥ Date ／ ③④⑤⑥ Date ／ ③④⑤⑥

3. スクリプト 46_2_3 M: W:

M: Should I forward this e-mail to customer service?

W: **(A) Paul Miller has already done it.**

(B) On customer satisfaction.

(C) Everyone is looking forward to the event.

男性： このEメールを顧客サービスに転送すべきですか。

女性： (A) Paul Miller がすでにしました。
(B) 顧客満足度についてです。
(C) 皆がそのイベントを楽しみにしています。

□forward …を転送する

解説＆トレーニングポイント

Eメールを顧客サービスに転送すべきかが問われ、Paul がすでに転送したと答えている (A) が正解です。(B)は customer service から customer satisfaction を連想させる錯乱肢です。(C)は forward を使った音のヒッカケです。

Paul Miller has already done it.

聞き取りにくい人名ですね。Paul の l はもともと弱い音なので、これが Miller とつながって消えてしまっているので、未知の単語と認識してしまうと、全体の構文を理解できなくなってしまいます。人名は無数にあるのでそれらの音を事前に覚えておくことはできません。聞き取れるかどうかの差は、その後の部分を正確に聞き取れるかどうかです。done it がつながっているような細かい点を聞き取る力が勝負を分けます。

Date ／ ③④⑤⑥ Date ／ ③④⑤⑥ Date ／ ③④⑤⑥

4. スクリプト 46_2_4 M: W:

M: Who paid for dinner last time?

W: (A) Last Sunday.

(B) The new Italian restaurant downtown.

(C) We split the bill.

男性： 前回は誰が夕食の支払いをしましたか。
女性： (A) この前の日曜日です。
(B) 繁華街の新しいイタリアンレストランです。
(C) 割り勘にしました。

□split …を分割する

解説＆トレーニングポイント

会話の状況がイメージできないと正解が選びにくい上級者でも間違える難問です。食事に行き、会計の際の会話です。割り勘にした（We split the bill）と答えている（C）が正解です。

（A）は問いかけ文の last を使った音のヒッカケです。（B）は who を where と聞き間違え、dinner から Italian restaurant を連想させる 2 重の錯乱肢になっています。

We split the bill.

bill の音は l で終わっているので「ビル」ではなく「ビゥ」に近い音です。bill の音に意識を向けて音声を繰り返し聞いてみましょう。続いて、一文を丸ごと音読してみましょう。その際に、話者になりきって「割り勘にしました」というキモチを乗せて音読してみましょう。

皿トレ ③解説を読む ④ゆっくり音読 ⑤オーバーラッピング ⑥キモチオンドク

Date ／③④⑤⑥　Date ／③④⑤⑥　Date ／③④⑤⑥

5. スクリプト 46_2_5 W: W:

W: Do you think Maggie is qualified for the managerial position?

W: (A) I think I can manage to finish the job on time.

(B) In many ways.

(C) It's written on the bottom portion of the ticket.

女性： あなたは Maggie が管理職にふさわしいと思いますか。

女性： (A) 時間通りに仕事を終えることができると思います。

(B) 多くの点で。

(C) チケットの下のほうに書いてあります。

□qualified 資格がある

解説＆トレーニングポイント

Maggie が管理職としてふさわしいかどうかが問われ、多くの点でふさわしいと答えている（B）が正解です。(A) は Maggie が時間通りに仕事を終えられると理解すると正解に思えてしまいます。(C) は最後までよく聞かないと、Maggie の適性が書かれている書類を示唆していると勘違いしてしまいます。

Do you think Maggie is qualified for the managerial position?

be qualified for はリスニングセクションだけでなく、リーディングセクションにも登場する TOEIC 最重要フレーズなので、この英文を音読して自分のものにしておきましょう。また、a qualified candidate（資格のある候補者）も頻出フレーズです。

皿トレ ③解説を読む ④ゆっくり音読 ⑤オーバーラッピング ⑥キモチオンドク

Date ／ ③④⑤⑥ Date ／ ③④⑤⑥ Date ／ ③④⑤⑥

6. スクリプト 46_2_6 M: M:

M: Why did you become interested in finance?

M: (A) It's a place of interest.

(B) When I was in school.

(C) My mentor is an accountant.

男性： なぜ財務に興味を持つようになったのですか。

男性： (A) 興味深い場所だからです。
(B) 私が在学していたときです。
(C) 私の教育係が会計士です。

□mentor 教育役、良き指導者

解説＆トレーニングポイント

財務に興味を持つようになった理由について問われ、教育係（mentor）が会計士だった、つまり財務に関して知見のある人の影響だと答えている（C）が正解です。(A）は興味深いから、という意味と取ってしまうと正解に思えてしまいます。(B）は where と聞き間違えた場合の錯乱肢です。

Why did you become interested in finance?

問いかけ文の構造に違和感がある方は、次のように理解してみてください。まず、この文を一度、平叙文に戻してみます。

You became interested in finance.

become は SVC の構文にすることができる自動詞なので、文法的には be 動詞と置き換えることが可能です。ここでは were に置き換えてみます。

You were interested in finance.

このように構造を理解しておけば、問いかけ文もスッキリと理解できます。

Date ／③④⑤⑥ Date ／③④⑤⑥ Date ／③④⑤⑥

Part 3 スクリプト 46_3 W: M:

Questions 7 through 9 refer to the following conversation.

W: Good morning. (7) Hayworth Bank, Human Resources Department — Dana Patel speaking.

M: Hi. My name's Roger Gleason. (7) I'm interested in applying for the customer service position advertised in the *Springfield Newspaper*. (8) It says the deadline is this afternoon, but I've been having trouble downloading the application form. There seems to be something wrong with the Web site.

W: I'm sorry. I just heard something about that from one of the other people in my department. We're trying to fix it, but we're already thinking of putting off the deadline until next week.

M: I see. I guess many people are having the same problem. (9) Would it be possible for you to send me a copy of the application form by e-mail just in case?

問題 7-9 は次の会話に関するものです。
女性： おはようございます。Hayworth 銀行、人事部の Dana Patel です。
男性： こんにちは。Roger Gleason と申します。Springfield 新聞に広告を出されていたお客様サービスの仕事に応募したいと思っています。締め切りが今日の午後となっていますが、応募用紙をダウンロードするのに手こずっています。ウェブサイトに何か問題があるようです。
女性： 申し訳ありません。同じ部署の人からもその問題を今聞いたところです。修復しようとしていますが、締め切りを来週まで延ばすことをすでに考えています。
男性： わかりました。多くの人に同じ問題が生じていると思います。念のため、Eメールで私に応募用紙を送っていただくことはできますか。

Q □malfunction （機械などが）正常に動かない

皿トレ ③解説を読む ④ゆっくり音読 ⑤オーバーラッピング ⑥キモチオンドク

Date ／③④⑤⑥ Date ／③④⑤⑥ Date ／③④⑤⑥

7. Where is the man applying for a job?

(A) At a financial institution
(B) At a Web site design company
(C) At a repair service company
(D) At a newspaper

男性はどこの仕事に応募しますか。

(A) 金融機関
(B) ウェブサイトデザイン会社
(C) 修理会社
(D) 新聞社

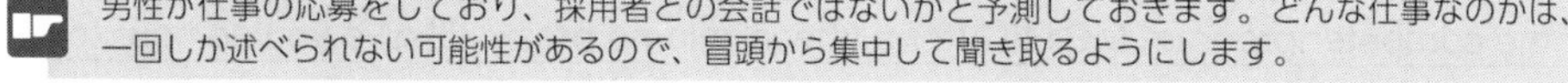

男性が仕事の応募をしており、採用者との会話ではないかと予測しておきます。どんな仕事なのかは、一回しか述べられない可能性があるので、冒頭から集中して聞き取るようにします。

8. Why does the man say he is concerned?

(A) He will be late for his interview.
(B) He cannot obtain an application.
(C) He has been given the wrong address.
(D) He has a malfunctioning computer.

男性はなぜ心配していると言っていますか。

(A) 面接に遅れる。
(B) 応募用紙を入手できない。
(C) 間違った住所を受け取った。
(D) パソコンが故障している。

求職者の男性には困ったことがあり、それに対して採用側がその問題の解決をする展開ではと予測しておきます。正解のヒントは男性が述べます。

9. What does the man ask Ms. Patel to do?

(A) Extend a deadline until next week
(B) Reschedule an appointment time
(C) Provide him with a file
(D) Mail him a piece of paper

男性は Patel さんに何をするよう求めていますか。

(A) 来週まで締め切りを延ばす。
(B) 予約の時間を変更する。
(C) ファイルを彼に提供する。
(D) 1 枚の紙を彼に郵送する。

男性と会話している相手が Patel であるとわかります。正解のヒントは男性の最後のセリフで述べるだろうと予測しておきます。

解説&トレーニングポイント

Would it be possible for you to send me a copy of the application form by e-mail just in case?

would it be possible は非常に丁寧な依頼表現で、この会話では求職者の男性が人事に対して応募用紙を送付していただけませんか、という依頼をしています。for you を省略した would it be possible to も同じく丁寧な依頼表現で、パート 3、4 で登場します。定型フレーズなので一息で読まれることが多く、このナレーターも would it be の部分はひとカタマリで速く読み possible はそれに比べてしっかりと読んでいます。このリズムを真似するように、10 回音読をしておきましょう。

Would it be **possible** for you to

Part 4 スクリプト 46_4 W

Questions 10 through 12 refer to the following talk.

10 So, the first two hours of our introductory class today will be covering the basics of the computer program MC11. After a fifteen-minute break, I'll give you an hour to practice those basic skills and create a simple but versatile system. When we return from lunch, 11 I'll show you examples of advanced programming you can do with MC11. Those skills will be taught in the six-week course. 11 Mastering them will give you much more leverage when applying for jobs in IT fields and negotiating salaries. When the class is over today, I'll stick around for an hour to register anyone wanting to take the course. 12 Registration is open up until the first session…remember, the lower rate is only offered today.

問題 10-12 は次の話に関するものです。

では、本日の入門クラスの最初の２時間はコンピュータプログラム MC11 の基礎を扱います。15 分の休憩をはさんで、皆さんには１時間で、基本的な技術を実習し、簡単で多用途のシステムを作成していただきます。昼食から戻ったら、MC11 でできる上級プログラミングの例をご紹介します。それらの技術は６週間のコースで教えられます。それらを習得すると IT 分野での職探しや、給料交渉をする際に有利になります。今日のクラスが終わってから１時間私はここに残り、このコースを取りたい方の登録をお受けいたします。登録は最初のクラスが始まるまで受け付けていますが、受講料が安くなるのは今日だけだという事をご留意ください。

□versatile 用途の広い、何にでも利用できる □leverage 目的遂行の手段、影響力
□stick around 近くで待つ Q □one-on-one 1対1の（マンツーマンで）

Date	Date	Date
／ ③④⑤⑥	／ ③④⑤⑥	／ ③④⑤⑥

10. Who most likely is the speaker?

(A) A receptionist
(B) An instructor
(C) A training coordinator
(D) An IT system administrator

話し手は誰だと考えられますか。

(A) 受付係
(B) 講師
(C) 研修コーディネーター
(D) IT システム管理者

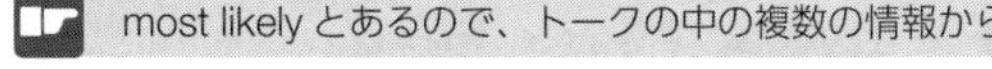

most likely とあるので、トークの中の複数の情報から話し手を推測する問題です。

11. Why does the speaker say, "<u>Those skills will be taught in the six-week course</u>"?

(A) To show the listeners things they will learn next week
(B) To inform the listeners of a higher-level class
(C) To help explain the course schedule
(D) To give examples of jobs requiring MC11

話し手はなぜ "<u>Those skills will be taught in the six-week course</u>" と言っていますか。

(A) 聞き手たちに来週学ぶことを教えるため。
(B) 聞き手たちに上級クラスについて知らせるため。
(C) コースの日程を説明する助けとするため。
(D) MC11 が必要な仕事の例を挙げるため。

Those skills will be taught in the six-week course は「この技術は6週間コースで教えられる」という意味で、この英文の前に話されるであろう技術とは何かを聞き取るようにします。

12. What does the speaker remind the listeners?

(A) A discount on the course is available at the moment.
(B) A copy of MC11 will be provided free of charge.
(C) An invitation to a software-design lecture will be organized.
(D) An hour of one-on-one programming practice will be held.

話し手は聞き手たちに何を念押ししていますか。

(A) コースの割引が現在利用できる。
(B) MC11 のコピーが無料で提供される。
(C) ソフトウェアデザインの講義への招待が準備される。
(D) 1時間の1対1のプログラミング実習が開かれる。

トーク終盤で正解のヒントが述べられるだろうと予測します。

解説 & トレーニングポイント

Mastering them will <u>give you much more leverage</u> when applying for jobs in IT fields and negotiating salaries.

leverage とは元々は「てこのはたらき」の事で、小さな力で大きな作用を生み出すしくみのことです。それが元になり、相手に与える「影響力」という意味でも用いられるようになってきました。日本語でも「レバレッジを効かせる」という言い回しは、金融やマーケティングの分野では使われており、少ない資本で大きなリターンを得ることを表しています。

この英文では6週間コースで学んだことにより、就職や賃金交渉に良い影響を及ぼすようになるという意味で使われています。

 1(B) 2(C) 3(B) 4(B) 5(C) 6(A) 7(C) 8(B) 9(C) 10(C) 11(B) 12(D)

Part 1

1.

(A) 女性は手を伸ばしてハンドバッグを取ろうとしている。
(B) 眼鏡が陳列されている。
(C) 男性がシャツを着ようとしている。
(D) レジ係は女性にお金を手渡している。

スクリプト 47_1 M

(A) A woman is reaching for a purse.

(B) Glasses are being displayed.

(C) A man is putting on a shirt.
shirt: シューt ×シャツ

(D) A cashier is handing a woman some money.
cashier: キャシア ×キャッシャー

解説＆トレーニングポイント

(A) reach for は手を伸ばすという意味です。ハンドバッグの中に手を入れようとしている場合は前置詞 into が使われます。

A woman is reaching into a purse.（女性がハンドバッグに手を入れようとしている）

(B) display は状態を表す動詞なので、展示をしようと並べている最中でなくても進行形の受動態で表すことができます。
(C) put on は着る動作を表すので不正解です。
(D) cashier はカタカナ英語の「キャッシャー」とはかなり音が違って聞こえます。また、ストレスは第2音節の i（cash · ier）にあります。パート2、3、4にも登場する単語なので正しい音をインプットしておきましょう。

皿トレ ③解説を読む ④ゆっくり音読 ⑤オーバーラッピング ⑥キモチオンドク

Date ／ ③④⑤⑥　Date ／ ③④⑤⑥　Date ／ ③④⑤⑥

Part 2

2. スクリプト 47_2_2 W: M:

W: I can't remember the address that I should send the letter to.

M: (A) We will be dressed formally.

(B) Not only the place but also the time.

(C) It's printed on the envelope.

女性：この手紙の送り先の住所が思い出せません。

男性：(A) 我々はフォーマルな服装にします。
(B) 場所だけでなく時間もです。
(C) 封筒に印刷してあります。

解説＆トレーニングポイント

手紙の送り先の住所が思い出せないという発言に対して、それは封筒に印刷されていると教えている (C) が正解です。(A) は address と dress を使った音のヒッカケです。

It's printed on the envelope.

envelope はストレスが第 1 音節に置かれていることを確認しておきましょう。また、o は「オウ」という二重母音です。

en · ve · lope

Date ／ ③④⑤⑥ Date ／ ③④⑤⑥ Date ／ ③④⑤⑥

3. スクリプト 47_2_3 W: M:

W: Did you fix the car or is it still broken?

M: (A) He reminded me about the blog.

(B) I'll work on it this afternoon.

(C) On our way home from Chicago.

女性： 車を修理しましたか、それともまだ壊れていますか。

男性： (A) 彼が私にブログについて念押ししてくれました。
(B) 今日の午後にそれをやります。
(C) シカゴからの帰り道です。

解説＆トレーニングポイント

車を修理したか、あるいはまだ壊れているかが問われ、午後に取りかかると答えている（B）が正解です。（A）は broken と blog を使った音のヒッカケです。

I'll work on it this afternoon.

work on は「～に取り組む」という意味の句動詞で、取り組みの内容は、修理、制作、改善などについてであり、この文脈では I'll do it よりも、I'll work on it の方がピッタリときます。work on はリスニングセクションの他のパートにも出題されるので、その代表的な例文と共に覚えておきましょう。

【Part 1】
He's working on a car.（彼は車の作業をしている）

【Part 2】
Who's working on revising the report?（誰が報告書の見直しをしていますか）

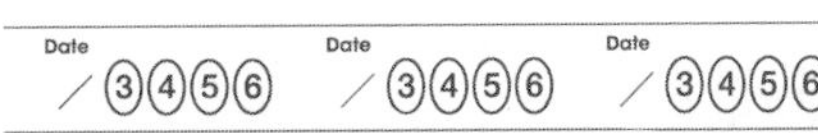

4. スクリプト 47_2_4 W: M:

W: How sure were you about the success of your performance?

M: (A) It was an open-air concert.

(B) We were feeling quite confident.

(C) Twice a year.

女性： あなたは公演を成功させる自信がどの程度ありましたか。

男性： (A) 野外コンサートでした。
(B) 我々はとても自信を持っていました。
(C) 1年に2回です。

□confident 自信のある、確信して

解説＆トレーニングポイント

公演の成功についてどれくらい自信があったかについて問われ、とても自信があったと答えている（B）が正解です。（A）は performance と concert を関連づけた錯乱肢です。how sure で頻度を問われていると勘違いすると（C）が正解に思えてしまいます。

How sure were you about the success of your performance?

sure は「～を確信している」という意味の形容詞で、女性は男性に自信の程度を聞いています。確かであるという意味の形容詞には certain がありますが、こちらはより客観的な判断に基づく確からしさを表します。

皿トレ ③解説を読む ④ゆっくり音読 ⑤オーバーラッピング ⑥キモチオンドク

Date ／③④⑤⑥ Date ／③④⑤⑥ Date ／③④⑤⑥

5. スクリプト 47_2_5 W: M:

W: What information do I need to enter the contest?

M: (A) Near the entrance.

(B) The winner will be announced soon.

(C) The application period is over.

女性：コンテストに参加するにはどのような情報が必要ですか。

男性：(A) 入り口のそばです。
(B) 優勝者がすぐに発表されます。
(C) 申込期限が過ぎています。

解説＆トレーニングポイント

問いかけ文でコンテストに参加するための情報を求めているのは申込期限がまだであるという前提ですが、正解（C）では The application period is over.（申込期限が過ぎています）と答えています。このような変化球に対応するには、問いかけ文を最後まできっちり聞き取って意味、状況を理解する必要があります。

（A）は enter と entrance の音のヒッカケです。（B）は問いかけ文の最後の単語で記憶に残りやすい contest から、winner（優勝者）を連想させる錯乱肢になっています。

What information / do I need / to enter the contest?

スラッシュのところが意味の切れ目なので、先頭から意味を付け足す感覚で音読をしてみましょう。

What information（どんな情報）
+ do I need（私が必要なのは）
+ to enter the contest?（コンテストに参加するために）

③解説を読む ④ゆっくり音読 ⑤オーバーラッピング ⑥キモチオンドク

Date ／ ③④⑤⑥ Date ／ ③④⑤⑥ Date ／ ③④⑤⑥

6. スクリプト 47_2_6 M: W:

M: You won't use this file anymore, will you?

W: **(A) I want to use it again after lunch.**

(B) I bought a used cabinet at the recycle store.

(C) Yes, you should search the shelf carefully.

男性： あなたはもうこのファイルは使わないのですよね。

女性： (A) 昼食の後、またそれを使いたいです。
(B) リサイクルショップで中古の書類棚を買いました。
(C) はい、あなたは棚を注意深く探すべきです。

解説＆トレーニングポイント

ファイルをもう使わないのかと問われ、昼食後にもう一度使いたいと答えている (A) が正解です。(B) は file から cabinet を連想させる錯乱肢です。

You won't use this file anymore, will you?

won't の音を間違って覚えている方が多いので今一度、確認しておきましょう。o は二重母音の「オウ」という音なので、「ゥオウ n(t)」という音になります。「オ」でも「オウ」でも大差がないように思われるかもしれませんが、「オ」で覚えていると時々 want と聞き間違えてしまい、意味が取れなくなってしまいます。リスニングでは、こうした小さな修正をコツコツと積み重ねていくことが満点への近道になります。

皿トレ ③解説を読む ④ゆっくり音読 ⑤オーバーラッピング ⑥キモチオンドク

Date ／③④⑤⑥ Date ／③④⑤⑥ Date ／③④⑤⑥

Part 3 スクリプト 47_3 M: W:

Questions 7 through 9 refer to the following conversation.

M: 7 The manager asked me to make a copy of the key to the storage room. She says we need it in case of emergency.

W: Where are you going to get it copied?

M: She suggested I call Max's Home Improvement Store. But it turned out that they're 8 closed this month. They're refurbishing apparently.

W: I see. 9 The timing doesn't seem good.

M: Do you know of anywhere else?

W: Well... I've heard from someone in my department about Mint Cornish Store. It recently opened around here and they are running a discount sale.

問題 7-9 は次の会話に関するものです。
男性： 部長に倉庫の合鍵を作るように言われました。緊急時用に必要だとのことです。
女性： どこで作ろうと思っていますか。
男性： Max's Home Improvement ストアに電話してみたらどうかと言われました。でも、今月は閉まっていることがわかったんです。どうも改装しているらしいです。
女性： そうですか。タイミングが良くないみたいですね。
男性： 他にどこか知っていますか。
女性： ええと、うちの部署の人から Mint Cornish ストアについて情報がありました。近所で最近開店して、今セール中です。

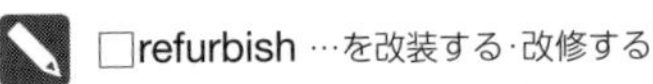

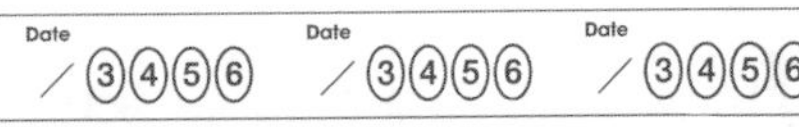

7. What does the man want to do?

(A) Have his apartment cleaned
(B) Visit a real estate agency
(C) Have another key prepared
(D) Buy a copy machine in the warehouse

男性は何をしたいと思っていますか。

(A) アパートを掃除してもらう。
(B) 不動産会社を訪ねる。
(C) 別の鍵を用意する。
(D) 倉庫にコピー機を購入する。

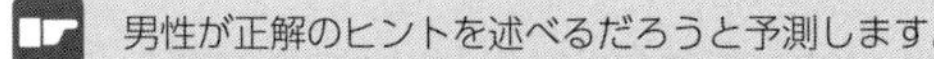
男性が正解のヒントを述べるだろうと予測します。

8. What does the man mention about Max's Home Improvement Store?

(A) It has recently moved to a new address.
(B) It is under renovations.
(C) It stocks a wide range of products.
(D) It is holding a discount sale.

男性は Max's Home Improvement ストアについて何と述べていますか。

(A) 最近新しい住所に移った。
(B) 改装中である。
(C) さまざまな種類の製品を置いている。
(D) 割引セールをしている。

具体的キーワードの Max's Home Improvement Store を待ち受けるようにして、男性のセリフをよく聞き取るようにします。

9. What does the woman mean when she says, "I see"?

(A) She is glad that things worked out well.
(B) She needs more time to consider.
(C) She thinks that the man's timing was unfortunate.
(D) She understands what the man should do.

女性は "I see" という発言で、何を意図していますか。

(A) 物事がうまくいってうれしい。
(B) 考える時間がもっと必要である。
(C) 男性のタイミングが不運だったと思っている。
(D) 男性がすべきことがわかっている。

女性が何に対して同意しているのかを、会話の流れから聞き取るようにします。

解説 & トレーニングポイント

The manager asked me to make a copy of the key to the storage room.

冒頭のこのセンテンスを聞き漏らすと、登場人物の関係、会話の状況が追えなくなってしまいます。ひとつひとつの設問は決して難問ではないのですが、基礎的なリスニング力が問われる問題です。ポイントは会話には登場してこない第三者の manager が男性に合い鍵を作るように依頼しているという点です。これに続いて男性は "She says we need it in case of emergency." と述べているので、she はその manager だとわかるのです。パート 3 は会話の流れを追うのが重要で、本問ではまさにそれが問われています。

Part 4 スクリプト 47_4 W

Questions 10 through 12 refer to the following radio broadcast.

And in our local news, Larksville native (10) Bertrand Lamont has returned from six months living at one of the overseas research stations in Finland. Lamont worked ten-hour days, six days a week as a production cook. His kitchen was responsible for providing four meals a day to the summer population of 900. Join me and fellow Larksville residents on Saturday, April 19 at 4 P.M. at Monroe Community Center where Lamont will show pictures and talk about a typical day there. (11) I'll be facilitating a Q-and-A session afterward, so don't rush out right away. (11) I think you'll appreciate the extra information. (12) As a large crowd is expected, advanced ticket reservations are required and can be purchased online at www.mcommunitycenter.org.

問題 10-12 は次のラジオ放送に関するものです。

それでは、ローカルニュースですが、Larksville 出身の Bertrand Lamont が Finland の海外研究所での6か月の生活から帰国しました。Lamont は1日10時間、週6日間調理師として働きました。夏の間の900人の人々に毎日4食を提供する責任が彼のキッチンにはありました。4月19日の土曜日午後4時から Monroe コミュニティセンターで私や Larksville の住人たちと一緒に、Lamont があちらでの典型的な1日について写真を見せて話をするのを聞きましょう。話の後の質疑応答を私が司会しますので、すぐに退出なさらないでください。より多くの情報を気に入っていただけると思います。多くの観客が予想されるため、事前にチケットの予約が必要となりますが、オンラインでの購入が www.mcommunitycenter.org でできます。

□facilitate …を促進する　Q □culinary art 料理法

③解説を読む ④ゆっくり音読 ⑤オーバーラッピング ⑥キモチオンドク

Date ／ ③④⑤⑥　Date ／ ③④⑤⑥　Date ／ ③④⑤⑥

10. What has Bertrand Lamont recently done?

(A) He has interviewed residents in Larksville.
(B) He has completed a degree in the culinary arts.
(C) He has come back from abroad.
(D) He has written an article on tourist spots.

Bertrand Lamont は最近何をしましたか。

(A) 彼は Larksville の住人にインタビューをした。
(B) 彼は料理法の学位を終了した。
(C) 彼は海外から帰国した。
(D) 彼は観光地について記事を書いた。

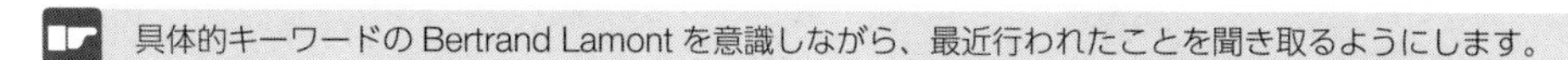

 具体的キーワードの Bertrand Lamont を意識しながら、最近行われたことを聞き取るようにします。

11. What does the speaker mean when she says, "don't rush out right away"?

(A) Bertrand Lamont would like to meet everyone at the event.
(B) Participants are encouraged to attend the event through to the end.
(C) There will be plenty of items available at the venue.
(D) Attendees will have enough time to complete the work.

話し手は "don't rush out right away" という発言で、何を意図していますか。

(A) Bertrand Lamont さんはイベントで全員に会いたい。
(B) 参加者たちはイベントに最後まで参加することを勧められている。
(C) 会場には利用できる多くの物がある。
(D) 参加者たちは仕事を終える十分な時間がある。

 don't rush out right away は「すぐに急いで出て行かないで」という意味で、どこから出ていかないのかを聞き取るようにします。

12. What does the speaker mention about the event on April 19?

(A) Bertrand Lamont will introduce his recipe.
(B) Bertrand Lamont will act as a master of ceremonies.
(C) The venue will change depending on the weather.
(D) Tickets are available on a Web site.

話し手は４月１９日のイベントについて何を述べていますか。

(A) Bertrand Lamont が彼のレシピを紹介する。
(B) Bertrand Lamont が司会者を務める。
(C) 会場は天候により変更される。
(D) チケットはウェブサイトで入手できる。

 具体的キーワードの April 19 を意識しながら、トーク終盤で正解のヒントが述べられるだろうと予測します。本問では、中盤で April 19 にイベントが行われることがまず述べられてから、最後のセンテンスでそのイベントのチケットがオンラインで入手可能であるという情報が述べられるので、情報を関連づける力が問われています。

解説＆トレーニングポイント

I'll be facilitating a Q-and-A session afterward, so don't rush out right away.

afterward は「その後で」という意味の副詞で、すでに述べてあることの後の出来事について述べるときに用いられます。Bertrand Lamont が体験した生活について語り、その後で質疑応答をするという内容が、Q11 設問の発言部分と正解の選択肢の to attend the event through to the end に効いています。

後でという意味の副詞に later がありますが、later は時間的に漠然とした後を意味するのに対して、afterward はすでに述べられた事柄を起点にした順序としての後というニュアンスの違いがあります。

Drill 48 解説とトレーニング

 1(B) 2(A) 3(B) 4(B) 5(A) 6(B) 7(B) 8(D) 9(D) 10(D) 11(A) 12(B)

Part 1

1.

(A) 何人かの人々が階段を上っている。
(B) 女性は機械を操作している。
(C) 男性はパソコンを組み立てている。
(D) 何人かの人々が家具を配置し直している。

□assemble (物)を組み立てる、(人)を集合させる

スクリプト 48_1  M

(A) Some people are going up the stairs.

(B) A woman is operating a machine.
アペレーティンg ×オペレーティング

(C) A man is assembling a computer.

(D) Some people are rearranging furniture.

解説＆トレーニングポイント

(A) パート1には「階段」がしばしば登場します。stairs が最も多く使われますが他には steps、stairway、staircase が使われます。「昇る」は go up の他に、climb、climb up、ascend が使われます。

They're climbing the steps.（彼らは階段を昇っている）

(B) 明らかに操作しているのはコピー機ですが machine「機械」と抽象的な語に言い換えられています。コピー機と言う場合には copy machine、copying machine、photocopier、copier が使われます。

皿トレ ③解説を読む ④ゆっくり音読 ⑤オーバーラッピング ⑥キモチオンドク

Date ／ ③④⑤⑥ Date ／ ③④⑤⑥ Date ／ ③④⑤⑥

Part 2

2. スクリプト  48_2_2 M: M:

M: When will the reception start?

M: **(A) We should check the invitation card.**

(B) How many nights would you like to stay?

(C) In the main lobby.

男性： レセプションはいつ始まりますか。

男性： (A) 招待状を確認すべきです。
(B) 何泊されますか。
(C) メインロビーでです。

解説＆トレーニングポイント

第1話者はレセプションが始まるのはいつかを問うていますが、それが書かれている招待状を確認すべきと答えている（A）が正解です。疑問詞の when を聞き取っただけでは正解が特定できない問題で、第2話者が問われている内容の確認方法を述べるのは本番でも出題されるパターンです。when を where と聞き間違えると（C）が正解に思えてしまいます。

When will the reception start?

when will の部分の音に注意してみましょう。when の後半がハッキリと読まれておらず聞き取りにくくなっています。ここが不明になってしまうとwhereと誤解して錯乱肢(C)に引っかかってしまいます。一度、スペルは忘れて、音に集中して when will の音を丸ごと覚えてしまいましょう。

皿トレ ③解説を読む ④ゆっくり音読 ⑤オーバーラッピング ⑥キモチオンドク

Date ／③④⑤⑥ Date ／③④⑤⑥ Date ／③④⑤⑥

3. スクリプト 48_2_3 M: W:

M: Where did you go during your lunch break?

W: (A) We offer free meals to all the employees.

(B) The place you recommended.

(C) The restaurant is celebrating its grand opening.

男性： お昼休みはどこへ行ったのですか。
女性： (A) 当社は全従業員に無料で食事を提供します。
(B) あなたに薦められた所です。
(C) レストランはグランドオープンを祝っています。

解説＆トレーニングポイント

昼休みに行った場所が問われていますが、正解（B）では女性は男性に薦められた店に行ったと答えています。
文末の lunch break は耳に残りやすいので、（A）では free meals、（C）では restaurant を使った錯乱肢になっています。

The place you recommended.

聞き取りやすい英文ですが、英語の語順に慣れているかどうかが聞き取りのポイントになっています。関係代名詞の which（または that）を補ってみると、構造がはっきりします。

The place which you recommended.

先行詞の place を目的格の関係代名詞 which が後ろから修飾をしています。この英文を文末まで聞き取ってから、後ろから訳し上げていってはスピードについていけません。音読をして、この語順に慣れておきましょう。

The place（どんな場所かというと）you recommended.

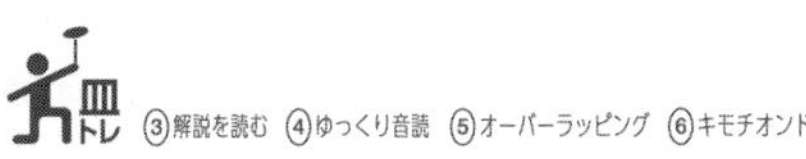

Date ／③④⑤⑥　Date ／③④⑤⑥　Date ／③④⑤⑥

4. スクリプト 48_2_4 M: W:

M: Could I have that bulb, please?

W: (A) I know Bob from a general affairs department.

(B) Here you are.

(C) It took about fifteen minutes.

男性： その電球をもらえますか。

女性： (A) 私は総務部の Bob を知っています。

(B) どうぞ。

(C) 約 15 分かかりました。

解説&トレーニングポイント

電球をもらえるかと問われ、どうぞと答えている (B) が正解です。(A) は bulb と Bob を使った音のヒッカケです。

Could I have that bulb, please?

日本語になっているバルブ (valve) はパイプの開閉などを操作する装置ですが、bulb は電球を表します。画像検索サイトで bulb を調べて、視覚的に覚えておくと記憶に残りやすくなります。

皿トレ ③解説を読む ④ゆっくり音読 ⑤オーバーラッピング ⑥キモチオンドク

Date ／ ③④⑤⑥ Date ／ ③④⑤⑥ Date ／ ③④⑤⑥

5. スクリプト 48_2_5 M: W:

M: You saw the notice about relocation, didn't you?

W: **(A) Are you talking about the one on the board?**

(B) Did you return a call to a moving company?

(C) I saw Kim in the second building.

男性： 移転の通知は見ましたよね。

女性： (A) 掲示板の通知のことですか。

(B) 引っ越し会社からの電話に折り返しましたか。

(C) 私は Kim さんを第 2 ビルで見ました。

□return a call 折り返し電話する

解説＆トレーニングポイント

移転の通知は見たかと問われ、それは掲示板の通知のことかと聞き返している（A）が正解です。(B) は relocation から moving company を連想させる錯乱肢です。

Are you talking about <u>the one</u> on the board?

one はすでに出てきた数えられる名詞の繰り返しを避けるために使われる代名詞ですが、ここでは the one と特定の名詞（ここでは通知 the notice）を意味しています。これを数字の 1 と理解してしまうと、意味が取れなくなってしまいます。

皿トレ ③解説を読む ④ゆっくり音読 ⑤オーバーラッピング ⑥キモチオンドク

Date ／ ③④⑤⑥ Date ／ ③④⑤⑥ Date ／ ③④⑤⑥

6. スクリプト 48_2_6 W: M:

W: Should I write a thank-you note to Mr. Homer?

M: (A) My pleasure.

(B) Why don't you just call him?

(C) Please note that there will be cancellation fees.

女性： Homer さんにお礼状を書きましょうか。
男性： (A) どういたしまして。
(B) 彼に電話をしたらどうですか。
(C) キャンセル料が発生することにお気を付けください。

□thank-you note お礼状

解説 & トレーニングポイント

Homer さんにお礼状を書きましょうかという申し出に対して、電話をしたらどうかと提案している (B) が正解です。(A) は thank you に対する返答の定番フレーズで、ここでは会話としてつながらないので不正解です。(C) は note を使った音のヒッカケです。

Please note that there will be cancellation fees.

please note that は「～についてお気を付けください」と、丁寧に相手に注意をうながすときの定番フレーズです。パート4では、ガイドツアー、工場見学などの場面で登場します。聞き取るポイントは please note that で、これをカタマリで聞き取れるようにトレーニングしておけば、that 以降の内容の理解に集中できます。

皿トレ ③解説を読む ④ゆっくり音読 ⑤オーバーラッピング ⑥キモチオンドク

Date ／③④⑤⑥ Date ／③④⑤⑥ Date ／③④⑤⑥

Part 3 スクリプト 48_3 W1: W2: M:

Questions 7 through 9 refer to the following conversation with three speakers.

W1: Hello? This is Glenda Wood from the City Council Food Health and Safety Department. I'm calling to set the date for an inspection of your restaurant. I'd like to pay a visit on any weekday but Wednesday.

W2: Oh. (8) I'll pass the phone to the owner. Please hold.

W1: Thanks.

M: Hello, (8) this is Thomas Cho. About the inspection date? I'm hoping you will visit us when customers are not around. (7) We're closed every Tuesday.

W1: I see. In that case how about next week from three P.M.? Oh, and we need you, the owner, to be at the inspection.

M: Next week? Perfect.

W1: Great. (9) I'll send you some inspection procedures so could you tell me your e-mail address?

問題 7-9 は 3 人の話し手による次の会話に関するものです。
女性 1: もしもし。市の食品健康安全部の Glenda Wood です。そちらのレストランの検査日を決めるためにお電話しています。水曜日以外の平日にお伺いしたいのですが。
女性 2: ええ。オーナーに電話を代わります。お待ちください。
女性 1: ありがとうございます。
男性: もしもし、Thomas Cho です。検査日についてですか。お客様がいないときにお越しいただけると良いのですが。毎週火曜日が休みです。
女性 1: わかりました。それでは、来週の午後 3 時からはいかがでしょうか。ええと、オーナーさんに立ち会っていただく必要があります。
男性: 来週ですか。全く問題ありません。
女性 1: 良かったです。検査手順をお送りしますので E メールアドレスを教えてくださいますか。

□pay a visit 訪問する

Date ／ ③④⑤⑥ Date ／ ③④⑤⑥ Date ／ ③④⑤⑥

7. When will the inspection be conducted?

(A) On Monday
(B) On Tuesday
(C) On Wednesday
(D) On Thursday

検査はいつ行われますか。

(A) 月曜日
(B) 火曜日
(C) 水曜日
(D) 木曜日

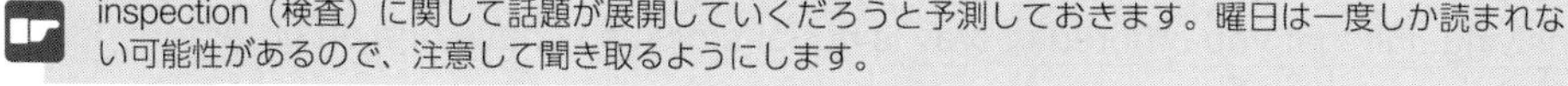

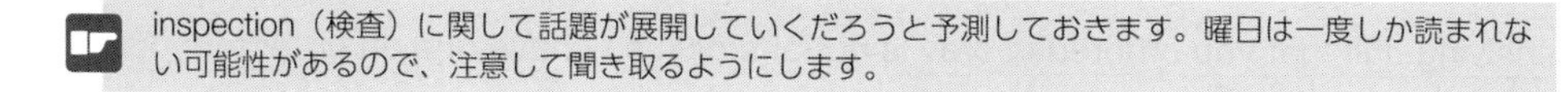

inspection（検査）に関して話題が展開していくだろうと予測しておきます。曜日は一度しか読まれない可能性があるので、注意して聞き取るようにします。

8. Who most likely is Mr. Cho?

(A) A city official
(B) A regular patron
(C) A restaurant chef
(D) A business owner

Cho さんは誰だと考えられますか。

(A) 市の役人
(B) 常連客
(C) レストランのシェフ
(D) 事業のオーナー

Q9 を先読みすれば Cho が話者の一人であろうと予測できます。本問は、途中から会話に参加する話者が Cho で、女性 2 のセリフから Cho がオーナーだと特定する難問です。

9. What will Mr. Cho probably do next?

(A) Check his schedule
(B) Test a sample product
(C) Send some documents
(D) Give some contact information

Cho さんはおそらく次に何をしますか。

(A) スケジュールを確認する。
(B) サンプル品を試験する。
(C) 書類を送る。
(D) 連絡先を渡す。

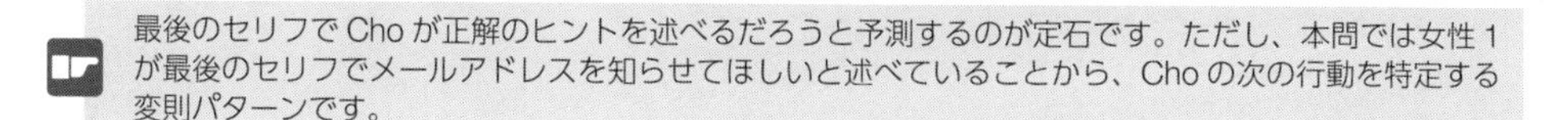

最後のセリフで Cho が正解のヒントを述べるだろうと予測するのが定石です。ただし、本問では女性 1 が最後のセリフでメールアドレスを知らせてほしいと述べていることから、Cho の次の行動を特定する変則パターンです。

解説 & トレーニングポイント

This is Glenda Wood from the City Council Food Health and Safety Department.

TOEIC には検査（inspection）をする場面がよく登場します。検査をする場所は、本問のようにレストランや、工場などが対象です。検査をする目的は安全性や品質管理などが一定の基準を満たしているかどうかを調べるためです。検査に合格しない場合は、是正処置を期限までに実行しないと業務ができないなどのペナルティが科されます。TOEIC の問題は受験者の背景知識の有無が解答に影響を及ぼさないように作られていますが、頻出の業務知識は頭に入れておいたほうが、理解がしやすくなります。

Part 4 スクリプト 48_4 W

Questions 10 through 12 refer to the following telephone message.

Hello, Mr. Engle. (10) This is Lisa from Direct Equipment. The seven-foot garage shelving unit that you ordered in gray is out of stock, so I have one on order for you. (11) I estimate that we will have one available in four weeks. I will e-mail you then and ship it right away. If you don't mind waiting, there is no further action required. (12) However, if you would like a unit sooner and don't mind a different color, we have one in black that we can ship today. You can give us a call at 866-555-2375 and get the item within a day after the call. Thank you and have a nice day.

問題 10-12 は次の電話のメッセージに関するものです。

こんにちは、Engle さん。Direct Equipment の Lisa です。お客さまがご注文された灰色の７フィートのガレージ用の棚ユニットは在庫切れのため、現在発注しております。４週間でこちらに届くと思われます。そのときはEメールを差し上げ、すぐに出荷いたします。お待ちいただくのでかまわなければ何もしていただくことはありません。しかし、お急ぎで他の色でもよろしければ、黒は在庫があり、本日出荷できます。お電話を 866-555-2375 にいただければ、お電話後１日以内にお品物をお受け取りいただけます。それではよろしくお願いいたします。

□shelving 棚を作る材料　Q □convey（考えなど）を伝達する

皿トレ ③解説を読む ④ゆっくり音読 ⑤オーバーラッピング ⑥キモチオンドク

Date ／ ③④⑤⑥　Date ／ ③④⑤⑥　Date ／ ③④⑤⑥

10. What most likely is the purpose of the call?

(A) To reschedule a delivery of some equipment
(B) To give a tracking number for some packages
(C) To inquire about a delayed shipment
(D) To convey information about a problem to a customer

電話の目的は何だと考えられますか。

(A) 器材の配達日を変更すること。
(B) 荷物の追跡番号を伝えること。
(C) 出荷の遅延について問い合わせること。
(D) 問題について顧客に情報を伝えること。

電話をかけている用件はトークの最初に述べられるはずです。

11. What will the speaker do when she has the ordered item?

(A) Send confirmation online
(B) Reimburse the full amount
(C) Check it for damage
(D) Have it painted

話し手は注文品が届いたら何をしますか。

(A) オンラインで確認通知を送る。
(B) 全額を返還する。
(C) 損傷を確認する。
(D) ペンキを塗る。

話し手が商品を注文したお客だろうと予測するのが定石です。ところが本問は、お客（聞き手）が注文した在庫切れの商品を、話し手が追加注文したというトリッキーな状況です。

12. What does the speaker offer to do?

(A) Cancel the order
(B) Deliver a different product
(C) Contact the manufacturer
(D) Add one more item to the order

話し手は何をすることを申し出ていますか。

(A) 注文をキャンセルする。
(B) 違う商品を配達する。
(C) 製造業者に連絡をする。
(D) 注文にもう１点追加する。

トーク終盤に何かを提案するだろうと予測します。

解説＆トレーニングポイント

However, if you would like a unit sooner and don't mind a different color, we have one in black that we can ship today.

前半は品切れになった注文品の対応についてですが、このhoweverからは別の商品を提案する話になり、それが正解のヒントに絡むというパート４の典型パターンです。we have one in blackは、howeverを文脈の転換点として聞き取れれば、代わりの商品の提案という意味が明確に理解できるはずです。

 1(C) 2(A) 3(B) 4(B) 5(B) 6(A) 7(B) 8(A) 9(C) 10(A) 11(C) 12(B)

Part 1

1.

スクリプト 49_1  M

(A) She's looking into a microscope.

(B) She's wiping some glass cases.

(C) She's picking up a piece of laboratory equipment.
equipment: イクイップメンt ×エクイップメント

(D) She's pouring liquid from a pot.
pouring: ポーリンg ×ポアリング

(A) 彼女は顕微鏡をのぞいている。
(B) 彼女はいくつかのガラスのケースを拭いている。
(C) 彼女は実験器具を1つ手に取っている。
(D) 彼女はポットから液体を注いでいる。

解説＆トレーニングポイント

(A) microscopeは顕微鏡です。双眼鏡「binoculars」と混同しないように注意してください。mi · cro · scopeは最初の音節に、bi · noc · u · larsは2番目の音節にアクセントがある点が重要です。

(B) wipeは以下の2つの用法を合わせて覚えておきましょう。

She's wiping off a rectangular table.（彼女は長方形のテーブルを拭いている）
She's wiping the furniture with a dry cloth.（彼女は家具を乾いた布で拭いている）

(D) pouringはこもった音で聞き取りにくいので、繰り返し聞き込んでおきましょう。intoを使った以下の英文も重要です。

She's pouring liquid into a cup.（彼女は液体をカップに注いでいる）

 ③解説を読む ④ゆっくり音読 ⑤オーバーラッピング ⑥キモチオンドク

Date / ③④⑤⑥　Date / ③④⑤⑥　Date / ③④⑤⑥

Part 2

2. スクリプト 49_2_2 M: M:

M: Where can I park around the musical hall?

M: **(A) I'm afraid there're no spaces nearby.**

(B) For some security reasons.

(C) To get a parking permit by myself.

男性： 音楽ホール周辺ではどこに駐車できますか。

男性： (A) 残念ながら近くには場所がありません。

(B) 保安上の理由のためです。

(C) 自分自身で駐車許可をもらうためです。

解説＆トレーニングポイント

文末まで聞き取って、話者の意図を理解する必要のある問題です。第1話者が駐車できる場所を探しているという発言の意図を理解しないと、(A) を正解として選べません。

Where can I park around the musical hall?

park around の部分は聞き取ることができたでしょうか。park はカタカナ英語だと「パーク」ですが k の後には母音はなく、後ろの around とつながって「パーカラウ nd」のように音が変化しています。

また、hall は ll で終わっているので、「ホール」ではなく「ホーゥ」「ホー」のように聞こえていることも確認をしておいてください。

Date ／③④⑤⑥ Date ／③④⑤⑥ Date ／③④⑤⑥

3. スクリプト 49_2_3 W: M:

W: How's your company's benefit package?

M: (A) It went surprisingly well.

(B) It's very comprehensive.

(C) They redesigned its logo.

女性： 御社の福利厚生はどのようになっていますか。

男性： (A) 驚くほどうまくいきました。
(B) 非常に幅広くカバーしています。
(C) 彼らはロゴのデザインを変更しました。

□benefit package 福利厚生
□comprehensive 網羅的な、広範囲の（≒complete, full）

解説&トレーニングポイント

会社の福利厚生について問われ、幅広いサービスをカバーしていると答えている（B）が正解です。How's（どのように）の部分だけしか聞き取れないと、(A) が正解のように思えてしまいます。(C) は package から logo を連想させる錯乱肢です。

How's your company's benefit package?

benefit のコアイメージは「利益」ですが、TOEIC ではしばしば給料以外に従業員が受ける福利厚生制度の意味で出題されます。福利厚生の具体的な例としては、通勤手当、住宅手当などで、TOEIC の世界では会社が従業員の健康増進のために、スポーツクラブと提携する話などが出てきます。

4. スクリプト 49_2_4 W: W:

W: Can you tell me when you'll ship the headset?

W: (A) To the conference center.

(B) As soon as it's ready.

(C) Why did you put them on?

女性： ヘッドセットをいつ出荷するのか教えてもらえますか。

女性： (A) 会議センターへです。
(B) 準備が出来次第です。
(C) なぜあなたはそれらを身に着けたのですか。

□headset マイク付きのヘッドホン

解説＆トレーニングポイント

ヘッドセットをいつ出荷するのかを問われ、準備が出来次第と答えている（B）が正解です。（A）は when を where と聞き間違えると正解に思えてしまいます。（C）は headset から put on を連想させる錯乱肢です。

As soon as it's ready.

前置詞 as は弱く短く読まれるので、この例文の先頭の as は soon とつながって、「アスーン」のように聞こえ、soon が強く長く読まれているのがわかります。次に強く読まれるのは ready です。全体としては、以下のような強弱が繰り返されているリズムを感じ取って、音読をしてみてください。

As **soon** as it's **ready**.

Date ／ ③④⑤⑥ Date ／ ③④⑤⑥ Date ／ ③④⑤⑥

5. スクリプト 49_2_5 W: M:

W: Who will be the radio host?

M: (A) By tuning in to the program.

(B) There're a few candidates.

(C) A host of issues remains unsettled.

女性： 誰がラジオ番組の司会者ですか。
男性： (A) 番組に電波を合わせることによります。
(B) 何人か候補者がいます。
(C) 多くの問題が未解決のままです。

□candidate 候補者 □a host of 多くの
□unsettled 未解決の

解説＆トレーニングポイント

問いかけ文では who will be と聞いているので、司会者はこれから決まる状況であると理解できるかどうかがポイントです。正解（B）の candidates は候補者という意味なので、現時点では司会者の候補が数人いるという意味です。
（A）は radio host からの連想の錯乱肢です。（C）は host を使った音のヒッカケです。

Who will be the radio host?

radio は日本語では「ラジオ」ですが、「レイディオウ」です。host は「ホスト」ではなく「ホウスｔ」です。

There're a few candidates.

There're a の部分は続けて、短く、速く読まれるので聞き取りが難しい音です。繰り返し聞いて耳に慣らせておきましょう。

Date ／③④⑤⑥ Date ／③④⑤⑥ Date ／③④⑤⑥

6. スクリプト 49_2_6 M: W:

M: What qualifications are necessary for the job opening?

W: **(A) Three years of work experience in a related field.**

(B) It opens from Monday to Saturday.

(C) How about advertising it online?

男性： その求人にはどのような資格が必要ですか。

女性： (A) 関連分野での３年間の経験です。
(B) 月曜日から土曜日まで開いています。
(C) オンラインでそれを宣伝するのはどうですか。

解説＆トレーニングポイント

問いかけ文の qualifications は求人に対して必要な資格、経験、適正などを意味しています。Three years of work experience in a related field.（関連分野での３年間の経験です）と答えている（A）が正解です。

（B）は文末で印象に残りやすい opening と opens の音のヒッカケです。（C）は求人広告の出し方を提案していますが、会話としてつながらないので不正解です。

What qualifications are necessary for the job opening?

ここでは necessary の音を確認しておきましょう。アクセントは最初の e にあります。そこがはっきり強く読まれ、後は弱くあいまいに流す感じで読まれている様子を音声で確認してみてください。

nec · es · sar · y

Date ／③④⑤⑥ Date ／③④⑤⑥ Date ／③④⑤⑥

Part 3 スクリプト 49_3 M: W:

Questions 7 through 9 refer to the following conversation and map.

M: Excuse me, (7) I came here to record the speaker today for the *Daily Phoenix Newspaper*. Is this the right entrance?

W: Yes. Usually (8) I'd have you in the sound technician area, but today our sound effects team will be working there. So we've set some special areas for you. (9) You can either choose the area near the audience and the stage or the upper-level area which can be reached from stairs on the side of the stage.

M: (9) Well, it must be better not to be surrounded by the audience. I have rather large devices and they might block the view of the audience.

W: OK, you need to present this ID to use your camera or microphone.

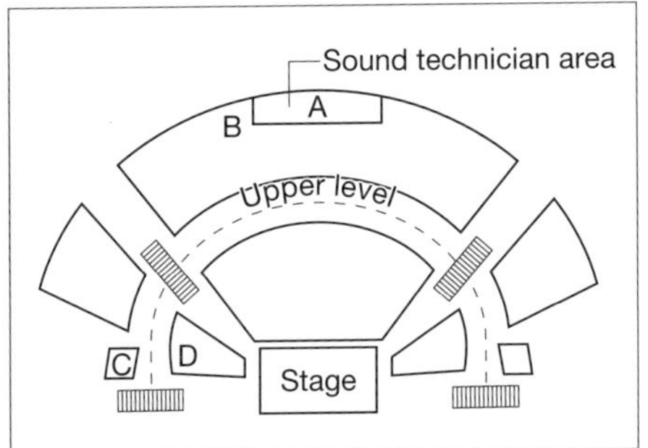

問題 7-9 は次の会話と地図に関するものです。

男性：すみませんが、今日はここに Daily Phoenix 新聞のために講演の録音をしに来ました。入り口はここで合っていますか。

女性：はい。通常は音響技術者エリアに入っていただくのですが、今日は我々の音響効果チームがそこで作業しています。ですから、録音用に特別なエリアを設定しました。観客とステージに近いエリアか、ステージの端から階段で行ける 2 階席のエリアかどちらかを選べますよ。

男性：そうですね、観客に囲まれた場所ではないほうがいいです。かなり大きな機器があってお客様の視界の妨げになるかもしれません。

女性：では、カメラとマイクを使うにはこの ID を提示してください。

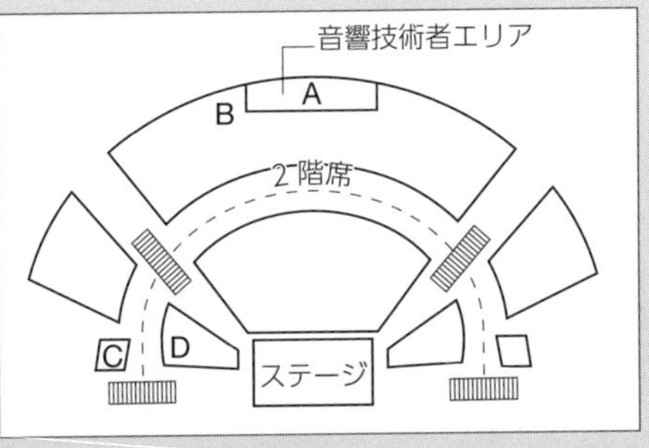

4. スクリプト 49_2_4 W: W:

W: Can you tell me when you'll ship the headset?

W: (A) To the conference center.

(B) As soon as it's ready.

(C) Why did you put them on?

女性： ヘッドセットをいつ出荷するのか教えてもらえますか。

女性： (A) 会議センターへです。
(B) 準備が出来次第です。
(C) なぜあなたはそれらを身に着けたのですか。

□headset マイク付きのヘッドホン

解説＆トレーニングポイント

ヘッドセットをいつ出荷するのかを問われ、準備が出来次第と答えている (B) が正解です。(A) は when を where と聞き間違えると正解に思えてしまいます。(C) は headset から put on を連想させる錯乱肢です。

As soon as it's ready.

前置詞 as は弱く短く読まれるので、この例文の先頭の as は soon とつながって、「アスーン」のように聞こえ、soon が強く長く読まれているのがわかります。次に強く読まれるのは ready です。全体としては、以下のような強弱が繰り返されているリズムを感じ取って、音読をしてみてください。

As **soon** as it's **ready**.

Date ／③④⑤⑥ Date ／③④⑤⑥ Date ／③④⑤⑥

5. スクリプト 49_2_5 W: M:

W: Who will be the radio host?

M: (A) By tuning in to the program.

(B) There're a few candidates.

(C) A host of issues remains unsettled.

女性： 誰がラジオ番組の司会者ですか。

男性： (A) 番組に電波を合わせることによります。

(B) 何人か候補者がいます。

(C) 多くの問題が未解決のままです。

□candidate 候補者 □a host of 多くの

□unsettled 未解決の

解説 & トレーニングポイント

問いかけ文では who will be と聞いているので、司会者はこれから決まる状況であると理解できるかどうかがポイントです。正解（B）の candidates は候補者という意味なので、現時点では司会者の候補が数人いるという意味です。

（A）は radio host からの連想の錯乱肢です。（C）は host を使った音のヒッカケです。

Who will be the radio host?

radio は日本語では「ラジオ」ですが、「レイディオウ」です。host は「ホスト」ではなく「ホウス t」です。

There're a few candidates.

There're a の部分は続けて、短く、速く読まれるので聞き取りが難しい音です。繰り返し聞いて耳に慣らせておきましょう。

6. スクリプト 49_2_6 M: W:

M: What qualifications are necessary for the job opening?

W: **(A) Three years of work experience in a related field.**

(B) It opens from Monday to Saturday.

(C) How about advertising it online?

男性： その求人にはどのような資格が必要ですか。

女性： (A) 関連分野での３年間の経験です。
(B) 月曜日から土曜日まで開いています。
(C) オンラインでそれを宣伝するのはどうですか。

解説&トレーニングポイント

問いかけ文の qualifications は求人に対して必要な資格、経験、適正などを意味しています。Three years of work experience in a related field.（関連分野での３年間の経験です）と答えている（A）が正解です。

（B）は文末で印象に残りやすい opening と opens の音のヒッカケです。（C）は求人広告の出し方を提案していますが、会話としてつながらないので不正解です。

What qualifications are necessary for the job opening?

ここでは necessary の音を確認しておきましょう。アクセントは最初の e にあります。そこがはっきり強く読まれ、後は弱くあいまいに流す感じで読まれている様子を音声で確認してみてください。

nec · es · sar · y

Date ／③④⑤⑥ Date ／③④⑤⑥ Date ／③④⑤⑥

Part 3 スクリプト 49_3 M: W:

Questions 7 through 9 refer to the following conversation and map.

M: Excuse me, (7) I came here to record the speaker today for the *Daily Phoenix Newspaper*. Is this the right entrance?

W: Yes. Usually (8) I'd have you in the sound technician area, but today our sound effects team will be working there. So we've set some special areas for you. (9) You can either choose the area near the audience and the stage or the upper-level area which can be reached from stairs on the side of the stage.

M: (9) Well, it must be better not to be surrounded by the audience. I have rather large devices and they might block the view of the audience.

W: OK, you need to present this ID to use your camera or microphone.

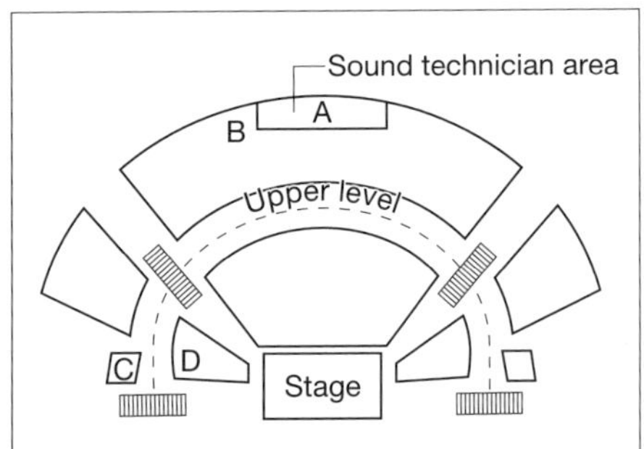

問題 7-9 は次の会話と地図に関するものです。

男性： すみませんが、今日はここに Daily Phoenix 新聞のために講演の録音をしに来ました。入り口はここで合っていますか。

女性： はい。通常は音響技術者エリアに入っていただくのですが、今日は我々の音響効果チームがそこで作業しています。ですから、録音用に特別なエリアを設定しました。観客とステージに近いエリアか、ステージの端から階段で行ける2階席のエリアかどちらかを選べますよ。

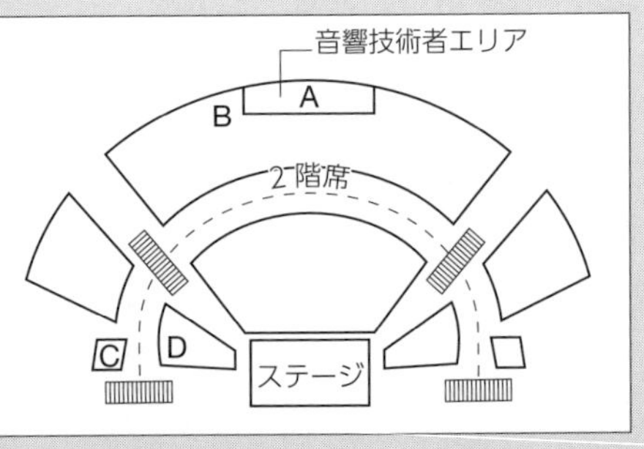

男性： そうですね、観客に囲まれた場所ではないほうがいいです。かなり大きな機器があってお客様の視界の妨げになるかもしれません。

女性： では、カメラとマイクを使うにはこの ID を提示してください。

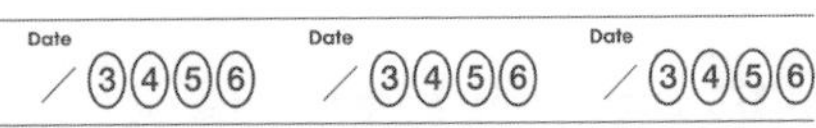

7. Why is the man at the theater?

(A) To speak to a sound technician
(B) To make a recording
(C) To sell newspapers
(D) To interview a speaker

なぜ男性は劇場にいるのですか。

(A) 音響技術者と話すため。
(B) 録音をするため。
(C) 新聞を売るため。
(D) 講演者にインタビューするため。

会話の場面は劇場だということをイメージしておきます。

8. What is mentioned about the sound technician area?

(A) It is occupied with theater staff.
(B) It is equipped with large audio devices.
(C) People need an ID to enter.
(D) People are required to wear a black shirt in the area.

音響技術者エリアについて何が述べられていますか。

(A) 劇場のスタッフが使用している。
(B) 大きな音響機器が備わっている。
(C) 入るのには ID が必要だ。
(D) そのエリアでは黒いシャツを着る必要がある。

具体的キーワードの sound technician area について何が述べられるかを聞き取るようにします。

9. Look at the graphic. Which location will the man choose?

(A) Location A
(B) Location B
(C) Location C
(D) Location D

図を見てください。男性はどの場所を選びますか。

(A) A 地点
(B) B 地点
(C) C 地点
(D) D 地点

図の中の Sound technician area, Upper level, Stage を読み、目立つもの（階段）を確認しておきます。

解説 & トレーニングポイント

You can either choose the area near the audience and the stage or the upper-level area which can be reached from stairs on the side of the stage.

either A or B は「A または B のどちらでも」という意味のフレーズで、パート 5 でもしばしば出題されます。これを文法的な知識として覚えたら、次はリスニングで聞き取れるようにトレーニングをしておく必要があります。

まず、You can either choose までを音読して、頭の中に A or B の箱のイメージを作っておき、A の情報（the area near the audience and the stage）、そして or に続けて B の情報（the upper-level area which can be reached from stairs on the side of the stage）を箱に入れていくように音読します。これを意識することで、ただ平坦に音読するよりも、either A or B の構造が身につくので、リスニングのときにも either を聞き取った瞬間から、A or B を待ち受けるように聞き取ることができるようになります。

Part 4 スクリプト 49_4 W

Questions 10 through 12 refer to the following telephone message and list.

Hello, this is Marlene from Arbuckle River Cruises. (10) I see that you had eight people signed up for the earliest tour tomorrow. I'm afraid that I do not have enough people to reach the minimum number needed to launch that tour, so I have to cancel it. (11) I will refund your ticket fees back onto the card you used for the purchase. We still do have spots available on the noon tour if you and your party would be interested in riding then. Please give me a call at 555-0722 if you would like to schedule that one. (12) Unfortunately, the two-o'clock and four-o'clock tours are full. I sincerely apologize for this inconvenience and hope to serve you in the future.

Arbuckle River Cruises Tours

Departure time	Conductor's name
10 A.M.	Alisa Flower
12 P.M.	James Lee
2 P.M.	Rachel Jordan
4 P.M.	Kim Smith
6 P.M.	Thomas Peters

問題 10-12 は次の電話のメッセージとリストに関するものです。

こんにちは。Arbuckle リバークルーズ社の Marlene です。明日の朝一番のツアーにお客さまは8名で申し込んでいらっしゃいますね。残念ながらそのツアーを実施するのに必要な最低限の人数に達していませんので、キャンセルしなければなりません。購入にお使いになったクレジットカードにチケット代金をご返金いたします。お客さまが12時のツアーに乗船されることにご興味がおありであれば、そのツアーはまだ空きがございます。そちらを予定されたい場合には555-0722の私までお電話をください。残念ながら、2時と4時のツアーはいっぱいです。ご不便をおかけして申し訳ありませんが、またのご利用をお待ちしております。

Arbuckle リバークルーズツアーズ

出発時間	コーディネーター氏名
午前10時	Alisa Flower
午後12時	James Lee
午後2時	Rachel Jordan
午後4時	Kim Smith
午後6時	Thomas Peters

□launch (活動など)を開始する、(運航など)を始める □conductor 添乗員、車掌
Q □call off (計画など)を取りやめる

③解説を読む ④ゆっくり音読 ⑤オーバーラッピング ⑥キモチオンドク

Date / ③④⑤⑥ Date / ③④⑤⑥ Date / ③④⑤⑥

10. Look at the graphic. Whose tour lacks enough attendees?

(A) Alisa Flower
(B) James Lee
(C) Rachel Jordan
(D) Kim Smith

図を見てください。誰のツアーが十分な出席者がいないのですか。

(A) Alisa Flower
(B) James Lee
(C) Rachel Jordan
(D) Kim Smith

選択肢にはツアーコーディネーター氏名が並んでいるので、出発時刻が正解のヒントになるだろうと予測します。本問では時刻ではなく the earliest tour（朝一番のツアー）が正解のヒントになっている変則パターンです。

11. What will the speaker do for the listener?

(A) Keep the reservations until the last minute
(B) Transfer the reservations to another company
(C) Return some money
(D) Send some vouchers

話し手は聞き手のために何をしますか。

(A) ぎりぎりまで予約を保留する。
(B) 予約を他の会社に移す。
(C) 返金する。
(D) クーポンを送る。

Q10 の設問と合わせて、ツアーの予定変更に伴う対応だろうと予測します。

12. What is mentioned about the two-o'clock tour?

(A) Its coordinator will be changed.
(B) The listener cannot take part in it.
(C) It has been called off.
(D) There was an overbooking.

２時のツアーについて何が述べられていますか。

(A) コーディネーターが変更になる。
(B) 聞き手が参加できない。
(C) 中止された。
(D) オーバーブッキングがあった。

具体的キーワードの the two-o'clock tour を意識しながら、述べられていることを聞き取るようにします。

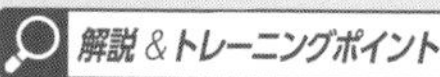
解説 & トレーニングポイント

I'm afraid that I do not have enough people to reach the minimum number needed to launch that tour, so I have to cancel it.

TOEIC の世界では、さまざまな予定が変更になり、そのお知らせがパート４では出題されます。病院の予約、イベントスケジュール、注文された商品の入荷、発送などの変更が定番ですが、本問では最小催行人数に達しなかったツアーのお知らせがテーマになっています。変更はサービス、商品を提供する側の理由によるものがほとんどなので、お詫びの表現として使われるのが I'm afraid that です。本問でもそうですが、I'm afraid that の後は正解のヒントが述べられることが多く、文脈の転換点になるので、聞き漏らさないようにしましょう。

Drill 50 解説とトレーニング

1(D) 2(A) 3(B) 4(C) 5(A) 6(C) 7(D) 8(B) 9(A) 10(A) 11(D) 12(B)

Part 1

1.

(A) 人々が浜辺に穴を掘っている。
(B) 人々が砂の上に座っている。
(C) 船乗りが船にモップをかけている。
(D) 桟橋が水辺の方へ伸びている。

□dig a hole 穴を掘る
□pier 桟橋、埠頭、防波堤

スクリプト 50_1 W

(A) People are digging a hole at the beach. ディギンガホーゥ

(B) People are sitting on the sand.

(C) A sailor is mopping a boat.

(D) A pier extends towards the water.

解説＆トレーニングポイント

（A）dig a hole は道路工事の写真などで出題される可能性のある表現です。hole を主語にした受動態でも解けるようにしておきましょう。

A hole is being dug in the road.（道路で穴が掘られているところである）
A hole has been dug in the road.（道路に穴が掘られている）

（D）pier は「桟橋」「埠頭」を表します。建設・工事用語で橋脚をピアと呼びますが、この pier です。音が似ている pillar は「柱」「支柱」と紛らわしいです。
extend は他動詞の用法では目的語に lunchtime「昼食時間」や warranty「保証期間」を取って「伸ばす」という意味ですが、ここでは自動詞として桟橋が「伸びている」という意味で使われています。

Date ／③④⑤⑥ Date ／③④⑤⑥ Date ／③④⑤⑥

Part 2

2. スクリプト  50_2_2 M: W:

M: When is the deadline for the safety report?

W: **(A) I didn't know you were in charge of that.**

(B) By the cash register.

(C) For safety reasons.

男性： 安全報告書の締め切りはいつですか。

女性： (A) あなたがその担当だとは知りませんでした。

(B) レジのそばです。

(C) 安全上の理由のためです。

解説＆トレーニングポイント

難問です。男性は安全報告書の締め切りを問うていますが、女性は男性がその（安全報告書の）担当者だということを知って驚いているという状況です。満点を目指すのであれば、問いかけ文を最後まできっちりと聞き取る必要があります。

I didn't know you were in charge of that.

be in charge of ～は「～の担当（者）である」という意味で、TOEIC 内だけでなく、ビジネス英語の重要フレーズです。初対面の人との会話でも、頻繁に使うフレーズなので、自分の役割を当てはめて音読練習をしておきましょう。

I'm in charge of product marketing.（私は製品マーケティングの担当です）

③解説を読む ④ゆっくり音読 ⑤オーバーラッピング ⑥キモチオンドク

Date ／ ③④⑤⑥　Date ／ ③④⑤⑥　Date ／ ③④⑤⑥

3. スクリプト 50_2_3 M: W:

M: How do I get to your new house?

W: (A) I'm just asking the same architect as yours.

(B) Don't worry, I can pick you up.

(C) Please request the goods at the counter.

男性： あなたの新居にはどうやって行ったら良いですか。

女性： (A) 私もちょうどあなたと同じ建築家に頼んでいます。

(B) ご心配なく、私が迎えに行きます。

(C) カウンターで商品を頼んでください。

解説＆トレーニングポイント

新居への行き方について問われ、迎えに行くので心配はいらないと答えている（B）が正解です。（A）は house から architect を連想させる錯乱肢です。how do I get の部分だけで、どうやって~を手に入れるかという疑問文だと勘違いしてしまうと（C）が正解に思えてしまいます。

How do I get to your new house?

get to は「~に向かう」という意味のフレーズです。get to the city hall のように具体的に向かう場所の他に、get to work（出勤する）という使い方でも出題されます。

I can get to work on time.（私は時間通りに出勤できる）

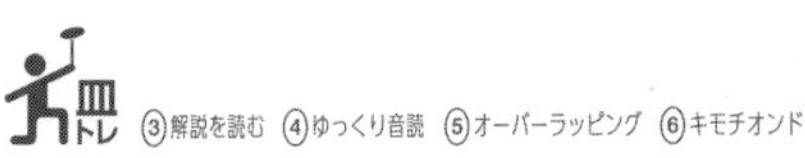

Date ／ ③④⑤⑥ Date ／ ③④⑤⑥ Date ／ ③④⑤⑥

4. スクリプト 50_2_4 M: W:

M: Mr. Green delivered a wonderful speech yesterday.

W: (A) He'll be able to do it.

(B) They're very much looking forward to it.

(C) I wish I had been there.

男性： 昨日 Green さんが素晴らしいスピーチをしました。

女性： (A) 彼はそれができるでしょう。
(B) 彼らはそれをとても楽しみにしています。
(C) 私もその場にいたかったです。

解説 & トレーニングポイント

Green さんが素晴らしいスピーチをしたという発言に対して、自分もその場にいたかったと答えている (C) が正解です。(A) は昨日のスピーチの事に対して、未来の時制で答えているので不正解です。

I wish I had been there.

wish を使った仮定法過去完了の構文で、過去に起こった事実（私はその場にいなかったこと）とは反対の事（その場にいたこと）を述べることで、願望を表しています。一方で、以下の英文は現在の事実とは異なる事を述べることで願望を述べる場合に使われます。

I wish I were there.（私がその場にいられたらいいのに）

リスニングセクションで仮定法が使われる頻度は少ないですが、高得点を目指すためには、押さえておきたい構文です。

Date ／③④⑤⑥ Date ／③④⑤⑥ Date ／③④⑤⑥

5. スクリプト 50_2_5 W: M:

W: Do you want to watch this performance or something else?

M: **(A) Is it the latest one?**

(B) I'm sorry but I don't have my watch with me.

(C) Is this seat taken?

女性：この公演を見たいですか、それとも何か他のものを見たいですか。

男性：(A) これが最新のものですか。
(B) すみませんが、私は時計を持っていません。
(C) この席は空いていますか。

解説＆トレーニングポイント

この公演が見たいか、あるいは他のものが見たいかが問われ、この公演は最新のものかを問い返している（A）が正解です。（B）は watch を使った音のヒッカケです。（C）は performance から seat を連想させる錯乱肢です。

Do you want to watch this performance or something else?

この英文の performance は芝居や音楽などの公演を意味していますが、パート 7 では組織や個人の業績という意味で出題されることが多いです。

His performance at this office has greatly improved.
（彼のこの事務所での業績は大いに改善されてきた）

③解説を読む ④ゆっくり音読 ⑤オーバーラッピング ⑥キモチオンドク

Date ／ ③④⑤⑥ Date ／ ③④⑤⑥ Date ／ ③④⑤⑥

6. スクリプト 50_2_6 W: M:

W: Do you think Stephan can catch his flight?

M: (A) Maybe we should change the flyer design.

(B) Due to a mechanical problem.

(C) I hope so.

女性： Stephan はフライトに間に合うと思いますか。

男性： (A) おそらく我々はチラシのデザインを変更すべきでしょう。

(B) 機械的な問題のせいです。

(C) そう望みます。

解説＆トレーニングポイント

Stephan がフライトに間に合うかどうかが問われ、そう望みますと希望を伝えている（C）が正解です。（A）は flyght と flyer を使った音のヒッカケです。（B）は飛行機が遅れるという TOEIC 定番のストーリーから、遅延の原因を連想させた錯乱肢です。

Maybe we should change the flyer design.

maybe we should は「～すべきではないでしょうか」と丁寧に提案をするときの定番フレーズです。この部分をカタマリで理解できるようにして、後半の理解に集中できるようにするのが聞き取りのポイントです。繰り返し音読をして、このフレーズを丸ごと覚えてしまうようにしましょう。

皿トレ ③解説を読む ④ゆっくり音読 ⑤オーバーラッピング ⑥キモチオンドク

Date ／ ③④⑤⑥ Date ／ ③④⑤⑥ Date ／ ③④⑤⑥

Part 3 スクリプト 50_3 M: W:

Questions 7 through 9 refer to the following conversation and schedule.

M: Marcia, a very important client of Heyword Company just called. He wants to stop in and talk on Friday. You have reserved a room on that day, right? (7) Is there any way you can change your conference room reservation?

W: Actually, Mr. Ericson just informed me that his meeting was cancelled, so you could use the room during his time slot if it's convenient for you.

M: Hmm. That's pretty late. My client wanted to come by early.

W: Well, (8) I'm just using the room to sort paperwork, so I can easily switch my times or even days if necessary.

M: (9) That would be great. Thanks so much, Marcia.

W: No problem.

Schedule for the Conference Room

Time	Reserved by
9:00-10:00	Marcia Maple
10:00-11:00	Alex Nichols
11:00-12:00	Tina Heyword
12:00-1:00	John Ericson

問題 7-9 は次の会話と日程表に関するものです。

男性：Marcia さん、Heyword 社のとても重要な顧客から今電話がありました。彼は金曜日に来て話をしたいそうです。その日はあなたが部屋を取っていますよね。会議室の予約を何とか変更できないでしょうか。

女性：実は Ericson さんが自分の会議はキャンセルになったとちょうど言ってきたところなので、Ericson さんの時間で都合が良ければ会議室をお使いいただけます。

男性：うーん。それだとかなり遅い時間です。お客様は早い時間に来たがっていたんです。

女性：ええと、私は書類を整理するのに部屋を使うだけなので、私の時間帯を交代することはできますし、あるいは必要なら日にちも替えられます。

男性：それだといいですね。本当にありがとう、Marcia さん。

女性：どういたしまして。

会議室の日程表

時間	予約者
9:00-10:00	Marcia Maple
10:00-11:00	Alex Nichols
11:00-12:00	Tina Heyword
12:00-1:00	John Ericson

□slot リストや放送番組などの時間や位置　□sort …を分類する

③解説を読む ④ゆっくり音読 ⑤オーバーラッピング ⑥キモチオンドク

Date ／ ③④⑤⑥　Date ／ ③④⑤⑥　Date ／ ③④⑤⑥

7. What does the man ask the woman to do?

(A) Finish a report earlier than scheduled
(B) Call an important client for him
(C) Make a special visit to a customer
(D) Change a booking to another time

男性は女性に何をするよう求めていますか。

(A) 報告書を予定より早く仕上げる。
(B) 彼の代わりに重要な顧客に電話をする。
(C) 顧客を特別に訪問する。
(D) 予約を他の時間に変える。

序盤のセリフで正解のヒントが述べられるだろうと予測します。選択肢が読みきれない場合は、Finish a report、Call an important client、Make a special visit、Change a booking の部分だけを縦に読むのも有効なテクニックです。

8. What does the woman suggest about her work?

(A) It is very important.
(B) It is quite flexible.
(C) It must be done today.
(D) It is almost finished.

女性は自分の仕事について何を示唆していますか。

(A) とても重要である。
(B) かなり柔軟である。
(C) 今日やらなければならない。
(D) ほとんど終わっている。

正解のヒントは女性が述べます。

9. Look at the graphic. When will the man use the conference room?

(A) 9:00-10:00
(B) 10:00-11:00
(C) 11:00-12:00
(D) 12:00-1:00

図を見てください。男性はいつ会議室を使いますか。

(A) 9:00-10:00
(B) 10:00-11:00
(C) 11:00-12:00
(D) 12:00-1:00

選択肢には時間が並んでいるので、正解のヒントは予約者（Reserved by）だろうと予測します。

解説＆トレーニングポイント

Actually, Mr. Ericson just informed me / that his meeting was cancelled, / so you could use the room / during his time slot / if it's convenient for you.

Actually は「実は」という意味の副詞で、この後に相手にとってやや意外なことを述べるサインなので、パート3では正解のヒントに絡むキーワードになりやすいです。この英文では Mr. Ericson とあるので、そこを聞き取っただけで判断してしまうと誤答の（D）を選んでしまいます。長い英文なので、正確に聞き取れなかった場合は、スラッシュの部分で区切りながら、ゆっくり音読して、慣れてきたら高速で音読しておきましょう。

Part 4 スクリプト 50_4 W

Questions 10 through 12 refer to the following recorded message.

Thank you for shopping with L.M. Grace. To provide you with an even better experience next time, (10) we are soliciting feedback on how we performed during your shopping experience. We are constantly using it to improve our customers' experience and provide the best possible service. Typically, the following survey takes three minutes to complete. After you have finished, please stay on the line. (11) We will say a numerological coupon code for you to write down for five percent off your next purchase. Thank you for your time. (12) Press one to start.

問題 10-12 は次の録音メッセージに関するものです。

L.M.Grace でお買い物いただきありがとうございます。次回、より快適な体験をお届けできますように、お買い物の間の店員の対応がどうだったかフィードバックをお願いしています。私どもはフィードバックを常に利用してお客さまのお買い物の体験をより良いものにし、最高のサービスをご提供するようにしております。通常、このアンケートは3分ほどで終わります。アンケート終了後はそのままお待ちください。クーポンコードの数字を申し上げますので、お書き留めいただくと、次回5％割引となります。お時間いただきありがとうございます。１番を押して開始してください。

□solicit …を請い求める　□stay on the line 電話を切らないでおく　□numerological 数秘学の
Q □referral 照会

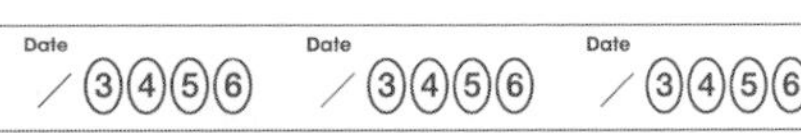

10. What is the speaker requesting?

(A) Input on the store's service
(B) A return call
(C) A larger purchase
(D) Registration for membership

話し手は何を求めていますか。

(A) 店のサービスへの意見
(B) 折り返しの電話
(C) より多くの購買
(D) 会員登録

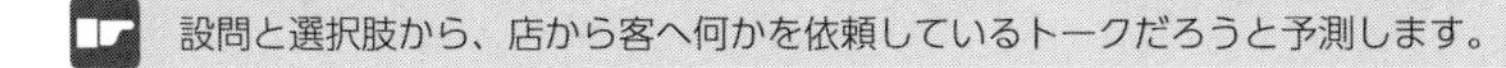

設問と選択肢から、店から客へ何かを依頼しているトークだろうと予測します。

11. Why does the speaker say, "please stay on the line"?

(A) A problem will be solved.
(B) There will be more questions.
(C) The next available agent will answer.
(D) A special number will be given.

話し手はなぜ、"please stay on the line" と言っているのですか。

(A) 問題が解決される。
(B) まだ質問がある。
(C) 次に手の空いたエージェントが回答する。
(D) 特別な番号が与えられる。

please stay on the line はそのままでお待ちくださいという電話で使われるフレーズなので、話し手が留守番にかけているトークだろうと予測します。

12. What is the listener asked to do next?

(A) Input an order number
(B) Push a certain button
(C) Make note of a coupon code
(D) Wait three more minutes

聞き手は次に何をするよう求められていますか。

(A) 注文番号を入力する。
(B) あるボタンを押す。
(C) クーポンコードをメモする。
(D) あと3分待つ。

トーク終盤で正解のヒントが述べられるだろうと予測します。

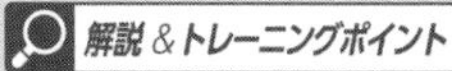

解説＆トレーニングポイント

We are constantly using it to improve our customers' experience and provide the best possible service.

このcustomers' experienceは日本語では「顧客体験」で、商品を購入することで得られる、物質的な価値ではなく、感情的、心理的な価値のことです。たとえばこのL.M.Graceが化粧品店だったとして、そこで購入したリップクリームは物質的な価値です。一方で、そのリップクリームを選ぶ際に、店員が薦めてくれた商品が素晴らしいと感じる価値が顧客体験です。この店では、店員の対応についてのアンケートを取ることで、顧客体験を改善（improve）しようとしているのです。

本書で学習した皆さまが、リスニング満点を取って最高の顧客体験をしていただけることを願っています。

制作協力　株式会社メディアビーコン
装幀・本文デザイン　斉藤 啓(ブッダプロダクションズ)
DTP　有限会社ギルド
イラスト　矢戸優人
音源制作　株式会社巧芸創作
ナレーター　Andree Dufleit／Emma Howard／Howard Colefield／Jack Merluzzi／Jason Takada

写真提供(本冊／別冊)
P.14/P.2 © Syda Productions/stock.adobe.com
P.24/P.4 © santypan/stock.adobe.com
P.34/P.6 © 彰 藤井/stock.adobe.com
P.44/P.8 © Seventyfour/stock.adobe.com
P.54/P.10 © ttinu/stock.adobe.com
P.64/P.12 © WavebreakMediaMicro/stock.adobe.com
P.74/P.14 © Jacob Lund/stock.adobe.com
P.84/P.16 © Leticia Wilson/stock.adobe.com
P.94/P.18 © Jale Ibrak/stock.adobe.com
P.104/P.20 © auremar/stock.adobe.com
P.114/P.22 © Zhao jiankang/stock.adobe.com
P.124/P.24 © auremar/stock.adobe.com
P.134/P.26 © Andrey Popov/stock.adobe.com
P.144/P.29 © ilcianotico/stock.adobe.com
P.154/P.31 © mtaira/stock.adobe.com
P.164/P.33 © Syda Productions/stock.adobe.com
P.174/P.35 © guruXOX/stock.adobe.com
P.184/P.37 © 4th Life Photography/stock.adobe.com
P.194/P.39 © Monkey Business/stock.adobe.com
P.204/P.41 © Surapong/stock.adobe.com
P.214/P.43 © Gorilla/stock.adobe.com
P.224/P.45 © lightpoet/stock.adobe.com
P.234/P.47 © Elena Belyaeva/stock.adobe.com
P.244/P.49 © xiaosan/stock.adobe.com
P.254/P.51 © mtaira/stock.adobe.com
P.264/P.53 © anatoliy_gleb/stock.adobe.com
P.274/P.55 © Dmitry Vereshchagin/stock.adobe.com
P.284/P.58 © vectorfusionart/stock.adobe.com
P.294/P.60 © Jacek Chabraszewski/stock.adobe.com
P.304/P.62 © scaliger/stock.adobe.com
P.314/P.64 © auremar/stock.adobe.com
P.324/P.66 © Llstock/stock.adobe.com
P.334/P.68 © alotofpeople/stock.adobe.com
P.344/P.70 © Dan Kosmayer/stock.adobe.com
P.354/P.72 © Ms VectorPlus/stock.adobe.com
P.364/P.74 © auremar/stock.adobe.com
P.374/P.77 © Seventyfour/stock.adobe.com
P.384/P.79 © master1305/stock.adobe.com
P.394/P.81 © mavoimages/stock.adobe.com
P.404/P.84 © wavebreak3/stock.adobe.com
P.414/P.86 © MATTHIAS BUEHNER/stock.adobe.com
P.424/P.88 © JackF/stock.adobe.com
P.434/P.90 © Monkey Business/stock.adobe.com
P.444/P.92 © makotomo/stock.adobe.com
P.454/P.95 © Yakobchuk Olena/stock.adobe.com
P.464/P.98 © Africa Studio/stock.adobe.com
P.474/P.100 © auremar/stock.adobe.com
P.484/P.102 © auremar/stock.adobe.com
P.494/P.104 © sepy/stock.adobe.com
P.504/P.106 © LazorPhotography/stock.adobe.com

著者：

八島 晶（OJiM）（Akira Yashima）

外資系ソフトウェア会社に勤務する現役ビジネスマン。TOEIC®L&R テスト満点。AERA English 誌が選出する「7 人の TOEIC カリスマ講師」の 1 人。全国通訳案内士。全日空グループ、楽天などで「TOEIC® スコアアップ講座」の講師を務め、受講者はのべ 6,000 名を越える。「キモチを込めた音読」「耳慣らしストレッチ」「パーフェクト予測先読み」など独自のメソッドを取り入れた指導を展開している。
主な著書に『八島式 TOEIC® L&R テストの英語が読めるようになる本』『八島式 TOEIC® L&R テストの英語が聞こえるようになる本』『TOEIC® L&R テスト 600 点奪取の方法』（旺文社）、『TOEIC® L&R TEST 5 分間特急 超集中リスニング』『TOEIC® L&R TEST サラリーマン特急 新形式リスニング』（朝日新聞出版）、『出るとこ集中 10 日間！ TOEIC® テスト 文法編』（西東社）などがある。好物はどら焼き、ナポリタン。特技は皿回し。
TOEIC 満点サラリーマンのブログ：http://ojimstoeicdiary.blog.fc2.com/
twitter アカウント：@IvicaOjim

極めろ！ TOEIC® L&R TEST 990点リスニング特訓

2021 年 6 月 16 日　初版第 1 刷発行
2023 年 7 月 19 日　第 3 刷 発 行

著者	八島 晶
発行者	藤嵜 政子
発行所	株式会社　スリーエーネットワーク
	〒 102-0083　東京都千代田区麹町 3 丁目 4 番　トラスティ麹町ビル 2 F
	電話：03-5275-2722［営業］03-5275-2726［編集］
	https://www.3anet.co.jp/
印刷・製本	日経印刷株式会社

ISBN978-4-88319-880-1 C0082

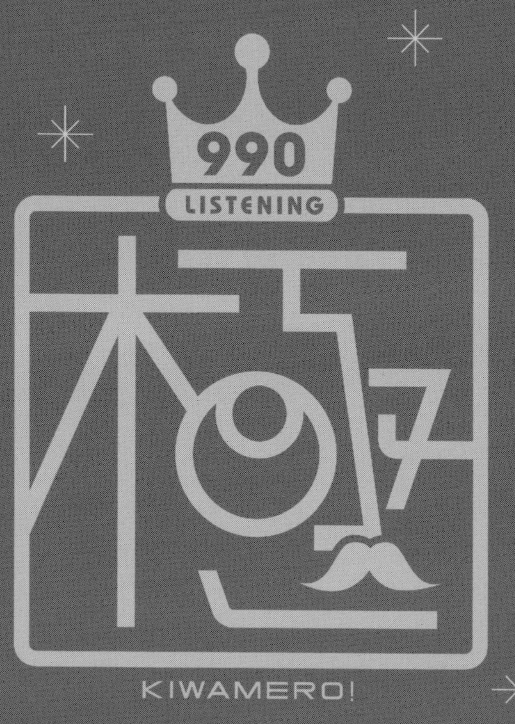

極めろ! TOEIC® L&R TEST
990点リスニング特訓

解答・解説とトレーニング——13～513（本冊）

	Date		
1周目	／	～	／
2周目	／	～	／
3周目	／	～	／
4周目	／	～	／
5周目	／	～	／

各ドリルの音声は８つのトラックで構成されています。
トラック名の番号は、Drill・Part・Q に対応しています。

XX.mp3 ⇒ XX_1, XX_2_2~6, XX_3, XX_4

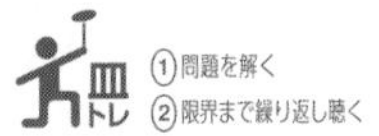

Date / ①② Date / ①②

Part 1

1.

Date
/ Ⓐ Ⓑ Ⓒ Ⓓ
/ Ⓐ Ⓑ Ⓒ Ⓓ
/ Ⓐ Ⓑ Ⓒ Ⓓ

Part 2

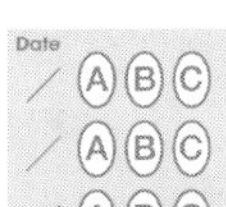

2. Mark your answer on your answer sheet.

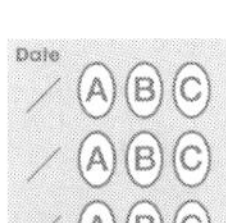

3. Mark your answer on your answer sheet.

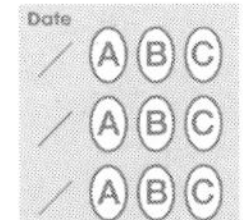

4. Mark your answer on your answer sheet.

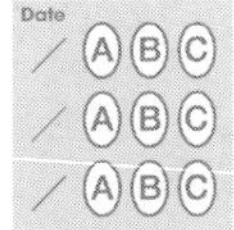

5. Mark your answer on your answer sheet.

Date
/ Ⓐ Ⓑ Ⓒ
/ Ⓐ Ⓑ Ⓒ
/ Ⓐ Ⓑ Ⓒ

6. Mark your answer on your answer sheet.

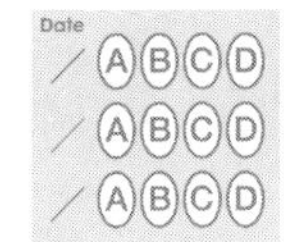

Part 3

7. Why is the man calling?

(A) To notify the woman that he might be late
(B) To ask the woman about traffic news
(C) To ask for directions to a client's office
(D) To remind the woman that she should contact a client

8. What is the woman concerned about?

(A) If the budget can be increased
(B) If the man can make it to the gathering
(C) A traffic accident caused some delays.
(D) A train had a derailment.

9. What does the woman suggest?

(A) Driving on the highway
(B) Changing an appointment
(C) Using alternate transportation
(D) Going directly to a client's office

Part 4

10. Why will a change occur?

(A) Media will be in attendance.
(B) Construction will begin.
(C) Management software will be updated.
(D) New security tags will be installed.

11. What is mentioned about Howard Center?

(A) It is a new construction.
(B) It will be unavailable for the public.
(C) It is a historic place.
(D) It was visited by celebrities.

12. What does the speaker suggest the listeners do?

(A) Obtain discount vouchers
(B) Book accommodations
(C) Check their passes
(D) Replace old vehicles

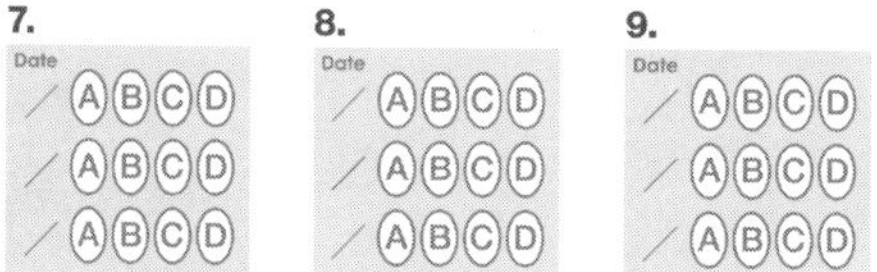

Drill 2 02.mpg3

Part 1

1.

Part 2

2. Mark your answer on your answer sheet.

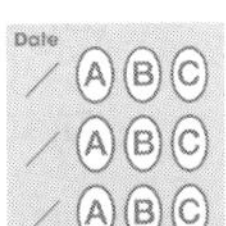

3. Mark your answer on your answer sheet.

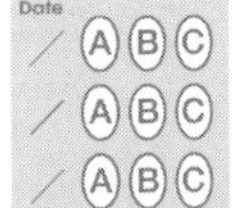

4. Mark your answer on your answer sheet.

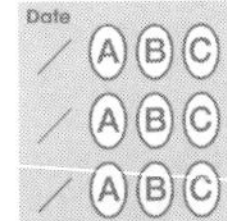

5. Mark your answer on your answer sheet.

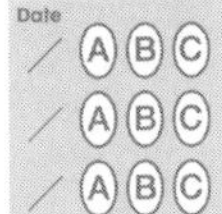

6. Mark your answer on your answer sheet.

Part 3

7. Why is the woman most likely going to Sydney?

(A) To give a speech on technology
(B) To attend a conference
(C) To take a course
(D) To purchase some property

8. What does the woman want to do?

(A) Find some property
(B) Purchase airline tickets
(C) Stay in a luxurious room
(D) Buy a mobile phone

9. What does the man offer to do?

(A) Introduce a travel agent
(B) Lend the woman his phone
(C) Help prepare a presentation
(D) Ask a relative for some advice

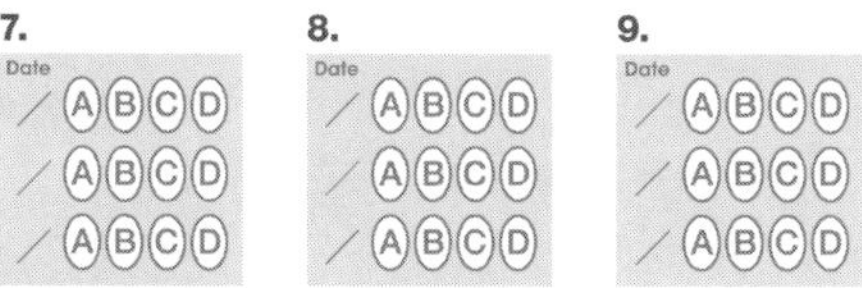

Part 4

10. Where most likely does the speaker work?

(A) At an interior design store
(B) At a software developer
(C) At a travel agency
(D) At a handcraft store

11. What is the purpose of the call?

(A) To cancel a booking
(B) To change some numbers
(C) To keep the customer up to date
(D) To advise of an upgrade

12. What is the listener asked to do?

(A) Request an express delivery
(B) Install a new system
(C) Return a call
(D) Modify an order

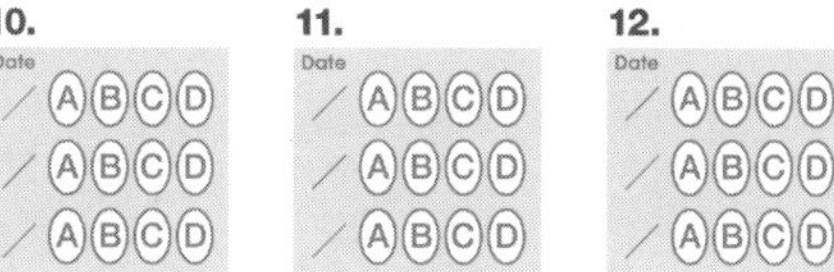

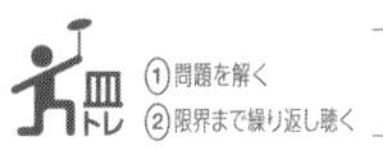

Date ／①② Date ／①② Date ／①②

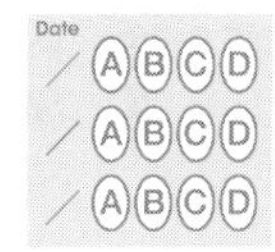

Part 1

1.

Date
／ Ⓐ Ⓑ Ⓒ Ⓓ
／ Ⓐ Ⓑ Ⓒ Ⓓ
／ Ⓐ Ⓑ Ⓒ Ⓓ

Part 2

2. Mark your answer on your answer sheet.

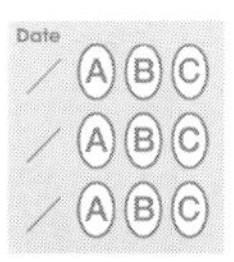

3. Mark your answer on your answer sheet.

4. Mark your answer on your answer sheet.

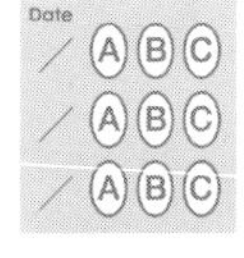

5. Mark your answer on your answer sheet.

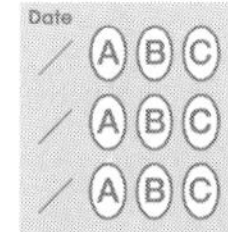

6. Mark your answer on your answer sheet.

Part 3

7. Why did the men approach Ms. Carlson?

(A) They have finished an important project.
(B) They would like to attend a sporting event.
(C) They need permission to purchase some equipment.
(D) They want to join a fitness center.

8. What does the woman ask the men to do?

(A) View the design of a poster
(B) Write a report on their trip
(C) Use a company discount
(D) Inform employees of a plan

9. When does the woman want to meet the men?

(A) This morning
(B) This afternoon
(C) Tomorrow morning
(D) Tomorrow afternoon

Part 4

10. When does the talk most likely take place?

(A) Before regular business hours
(B) At lunchtime
(C) In the afternoon
(D) After the close of business

11. What does the speaker mean when she says "and by a considerable margin"?

(A) The event benefited from a lot of planning.
(B) The time restrictions were not necessary.
(C) She was surprised about the outcome.
(D) She was pleased with a profit amount.

12. What are listeners asked to do?

(A) Encourage new workers
(B) Exchange some views
(C) Protect packages from water
(D) Speed up deliveries

7.

8.

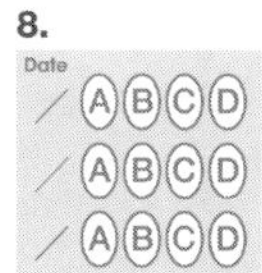

9.

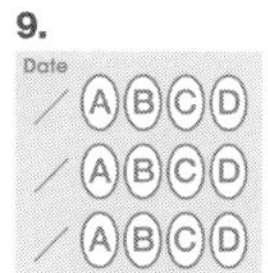

10.

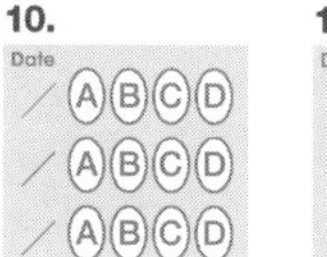

11.

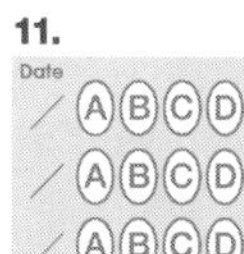

12.

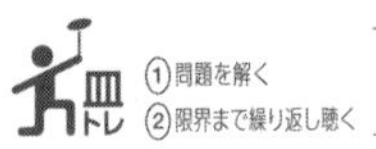

①問題を解く
②限界まで繰り返し聴く

Date ／①②　Date ／①②　Date ／①②

Part 1

1.

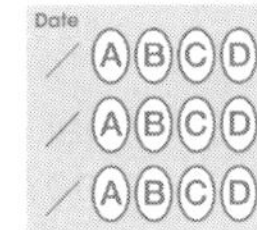

Part 2

2. Mark your answer on your answer sheet.

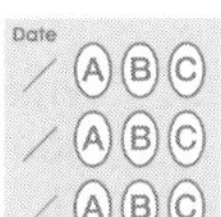

3. Mark your answer on your answer sheet.

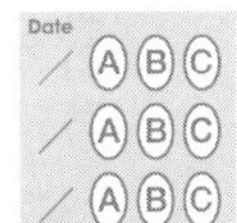

4. Mark your answer on your answer sheet.

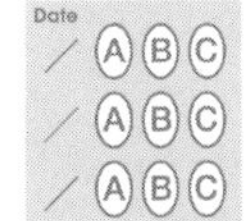

5. Mark your answer on your answer sheet.

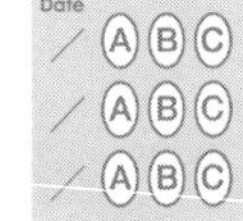

6. Mark your answer on your answer sheet.

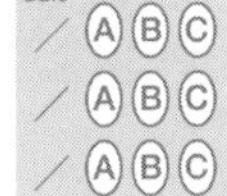

Part 3

7. What are the speakers discussing?

(A) A fund-raising concert
(B) A job interview
(C) A first showing
(D) A sporting event

8. When will the interview take place?

(A) At 6:00 P.M.
(B) At 6:30 P.M.
(C) At 7:00 P.M.
(D) At 7:30 P.M.

9. What will the woman most likely do?

(A) Invite some participants
(B) Publish some books
(C) Schedule an interview
(D) Conduct a survey

Part 4

10. Where most likely is this announcement being made?

(A) At a train station
(B) At a restaurant
(C) At a sports arena
(D) At a supermarket

11. What is on offer?

(A) Priority section seating
(B) Season passes
(C) Complimentary tickets
(D) Discounted products

12. What are listeners reminded to do?

(A) Renew their documents
(B) Show their membership cards
(C) Obtain a mark
(D) Download an application

7.
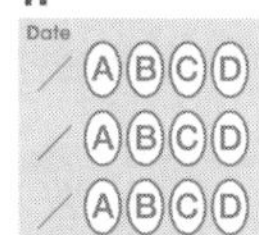

8.
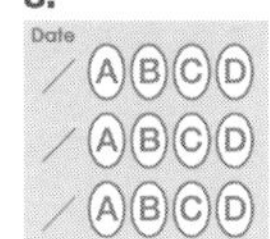

9.
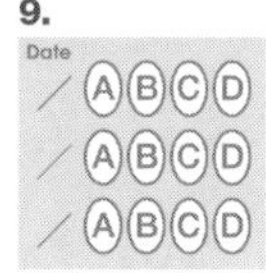

10.
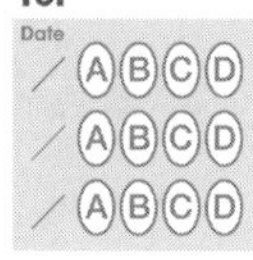

11.
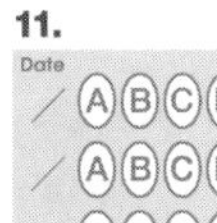

12.
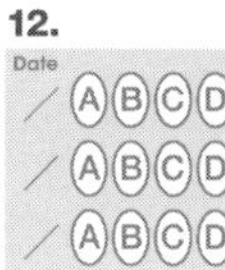

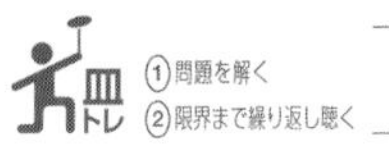

①問題を解く
②限界まで繰り返し聴く

Date	Date	Date
／ ①②	／ ①②	／ ①②

Part 1

1.

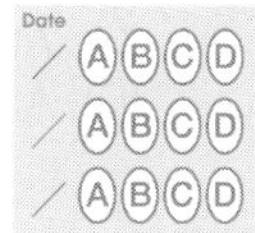

Part 2

2. Mark your answer on your answer sheet.

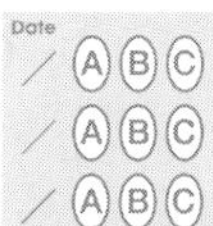

3. Mark your answer on your answer sheet.

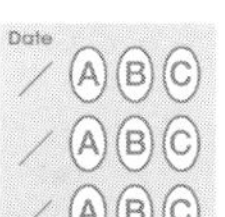

4. Mark your answer on your answer sheet.

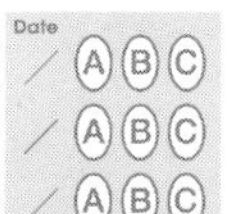

5. Mark your answer on your answer sheet.

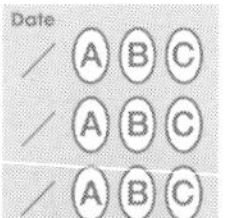

6. Mark your answer on your answer sheet.

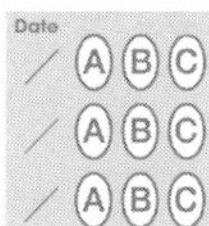

Part 3

7. How do the speakers know Jim Nichol?

(A) They saw him giving a talk at an event.
(B) He is a well-known newsreader.
(C) They have worked with him in the past.
(D) He contacted them after the presentation.

8. What has Jim Nichol offered the speakers?

(A) A discount on bulk orders
(B) A private consultation
(C) Copies of his book
(D) Booths at a conference

9. What does the man say the speakers should consider?

(A) Rehearsing a presentation
(B) Conducting a customer survey
(C) Adopting some strategies
(D) Sending an invitation

Part 4

10. Why is the CD store closing?

(A) The manager resigned.
(B) It is moving premises.
(C) Its sales are down.
(D) The contract has expired.

11. What is mentioned about the CD store?

(A) It is in a good vicinity.
(B) It has many staff.
(C) It will install new software.
(D) It will retain the same name.

12. What will listeners hear next?

(A) Updates on sports
(B) A finance report
(C) A new catering service
(D) An interview with elderly people

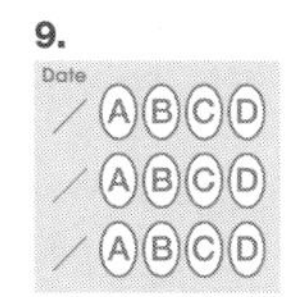

7. **8.** **9.**

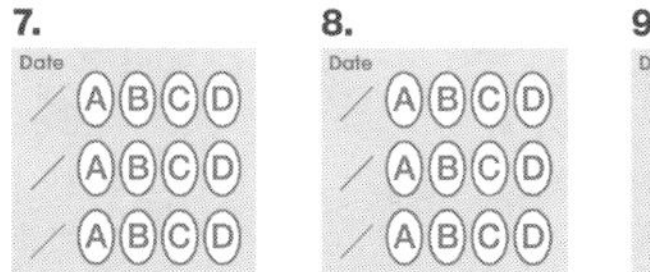

10.

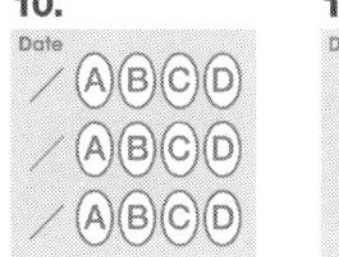

11.

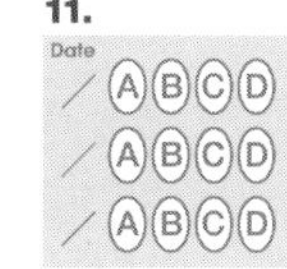

12.

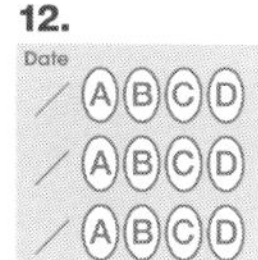

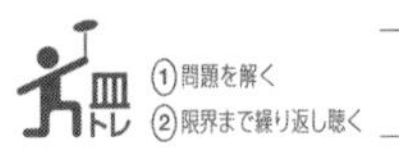

Date ／①② Date ／①② Date ／①②

Part 1

1.

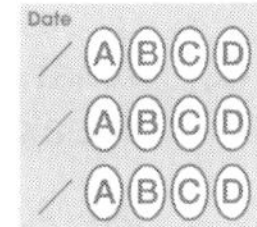

Part 2

2. Mark your answer on your answer sheet.

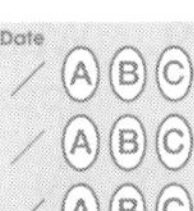

3. Mark your answer on your answer sheet.

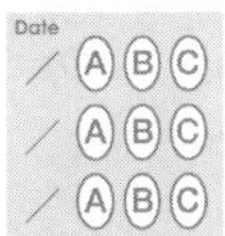

4. Mark your answer on your answer sheet.

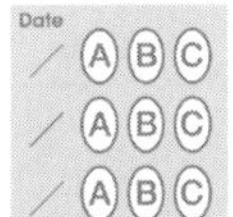

5. Mark your answer on your answer sheet.

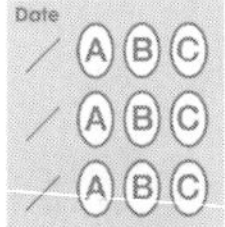

6. Mark your answer on your answer sheet.

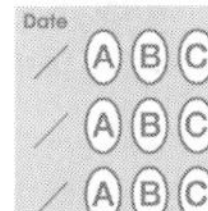

Part 3

7. Where most likely are the speakers?

(A) At a restaurant
(B) At a gym
(C) At a flea market
(D) At a factory

8. What does the man mean when he says, "I'm fine"?

(A) He does not need any assistance.
(B) He has recovered from a cold.
(C) He is ready for his checkup.
(D) He is not interested in a special offer.

9. What does the woman say about the man's order?

(A) It will take some time to be ready.
(B) It has been canceled.
(C) Its charge has been changed.
(D) It will renew each month automatically.

Part 4

10. Who is the letter from?

(A) A beverage manufacturer
(B) An event organizer
(C) An appliance supplier
(D) A conference delegate

11. Where can the machines be found?

(A) Near the elevators
(B) At a reception area
(C) In particular rooms
(D) On the fifth floor

12. What does the speaker mean when he says, "perhaps we should rethink our strategy"?

(A) Some conference rooms need to be expanded.
(B) A customer's feedback must be taken into account.
(C) Drinking options should be increased.
(D) A vending machine should be fixed by a technician.

7.
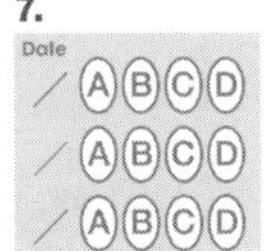
8.
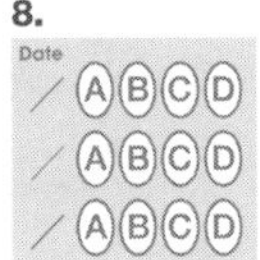
9.
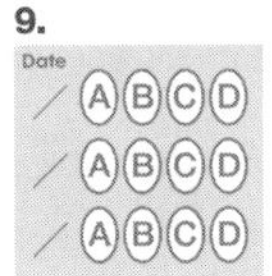
10.
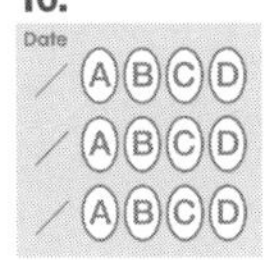
11.
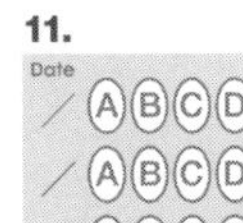
12.
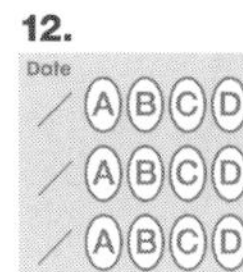

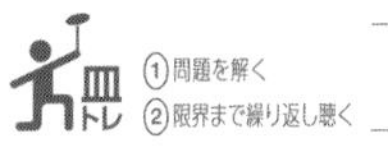

皿トレ ①問題を解く ②限界まで繰り返し聴く

Date ／①② Date ／①② Date ／①②

Part 1

1.

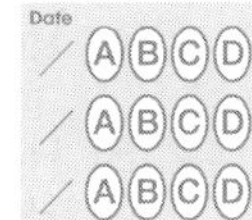

Part 2

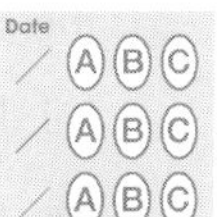

2. Mark your answer on your answer sheet.

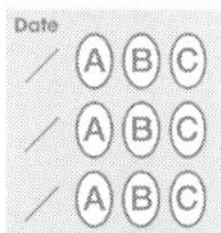

3. Mark your answer on your answer sheet.

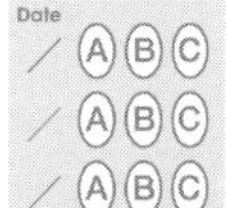

4. Mark your answer on your answer sheet.

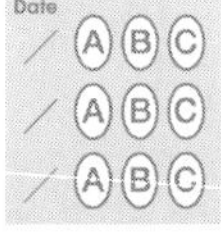

5. Mark your answer on your answer sheet.

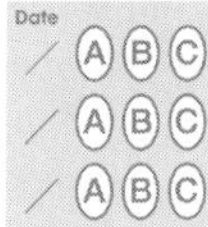

6. Mark your answer on your answer sheet.

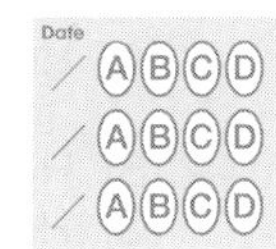

Part 3

7. What does the woman indicate about the food selection?

(A) Shrimp cocktail is recommended.
(B) There are some seasonal items.
(C) It is all prepared fresh in the kitchen.
(D) Some food items are not available.

8. Why does the man say, "There's a lot to choose from"?

(A) There are many seats available.
(B) There are a lot of restaurants in the area.
(C) He cannot make up his mind yet.
(D) He will come back to the restaurant another time.

9. What does the woman say about lunch service at the restaurant?

(A) There are few customers.
(B) The prices are quite reasonable.
(C) There is a separate menu.
(D) It is advertised on the radio.

7. Date / Ⓐ Ⓑ Ⓒ Ⓓ / Ⓐ Ⓑ Ⓒ Ⓓ / Ⓐ Ⓑ Ⓒ Ⓓ

8.

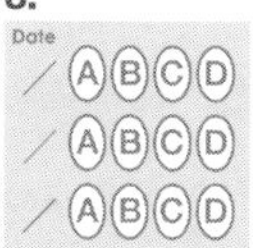

9.

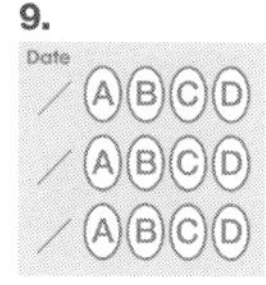

Part 4

10. What type of service does the company provide?

(A) Security monitoring
(B) Parcel delivery
(C) Career advice
(D) Automobile manufacturing

11. When should workers notify their supervisors?

(A) At the end of their shift
(B) At the close of business
(C) When they complete their tasks
(D) When there is a red signal

12. What are employees reminded to do?

(A) Hand in their reports
(B) Finish by a certain time
(C) Scan the instruction manual
(D) Monitor their screens

10.

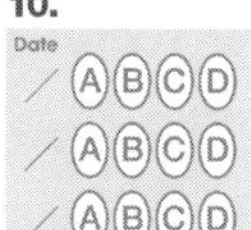

11.

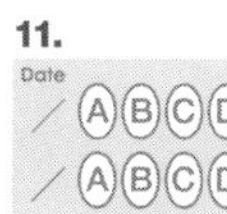

12. Date / Ⓐ Ⓑ Ⓒ Ⓓ / Ⓐ Ⓑ Ⓒ Ⓓ / Ⓐ Ⓑ Ⓒ Ⓓ

Date ／①② Date ／①② Date ／①②

Part 1

1.

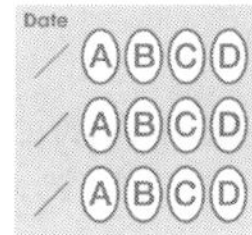

Part 2

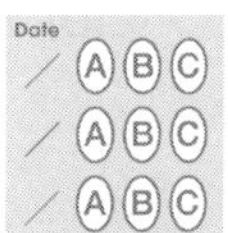

2. Mark your answer on your answer sheet.

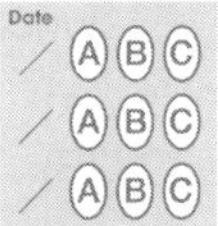

3. Mark your answer on your answer sheet.

4. Mark your answer on your answer sheet.

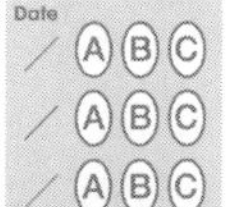

5. Mark your answer on your answer sheet.

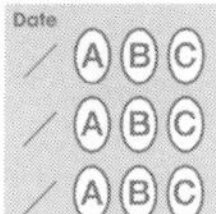

6. Mark your answer on your answer sheet.

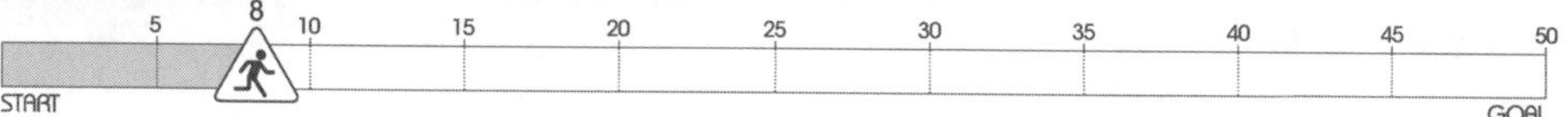

Part 3

7. What does the man say he wants to do?

(A) Reserve a meeting room
(B) Move to a new building
(C) Decide which guest speaker to invite
(D) Confirm how much the work will be

8. What does the woman ask the man to do?

(A) Visit her office
(B) Take some photos
(C) Describe his office
(D) Make a guest list

9. Where does the man say he will go on Friday afternoon?

(A) To an event
(B) To a conference
(C) To a banquet
(D) To a hospital

Part 4

10. Where does the talk most likely take place?

(A) In a hotel
(B) In a manufacturing plant
(C) In a service company
(D) In a surveyor's office

11. Why does the speaker say, "it looks like there's no easy way out"?

(A) To turn down the suggestion
(B) To show the facility exit
(C) To ignore a minority opinion
(D) To acknowledge the hard situation

12. What will happen today?

(A) Equipment will be repaired.
(B) Notices will be displayed.
(C) Experts will be consulted.
(D) Timetables will be changed.

7.
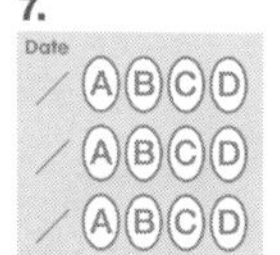

8.
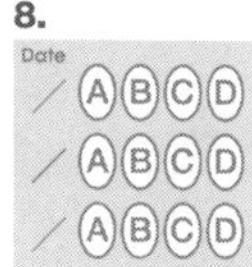

9.
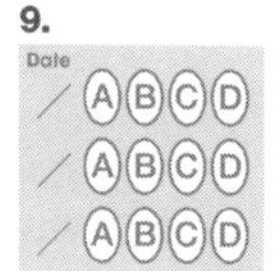

10.
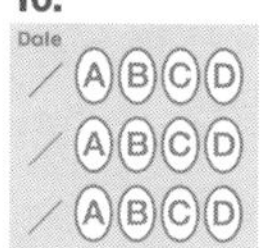

11.
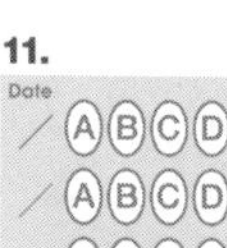

12.
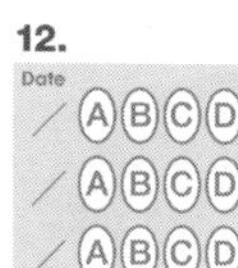

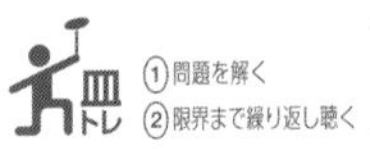

①問題を解く
②限界まで繰り返し聴く

Date ／①② Date ／①② Date ／①②

Part 1

1.

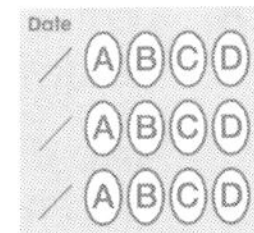

Part 2

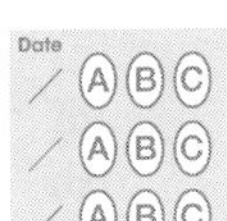

2. Mark your answer on your answer sheet.

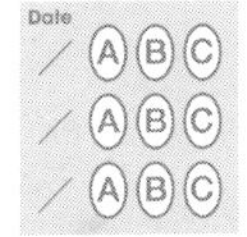

3. Mark your answer on your answer sheet.

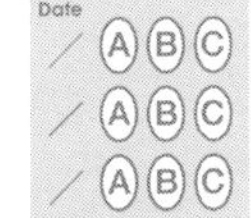

4. Mark your answer on your answer sheet.

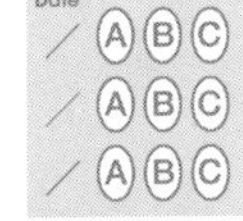

5. Mark your answer on your answer sheet.

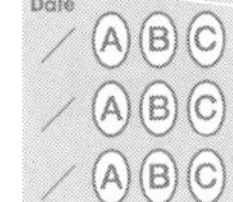

6. Mark your answer on your answer sheet.

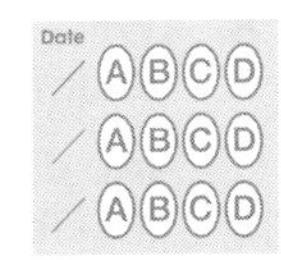

Part 3

7. What kind of business is the woman calling?

(A) A bakery
(B) A print shop
(C) An employment agency
(D) A theater

8. What is the woman's problem?

(A) She does not have enough time to arrive at the place.
(B) Some merchandize is currently out of stock.
(C) She has the wrong address for the business.
(D) One of the ordered items has not been delivered yet.

9. What does the man offer to do?

(A) Hire some more staff members
(B) Keep the store open
(C) Have some cakes left
(D) Give the woman contact information

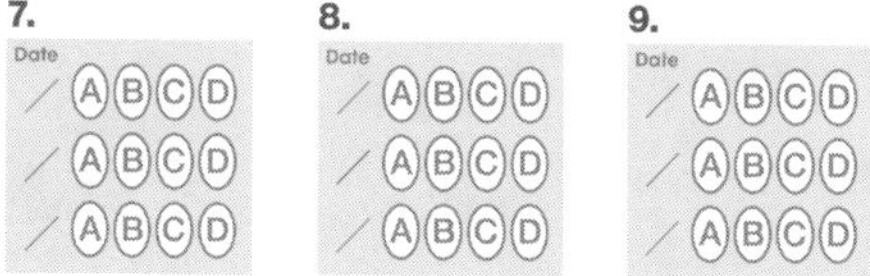

Part 4

Advertising proposals

Option	Description	Price
A	Famous anime	$ 1,250,000
B	Celebrity	$ 750,000
C	Original character	$ 2,500
D	Founder's face	$ 500

10. What is being celebrated?

(A) The business anniversary
(B) The release of a new sewing machine
(C) A president's birthday
(D) A company merger

11. What industry does the speaker most likely work in?

(A) Machinery
(B) Education
(C) Entertainment
(D) Clothing

12. Look at the graphic. How much will the speaker's preferred option cost?

(A) $1,250,000
(B) $750,000
(C) $2,500
(D) $500

10.
Date
Ⓐ Ⓑ Ⓒ Ⓓ
Ⓐ Ⓑ Ⓒ Ⓓ
Ⓐ Ⓑ Ⓒ Ⓓ

11.
Date
Ⓐ Ⓑ Ⓒ Ⓓ
Ⓐ Ⓑ Ⓒ Ⓓ
Ⓐ Ⓑ Ⓒ Ⓓ

12.
Date
Ⓐ Ⓑ Ⓒ Ⓓ
Ⓐ Ⓑ Ⓒ Ⓓ
Ⓐ Ⓑ Ⓒ Ⓓ

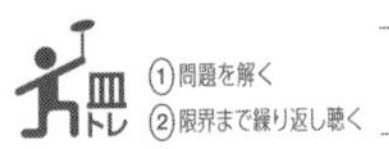

Date ／①② Date ／①② Date ／①②

Part 1

1.

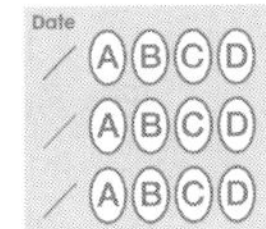

Part 2

2. Mark your answer on your answer sheet.

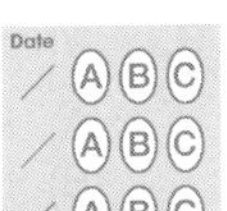

3. Mark your answer on your answer sheet.

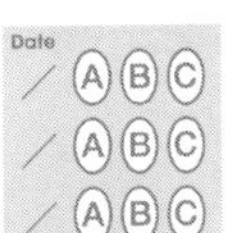

4. Mark your answer on your answer sheet.

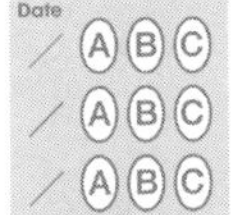

5. Mark your answer on your answer sheet.

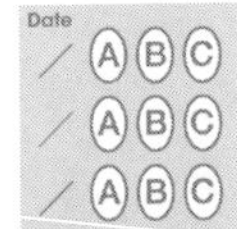

6. Mark your answer on your answer sheet.

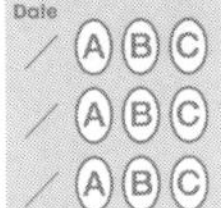

5 10 15 20 25 30 35 40 45 50

START GOAL

Part 3

7. What are the speakers discussing?

(A) A new wing added to their building
(B) A piece of equipment
(C) A lunch recommendation
(D) A recently completed project

8. What does the man say about Garden Growers?

(A) They wanted to charge more than expected.
(B) He did not use them until the end of the project.
(C) They were not following his design well enough.
(D) He did not like the plants they were using.

9. What does the man mean when he says, "Don't worry"?

(A) He has finished the project.
(B) He can offer some help.
(C) He is willing to consider the suggestion.
(D) He is not worried about the problem.

Part 4

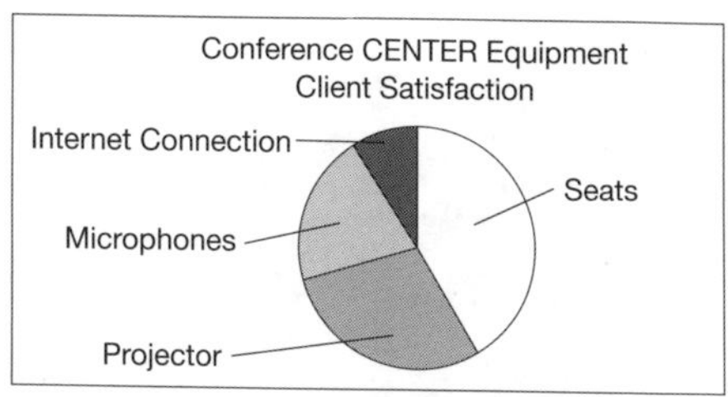

10. Look at the graphic. Which area was upgraded six month ago?

(A) Seats
(B) Projectors
(C) Microphones
(D) Internet Connection

11. What does the speaker suggest doing?

(A) Cutting a budget
(B) Replacing equipment
(C) Installing security
(D) Showing speakers around

12. What most likely will happen next?

(A) Clients will be contacted.
(B) Attendees will discuss the matter.
(C) A presentation will start.
(D) A facility will be cleaned.

7.
Date
/ Ⓐ Ⓑ Ⓒ Ⓓ
/ Ⓐ Ⓑ Ⓒ Ⓓ
/ Ⓐ Ⓑ Ⓒ Ⓓ

8.
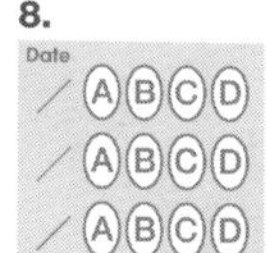

9.
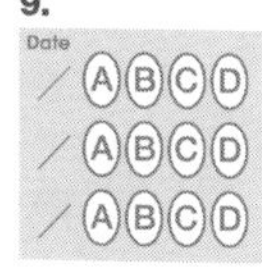

10.
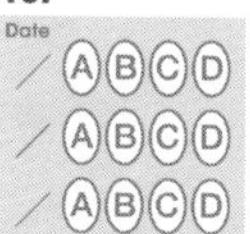

11.
Date
/ Ⓐ Ⓑ Ⓒ Ⓓ
/ Ⓐ Ⓑ Ⓒ Ⓓ
/ Ⓐ Ⓑ Ⓒ Ⓓ

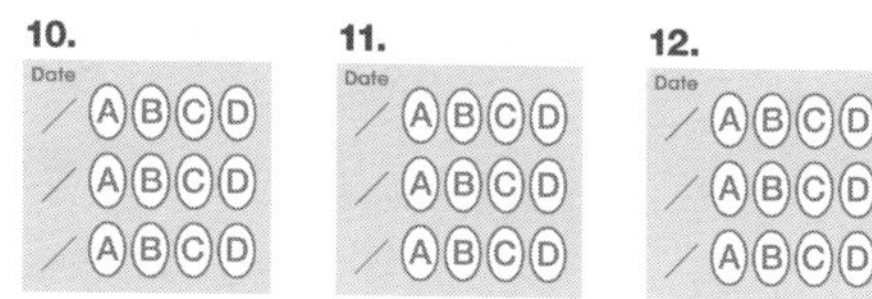

12.
Date
/ Ⓐ Ⓑ Ⓒ Ⓓ
/ Ⓐ Ⓑ Ⓒ Ⓓ
/ Ⓐ Ⓑ Ⓒ Ⓓ

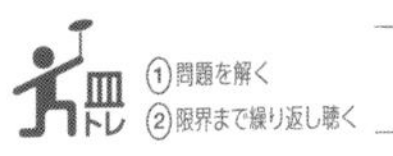

①問題を解く
②限界まで繰り返し聴く
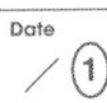
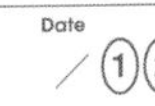

Date ／①② Date ／①② Date ／①②

Part 1

1. 

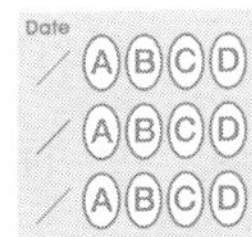

Part 2

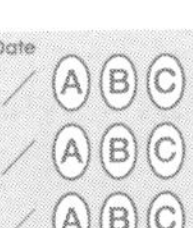

2. Mark your answer on your answer sheet.

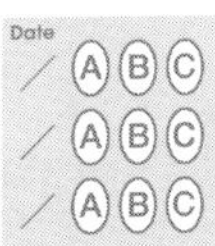

3. Mark your answer on your answer sheet.

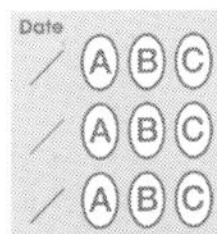

4. Mark your answer on your answer sheet.

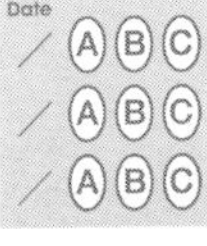

5. Mark your answer on your answer sheet.

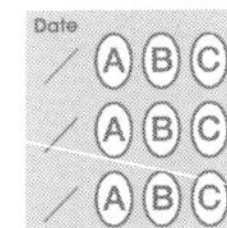

6. Mark your answer on your answer sheet.

START 5 10 11 15 20 25 30 35 40 45 50 GOAL

Part 3

LOBO CAFÉ —Special Offer Coupon

Lunch Special A

Lunch of the day with free dessert

Lunch Special B

Lunch of the day with a free drink

Lunch Special C

Lunch of the day with a free salad

Lunch Special D

Lunch of the day with a free entrée

7. Look at the graphic. What will the man receive with his order?

(A) Lunch Special A
(B) Lunch Special B
(C) Lunch Special C
(D) Lunch Special D

8. What does the woman mention about Internet access?

(A) It has a time limit.
(B) It is no longer provided.
(C) It has been a little slow today.
(D) It is only available at the front of the store.

9. What does the man say he will do?

(A) Meet a friend
(B) Watch a film
(C) Wash his hands
(D) Check an inventory list

7.

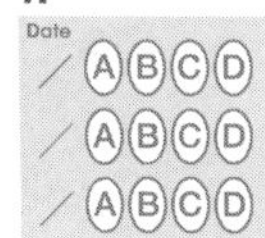

8.

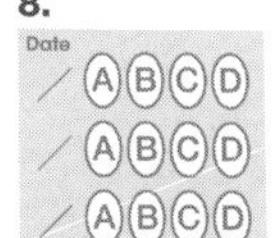

9.

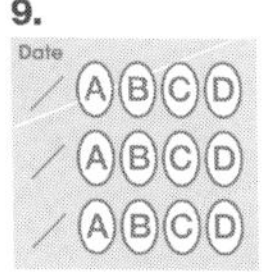

Part 4

10. What type of event is taking place?

(A) A trade show
(B) A product launch
(C) A hands-on workshop
(D) A new employee orientation

11. What department does Fred Williams most likely work in?

(A) Public relations
(B) Sales
(C) Marketing
(D) Human resources

12. Why is Fred Williams in Tokyo?

(A) To attend a marketing conference
(B) To supervise a new department
(C) To inspect a facility abroad
(D) To meet with some clients

10.

Date

11.

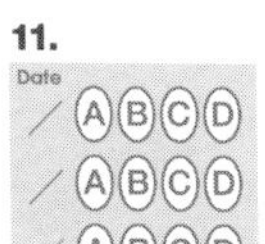

12.

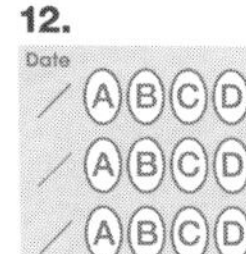

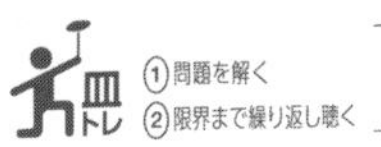

Date ／①② Date ／①② Date ／①②

Part 1

1.

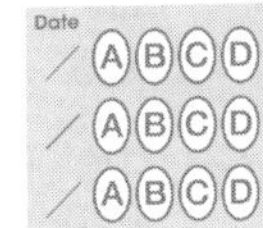

Part 2

2. Mark your answer on your answer sheet.

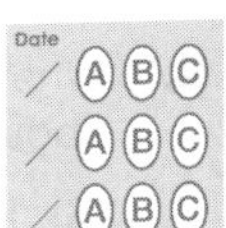

3. Mark your answer on your answer sheet.

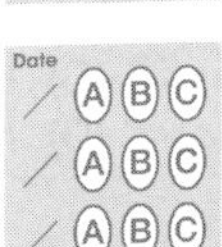

4. Mark your answer on your answer sheet.

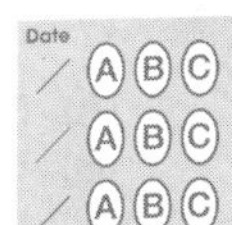

5. Mark your answer on your answer sheet.

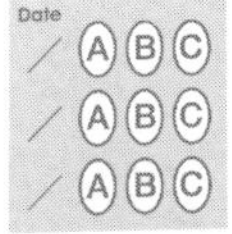

6. Mark your answer on your answer sheet.

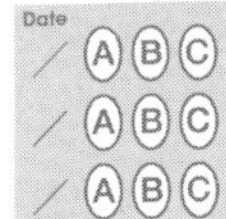

Part 3

7. Why is the woman concerned?

(A) She will be late for a meeting.
(B) She cannot find some documents.
(C) She does not have time to pick up an order.
(D) She has been sent the wrong item.

8. What does the woman mean when she says, "But they won't look very professional"?

(A) She is dissatisfied with the suggestion completely.
(B) She is unhappy with the cleaning work.
(C) She plans to replace the equipment immediately.
(D) She doubts the technicians' ability.

9. What most likely will the woman do next?

(A) Check a map
(B) Call a supplier
(C) Make a presentation
(D) Contact a colleague

Part 4

10. What is mentioned about Hamilton Railway?

(A) A new station has been opened.
(B) A line will be closed for the weekend.
(C) A type of ticket will be discontinued.
(D) Its CEO will resign in the next quarter.

11. According to the broadcast, what is available online?

(A) The crowding situation at ticket counters
(B) A timetable
(C) A reservation form
(D) Pictures of trains

12. What does the railway company advise people to do?

(A) Leave home earlier than usual
(B) Check the online train schedule
(C) Make reservations early
(D) Use an app

7. Date / Ⓐ Ⓑ Ⓒ Ⓓ / Ⓐ Ⓑ Ⓒ Ⓓ / Ⓐ Ⓑ Ⓒ Ⓓ

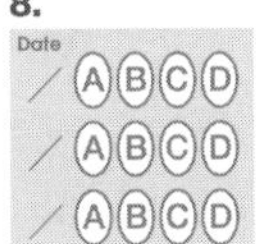

8. Date / Ⓐ Ⓑ Ⓒ Ⓓ / Ⓐ Ⓑ Ⓒ Ⓓ / Ⓐ Ⓑ Ⓒ Ⓓ

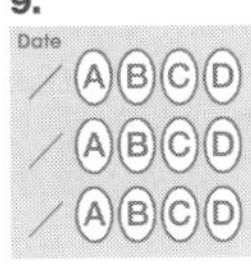

9. Date / Ⓐ Ⓑ Ⓒ Ⓓ / Ⓐ Ⓑ Ⓒ Ⓓ / Ⓐ Ⓑ Ⓒ Ⓓ

10. Date / Ⓐ Ⓑ Ⓒ Ⓓ / Ⓐ Ⓑ Ⓒ Ⓓ / Ⓐ Ⓑ Ⓒ Ⓓ

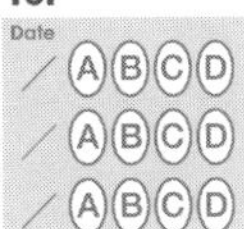

11. Date / Ⓐ Ⓑ Ⓒ Ⓓ / Ⓐ Ⓑ Ⓒ Ⓓ / Ⓐ Ⓑ Ⓒ Ⓓ

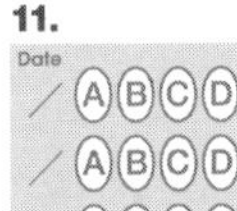

12. Date / Ⓐ Ⓑ Ⓒ Ⓓ / Ⓐ Ⓑ Ⓒ Ⓓ / Ⓐ Ⓑ Ⓒ Ⓓ

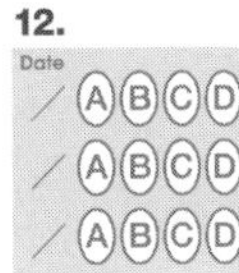

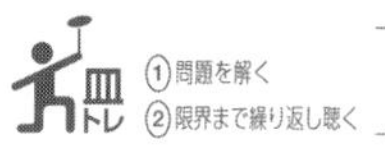

Date ／①② Date ／①② Date ／①②

Part 1

1.

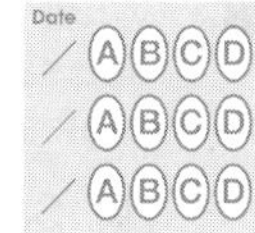

Part 2

2. Mark your answer on your answer sheet.

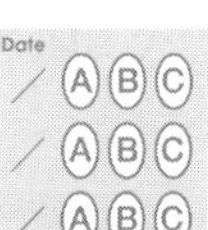

3. Mark your answer on your answer sheet.

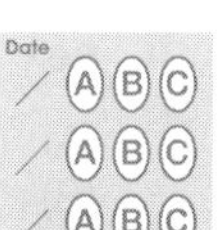

4. Mark your answer on your answer sheet.

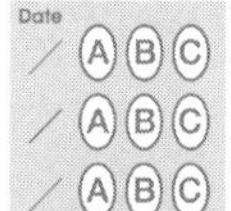

5. Mark your answer on your answer sheet.

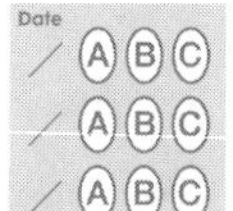

6. Mark your answer on your answer sheet.

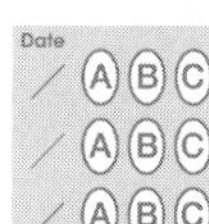

Part 3

Order Form Order number #67655			
Item	**Quantity**	**Price per item**	**Subtotal**
Maxline Office Chair	7	$139	$973
Surestrong Desk	7	$423	$2,961
		TOTAL	$3,934

7. When will the new employees start work?

(A) On Monday
(B) On Tuesday
(C) On Wednesday
(D) On Thursday

8. Look at the graphic. What information is wrong?

(A) Order number
(B) Item
(C) Quantity
(D) Price per item

9. What will the woman most likely do next?

(A) Call a job applicant
(B) Move her desk
(C) Visit a store
(D) Send an order

7.

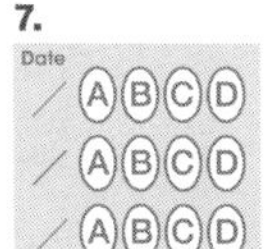

8.

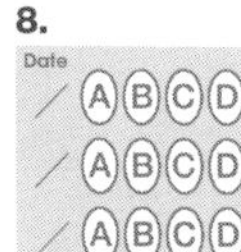

9.

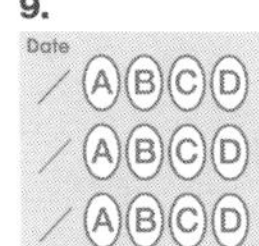

Part 4

10. What will Ms. Holmes be doing?

(A) Attending a seminar
(B) Talking to job applicants
(C) Visiting another branch
(D) Reserving a conference room

11. What is Ron asked to do?

(A) Confirm flight information
(B) Arrange a meeting with clients
(C) Sign up for the recruiting workshop
(D) Prioritize Holmes' use of the room

12. What does Ms. Holmes say she will do?

(A) Book a round-trip flight
(B) Make an appointment with a client
(C) Go through some documents
(D) Explain the cause of an error

10.
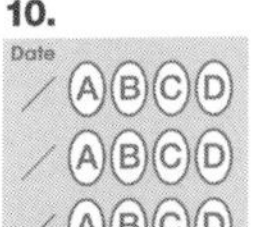

11.
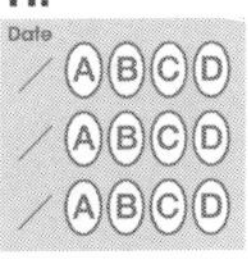

12.
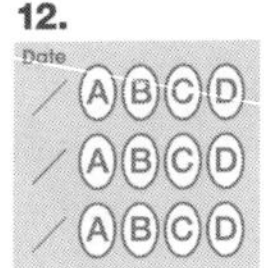

Drill 14

14.mp3

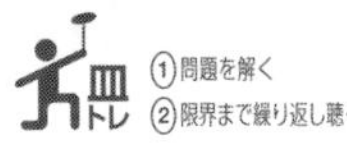

Date ／①② Date ／①② Date ／①②

Part 1

1.

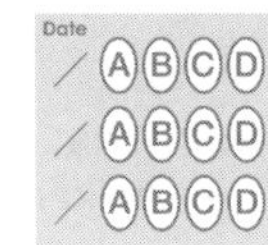

Part 2

2. Mark your answer on your answer sheet.

Date ／ A B C ／ A B C ／ A B C

3. Mark your answer on your answer sheet.

Date ／ A B C ／ A B C ／ A B C

4. Mark your answer on your answer sheet.

Date ／ A B C ／ A B C ／ A B C

5. Mark your answer on your answer sheet.

Date ／ A B C ／ A B C ／ A B C

6. Mark your answer on your answer sheet.

Date ／ A B C ／ A B C ／ A B C

Part 3

7. Why is the woman searching for a place?

(A) She wants to start a new business.
(B) She plans to hold an international festival.
(C) She needs to park her car near the supermarket.
(D) She has to store some interior goods.

8. What does the man say about the building on Needles Avenue?

(A) It is larger than the one on Berry Street.
(B) It would not need much work.
(C) It is still under construction.
(D) It looks very expensive to rent.

9. What does the man suggest the woman do?

(A) Park her car on Needles Avenue
(B) Find some reliable suppliers
(C) Contact a real estate agent
(D) Consult with an interior decorator

Part 4

10. What is the problem?

(A) An incorrect item was shipped.
(B) The items were damaged during shipment.
(C) Prices of some sweets were wrong.
(D) More coffee mugs were included than ordered.

11. What has the speaker done to solve the problem?

(A) Refunded the purchase price
(B) Visited the customer's address
(C) Dispatched a replacement
(D) Sent a special gift card

12. Why does the speaker say she will call again?

(A) To arrange a parcel pickup
(B) To decide on a date
(C) To confirm delivery
(D) To provide information about inventory

7.
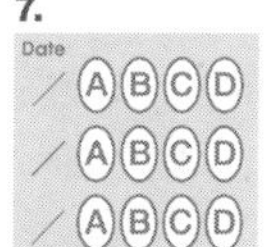

8.
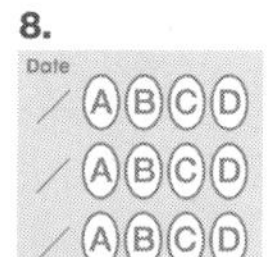

9.
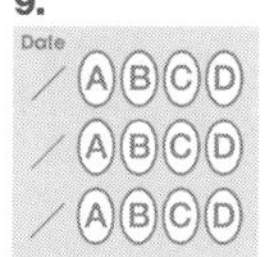

10.
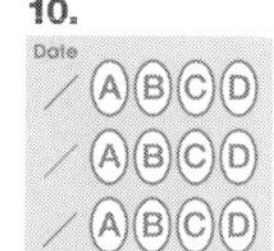

11.
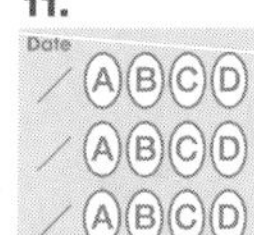

12.
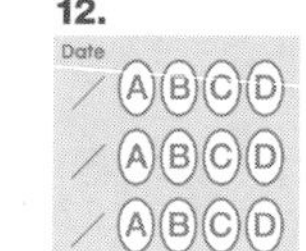

Drill 15

15.mp3

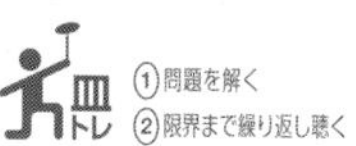

①問題を解く
②限界まで繰り返し聴く

Date ／①② Date ／①② Date ／①②

Part 1

1.

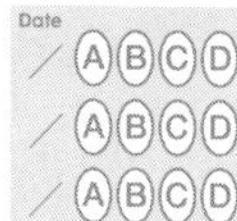

Part 2

2. Mark your answer on your answer sheet.

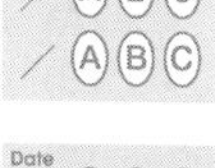

3. Mark your answer on your answer sheet.

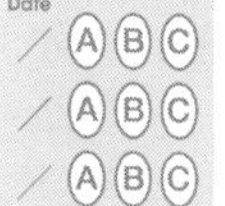

4. Mark your answer on your answer sheet.

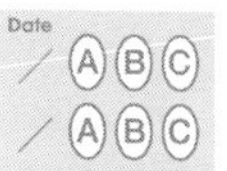

5. Mark your answer on your answer sheet.

6. Mark your answer on your answer sheet.

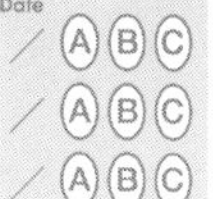

Part 3

7. What does the woman ask the man?

(A) Where he provides services
(B) How much his fees are
(C) How to fix the vehicle
(D) When to take her microwave

8. What does the man say about the job?

(A) He can probably handle it himself.
(B) Parts generally take a week to arrive.
(C) There is a possibility that it will require two visits.
(D) He could give the woman a discount.

9. What will the woman do next?

(A) Attempt the repair herself
(B) Order the part through the man
(C) Set up an appointment
(D) Buy a new microwave

Part 4

10. What are listeners being asked to decide?

(A) Who to invite to a conference
(B) What to include on a menu
(C) When to have a celebration
(D) Where to hold a company banquet

11. What is the speaker concerned about?

(A) The tentative schedule is too tight.
(B) The budget is smaller than the previous year.
(C) A competitor might beat his company.
(D) The attendance is lower than expected.

12. What are listeners requested to do?

(A) Prepare for interviews
(B) Revise a schedule
(C) Put off a meeting
(D) Allocate tasks

7.
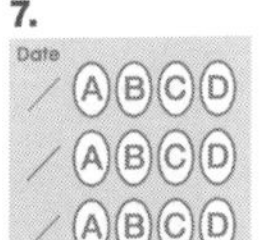

8.
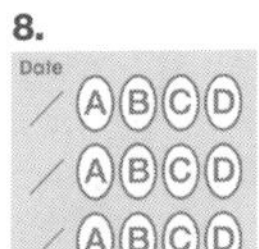

9.
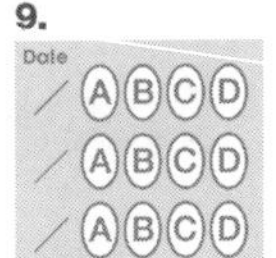

10.
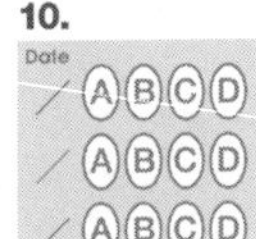

11.
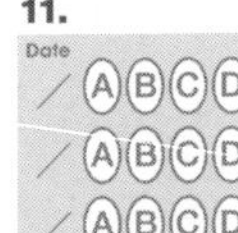

12.
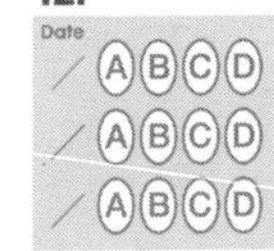

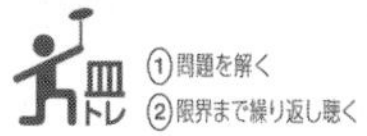

Part 1

1.

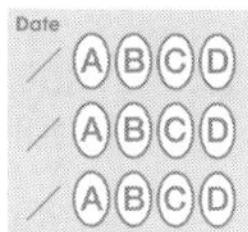

Part 2

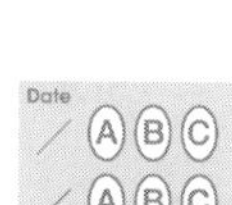

2. Mark your answer on your answer sheet.

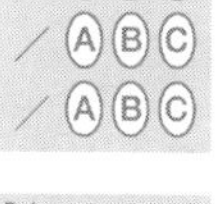

3. Mark your answer on your answer sheet.

4. Mark your answer on your answer sheet.

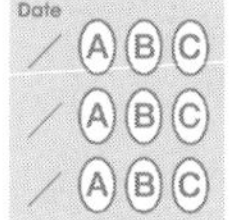

5. Mark your answer on your answer sheet.

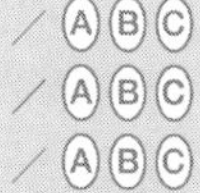

6. Mark your answer on your answer sheet.

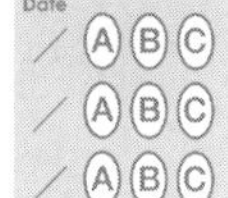

5 10 15 16 20 25 30 35 40 45 50

START GOAL

Part 3

7. What is the man's reason for meeting with the woman?

(A) To accept job responsibilities
(B) To explain his recent achievements
(C) To discuss a need for more help
(D) To consult about a raise in salary

8. What does the man say Cindy Schuller has done?

(A) Lowered the employee turnover rate
(B) Trained coworkers on the new computers
(C) Completed projects beyond her normal duties
(D) Developed software specific to the company

9. What will the woman do?

(A) Speak with a company director
(B) Write a recommendation letter
(C) Give Cindy Schuller a promotion
(D) Introduce Cindy Schuller to another company

Part 4

10. Who most likely is the speaker?

(A) A consultant
(B) A Web site designer
(C) A photographer
(D) A choreographer

11. What is mentioned about people in their 20s?

(A) They are the main target of a new product.
(B) They will be offered a free sample.
(C) Mr. Lim interviewed them to write an article.
(D) The company hired them to shoot an advertising photo.

12. What does the speaker mean when he says, "That's not likely to change"?

(A) Online content cannot be charged for.
(B) Targeting different age groups is a good option.
(C) Printing magazines must be discontinued.
(D) Advertising in various places has huge benefits.

7.

Date
/ A B C D
/ A B C D
/ A B C D

8.

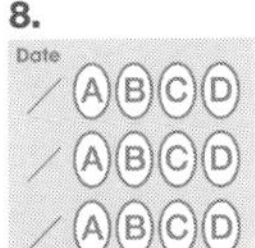

9.

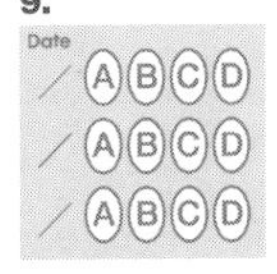

10.

Date
/ A B C D
/ A B C D
/ A B C D

11.

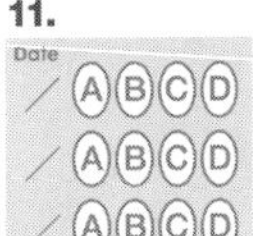

12.

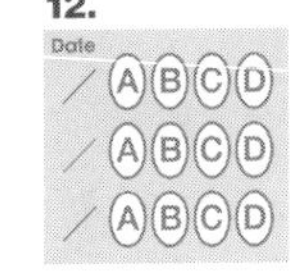

Drill 17

17.mp3

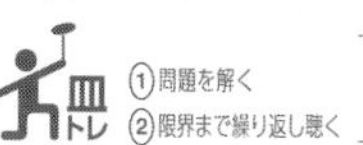

Date ／ ①② Date ／ ①② Date ／ ①②

Part 1

1.

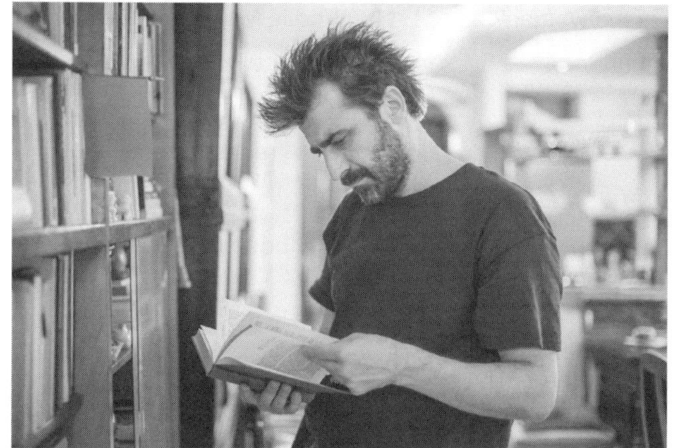

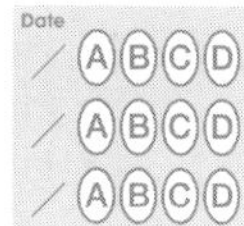

Part 2

2. Mark your answer on your answer sheet.

3. Mark your answer on your answer sheet.

4. Mark your answer on your answer sheet.

5. Mark your answer on your answer sheet.

6. Mark your answer on your answer sheet.

Part 3

7. Where most likely is the woman?

(A) At a concert venue
(B) At a train station
(C) At an airport
(D) At a car dealer

8. What does the man mean when he says, "Well, I know there were cancellations"?

(A) He needs a replacement.
(B) He has to turn down the offer.
(C) He can meet the woman's request.
(D) He is planning to postpone the event.

9. What does the woman decide?

(A) To ride with other passengers
(B) To pay by credit card
(C) To change her destination
(D) To reserve a seat in the front row

Part 4

10. Who is Ms. Huttenmeister?

(A) A culinary teacher
(B) A host of a talk show
(C) A news reporter
(D) A restaurant owner

11. Why does the speaker say, "Yes, I know"?

(A) He has been to Karen's Kitchen before.
(B) He has been acquainted with the guest speaker for a long time.
(C) He admits that few people recognize the name.
(D) He expects that listeners will like the talk.

12. What does the speaker say about Ms. Huttenmeister?

(A) She is opening a second location.
(B) She creates imaginative dishes.
(C) She has been on the show before.
(D) She will teach at the college next year.

7.
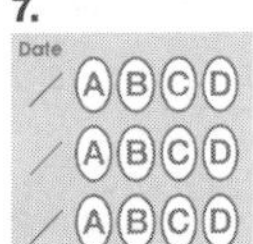

8.
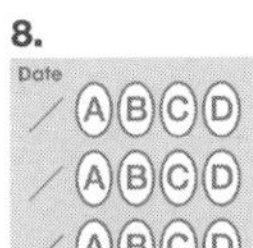

9.
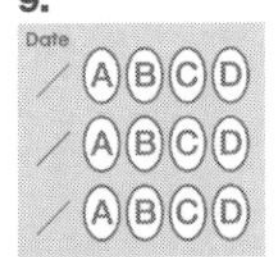

10.
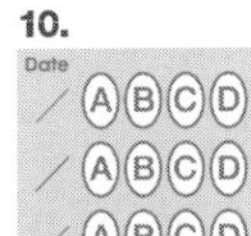

11.
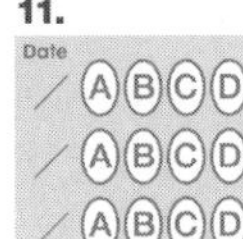

12.
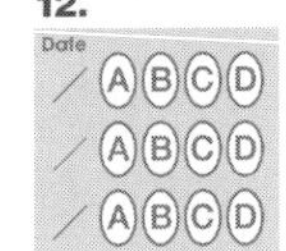

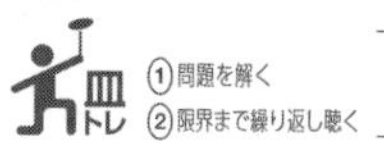

Part 1

1.

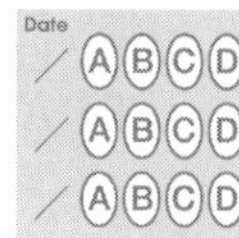

Part 2

2. Mark your answer on your answer sheet.

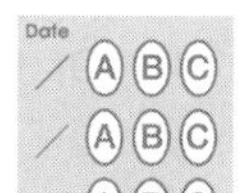

3. Mark your answer on your answer sheet.

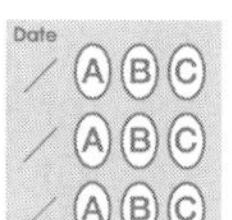

4. Mark your answer on your answer sheet.

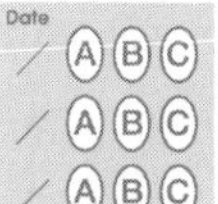

5. Mark your answer on your answer sheet.

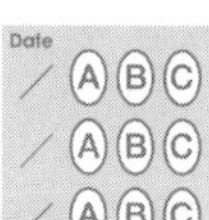

6. Mark your answer on your answer sheet.

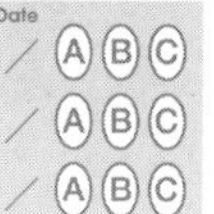

Part 3

Client	Offer
Galveston Advertising	$1,400
Prince Publishing	$1,900
Wild Wonder Magazine	$2,100
Murdock Inc.	$2,300

7. Who most likely are the speakers?

(A) Photographers
(B) Landscapers
(C) Lawyers
(D) Architects

8. Look at the graphic. Which job would the man like to accept?

(A) Galveston Advertising
(B) Prince Publishing
(C) Wild Wonder Magazine
(D) Murdock Inc.

9. What does the man suggest?

(A) Leaving early
(B) Using public transportation
(C) Requesting more money
(D) Making a phone call

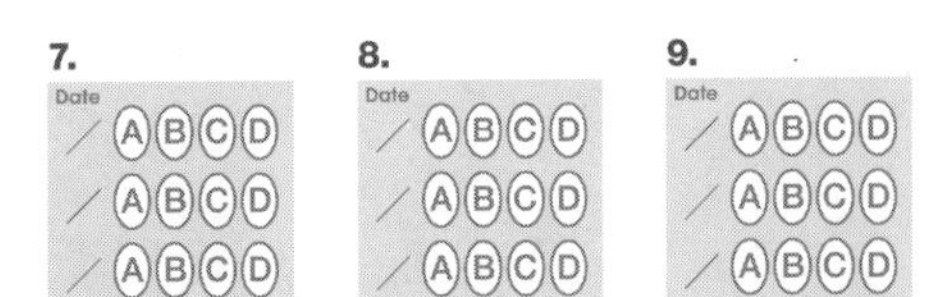

7. Date / (A)(B)(C)(D) / (A)(B)(C)(D) / (A)(B)(C)(D)

8. Date / (A)(B)(C)(D) / (A)(B)(C)(D) / (A)(B)(C)(D)

9. Date / (A)(B)(C)(D) / (A)(B)(C)(D) / (A)(B)(C)(D)

Part 4

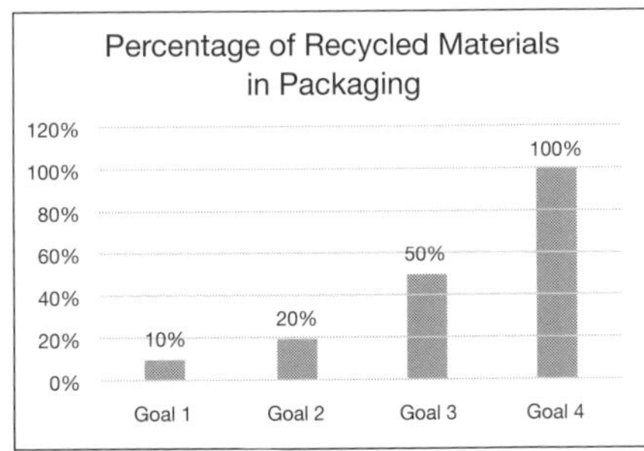

10. What is the purpose of the meeting?

(A) To review client feedback
(B) To announce a new policy
(C) To provide a workshop for interns
(D) To present an award

11. Look at the graphic. According to the speaker, which goal will be the most challenging?

(A) Goal 1
(B) Goal 2
(C) Goal 3
(D) Goal 4

12. What job does the speaker assign to Fred?

(A) Checking the equipment capabilities
(B) Contacting the supply companies
(C) Figuring out the change in costs
(D) Discussing the progress with his coworker

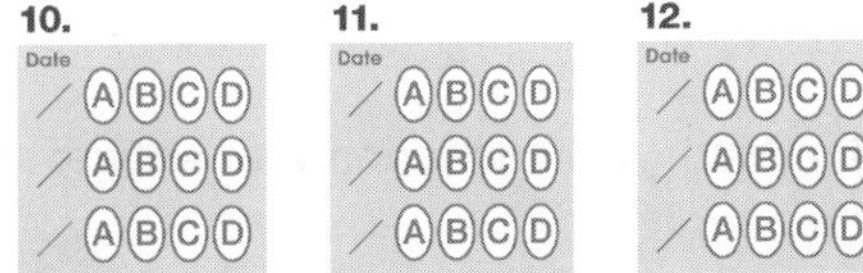

Drill 19

19.mp3

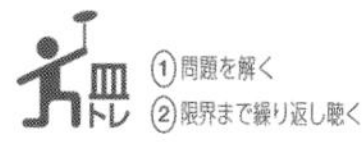

①問題を解く
②限界まで繰り返し聴く

Date ／①② Date ／①② Date ／①②

Part 1

1.

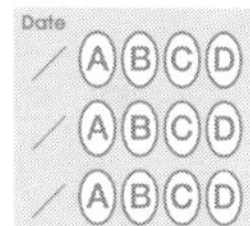

Part 2

2. Mark your answer on your answer sheet.

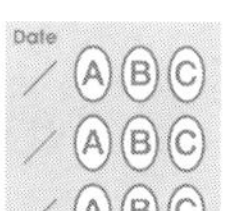

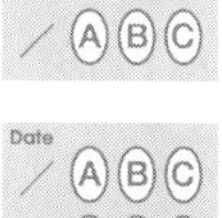

3. Mark your answer on your answer sheet.

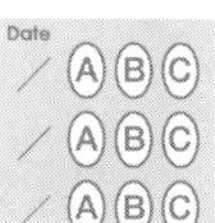

4. Mark your answer on your answer sheet.

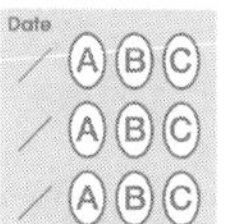

5. Mark your answer on your answer sheet.

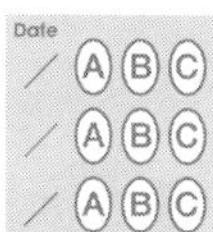

6. Mark your answer on your answer sheet.

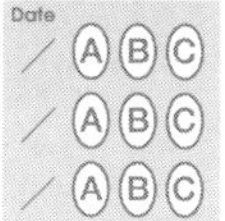

START 5 10 15 19 20 25 30 35 40 45 50 GOAL

Part 3

7. Where does the conversation most likely take place?

(A) At a ski resort
(B) At an electrical appliance store
(C) At a staffing agency
(D) At a technical college

8. What has changed in the office?

(A) Additional instructors have been hired.
(B) Some policies have been changed.
(C) A new software program is being used.
(D) Desks have been reassigned.

9. What does the woman mean when she says, "Good for you"?

(A) She thinks a task will help the man's career.
(B) She believes that a decision lacks benefit for the company.
(C) She recommends a special diet.
(D) She is pleased about the man's decision.

Part 4

Tour	Number of Days	Price
Spirit of the Amazon	15	$3,499
South American Odyssey	16	$3,699
Natural Wonders of Peru	12	$2,999
Galapagos Getaway	7	$3,199

10. Who is the audience for the talk?

(A) Travel agents
(B) A university class
(C) A team of researchers
(D) Potential tourists

11. Look at the graphic. Which tour does the speaker recommend?

(A) Spirit of the Amazon
(B) South American Odyssey
(C) Natural Wonders of Peru
(D) Galapagos Getaway

12. What will the speaker do next?

(A) Present some images
(B) Explain a new procedure
(C) Hand out brochures
(D) Move on to the next tour

7.
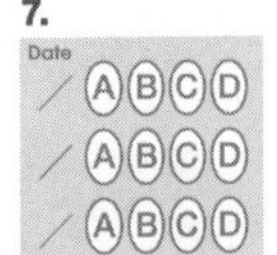

8.
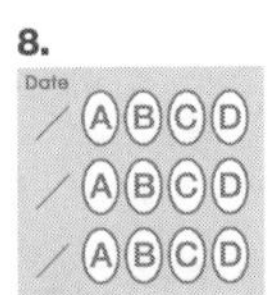

9.
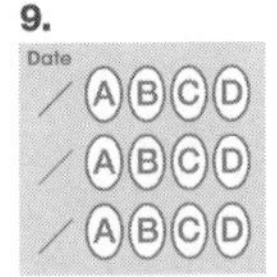

10.
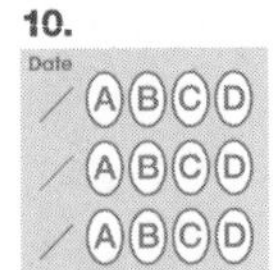

11.
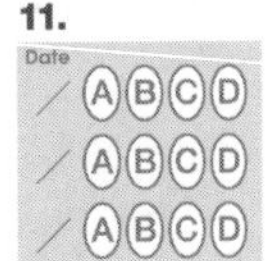

12.
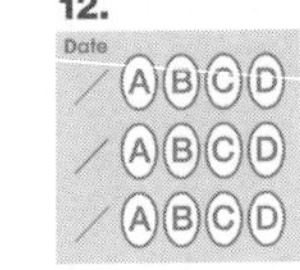

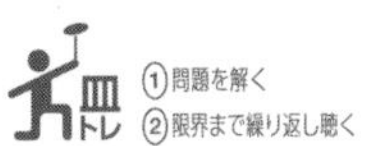

①問題を解く
②限界まで繰り返し聴く

Date ／①② Date ／①② Date ／①②

Part 1

1.

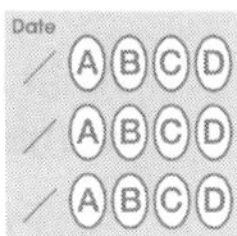

Part 2

2. Mark your answer on your answer sheet.

Date ／ A B C ／ A B C ／ A B C

3. Mark your answer on your answer sheet.

Date ／ A B C ／ A B C ／ A B C

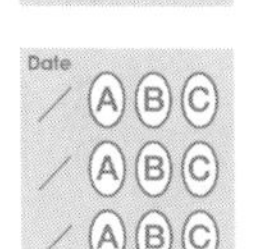

4. Mark your answer on your answer sheet.

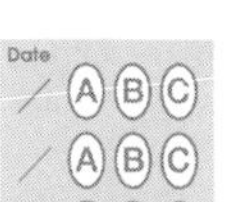

Date ／ A B C ／ A B C ／ A B C

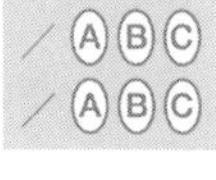

5. Mark your answer on your answer sheet.

Date ／ A B C ／ A B C ／ A B C

6. Mark your answer on your answer sheet.

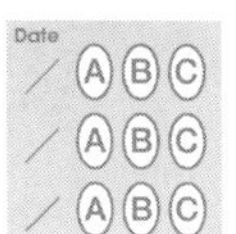

Date ／ A B C ／ A B C ／ A B C

Part 3

7. What was the woman doing in New York?

(A) Attending a session at headquarters
(B) Preparing for a new cafeteria
(C) Having a meeting with her client
(D) Taking part in a cooking workshop

8. What does the man invite the woman to do?

(A) Prepare food together
(B) Have lunch with him
(C) Attend a seminar
(D) Watch a cooking show

9. What will the woman do for the man?

(A) Lend him her new cookbook
(B) Copy some cooking instructions
(C) Introduce him to a famous chef
(D) Purchase some rare ingredients

Part 4

10. What type of business is being advertised?

(A) A tour company
(B) A supermarket
(C) A fitness club
(D) A sporting goods store

11. What is mentioned about Clarks Athletics Super Store?

(A) It will host a surfing event.
(B) It is holding a seasonal offer.
(C) It has some branch stores.
(D) It opens twenty hours a day.

12. What will happen at the business this weekend?

(A) The opening hours will be extended.
(B) Some refreshments will be served.
(C) A celebrity will make an appearance.
(D) A prize will be awarded.

7.
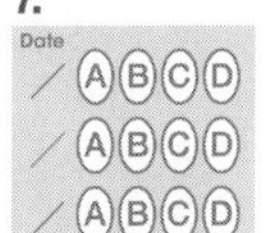

8.
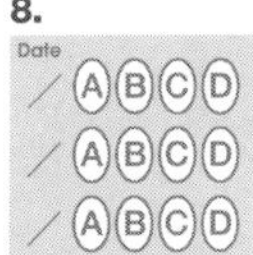

9.
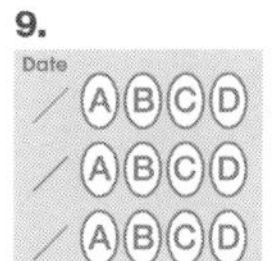

10.
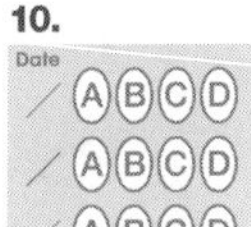

11.
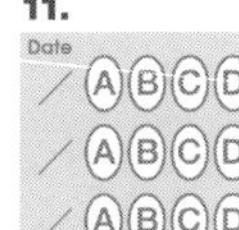

12.
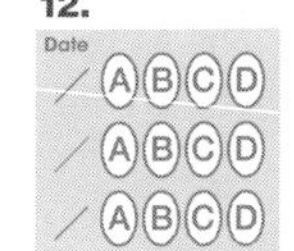

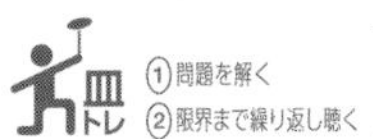

Part 1

1.

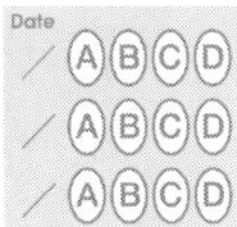

Part 2

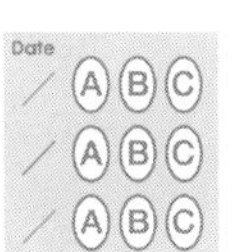

2. Mark your answer on your answer sheet.

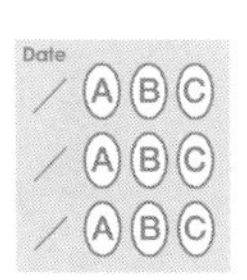

3. Mark your answer on your answer sheet.

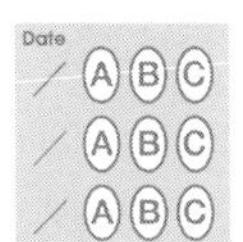

4. Mark your answer on your answer sheet.

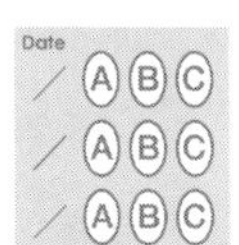

5. Mark your answer on your answer sheet.

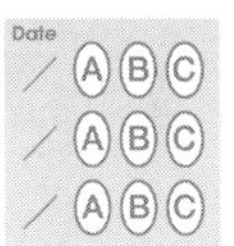

6. Mark your answer on your answer sheet.

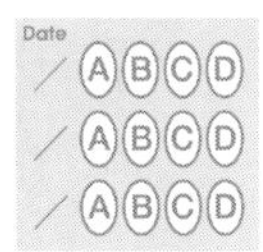

START 5 10 15 20 21 25 30 35 40 45 50 GOAL

Part 3

7. What does the woman do for stores?

(A) She helps bring in business.
(B) She designs bulletin boards.
(C) She purchases mobile phones.
(D) She conducts some research.

8. What does the man ask about?

(A) The main target of the store
(B) The real-time traffic delay information
(C) The average cost for the service
(D) The expected result of the advertising

9. What will the woman most likely do next?

(A) Take the man to a customers' storefront
(B) Provide the man with her contact information
(C) Show the man a video about her services
(D) Reschedule a business meeting with the man

Part 4

10. Why is the speaker calling?

(A) To make a job offer
(B) To explain a registration system
(C) To approve an idea for a project
(D) To introduce an employee

11. According to the speaker, what will happen in January?

(A) A new employee will be hired.
(B) An orientation session will be held.
(C) A new show will start.
(D) A newsletter will be sent.

12. What is the listener asked to do?

(A) Summarize a program
(B) Accept an assignment
(C) List the required matters
(D) Respond to an e-mail

7.
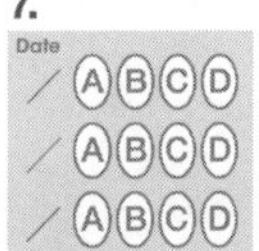

8.
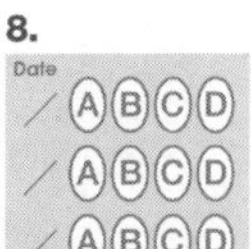

9.
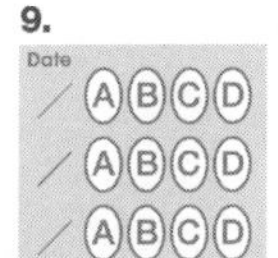

10.
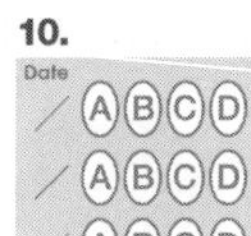

11.
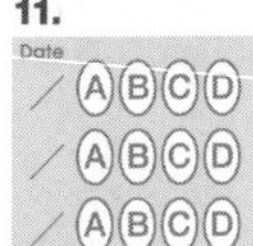

12.
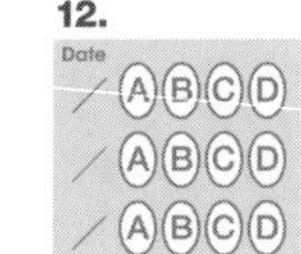

Drill 22

22.mp3

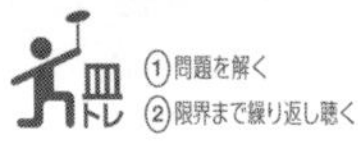

Date ／①②　Date ／①②　Date ／①②

Part 1

1.

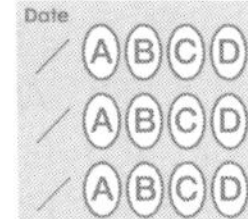

Part 2

2. Mark your answer on your answer sheet.

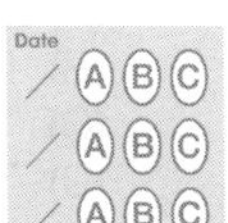

3. Mark your answer on your answer sheet.

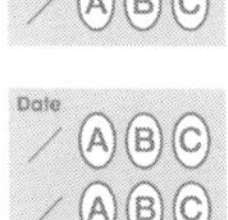

4. Mark your answer on your answer sheet.

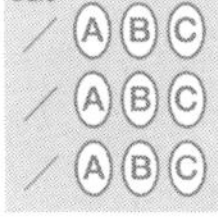

5. Mark your answer on your answer sheet.

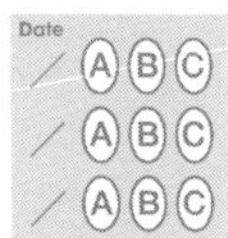

6. Mark your answer on your answer sheet.

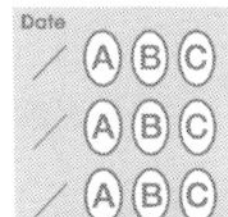

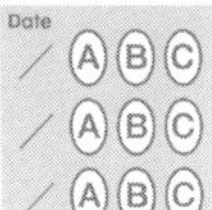

START 5 10 15 20 22 25 30 35 40 45 50 GOAL

Part 3

7. What are the speakers discussing?

(A) When to leave their office
(B) How much to spend for a car rental
(C) Who to assign as a guard
(D) Where to leave the man's car

8. What does the man want to avoid?

(A) Relying on public transportation
(B) Walking a long way in the snow
(C) Getting to the office late
(D) Paying a monthly fee

9. Why is the lot on Harrison Street less desirable?

(A) It is further away.
(B) It has no roof.
(C) There are few spots available.
(D) There is no attendant on duty.

Part 4

10. Who most likely is the intended audience for the talk?

(A) Exhibitors of artworks
(B) Tour participants
(C) Financial contributors
(D) Trainee gallery guides

11. Why might the listeners use handouts?

(A) To check nutritional information
(B) To receive a special giveaway
(C) To confirm the right directions
(D) To learn about the history of Boston

12. Why does the speaker mention Union Square?

(A) To encourage the listeners to join an event
(B) To explain the current location
(C) To introduce a popular tourist attraction
(D) To show the listeners where to gather

7.
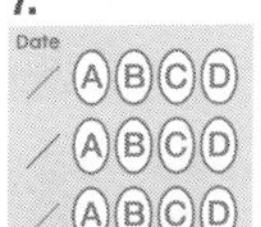

8.
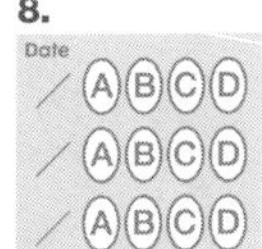

9.
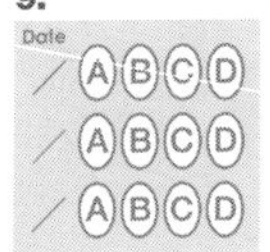

10.
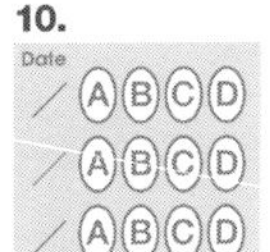

11.
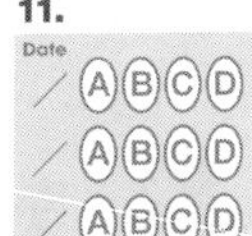

12.
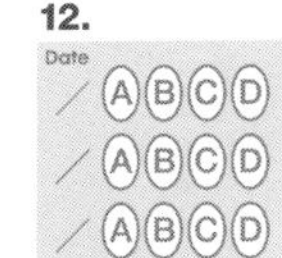

Drill 23

23.mp3

Date ／①② Date ／①② Date ／①②

Part 1

1.

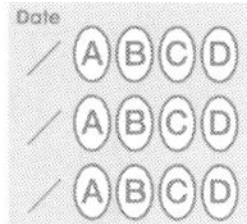

Part 2

2. Mark your answer on your answer sheet.

3. Mark your answer on your answer sheet.

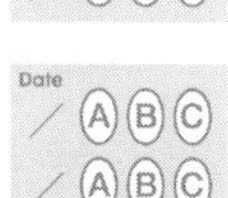

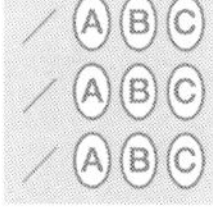

4. Mark your answer on your answer sheet.

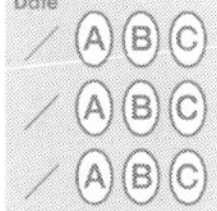

5. Mark your answer on your answer sheet.

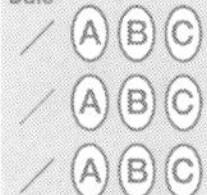

6. Mark your answer on your answer sheet.

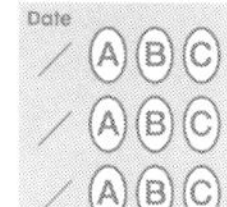

5 10 15 20 23 25 30 35 40 45 50

START GOAL

Part 3

7. Who is the woman?

(A) A residential customer
(B) An inspector at Anderson
(C) A store proprietor
(D) A financial advisory consultant

8. What will happen on Tuesday?

(A) The woman's burner will be checked.
(B) The man will send a bill for services.
(C) The man will call the woman.
(D) The woman will visit Anderson Oil Service.

9. How is the man trying to help the woman?

(A) By installing a new appliance for her
(B) By teaching her to clean her burners herself
(C) By preventing the failure of her heater
(D) By changing her gas heater to an oil heater

Part 4

10. What type of business does the speaker work for?

(A) A hardware store
(B) A shipping center
(C) A driving service
(D) A construction company

11. What is mentioned about the order?

(A) It has been cancelled.
(B) It included some defective items.
(C) It has not arrived at the correct address.
(D) It is currently running out of stock.

12. What does the speaker ask the listener to do?

(A) Contact a customer in Northport
(B) Find the cause of a problem
(C) Go to the right site with supplies
(D) Check stock levels

7.
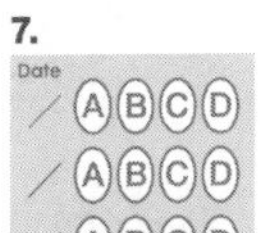
8.
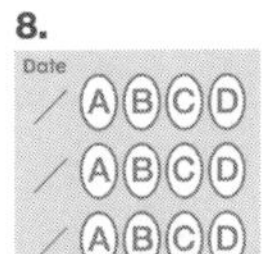
9.
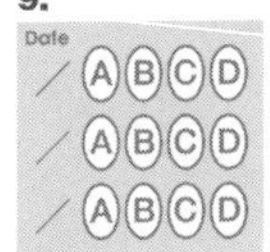
10.
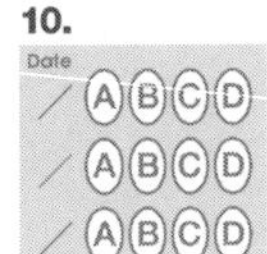
11.
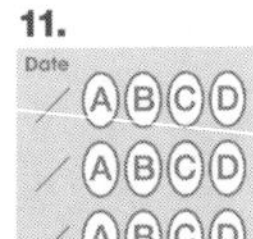
12.
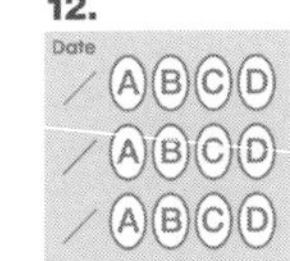

Drill 24

24.mp3

Date ／①② Date ／①② Date ／①②

Part 1

1.

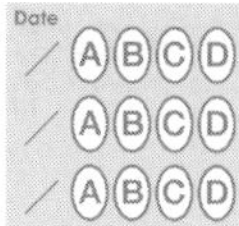

Part 2

2. Mark your answer on your answer sheet.

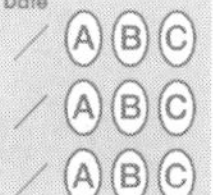

3. Mark your answer on your answer sheet.

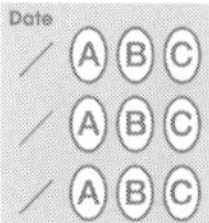

4. Mark your answer on your answer sheet.

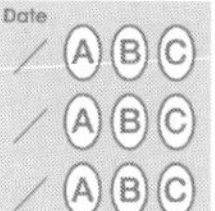

5. Mark your answer on your answer sheet.

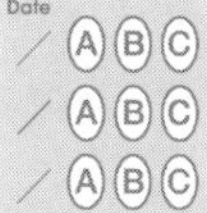

6. Mark your answer on your answer sheet.

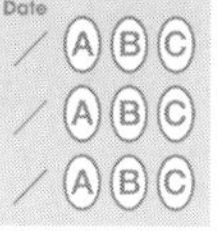

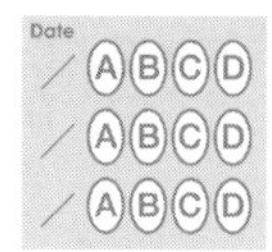

START 5 10 15 20 24 25 30 35 40 45 50 GOAL

Part 3

7. What is the woman trying to do?

(A) Hire an assistant
(B) Borrow a publication
(C) Apply for a credit card
(D) Log in to a laptop computer

8. What is the problem?

(A) The scanner is not working.
(B) The card cannot be found.
(C) The item is no longer valid.
(D) The barcode has been removed.

9. Why can the woman probably renew her card?

(A) Her company is located near the library.
(B) Her residence is in the designated area.
(C) She has done some volunteer work before.
(D) She has been a premium member for ten years.

Part 4

10. What is the topic of the broadcast?

(A) A refurbishment of the City Hall
(B) The condition of river water
(C) Plans to develop some land
(D) Rising land prices in downtown areas

11. Who is Mr. Peterson?

(A) A software developer
(B) A government employee
(C) An amusement park owner
(D) A member of a conservation group

12. What will Mr. Peterson make a presentation about?

(A) Where to rebuild a park
(B) What to bring to the nature reserve
(C) When to stop the construction
(D) How to bid for the property

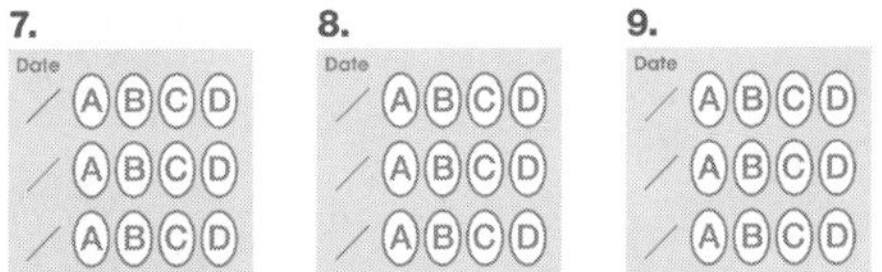

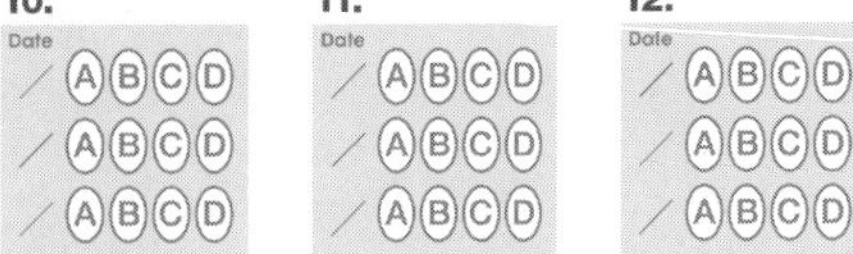

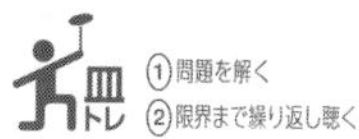

Part 1

1.

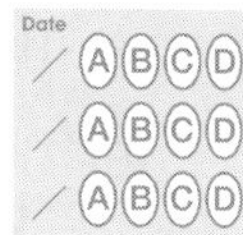

Part 2

2. Mark your answer on your answer sheet.

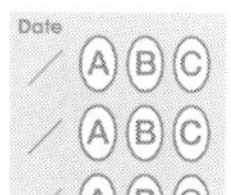

3. Mark your answer on your answer sheet.

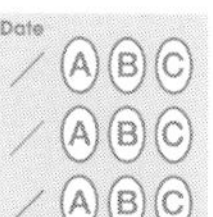

4. Mark your answer on your answer sheet.

5. Mark your answer on your answer sheet.

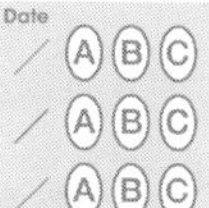

6. Mark your answer on your answer sheet.

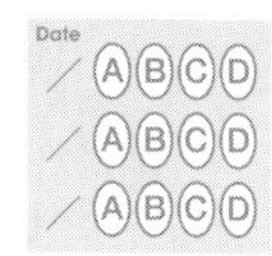

START 5 10 15 20 25 30 35 40 45 50 GOAL

Part 3

7. Where does the conversation most likely take place?

(A) At an appliance store
(B) At an automobile dealership
(C) At a racetrack
(D) At a repair shop

8. What is the woman concerned about?

(A) The braking ability in the mountains
(B) The amount of storage in the trunk
(C) The width in her garage
(D) The height above the road

9. What does the woman want to do?

(A) Negotiate a price
(B) Discuss financing options
(C) Look at extra fees
(D) Upgrade some features for free

7.

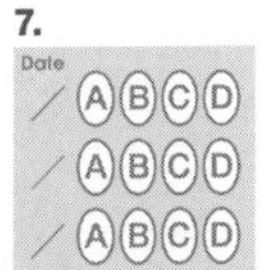

8.

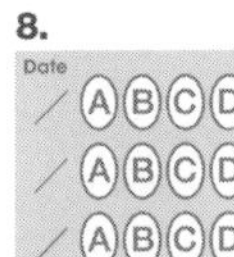

9.

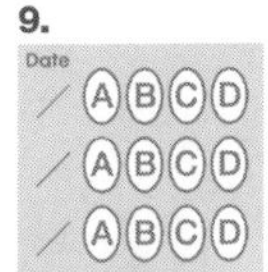

Part 4

10. What is the purpose of the meeting?

(A) To relay the company's history to employees
(B) To consider mergers with other fast food chains
(C) To choose menu items to replace in the future
(D) To discuss ways of achieving more growth

11. According to the speaker, what recent menu additions have been especially successful?

(A) Salads
(B) Burgers
(C) A new style of fries
(D) Chicken and fish sandwiches

12. Which demographic will Hilary speak about?

(A) 0 to 12
(B) 13 to 19
(C) 20 to 44
(D) 45 and up

10.

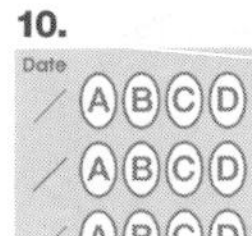

11.

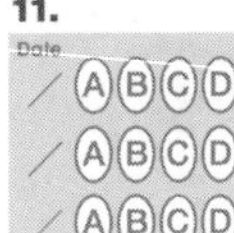

12.

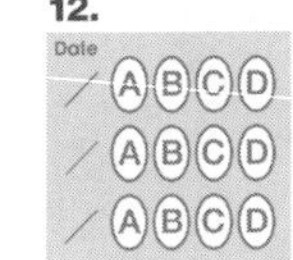

Drill 26

26.mp3

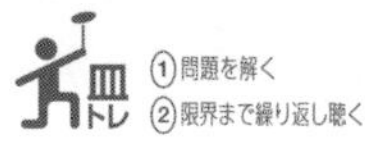

Part 1

1.

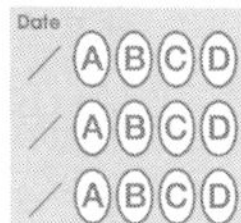

Part 2

2. Mark your answer on your answer sheet.

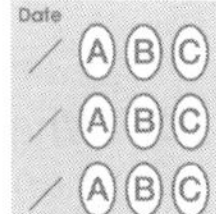

3. Mark your answer on your answer sheet.

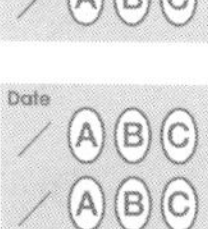

4. Mark your answer on your answer sheet.

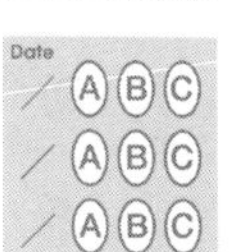

5. Mark your answer on your answer sheet.

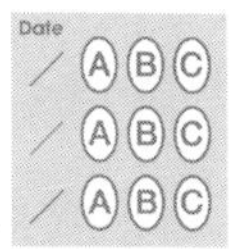

6. Mark your answer on your answer sheet.

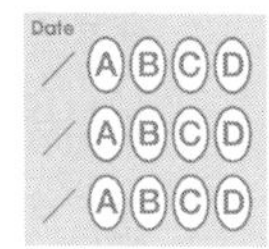

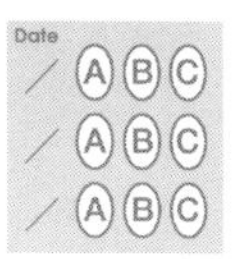

Part 3

7. Why is the man calling the woman?

(A) To renew his subscription
(B) To arrange a moving company
(C) To inquire about moving options
(D) To alter his account information

8. What does the woman mean when she says, "I'm ready when you are"?

(A) She can answer the man's question.
(B) She is able to go with the man now.
(C) The man can give her some information.
(D) The man can hang up the phone.

9. What does the woman tell the man?

(A) He should not expect the change immediately.
(B) They will not send him a magazine for a while.
(C) His information is not yet confirmed.
(D) They will refund his money.

Part 4

10. According to the speaker, why are changes being made?

(A) To increase the number of clients
(B) To improve efficiency
(C) To make the office more attractive
(D) To comply with amended rules

11. What does the speaker imply when she says, "It seems like a long time to me"?

(A) She cannot remember what they decided to do.
(B) She has not seen one of her clients for many years.
(C) She hopes that some improvements will be worth the wait.
(D) She does not totally agree with a requirement.

12. What has the company recently done?

(A) Had some of its printed files scanned
(B) Created additional space
(C) Employed people to handle extra work
(D) Extended the one-year warranty

7.
Date
/ Ⓐ Ⓑ Ⓒ Ⓓ
/ Ⓐ Ⓑ Ⓒ Ⓓ
/ Ⓐ Ⓑ Ⓒ Ⓓ

8.
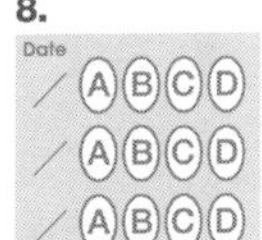

9.
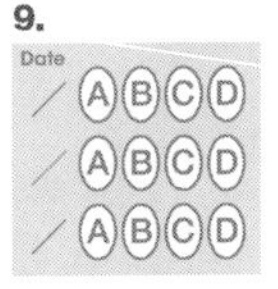

10.
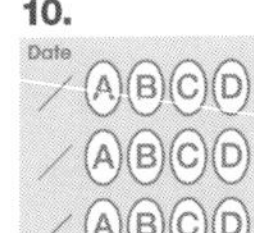

11.
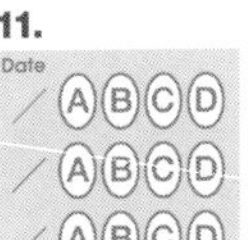

12.
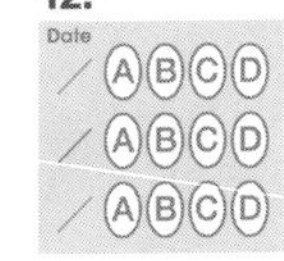

Drill 27

27.mp3

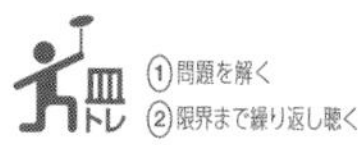

Date ／①② Date ／①② Date ／①②

Part 1

1.

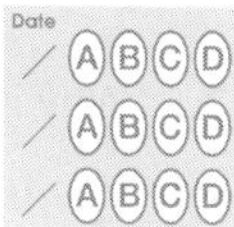

Part 2

2. Mark your answer on your answer sheet.

3. Mark your answer on your answer sheet.

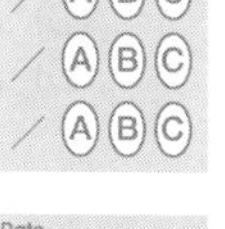

4. Mark your answer on your answer sheet.

5. Mark your answer on your answer sheet.

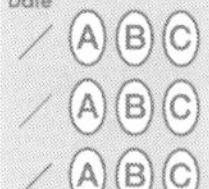

6. Mark your answer on your answer sheet.

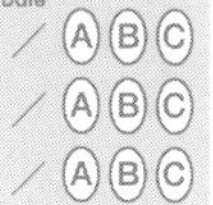

Part 3

Item	Guide	Color	Item number
SS Sneakers	For runners (especially for beginners)	Black / Blue	253045
Light Wing Shoes	For runners (especially for intermediates)	Blue / White	267938
Twinkle Star	For special occasion with formal outfit	Black / White	021847
Keep Up	For everyday life	White	738568

7. Why is the man calling the woman?

(A) To ask about some product details
(B) To get some instructions
(C) To request a product catalog
(D) To update his contact information

8. What information does the man inquire about?

(A) A phone number
(B) A method of payment
(C) An order status
(D) A delivery date

9. Look at the graphic. Which item will the man most likely order?

(A) SS Sneakers
(B) Light Wing Shoes
(C) Twinkle Star
(D) Keep Up

7.

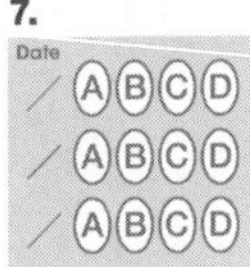

8.

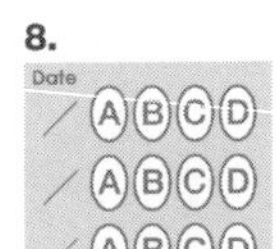

9.

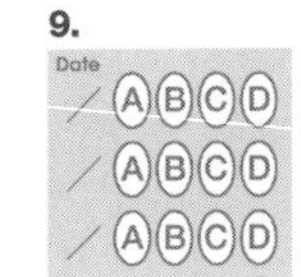

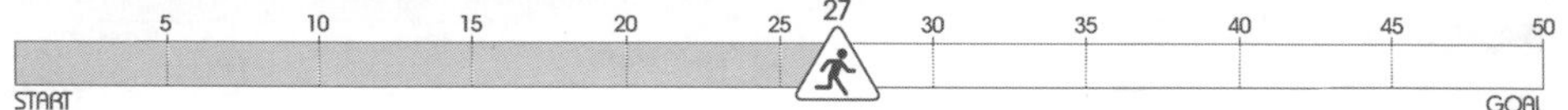

Part 4

10. Why did the listener contact the speaker?

(A) To schedule a meeting on Tuesday
(B) To postpone a meeting
(C) To tell the speaker the meeting location
(D) To give the speaker a meeting summary

11. What will the speaker do before Wednesday?

(A) Choose the best candidate
(B) Interview some candidates
(C) Familiarize herself with candidates' applications
(D) Contact candidates for more information

12. What does the speaker want the listener to do?

(A) Confirm a reservation
(B) Send data for a report
(C) Call back as soon as possible
(D) Send her résumés

10.

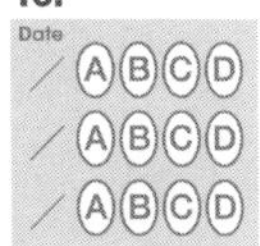

11.

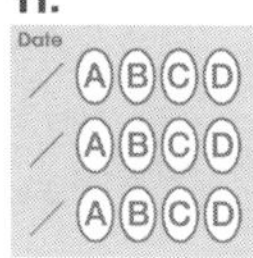

12.

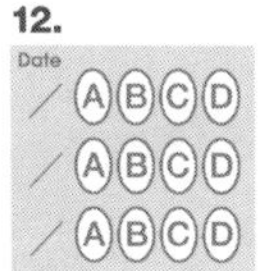

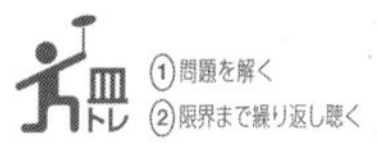

Part 1

1.

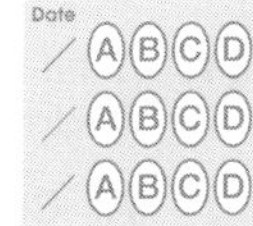

Part 2

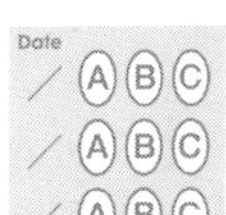

2. Mark your answer on your answer sheet.

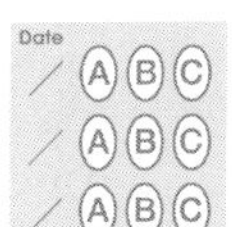

3. Mark your answer on your answer sheet.

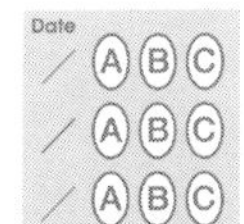

4. Mark your answer on your answer sheet.

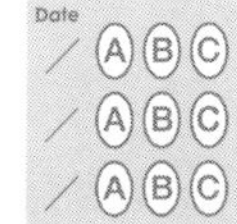

5. Mark your answer on your answer sheet.

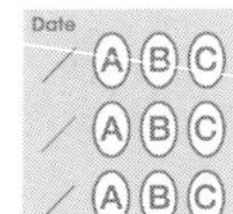

6. Mark your answer on your answer sheet.

Part 3

7. Who most likely is the woman?

(A) A repair technician
(B) A restaurant server
(C) A store clerk
(D) A property manager

8. What does the woman recommend?

(A) Supplying each floor with a device for water
(B) Creating one water station for the whole building
(C) Filtering all of the building's water
(D) Having employees bring water jugs from home

9. What does the man ask the woman to do?

(A) Inspect some devices in his office
(B) Follow him to the showroom
(C) Give him some samples of the items
(D) Show him some equipment

Part 4

10. Who is the speaker?

(A) A real estate agent
(B) A neighbor
(C) A contractor
(D) A landlord

11. What is the problem?

(A) There was a delayed rent payment.
(B) There is a leak in the listener's apartment.
(C) The listener lost her apartment key.
(D) The listener must move out soon.

12. What question does the speaker answer?

(A) Who will pay for repairs
(B) Where to find a good contractor
(C) When the listener must be home
(D) Whether the listener is allowed to fix things

7.
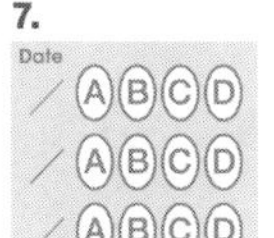

8.
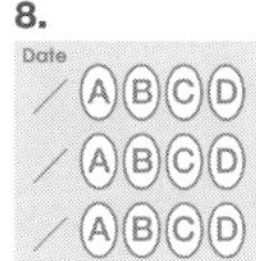

9.
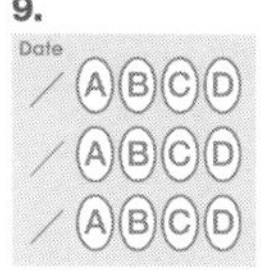

10.

11.
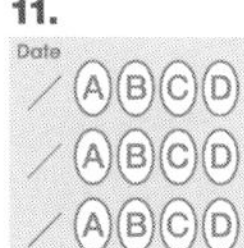

12.
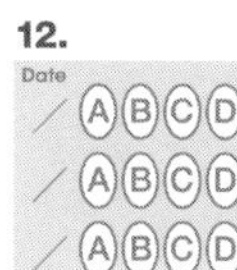

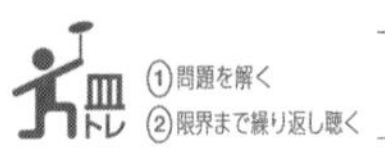

Date ／①② Date ／①② Date ／①②

Part 1

1.

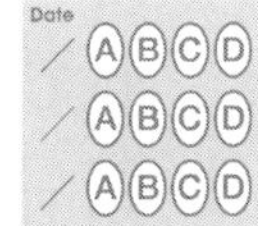

Part 2

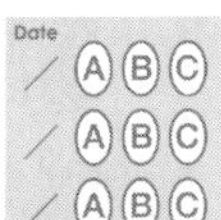

2. Mark your answer on your answer sheet.

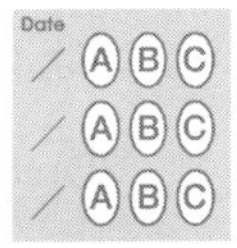

3. Mark your answer on your answer sheet.

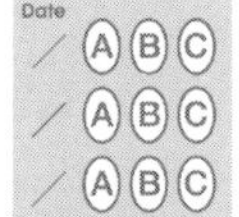

4. Mark your answer on your answer sheet.

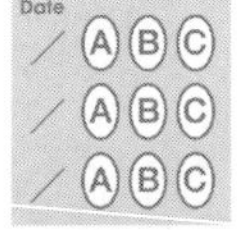

5. Mark your answer on your answer sheet.

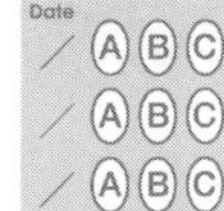

6. Mark your answer on your answer sheet.

Part 3

7. What is mentioned about the storage room?

(A) It was recently expanded.
(B) It is adjacent to Doreen's office.
(C) Its bookshelf has some space on it.
(D) Its key has been changed.

8. What does Emily mean when she says, "Sorry, Doreen, that won't work"?

(A) A piece of equipment is broken.
(B) She made a mistake.
(C) Her schedule is already full then.
(D) A different location must be selected.

9. What does the man need?

(A) An invoice
(B) A pen
(C) A signature
(D) An autograph

Part 4

10. Where does the speaker most likely work?

(A) At an advertising agency
(B) At a manufacturing plant
(C) At an event planning company
(D) At a kitchenware retailer

11. Why does the speaker say, "This should be a learning experience"?

(A) A seminar is being led by a highly respected expert.
(B) The company has not worked on the product in the past.
(C) The employees have repeated the same mistake.
(D) A manual will be distributed to all department members.

12. What are listeners asked to do by Friday?

(A) Analyze some manufacturers
(B) Attend a competition
(C) Send a product sample
(D) Publicize an event

7. Date Ⓐ Ⓑ Ⓒ Ⓓ / Ⓐ Ⓑ Ⓒ Ⓓ / Ⓐ Ⓑ Ⓒ Ⓓ

8.
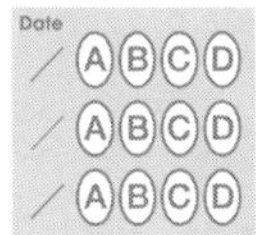

9.
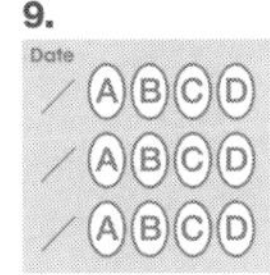

10.
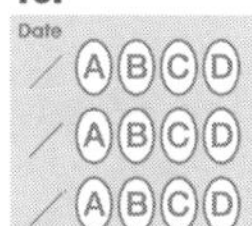

11.

12.
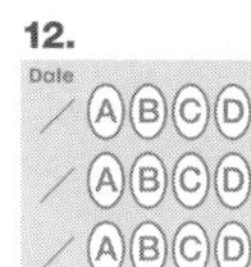

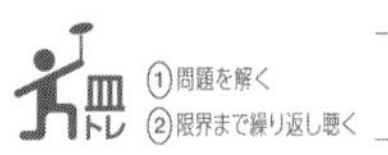

皿トレ ①問題を解く ②限界まで繰り返し聴く

Date ／①② Date ／①② Date ／①②

Part 1

1.

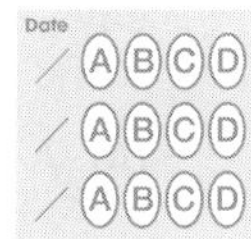

Part 2

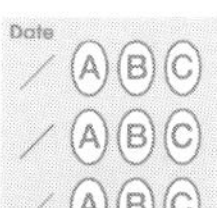

2. Mark your answer on your answer sheet.

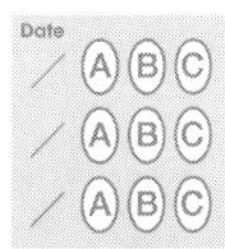

3. Mark your answer on your answer sheet.

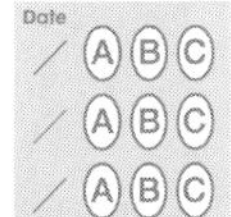

4. Mark your answer on your answer sheet.

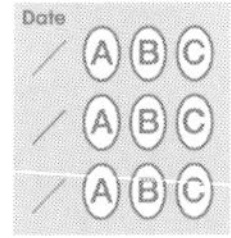

5. Mark your answer on your answer sheet.

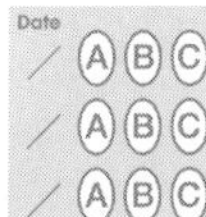

6. Mark your answer on your answer sheet.

Part 3

7. What does the woman want to do?

(A) Receive help choosing an item
(B) Find out the price of a product
(C) Get money back on a purchase
(D) Learn more information about a car

8. What does the man tell the woman to do?

(A) Verify some information
(B) Send her slip in right away
(C) Keep a copy for her records
(D) Mail her receipt separately

9. What will the woman most likely do next?

(A) Send her receipt to the company headquarters
(B) Receive some cash at the cash register counter
(C) Obtain a piece of paper
(D) Fill out the questionnaire

Part 4

10. What is the purpose of the meeting?

(A) To calculate revenue from business taxes
(B) To choose businesses to invite to the state
(C) To decide on action favorable to businesses
(D) To make changes to state laws

11. What does the speaker say about surrounding states?

(A) Their number of businesses is decreasing.
(B) Their revenue is the highest in the country.
(C) They do not tax businesses much.
(D) They have low unemployment rates.

12. What does the speaker guarantee?

(A) There will be more proceeds in general.
(B) There will be immediate increase in taxes.
(C) Some businesses will face financial difficulties.
(D) A new tax law will be withdrawn soon.

7.
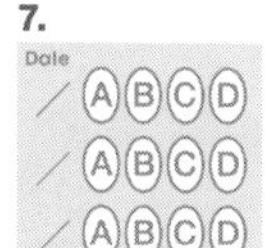
8.
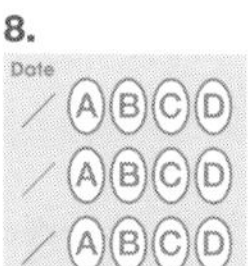
9.
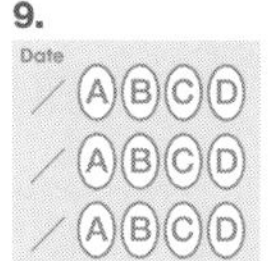
10.
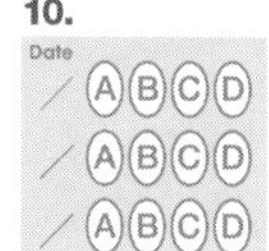
11.
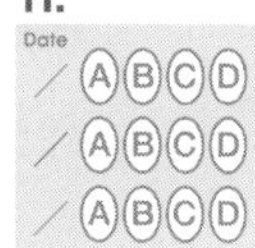
12.
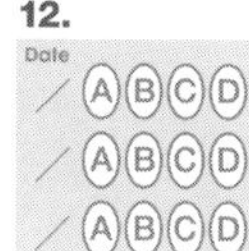

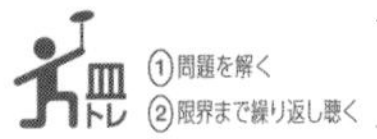

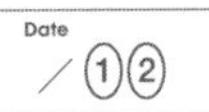

Part 1

1.

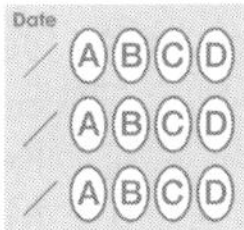

Part 2

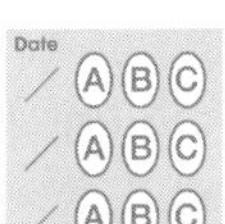

2. Mark your answer on your answer sheet.

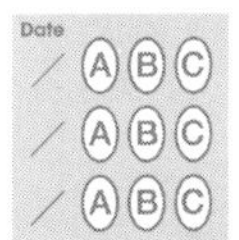

3. Mark your answer on your answer sheet.

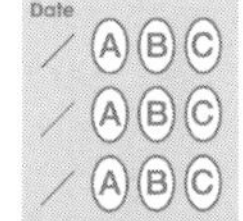

4. Mark your answer on your answer sheet.

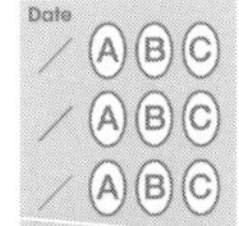

5. Mark your answer on your answer sheet.

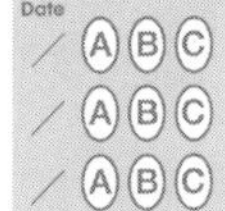

6. Mark your answer on your answer sheet.

Part 3

Type A	Width 175 cm x Length 65 cm
Type B	Width 185 cm x Length 75 cm
Type C	Width 195 cm x Length 85 cm
Type D	Width 205 cm x Length 95 cm

7. What does the woman want Jerry to do?

(A) Put up some curtains before a meeting
(B) Provide information about a window
(C) Accompany her on a business trip
(D) Increase a budget for office furniture

8. Look at the graphic. Which curtain size will the woman order?

(A) Type A
(B) Type B
(C) Type C
(D) Type D

9. What does the woman ask about?

(A) When to invite a client
(B) How much to spend on a project
(C) Where to find a coworker
(D) Who to assign some work to

7.
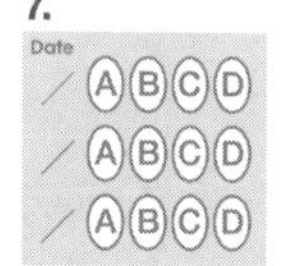

8.
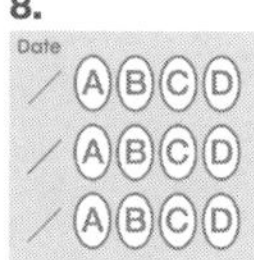

9.
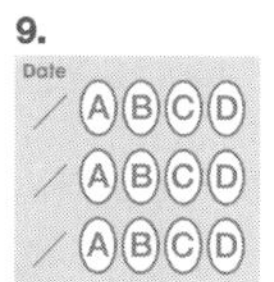

Part 4

10. What does the company mainly offer?

(A) Design services
(B) Building materials
(C) Computer parts
(D) Accounting services

11. What does the speaker promise?

(A) An immediate boost in sales
(B) A meeting in person
(C) Quick turnaround
(D) Complete satisfaction

12. Why are listeners encouraged to send a text?

(A) To learn more about promotional items
(B) To receive a discount for an order
(C) To get a complimentary service
(D) To enter a logo into a contest

10.
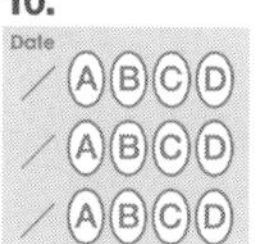

11.
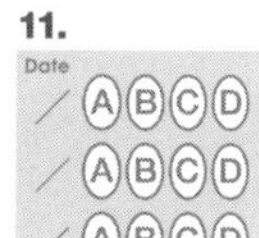

12.
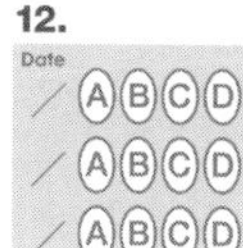

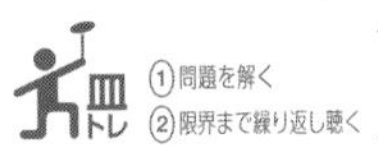

Part 1

1.

Part 2

2. Mark your answer on your answer sheet.

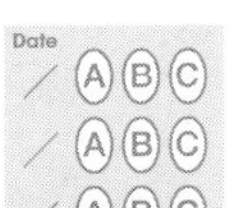

3. Mark your answer on your answer sheet.

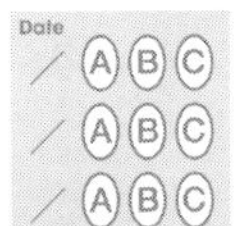

4. Mark your answer on your answer sheet.

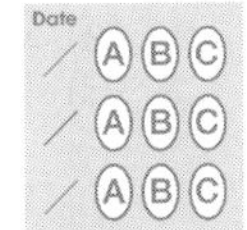

5. Mark your answer on your answer sheet.

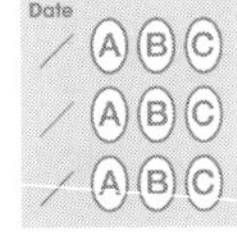

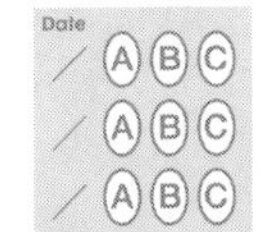

6. Mark your answer on your answer sheet.

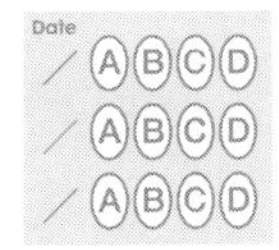

Part 3

7. Why did the bookstore cancel the tour?

(A) They cannot attend the book tour.
(B) Another event would draw their attendees.
(C) They decided to have a big sale instead.
(D) Their new manager does not like the idea.

8. What does the woman mean when she says, "don't discount the Cincinnati bookstore's opinion"?

(A) The store should not get a lower price.
(B) The store may be making an intelligent decision.
(C) The men need to ask another store's advice.
(D) The men should speak with the boss.

9. What will the speakers most likely do?

(A) Convince the store to keep the same date
(B) Invite another guest speaker to the event
(C) Promote the event online
(D) Use the same store on a different date

7.
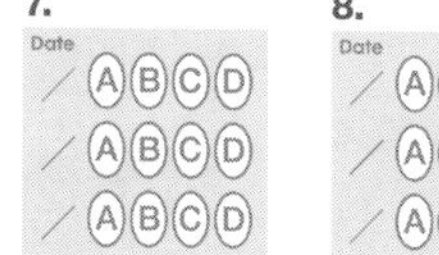

8.
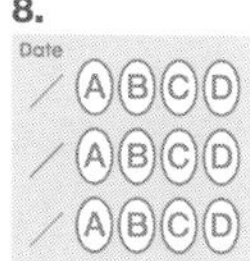

9.
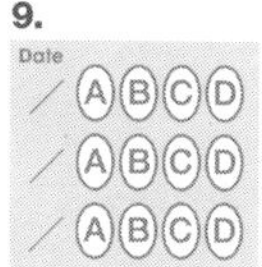

Part 4

10. What is the purpose of this advertisement?

(A) To seek donations for a charity concert
(B) To attract prospective students
(C) To introduce a new music class
(D) To recruit temporary teaching assistants

11. What is the school known for?

(A) Beautiful facilities
(B) Excellent graduates
(C) Experienced teachers
(D) Reasonable tuition fees

12. Why does the speaker say, "Entry is free"?

(A) To show the reason why an event is popular
(B) To encourage people to attend
(C) To reassure listeners about the quality of entertainment
(D) To argue for a more efficient system

10. **11.** **12.**

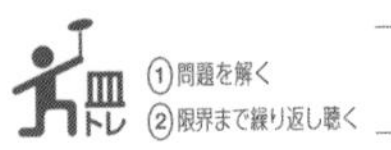

Date ／①②　Date ／①②　Date ／①②

Part 1

1.

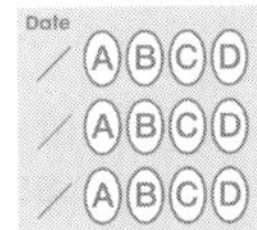

Part 2

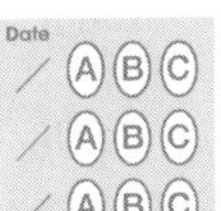

2. Mark your answer on your answer sheet.

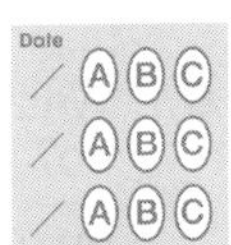

3. Mark your answer on your answer sheet.

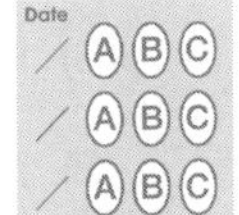

4. Mark your answer on your answer sheet.

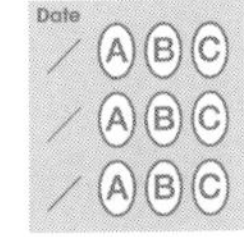

5. Mark your answer on your answer sheet.

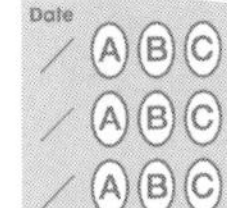

6. Mark your answer on your answer sheet.

Part 3

7. What does the man mention about the card?

(A) A mail person's phone number is on it.
(B) A delivery person left it at his house.
(C) He was supposed to deliver it today.
(D) He can't remember where he put it.

8. What does the woman ask for?

(A) An invoice
(B) The man's address
(C) The man's signature
(D) A form of identification

9. What does the woman say the man can do online?

(A) Ask for redelivery
(B) Confirm an order status
(C) Obtain a discount coupon card
(D) See the office floorplan

7.
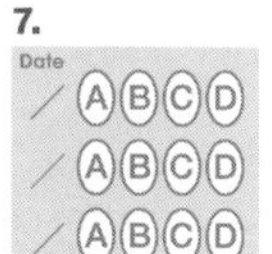

8.
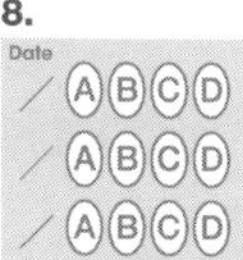

9.
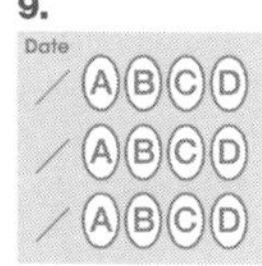

Part 4

Time	Session Title	Location
10:00 A.M. – 5:00 P.M.	Marketplace	Lobby
10:00 A.M.	Understanding the Difficulty of Workplace Ethics	Willow Room
1:00 P.M.	Creating a Budget with the Mission in Mind	Willow Room
3:00 P.M.	Finding and Recruiting Tomorrow's Leaders	Willow Room

10. What does the speaker ask listeners to do?

(A) Inform a speaker of a schedule change
(B) Find their seats in the Willow Room
(C) Pick up a new copy of the program
(D) Look at the day's schedule

11. Look at the graphic. When can listeners learn about hiring leaders?

(A) 10:00 A.M.
(B) 1:00 P.M.
(C) 3:00 P.M.
(D) 5:00 P.M.

12. What can listeners do at the marketplace?

(A) Apply for employment
(B) Network with the speakers
(C) Learn about some merchandise
(D) Win door prizes

10.

11.
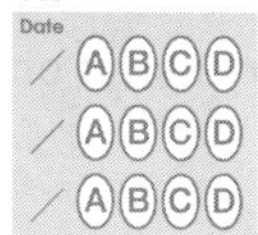

12.

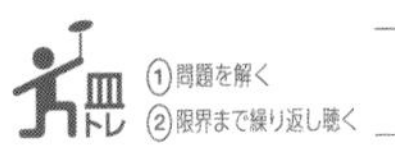

Date ／①② Date ／①② Date ／①②

Part 1

1.

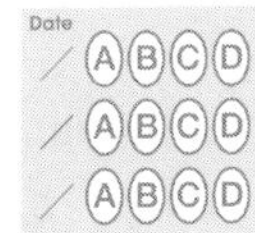

Part 2

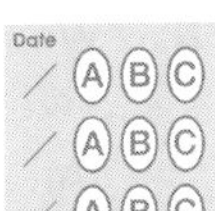

2. Mark your answer on your answer sheet.

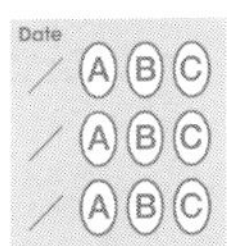

3. Mark your answer on your answer sheet.

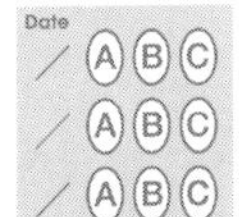

4. Mark your answer on your answer sheet.

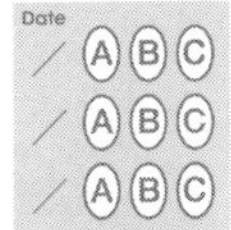

5. Mark your answer on your answer sheet.

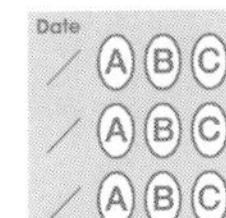

6. Mark your answer on your answer sheet.

Part 3

7. What will the woman do this afternoon?

(A) Meet with new office workers
(B) Give performance reviews to employees
(C) Speak with job candidates
(D) Select applicants based on their résumés

8. What does the woman say about graphic designers?

(A) Their work can be evaluated online.
(B) There are not many looking for jobs.
(C) They seldom work in an office.
(D) It is difficult to contact their references.

9. How will the woman communicate later about job information?

(A) By phone
(B) Online
(C) Via the postal service
(D) By fax

Part 4

Recent Problems with Products		
Item #		Comment
1.	M100-0T	Missing part
2.	LK41-5E	Does not work properly
3.	P315-0A	Wrong color
4.	H122-0N	Broken part

10. What most likely does the company produce?

(A) Landscaping tools
(B) Kitchenware
(C) Office furniture
(D) Telecommunication devices

11. Look at the graphic. Which item is the speaker talking about?

(A) M100-0T
(B) LK41-5E
(C) P315-0A
(D) H122-0N

12. According to the speaker, what did the customer want the company to do?

(A) Give him a discount
(B) Send him a new invoice
(C) Cancel his order
(D) Rush delivery

7. Date / (A)(B)(C)(D) / (A)(B)(C)(D) / (A)(B)(C)(D)

8. Date / (A)(B)(C)(D) / (A)(B)(C)(D) / (A)(B)(C)(D)

9. Date / (A)(B)(C)(D) / (A)(B)(C)(D) / (A)(B)(C)(D)

10. Date / (A)(B)(C)(D) / (A)(B)(C)(D) / (A)(B)(C)(D)

11. Date / (A)(B)(C)(D) / (A)(B)(C)(D) / (A)(B)(C)(D)

12. Date / (A)(B)(C)(D) / (A)(B)(C)(D) / (A)(B)(C)(D)

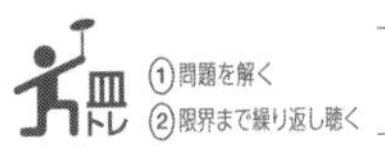

Date ／①② Date ／①② Date ／①②

Part 1

1.

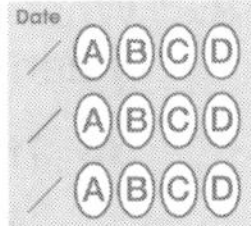

Part 2

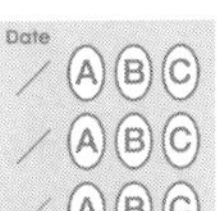

2. Mark your answer on your answer sheet.

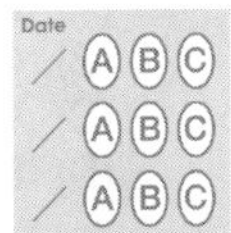

3. Mark your answer on your answer sheet.

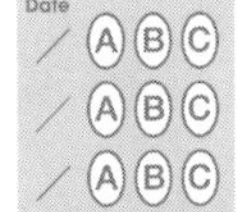

4. Mark your answer on your answer sheet.

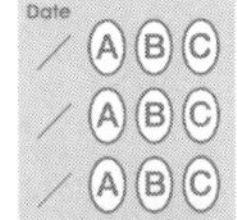

5. Mark your answer on your answer sheet.

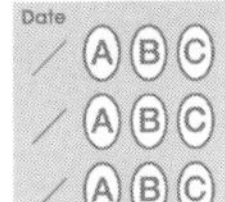

6. Mark your answer on your answer sheet.

Part 3

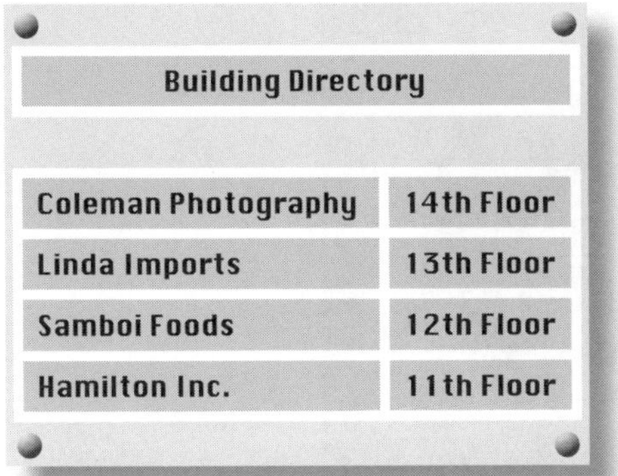

Building Directory
Coleman Photography
14th Floor
Linda Imports
13th Floor
Samboi Foods
12th Floor
Hamilton Inc.
11th Floor

7. What does the man ask the woman to do?

(A) Receive a package
(B) Open an office
(C) Contact a business owner
(D) Read a contract

8. Look at the graphic. Which floor will the man most likely visit next?

(A) 14th Floor
(B) 13th Floor
(C) 12th Floor
(D) 11th Floor

9. What does the woman say about elevator number three?

(A) It is the smallest of the four.
(B) It is currently out of order.
(C) It is only for floors one through ten.
(D) It is not open to the public.

7.

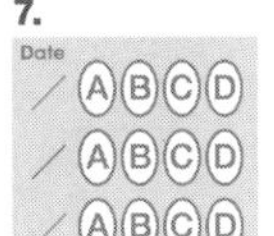

8.

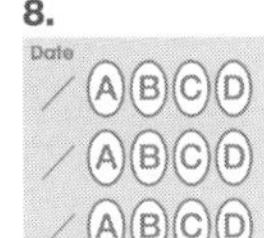

9.

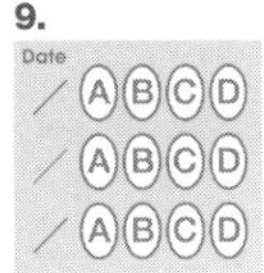

Part 4

10. What will Meryl White most likely be in charge of?

(A) General Affairs
(B) Accounting
(C) Marketing
(D) Manufacturing

11. What does the speaker ask the listener to do?

(A) Check a document
(B) Add an article
(C) Arrange a party
(D) Hire a new writer

12. Why does the speaker say, "Don't go into too much detail"?

(A) People will not read a very long description.
(B) The company should protect an employee's privacy.
(C) A simple illustration will be more effective.
(D) The new employees need to have information to share with others.

10.

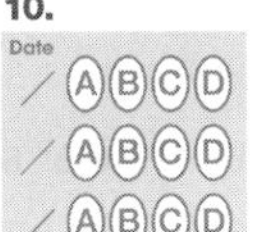

11.

12.

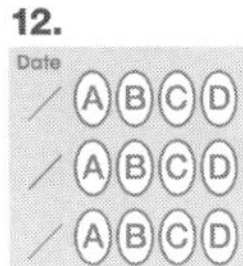

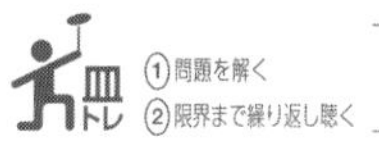

Date ／①② Date ／①② Date ／①②

Part 1

1.

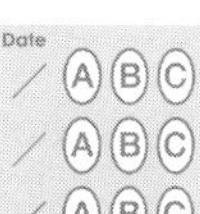

Part 2

2. Mark your answer on your answer sheet.

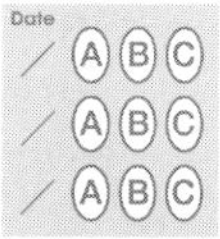

3. Mark your answer on your answer sheet.

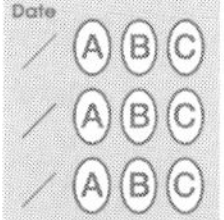

4. Mark your answer on your answer sheet.

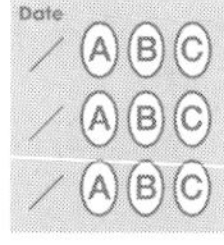

5. Mark your answer on your answer sheet.

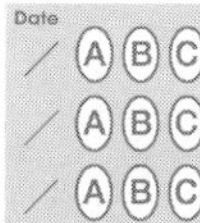

6. Mark your answer on your answer sheet.

Part 3

7. What does the man say about the woman's problem?

(A) Similar issues have been reported.
(B) Her antenna could be knocked out of position.
(C) The electrical connection may be the cause.
(D) Some of her TV's parts must be replaced.

8. What will the man do for the woman?

(A) Send someone out to help
(B) Transfer her call to a technician
(C) Give her a discount for the inconvenience
(D) Check the connectivity of her router

9. What will the speakers do next?

(A) Schedule an appointment
(B) Discuss the repair charges
(C) Try to fix the problem by phone
(D) Make sure the parts are available

7.
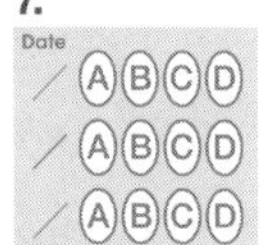

8.
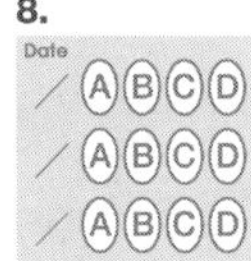

9.
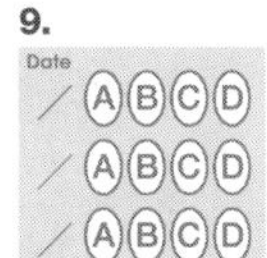

Part 4

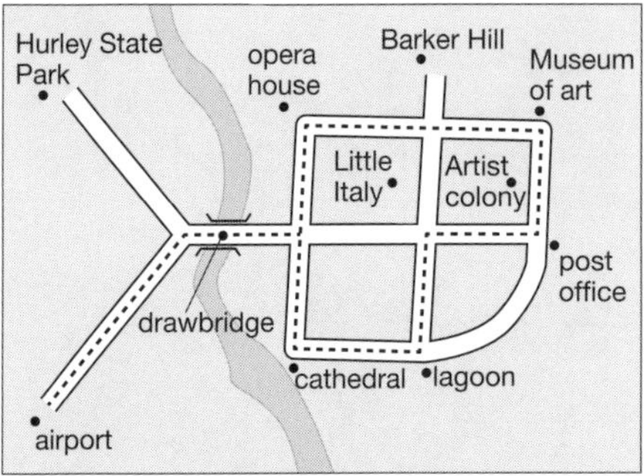

10. What does the speaker mention about the bus?

(A) It stops at all of the tourist sites in the area.
(B) It takes more than an hour to make its loop.
(C) It has a tour guide to explain the sites.
(D) It can be ridden an unlimited number of times.

11. Why should the listeners visit the drawbridge and opera house?

(A) They are renowned sites in town.
(B) They are the closest sites to the airport facility.
(C) They are currently under extensive refurbishment.
(D) They charge no admission fees.

12. Look at the graphic. Which location is unusual for the speaker to recommend?

(A) Barker Hill
(B) The Museum of Art
(C) Little Italy
(D) Malovo Lagoon

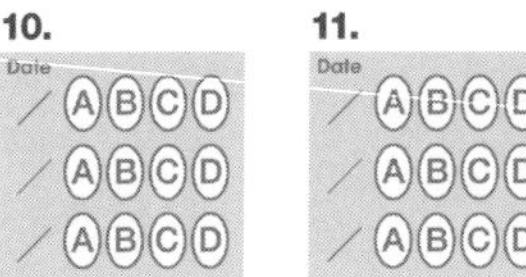

10. **11.**

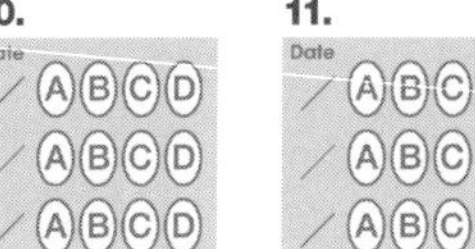

12.

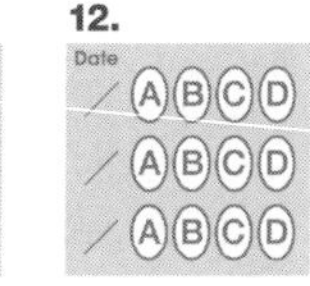

Drill 37

37.mp3

Date ／①② Date ／①② Date ／①②

Part 1

1.

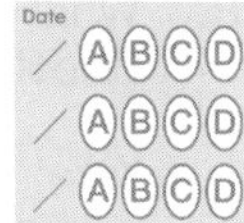

Part 2

2. Mark your answer on your answer sheet.

3. Mark your answer on your answer sheet.

4. Mark your answer on your answer sheet.

5. Mark your answer on your answer sheet.

6. Mark your answer on your answer sheet.

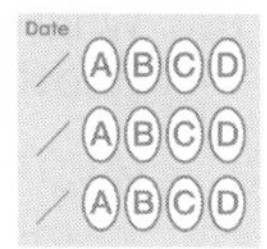

Part 3

7. Why is the woman calling?

(A) She wants to order some more windowpanes.
(B) She tries to make a change to an order.
(C) She is checking a shipment status.
(D) She is reporting an issue.

8. What is suggested about Burbank Street?

(A) The shipping center is located in the same city.
(B) There are several large warehouses on it.
(C) It is remote from the storage facility.
(D) It has recently been renamed.

9. What is the woman concerned about?

(A) When to finish the work
(B) How long the shipment will take
(C) Who is in charge of the service
(D) Where to take the ordered items

Part 4

10. What are the listeners asked to do while they are on the bus?

(A) Wear seat belts
(B) Remain seated
(C) Move to the right side
(D) Put on name tags

11. Why does the speaker say, "Please watch to make sure that he takes yours"?

(A) He does not want anything left behind.
(B) The listeners must make sure the agent is paid.
(C) Emil will give the listeners their keys right away.
(D) The agent will not handle all the luggage.

12. What should the listeners do at five o'clock?

(A) Board another bus
(B) Meet in front of a building
(C) Participate in a talk
(D) Bring luggage to rooms

7.
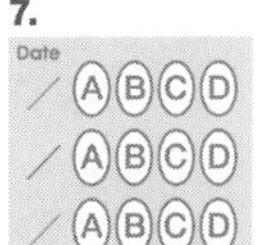

8.
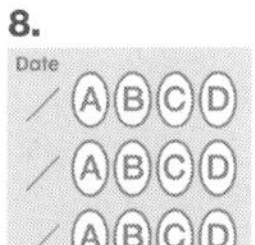

9.
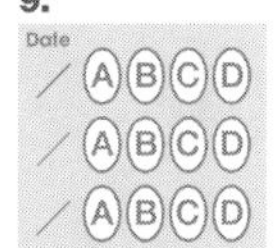

10.
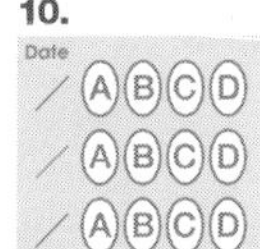

11.
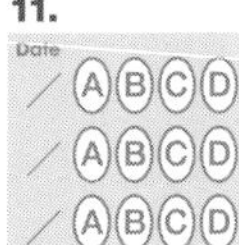

12.
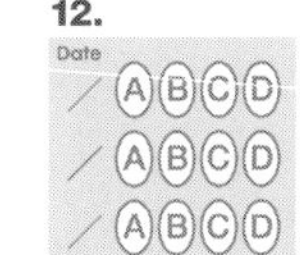

Part 1

1.

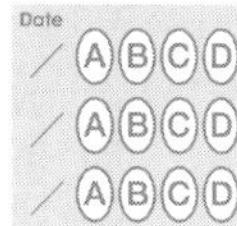

Part 2

2. Mark your answer on your answer sheet.

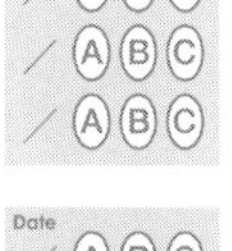

3. Mark your answer on your answer sheet.

4. Mark your answer on your answer sheet.

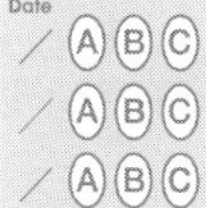

5. Mark your answer on your answer sheet.

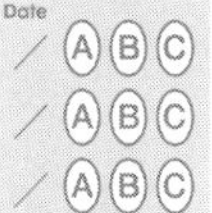

6. Mark your answer on your answer sheet.

Part 3

7. What project are the speakers discussing?

(A) Promoting an excursion to the bay area
(B) Taking volunteer leave
(C) Organizing an event
(D) Hiring more tour guides

8. What is the man planning to do tomorrow afternoon?

(A) Work remotely
(B) Inspect a supplier
(C) Sign a contract
(D) Conduct a survey

9. What does the woman say she will do?

(A) Contact a supervisor
(B) Subscribe to a newsletter
(C) Put off promoting online
(D) Place an advertisement

Part 4

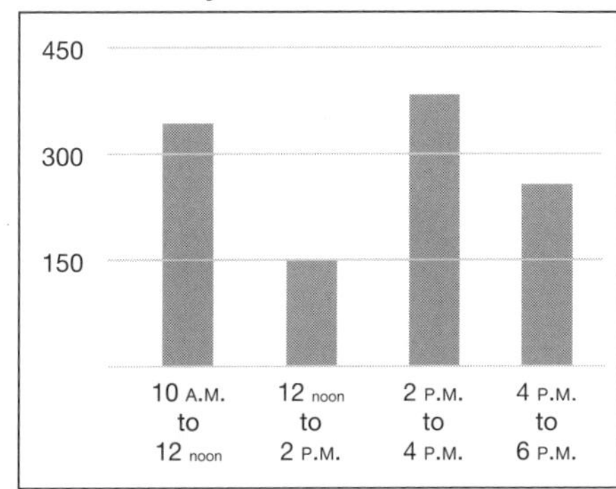

10. Who most likely is the speaker calling?

(A) An art dealer
(B) A local historian
(C) A tour coordinator
(D) A restaurant server

11. Look at the graphic. When will the listener probably visit the business?

(A) Between 10 A.M. and 12 noon
(B) Between 12 noon and 2 P.M.
(C) Between 2 P.M. and 4 P.M.
(D) Between 4 P.M. and 6 P.M.

12. According to the speaker, why should the listener return the call?

(A) To reserve tickets in advance
(B) To inquire about lunch menu options
(C) To talk about a price reduction
(D) To receive an information pack

7.
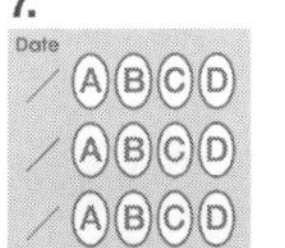
8.
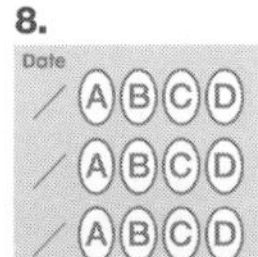
9.
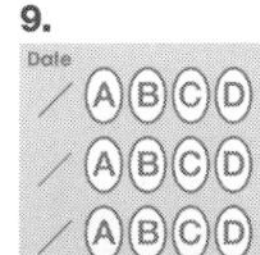
10.
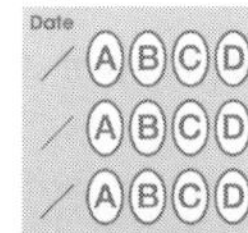
11.
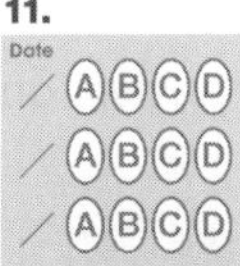
12.
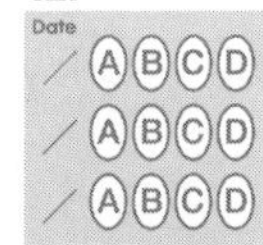

Drill 39 39.mp3

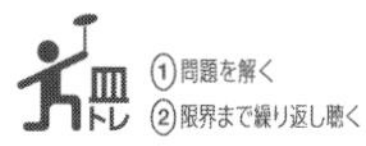

Date ／①② Date ／①② Date ／①②

Part 1

1.

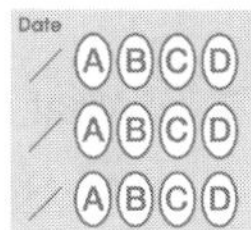

Part 2

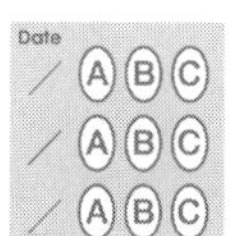

2. Mark your answer on your answer sheet.

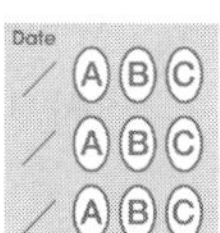

3. Mark your answer on your answer sheet.

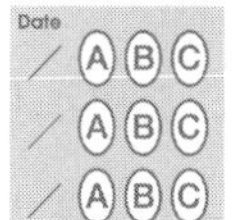

4. Mark your answer on your answer sheet.

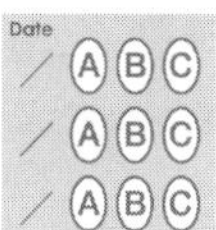

5. Mark your answer on your answer sheet.

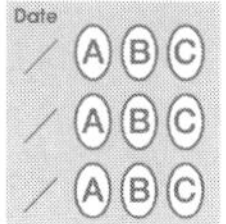

6. Mark your answer on your answer sheet.

Part 3

Klinger Paper Co.

DISCOUNT VOUCHER

Regular white paper 7 percent off
Large white paper 10 percent off
Regular colour paper 12 percent off
Large colour paper 15 percent off

(minimum order —10 cartons)

Expires March 23

7. What is true about the woman?

(A) She wants to replenish some office supplies.
(B) She has just started working at Klinger Paper Co.
(C) She will be provided with a product sample.
(D) She is confirming her order status.

8. What does the man say about the database?

(A) It was created after the last purchase by the woman's company.
(B) It lists a number of local printing companies.
(C) It is currently unavailable because of maintenance.
(D) It contains the woman's company contact details.

9. Look at the graphic. What discount will the woman most likely get?

(A) 7 percent off
(B) 10 percent off
(C) 12 percent off
(D) 15 percent off

7.

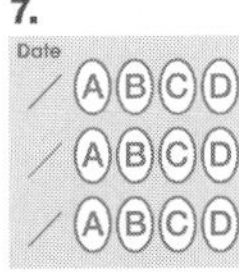

8.

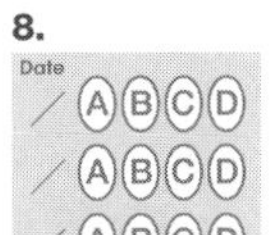

9.

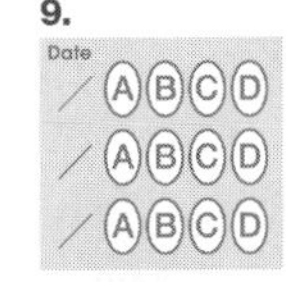

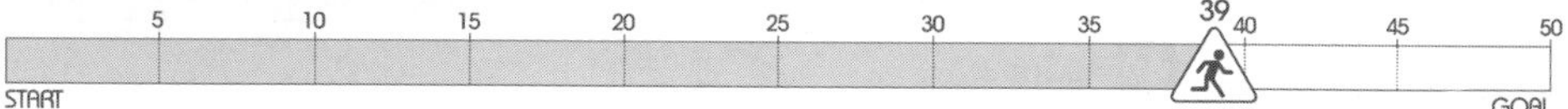

Part 4

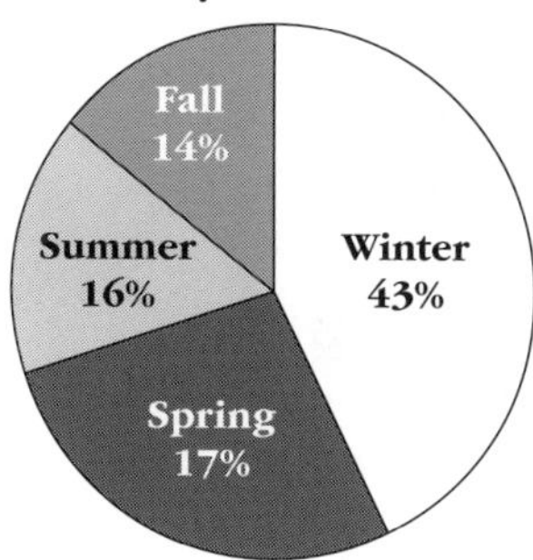

10. Who most likely are the listeners?

(A) Members of a tourism board
(B) Travel agents
(C) Potential tourists
(D) Tour participants

11. Look at the graphic. Which season does the speaker say is the most beautiful?

(A) Winter
(B) Spring
(C) Summer
(D) Fall

12. What are the listeners asked to do?

(A) Submit their reports
(B) Select one of the options
(C) Choose one of the agents
(D) Send a poster design

10.

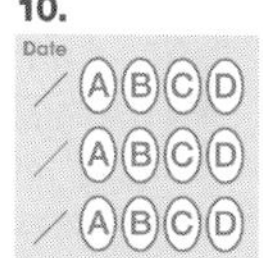

11.

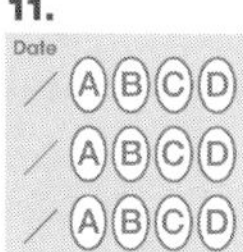

12.

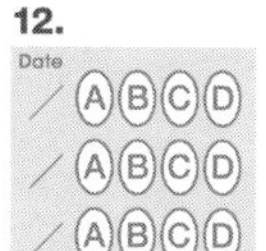

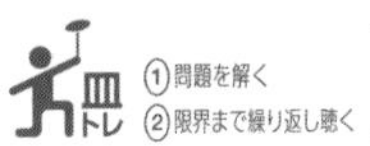

Date ／①② Date ／①② Date ／①②

Part 1

1.

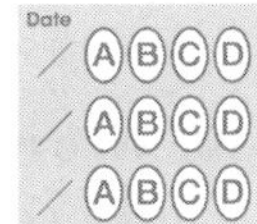

Part 2

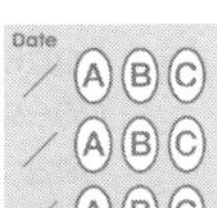

2. Mark your answer on your answer sheet.

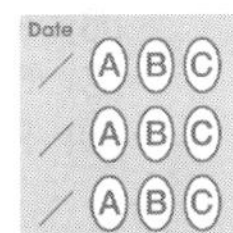

3. Mark your answer on your answer sheet.

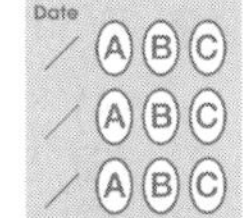

4. Mark your answer on your answer sheet.

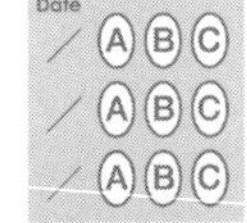

5. Mark your answer on your answer sheet.

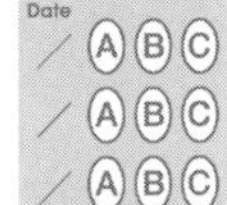

6. Mark your answer on your answer sheet.

Part 3

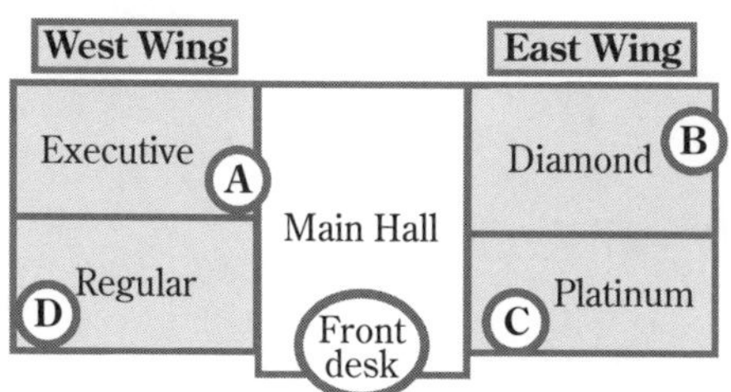

7. What does the man ask the woman to do?

(A) Return her key in a container
(B) Apply for hotel membership
(C) Use a café on the fifth floor
(D) Attend a dinner party

8. Look at the graphic. Where can the woman use her breakfast voucher?

(A) Location A
(B) Location B
(C) Location C
(D) Location D

9. Why does the woman ask about the opening hours?

(A) She is going to come back late in the evening.
(B) The food truck is arriving behind schedule.
(C) She has some plans in the morning.
(D) She couldn't find its information online.

7.
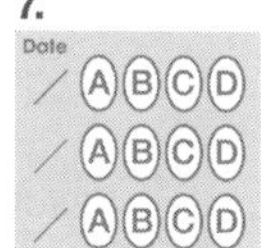

8.
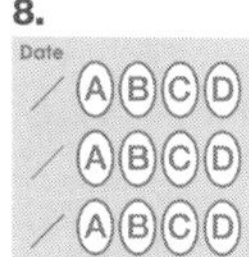

9.
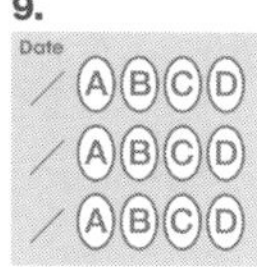

Part 4

10. Where most likely are the listeners?

(A) At a supermarket
(B) At an interior exhibition
(C) At a clothing store
(D) At a stationery store

11. How can listeners save thirty percent off their purchase?

(A) By doing their shopping today
(B) By doing lots of shopping
(C) By using a special code
(D) By applying for a service

12. What do cardholders receive if a certain condition is met?

(A) Invitations to exclusive events
(B) Double rewards points
(C) Extended shopping hours
(D) A reasonable shipping fee

10.
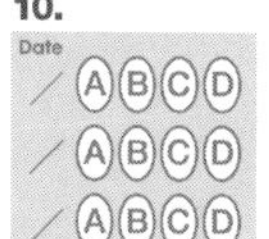

11.
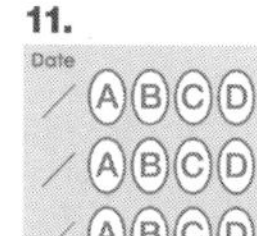

12.
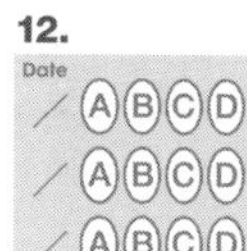

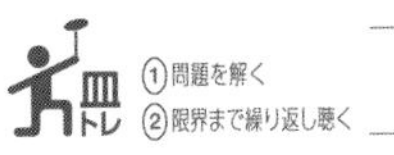

①問題を解く
②限界まで繰り返し聴く

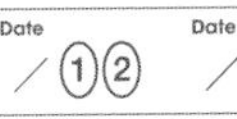

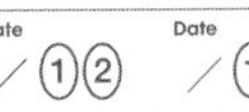

Part 1

1.

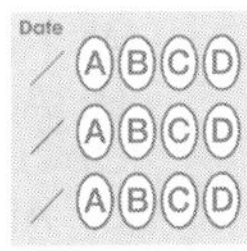

Part 2

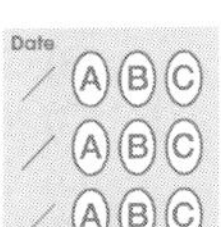

2. Mark your answer on your answer sheet.

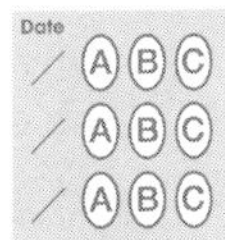

3. Mark your answer on your answer sheet.

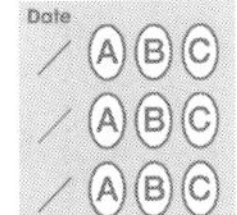

4. Mark your answer on your answer sheet.

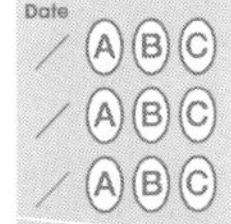

5. Mark your answer on your answer sheet.

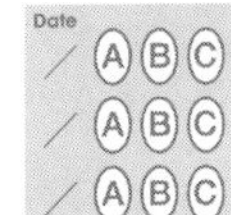

6. Mark your answer on your answer sheet.

Part 3

7. Why is the man going to Anaheim?

(A) To renovate an office
(B) To examine properties
(C) To attend an opening ceremony
(D) To inspect a new building

8. What does the woman say about accommodations there?

(A) There are few options.
(B) It is too small for their new office.
(C) One of her family members used to live there.
(D) She has read about it in the newspaper.

9. What does the man say he will do?

(A) Leave Orange soon
(B) Contact a travel agent
(C) Follow the woman's advice
(D) Use a vehicle

Part 4

10. What problem does the speaker mention?

(A) A certain route is unavailable.
(B) Her truck stopped working properly.
(C) She forgot to unload some heavy packages.
(D) The service center cannot be found nearby.

11. What does the speaker ask the listener to do?

(A) Find someone to finish her work
(B) Relay some messages for the speaker
(C) Prepare a different truck for her
(D) Make an appointment at a service center

12. What will the speaker do this evening?

(A) Order parts for her truck
(B) Make her last delivery
(C) Pick up shipments for the next day
(D) Put some equipment on her truck

7.
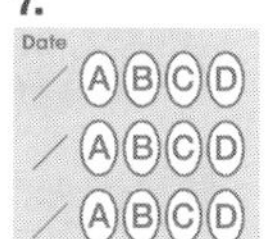

8.
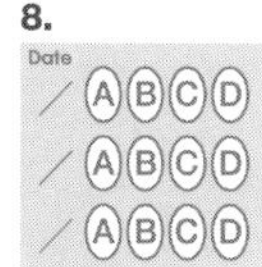

9.
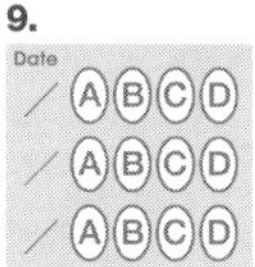

10.
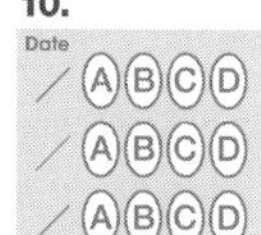

11.
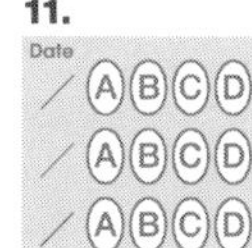

12.
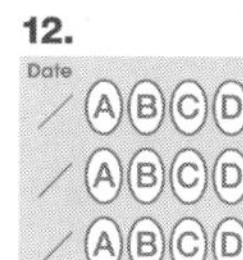

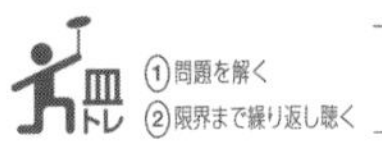

皿トレ ①問題を解く ②限界まで繰り返し聴く

Date ／①② Date ／①② Date ／①②

Part 1

1.

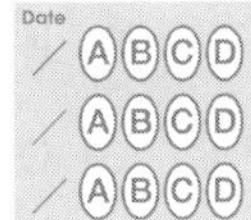

Part 2

2. Mark your answer on your answer sheet.

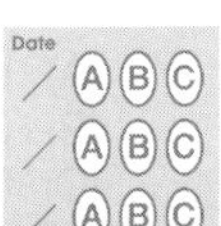

3. Mark your answer on your answer sheet.

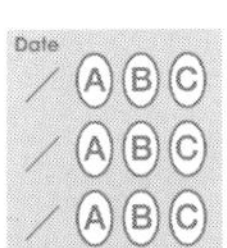

4. Mark your answer on your answer sheet.

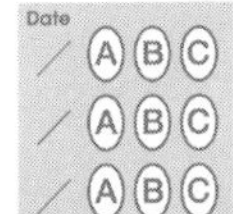

5. Mark your answer on your answer sheet.

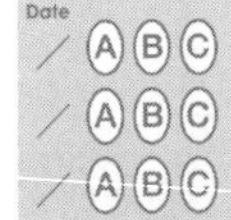

6. Mark your answer on your answer sheet.

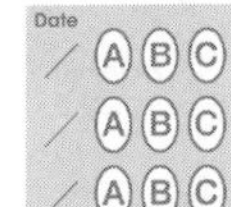

Part 3

7. What does the man say about the accommodations?

(A) A celebrity will be staying there.
(B) It has a safe to keep valuable items.
(C) Another location has been opened recently.
(D) The checkout time is quite late.

8. What is the woman planning to do before breakfast tomorrow?

(A) Check traffic updates
(B) Do some exercise
(C) Prepare for a brief meeting
(D) Search for restaurants online

9. What does the woman offer to do?

(A) Place an advertisement in a newspaper
(B) Make a reservation at a restaurant
(C) Make a purchase for the man
(D) Check the location of a convenience store

Part 4

10. What does the speaker say rehabilitators do?

(A) They search for injured birds nationwide.
(B) They offer care to birds twenty-four hours a day.
(C) They teach concerned citizens how to rescue birds.
(D) They train wild birds to perform some tricks.

11. What does the speaker say will happen later?

(A) Money will be collected.
(B) Refreshments will be available.
(C) A slide show will be shown.
(D) The speaker's idea will be presented.

12. What will the listeners get to do?

(A) Look at new laptop computer
(B) Tour the organization's facility
(C) See some animals in person
(D) Hold an animal in their arms

7.
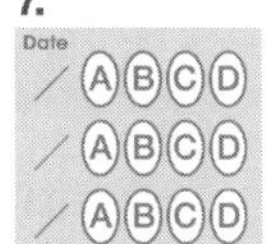
8.
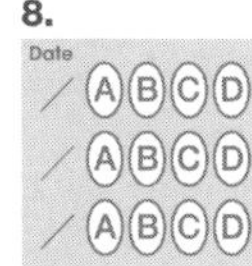
9.
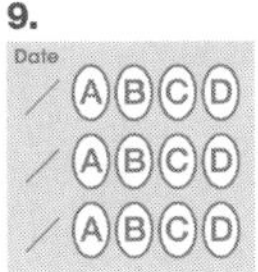
10.
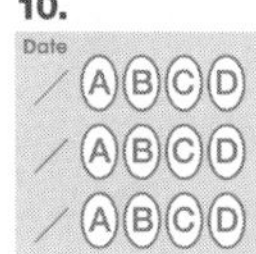
11.
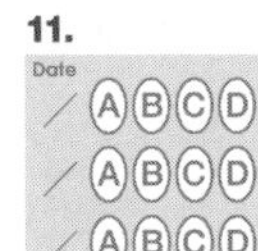
12.
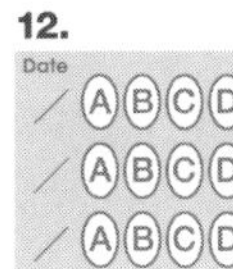

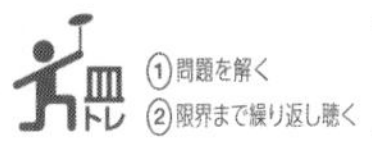

① 問題を解く
② 限界まで繰り返し聴く

Date ／①② Date ／①② Date ／①②

Part 1

1.

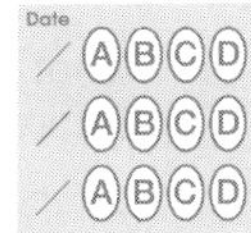

Part 2

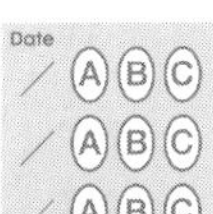

2. Mark your answer on your answer sheet.

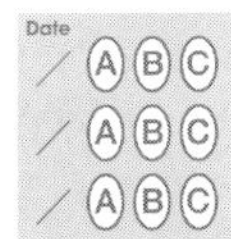

3. Mark your answer on your answer sheet.

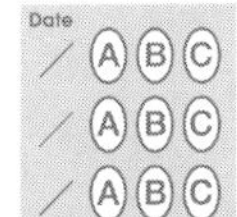

4. Mark your answer on your answer sheet.

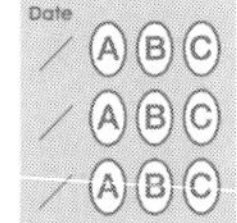

5. Mark your answer on your answer sheet.

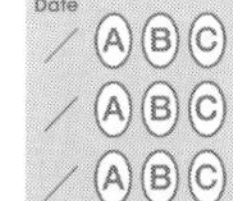

6. Mark your answer on your answer sheet.

Part 3

7. What does the man ask the woman to do?

(A) Arrange a feast
(B) Visit Hong Kong
(C) Get a new qualification
(D) Enter an annual competition

8. Why does the woman want to have a meeting this week?

(A) She expects her business trip to be prolonged.
(B) She wants to complete the work in early October.
(C) She will be in a different office the following week.
(D) She has to prepare for a meeting in another country.

9. What does the man say he will do?

(A) Make a list of problems
(B) Meet his coworker from another branch
(C) Create a meeting summary
(D) Send the woman details

Part 4

Tentative Work Assignment for July	
Bon Kunchai	HRM Chemicals
Heath Black	Douglas Lawyers
Greta Wang	Smithers Dog Food
Bob Downe	Freeman Fashion

10. At what kind of business does the speaker most likely work?

(A) An accounting firm
(B) An employment agency
(C) A paper manufacturer
(D) A photography studio

11. What does the speaker say about Mr. Travis?

(A) He has recently retired.
(B) He is on an assignment.
(C) He has requested a different job.
(D) He made a temporary plan.

12. Look at the graphic. Who will most likely handle the Smithers Dog Food project?

(A) Bon Kunchai
(B) Heath Black
(C) Greta Wang
(D) Bob Downe

7.
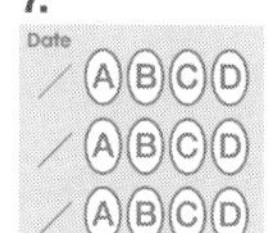
8.
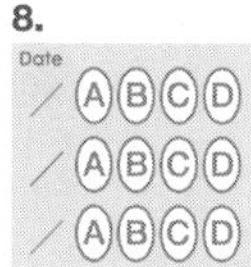
9.
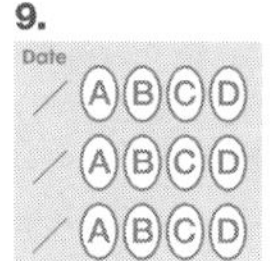
10.
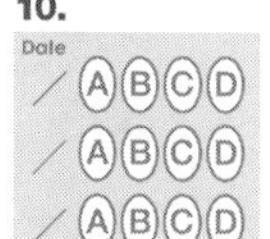
11.
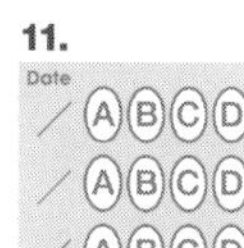
12.
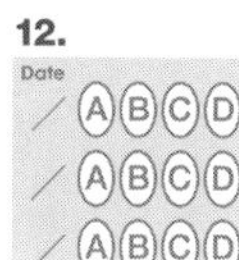

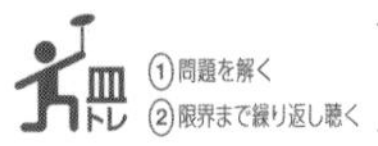

①問題を解く
②限界まで繰り返し聴く

Date ／①②　Date ／①②　Date ／①②

Part 1

1.

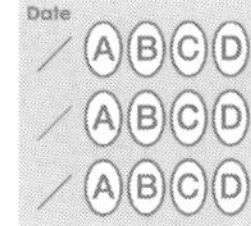

Part 2

2. Mark your answer on your answer sheet.

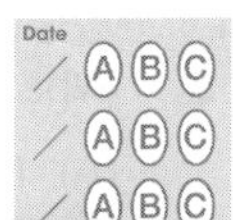

3. Mark your answer on your answer sheet.

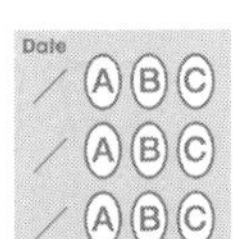

4. Mark your answer on your answer sheet.

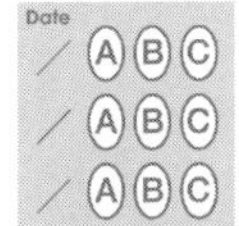

5. Mark your answer on your answer sheet.

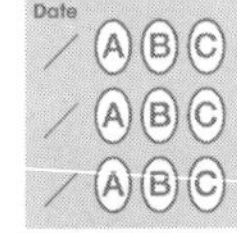

6. Mark your answer on your answer sheet.

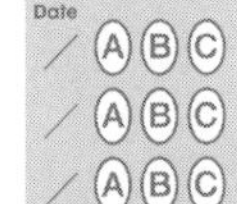

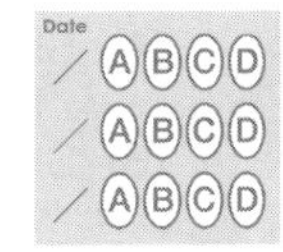

Part 3

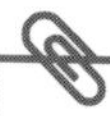

Solutions

Solution 1	Outsource some work
Solution 2	Hire more bookkeepers
Solution 3	Raise the service fee
Solution 4	Develop a new computer program

7. Where do the speakers most likely work?

(A) At a library
(B) At an accounting firm
(C) At a law firm
(D) At a real estate agency

8. What is the main problem?

(A) The office is no longer big enough.
(B) Each client is requiring more help.
(C) Too many employees are quitting.
(D) Workloads are no longer manageable.

9. Look at the graphic. Which solution will be discussed further?

(A) Solution 1
(B) Solution 2
(C) Solution 3
(D) Solution 4

7.

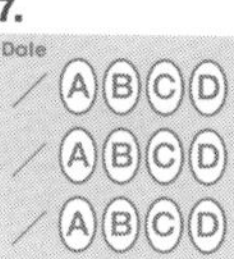

8.

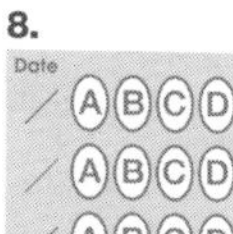

9.

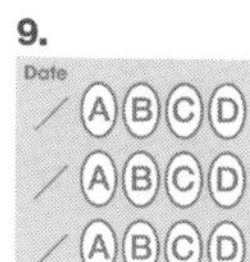

START 5 10 15 20 25 30 35 40 44 45 50 GOAL

Part 4

10. What is the speaker announcing?

(A) A change in a company's ownership
(B) Financial results as of May
(C) A discontinued line
(D) A new sales contract

11. What task does the speaker assign to Ms. Erck?

(A) Keeping the sales team updated
(B) Getting in touch with Clarity Audio
(C) Preparing for the next product launch
(D) Retrieving products from Samson Acoustics

12. What does the speaker mean when he says, "We've got to act fast"?

(A) There is a limited-time offer for frequent customers.
(B) A work deadline is fast-approaching.
(C) A customer needs a product right away.
(D) The company has to come up with a strategy.

10.
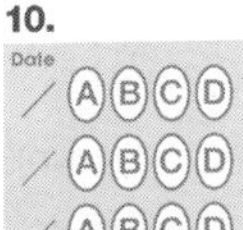

11.
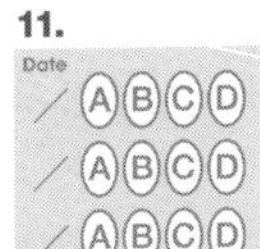

12.
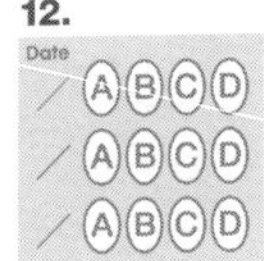

Drill 45

45.mp3

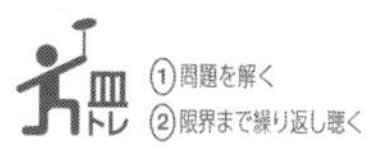

Date ／①② Date ／①② Date ／①②

Part 1

1.

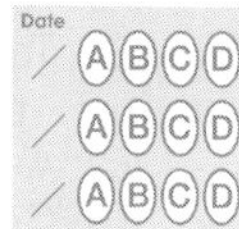

Part 2

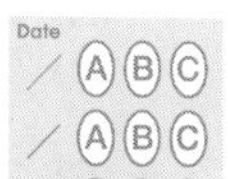

2. Mark your answer on your answer sheet.

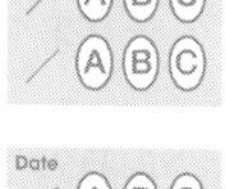

3. Mark your answer on your answer sheet.

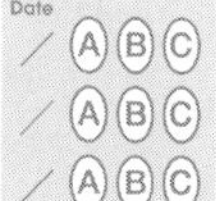

4. Mark your answer on your answer sheet.

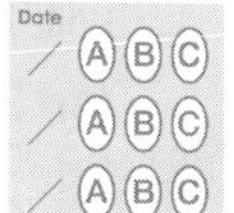

5. Mark your answer on your answer sheet.

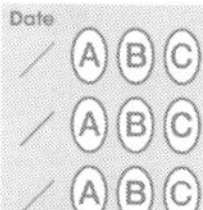

6. Mark your answer on your answer sheet.

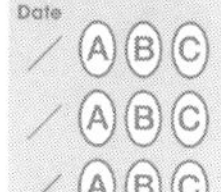

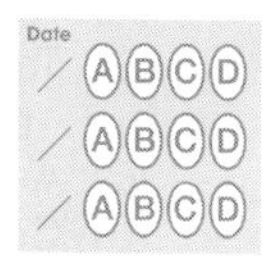

Part 3

Name	Assigned working place	Directory Responsibility
Terry Ferrell	Entrance hall	Confirm the information with staff members
Jared Foster	Conference room	Take pictures of each employee
Edward Huff	Office 301	Input information into the computer
Stephen Sturgis	Office 303	Deal with the printing company

7. What are the speakers discussing?

(A) Hiring new employees
(B) Taking over a coworker's position
(C) Assisting with a project
(D) Completing an employee list

8. What does the man want to do by helping Ms. Esmond?

(A) Get to know his coworkers
(B) Gain the approval of his superiors
(C) Experience another job at the company
(D) Improve his business writing skills

9. Look at the graphic. Which place will the man go to next?

(A) Entrance hall
(B) Conference room
(C) Office 301
(D) Office 303

7.
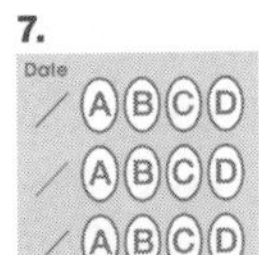

8.
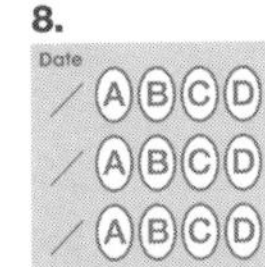

9.
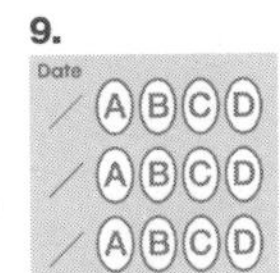

Part 4

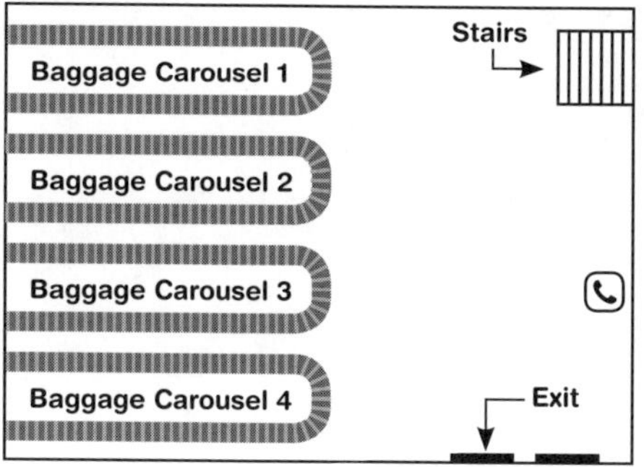

10. Look at the graphic. Which baggage carousel is broken?

(A) Baggage Carousel 1
(B) Baggage Carousel 2
(C) Baggage Carousel 3
(D) Baggage Carousel 4

11. Where can cabin crew retrieve their baggage?

(A) By the telephone
(B) At the information desk
(C) Near the stairs
(D) At the exit

12. What are cabin crew instructed to do?

(A) Assemble near the stairs
(B) Retrieve their baggage carefully
(C) Present proof of identity
(D) Visit the office immediately

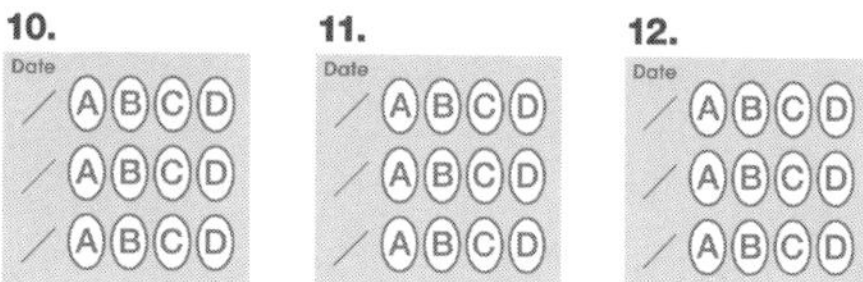

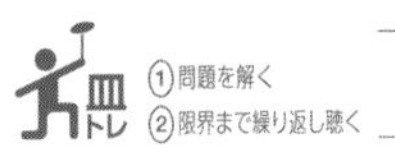

Date ／①② Date ／①② Date ／①②

Part 1

1.

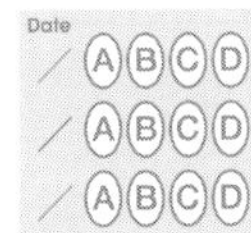

Part 2

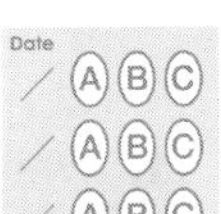

2. Mark your answer on your answer sheet.

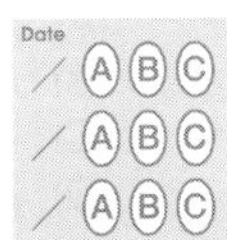

3. Mark your answer on your answer sheet.

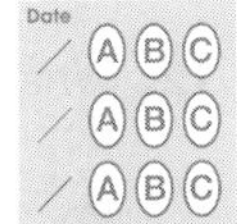

4. Mark your answer on your answer sheet.

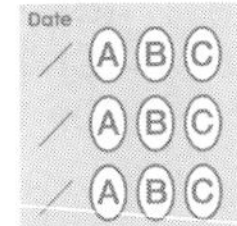

5. Mark your answer on your answer sheet.

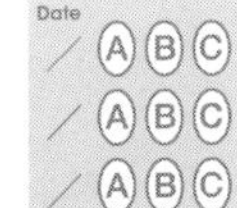

6. Mark your answer on your answer sheet.

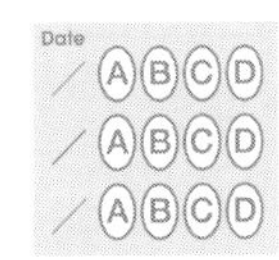

Part 3

7. Where is the man applying for a job?

(A) At a financial institution
(B) At a Web site design company
(C) At a repair service company
(D) At a newspaper

8. Why does the man say he is concerned?

(A) He will be late for his interview.
(B) He cannot obtain an application.
(C) He has been given the wrong address.
(D) He has a malfunctioning computer.

9. What does the man ask Ms. Patel to do?

(A) Extend a deadline until next week
(B) Reschedule an appointment time
(C) Provide him with a file
(D) Mail him a piece of paper

Part 4

10. Who most likely is the speaker?

(A) A receptionist
(B) An instructor
(C) A training coordinator
(D) An IT system administrator

11. Why does the speaker say, "Those skills will be taught in the six-week course"?

(A) To show the listeners things they will learn next week
(B) To inform the listeners of a higher-level class
(C) To help explain the course schedule
(D) To give examples of jobs requiring MC11

12. What does the speaker remind the listeners?

(A) A discount on the course is available at the moment.
(B) A copy of MC11 will be provided free of charge.
(C) An invitation to a software-design lecture will be organized.
(D) An hour of one-on-one programming practice will be held.

7. Date / ABCD / ABCD / ABCD

8.
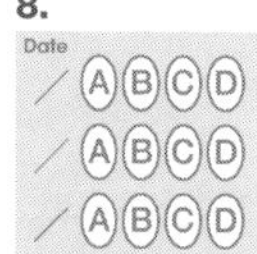

9.
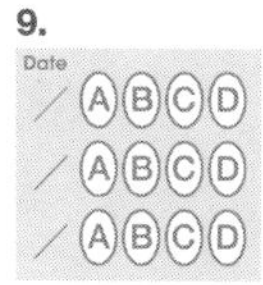

10.
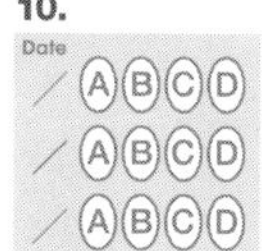

11.
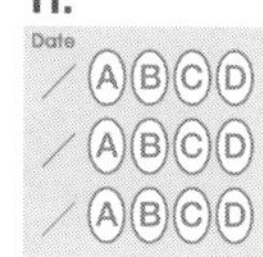

12.
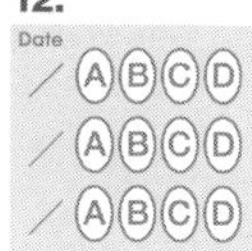

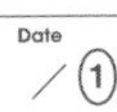

Date ／①② Date ／①② Date ／①②

Part 1

1.

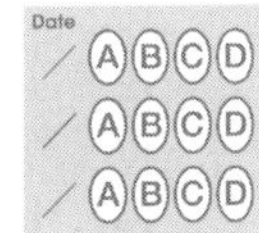

Part 2

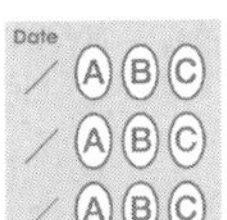

2. Mark your answer on your answer sheet.

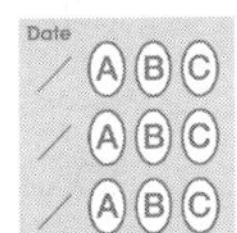

3. Mark your answer on your answer sheet.

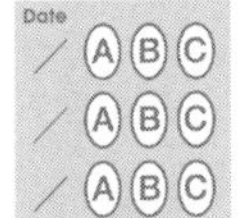

4. Mark your answer on your answer sheet.

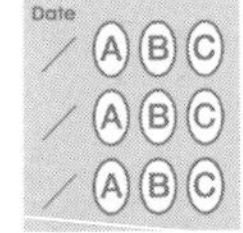

5. Mark your answer on your answer sheet.

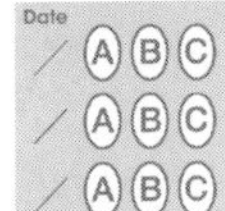

6. Mark your answer on your answer sheet.

Part 3

7. What does the man want to do?

(A) Have his apartment cleaned
(B) Visit a real estate agency
(C) Have another key prepared
(D) Buy a copy machine in the warehouse

8. What does the man mention about Max's Home Improvement Store?

(A) It has recently moved to a new address.
(B) It is under renovations.
(C) It stocks a wide range of products.
(D) It is holding a discount sale.

9. What does the woman mean when she says, "I see"?

(A) She is glad that things worked out well.
(B) She needs more time to consider.
(C) She thinks that the man's timing was unfortunate.
(D) She understands what the man should do.

Part 4

10. What has Bertrand Lamont recently done?

(A) He has interviewed residents in Larksville.
(B) He has completed a degree in the culinary arts.
(C) He has come back from abroad.
(D) He has written an article on tourist spots.

11. What does the speaker mean when she says, "don't rush out right away"?

(A) Bertrand Lamont would like to meet everyone at the event.
(B) Participants are encouraged to attend the event through to the end.
(C) There will be plenty of items available at the venue.
(D) Attendees will have enough time to complete the work.

12. What does the speaker mention about the event on April 19?

(A) Bertrand Lamont will introduce his recipe.
(B) Bertrand Lamont will act as a master of ceremonies.
(C) The venue will change depending on the weather.
(D) Tickets are available on a Web site.

7.
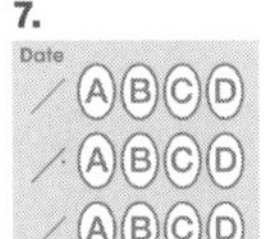

8.
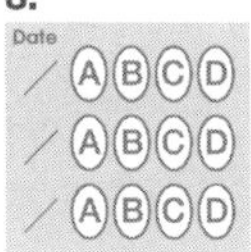

9.
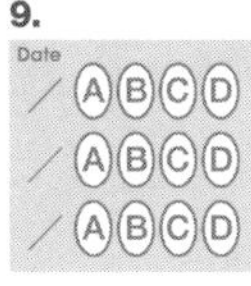

10.
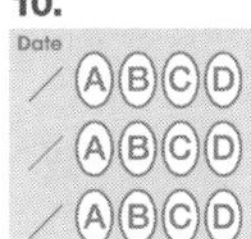

11.
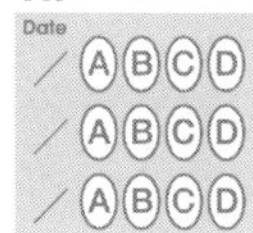

12.
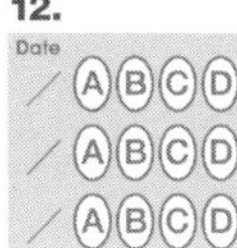

Drill 48

48.mp3

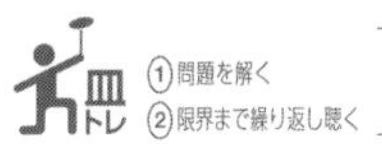

Date ／①② Date ／①② Date ／①②

Part 1

1.

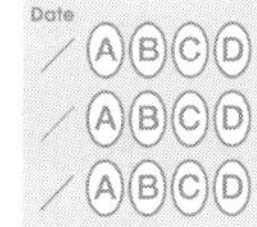

Part 2

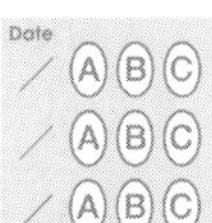

2. Mark your answer on your answer sheet.

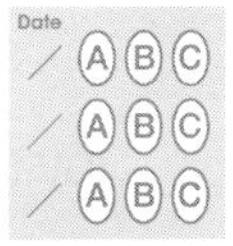

3. Mark your answer on your answer sheet.

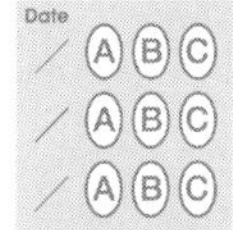

4. Mark your answer on your answer sheet.

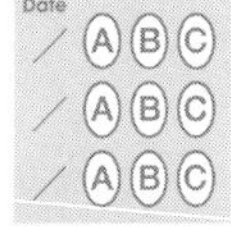

5. Mark your answer on your answer sheet.

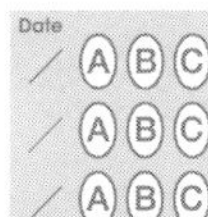

6. Mark your answer on your answer sheet.

Part 3

7. When will the inspection be conducted?

(A) On Monday
(B) On Tuesday
(C) On Wednesday
(D) On Thursday

8. Who most likely is Mr. Cho?

(A) A city official
(B) A regular patron
(C) A restaurant chef
(D) A business owner

9. What will Mr. Cho probably do next?

(A) Check his schedule
(B) Test a sample product
(C) Send some documents
(D) Give some contact information

Part 4

10. What most likely is the purpose of the call?

(A) To reschedule a delivery of some equipment
(B) To give a tracking number for some packages
(C) To inquire about a delayed shipment
(D) To convey information about a problem to a customer

11. What will the speaker do when she has the ordered item?

(A) Send confirmation online
(B) Reimburse the full amount
(C) Check it for damage
(D) Have it painted

12. What does the speaker offer to do?

(A) Cancel the order
(B) Deliver a different product
(C) Contact the manufacturer
(D) Add one more item to the order

7.
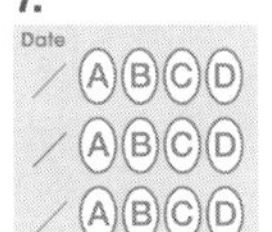
8.
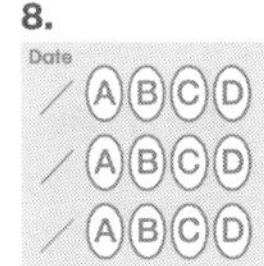
9.
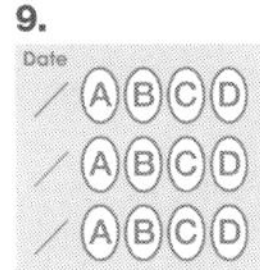
10.
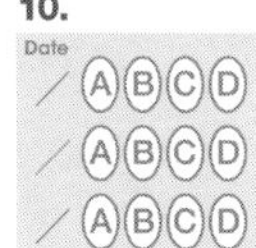
11.
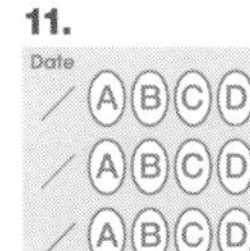
12.
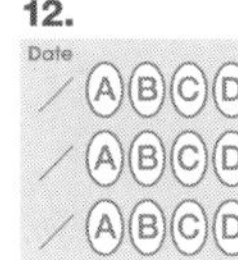

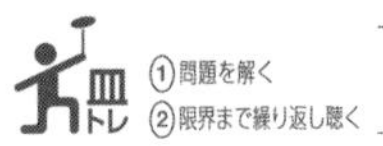

Date ／①② Date ／①② Date ／①②

Part 1

1.

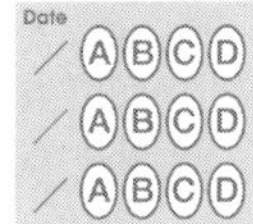

Part 2

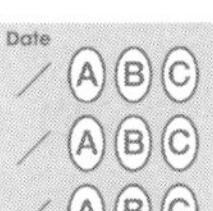

2. Mark your answer on your answer sheet.

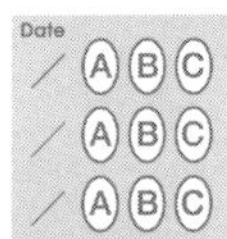

3. Mark your answer on your answer sheet.

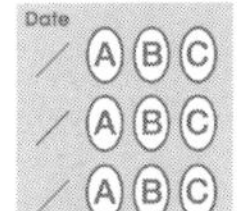

4. Mark your answer on your answer sheet.

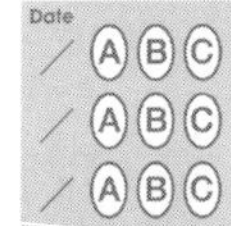

5. Mark your answer on your answer sheet.

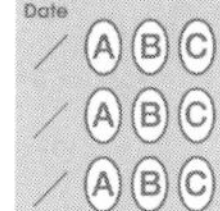

6. Mark your answer on your answer sheet.

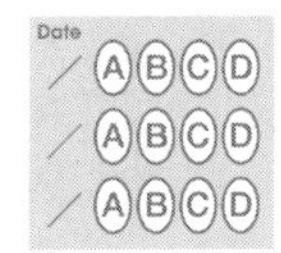

Part 3

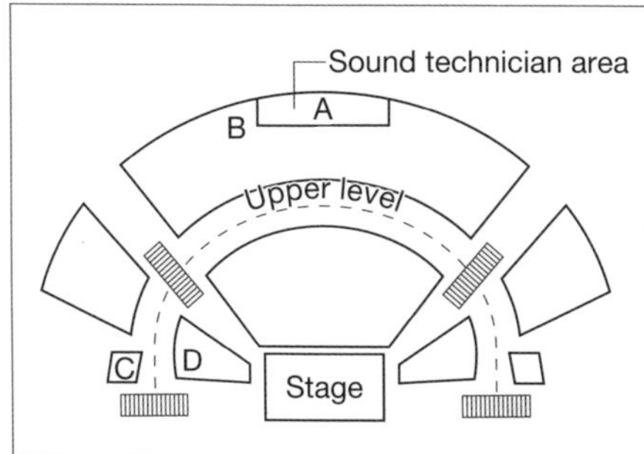

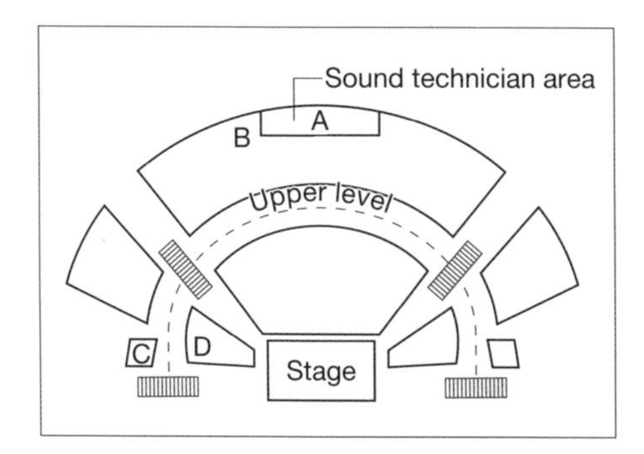

7. Why is the man at the theater?

(A) To speak to a sound technician
(B) To make a recording
(C) To sell newspapers
(D) To interview a speaker

8. What is mentioned about the sound technician area?

(A) It is occupied with theater staff.
(B) It is equipped with large audio devices.
(C) People need an ID to enter.
(D) People are required to wear a black shirt in the area.

9. Look at the graphic. Which location will the man choose?

(A) Location A
(B) Location B
(C) Location C
(D) Location D

Part 4

Arbuckle River Cruises Tours

Departure time	Conductor's name
10 A.M.	Alisa Flower
12 P.M.	James Lee
2 P.M.	Rachel Jordan
4 P.M.	Kim Smith
6 P.M.	Thomas Peters

10. Look at the graphic. Whose tour lacks enough attendees?

(A) Alisa Flower
(B) James Lee
(C) Rachel Jordan
(D) Kim Smith

11. What will the speaker do for the listener?

(A) Keep the reservations until the last minute
(B) Transfer the reservations to another company
(C) Return some money
(D) Send some vouchers

12. What is mentioned about the two-o'clock tour?

(A) Its coordinator will be changed.
(B) The listener cannot take part in it.
(C) It has been called off.
(D) There was an overbooking.

7.

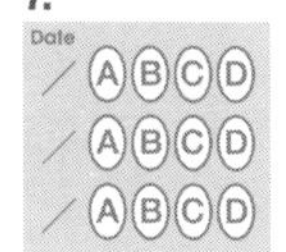

8.

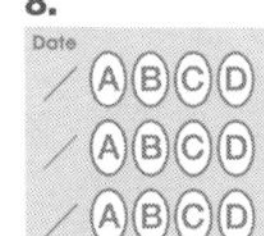

9.

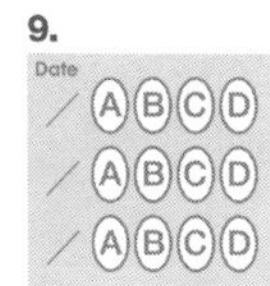

10.

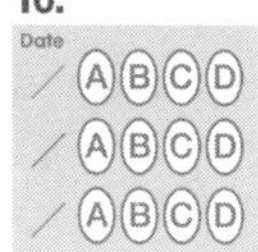

11.

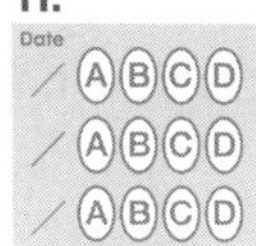

12.

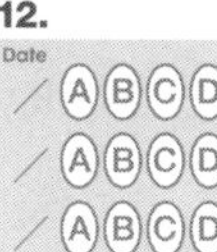

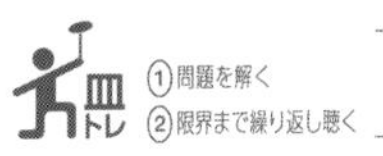

Date ／①② Date ／①② Date ／①②

Part 1

1.

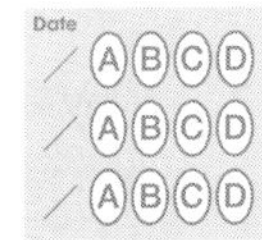

Part 2

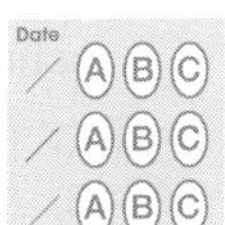

2. Mark your answer on your answer sheet.

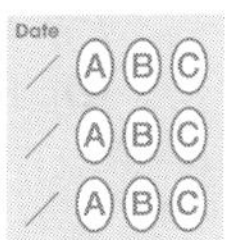

3. Mark your answer on your answer sheet.

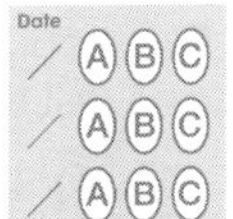

4. Mark your answer on your answer sheet.

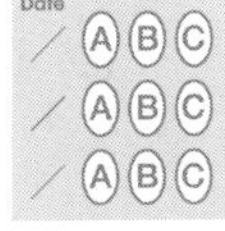

5. Mark your answer on your answer sheet.

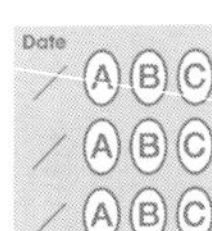

6. Mark your answer on your answer sheet.

Part 3

Schedule for the Conference Room

Time	Reserved by
9:00-10:00	Marcia Maple
10:00-11:00	Alex Nichols
11:00-12:00	Tina Heyword
12:00-1:00	John Ericson

7. What does the man ask the woman to do?

(A) Finish a report earlier than scheduled
(B) Call an important client for him
(C) Make a special visit to a customer
(D) Change a booking to another time

8. What does the woman suggest about her work?

(A) It is very important.
(B) It is quite flexible.
(C) It must be done today.
(D) It is almost finished.

9. Look at the graphic. When will the man use the conference room?

(A) 9:00-10:00
(B) 10:00-11:00
(C) 11:00-12:00
(D) 12:00-1:00

7.

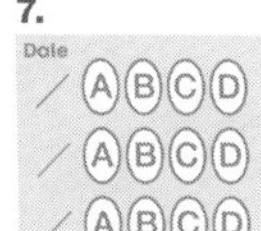

8.

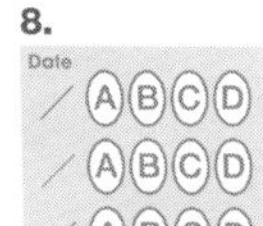

9.

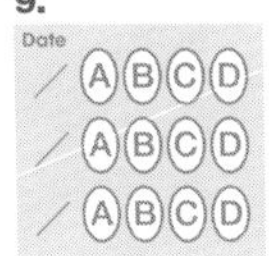

Part 4

10. What is the speaker requesting?

(A) Input on the store's service
(B) A return call
(C) A larger purchase
(D) Registration for membership

11. Why does the speaker say, "Please stay on the line"?

(A) A problem will be solved.
(B) There will be more questions.
(C) The next available agent will answer.
(D) A special number will be given.

12. What is the listener asked to do next?

(A) Input an order number
(B) Push a certain button
(C) Make note of a coupon code
(D) Wait three more minutes

10.

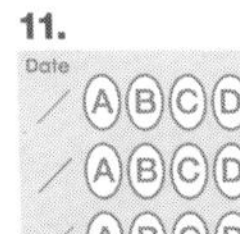

11.

Date
/ Ⓐ Ⓑ Ⓒ Ⓓ
/ Ⓐ Ⓑ Ⓒ Ⓓ
/ Ⓐ Ⓑ Ⓒ Ⓓ

12.

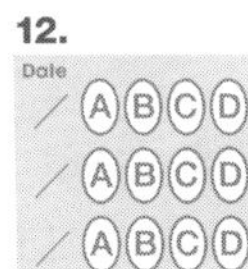

株式会社 スリーエーネットワーク
極めろ! TOEIC® L&R TEST 990点リスニング特訓
2021年6月16日 初版 第1刷発行
2023年7月19日 第 3 刷 発 行